Qiche Dipan Jixie Xitong Jianxiu
汽车底盘机械系统检修

（第3版）

许炳照　主　编

许晓勤　苏庆列　副主编

张荣贵　主　审

人民交通出版社股份有限公司
China Communications Press Co.,Ltd.

内 容 提 要

　　本书是"十四五"职业教育国家规划教材,主要内容包括:汽车上坡无力故障检修、手动变速器挂挡困难故障检修、汽车底盘异响并伴有振动故障检修、驱动桥异响的故障检修、汽车高速行驶时车身振动故障检修、汽车前轮轮胎异常磨损检修、汽车转向发飘故障检修、汽车转向沉重故障检修、汽车制动跑偏故障检修、汽车行驶中制动力不足故障检修,共 10 个单元,15 个生产任务。

　　本书可作为高等职业院校汽车运用与维修技术专业教材,也可作为职业技能培训教材和相关专业技术人员的参考书。

图书在版编目(CIP)数据

汽车底盘机械系统检修/许炳照主编. —3 版. —
北京:人民交通出版社股份有限公司,2019.1

　　ISBN 978-7-114-15157-6

　　Ⅰ.①汽… Ⅱ.①许… Ⅲ.①汽车—底盘—机械系统
—车辆检修—高等职业教育—教材 Ⅳ.①U472.41

　　中国版本图书馆 CIP 数据核字(2018)第 273234 号

书　　　名:	汽车底盘机械系统检修(第3版)	
著 作 者:	许炳照	
责任编辑:	时　旭	
责任校对:	宿秀英	
责任印制:	张　凯	
出版发行:	人民交通出版社股份有限公司	
地　　　址:	(100011)北京市朝阳区安定门外外馆斜街 3 号	
网　　　址:	http://www.ccpcl.com.cn	
销售电话:	(010)59757973	
总 经 销:	人民交通出版社股份有限公司发行部	
经　　　销:	各地新华书店	
印　　　刷:	北京虎彩文化传播有限公司	
开　　　本:	787×1092　1/16	
印　　　张:	19.25	
字　　　数:	412 千	
版　　　次:	2009 年 9 月　第 1 版	
	2011 年 5 月　第 2 版	
	2019 年 1 月　第 3 版	
印　　　次:	2023 年 8 月　第 3 版　第 3 次印刷　总第 9 次印刷	
书　　　号:	ISBN 978-7-114-15157-6	
定　　　价:	45.00 元	

(有印刷、装订质量问题的图书,由本公司负责调换)

第3版前言

本教材是福建船政交通职业学院汽车专业教学团队参加国家示范性高职院校重点专业建设的教学改革成果。教学团队认真贯彻《教育部关于全面提高高等职业教育教学质量的若干意见》(教高〔2006〕16号)文件精神,以服务发展为宗旨,以深化改革为动力,先后与丰田 T-TEP 学校、东风雪铁龙、东风标致、长安福特、中德职业教育(汽车机电)、奥迪汽车、福建建发集团、福建汇京集团、中航国际和部分新能源车企等多个企业深度合作,实施"行动导向、校企合作、多元订单"的人才培养模式,践行校企深度融合、全程其育人才的职业教育理念。本教材根据汽车检测与维修技术专业的人才培养方案,按照"专业人才定位→职业能力要求→工作过程分析→专业技能应用→ 专业课程开发"的理念进行知识重构并付之出版应用。

转瞬间,本教材第2版已出版发行近8年,在此期间,汽车技术市场快速发展,本教学团队也无时无刻不在触摸新时代教学改革的脉搏,寻找发展和创新机遇,应广大读者的要求,本次结合信息化教学的运用予以再次修订,践行教育部《教育信息化十年发展规划(2011—2020年)》,提升课程的信息化应用能力,创新教学模式与信息化衔接。本次修订增加的电动汽车底盘技术内容,对于完善《汽车底盘机械系统检修》课程的知识体系,打造精品教材,贯彻"精益求精,密益求密"的内涵质量思想有着现实的意义。

参考汽车新结构、新技术的发展,结合校企合作中的新技术应用,对应教材修订的思路作出如下的说明:

1.对引用汽车底盘旧知识点的内容进行删除,如液力机械式传动系统、静液式传动系统、各种不常见车架、现在不再使用的车桥类型、制动系统中的限压阀、比例阀、惯性阀等知识点。

2. 由于知识更新或不符合学情分析与应用,根据校企合作的技术评价,删除旧图片 42 幅,更换图片 35 幅,增加新图片 13 幅,重绘结构简图 2 幅。

3. 对旧车型作了相应的更换,如原书中桑塔纳轿车更换为迈腾轿车,爱丽舍轿车更换为雪铁龙 C4L、新爱丽舍轿车等。

4. 对引用的旧国家标准进行了更新,如汽车轮胎型号规格引用国家最新标准(GB/T 2977—2016)及标准新增加的 CCC 认证标志、3T 指标,新增轮辋轮廓类型、轮缘宽度代号和轮胎磨损标志等。

5. 增加纯电动汽车或混合动力汽车底盘的知识点,包括纯电动汽车或混合动力汽车的不同传动系统类型、结构;行驶系统、转向系统和制动系统也作出简要的介绍。

6. 对部分知识点采用了通过二维码扫描观看动画或视频的形式,以此帮助学生更直观地理解知识点内容,激发学生学习汽车专业知识的积极性和提高学习的趣味性。

本教材由福建船政交通职业学院张荣贵教授主审,许炳照担任主编,许晓勤、苏庆列担任副主编。其中,单元二、单元五由许炳照编写,单元一、单元四、单元九由许晓勤编写,单元三由张光葳编写,单元六由苏庆列编写,单元七由詹华编写,单元八由陈宁编写,单元十由叶陈勇编写。

由于编者学识和水平有限,且基于工作过程的课程改革对于高职教育来说乃处于发展与提高阶段,尚无成熟的经验可以借鉴,恳请使用本教材的院校、学者对书中的不妥和误漏之处予以批评指正。

编 者
2018 年 8 月

目 录

MULU

第一篇　汽车传动系统检修

第二篇 汽车行驶、转向与制动系统检修

第一篇

汽车传动系统检修

单元一

Unit

汽车上坡无力故障检修

学习情境

    一辆使用了5年的大众迈腾手动挡轿车,一个月前在上山路途中出现上坡无力的故障现象,加大供油量,发动机工作正常,但车辆提速困难,严重时,可从车窗外闻到一股焦臭味,不得已返回维修厂维修。

生产任务一 更换离合器从动盘

1)工作对象

需更换离合器从动盘的手动变速器车辆1辆。

2)工作内容

(1)领取所需的工具、耗材,做好工作准备。

(2)从车辆上拆除传动轴、变速器等离合器外围部件。

(3)从车辆上拆下离合器。

(4)检查离合器各部件,对主要零部件进行检测,分析检测结果,制订离合器修复方案。

(5)安装离合器。

(6)安装变速器、传动轴等外围部件。

(7)调整离合器踏板自由行程。

(8)检查、评价工作质量。

(9)整理工具,清洁工作场地。

3)工作目标与要求

(1)学生应以小组工作的方式,完成本项工作任务。

(2)学生应当能在小组成员的配合下,利用汽车维修手册(或实训指导书),制订并实施

工作计划。

（3）能通过阅读资料和现场观察，辨别所拆离合器的类型。

（4）能认识所拆卸离合器的零部件，口述离合器的工作原理和各零部件的作用。

（5）能向客户解释所修车辆离合器的损伤情况和修复方案。

（6）能按规范的步骤，完成离合器的拆装和从动盘的更换，恢复汽车的行驶能力。

（7）在工作过程中培养热爱劳动，弘扬勤俭节约的好习惯。

相关知识一

1.1　汽车传动系统概述

1.1.1　传动系统的组成和功用

1）组成

汽车传动系统是指从发动机到驱动轮之间所有动力传递装置的总称。不同的汽车，其传动系统的组成和布置方式稍有不同，图1-1为普通汽车传动系统的组成和布置示意图。发动机纵向布置在汽车的前部，后轮为驱动轮。发动机的转矩依次经过离合器1、变速器2、由万向节3和传动轴8组成的万向传动装置、安置在驱动桥内的主减速器7、差速器5和半轴6传给驱动轮。驱动轮得到转矩后转动，给地面一个向后的作用力，并因此使地面对驱动轮产生一个向前的反作用力，这个反作用力称为驱动力或牵引力。当驱动力足以克服行驶阻力时，汽车才能够起步和正常行驶。采用自动变速器的现代轿车，其传动系统包括自动变速器、万向传动装置、主减速器、差速器、半轴等，即用自动变速器代替了离合器和手动变速器。如果是越野汽车（包括SUV，即运动型多功能车），还包括分动器。

图1-1　普通汽车传动系统的组成及布置示意图

1-离合器；2-变速器；3-万向节；4-驱动桥；5-差速器；6-半轴；7-主减速器；8-传动轴

2)功用

传动系统的功用是将发动机发出的动力传给驱动车轮,使路面对驱动车轮产生一个牵引力,推动汽车行驶。

传动系统各组成部分的功用如下:

(1)离合器的功用是使发动机与传动系统平顺接合,把发动机的动力传给变速器,或者使两者分开,切断动力的传递。

(2)手动变速器的功用是实现变速、变矩和变向。因为活塞式发动机转矩变化幅度小且有利转速变化范围窄,必须通过变速器的变矩作用,使在车轮上获得变化范围较大的牵引力,以适应汽车不同行驶阻力的需要。由于活塞式发动机不能改变旋转方向,变速器则可在发动机旋转方向不变的情况下,改变输出轴的旋转方向,使汽车能够倒退行驶。此外,还可以在发动机运转的情况下,切断发动机向驱动轮的动力传递。

采用自动变速器的汽车没有离合器,自动变速器兼具离合器和手动变速器的功用。

(3)万向传动装置的功用是将变速器传出的动力传给主减速器。由于变速器与车架一般是刚性连接,而驱动桥是通过悬架与车架弹性连接的,使得主减速器与变速器之间的距离及二者轴线之间的夹角经常发生变化。万向传动装置能在传动长度和传动夹角变化的情况下,保证动力的传递。

(4)主减速器的功用是降低转速以增加转矩(保证汽车克服行驶阻力而正常行驶),并且通常要将传动系统转矩的旋转方向改变 90°,把由传动轴传来的动力传给差速器。

(5)差速器的功用是将主减速器传来的动力分配给左右半轴,并允许左右半轴以不同的转速旋转,使汽车既能直行,又能轻便地转弯。

(6)半轴将差速器传来的动力传给两边的驱动车轮,使驱动轮获得旋转动力。

1.1.2 传动系统的布置形式

汽车传动系统的布置形式主要与发动机的安装位置及汽车驱动形式有关。汽车的驱动形式通常用汽车车轮总数×驱动车轮数(车轮数系指轮毂数)来表示。普通汽车一般装有 4 个车轮,其中有 2 个为驱动轮,则其驱动形式为 4×2。越野汽车的全部车轮都可以作为驱动轮,根据车轮总数不同,常见的驱动形式有 4×4、6×6。此外,也有的使用汽车车桥总数×驱动车桥数来表示汽车的驱动形式。传动系统最常见的布置形式有发动机前置、前轮驱动(FF 型)和发动机前置、后轮驱动(FR 型),如图 1-2 所示;另外,还有发动机中置、后轮驱动,发动机后置、后轮驱动和全轮驱动的形式。

1)发动机前置、前轮驱动

发动机前置、前轮驱动(FF 型)的车辆也称为前驱车,其发动机、变速器和驱动桥装置在驾驶室前,并直接驱动前轮。前驱车最大的优点是可以减轻整车质量,并使驾驶室内更加宽敞。

很多前驱车是横置发动机(即发动机曲轴与车身呈横向设置),如图 1-3 所示。这样可以有效地利用发动机舱内的空间,而且无需在传动系统中改变转矩的转动方向,动力传动效

率好。但也有些 FF 车辆发动机是纵向布置的,如图 1-4 所示。

图 1-2　汽车传动系统最常见的布置形式
a)FF 型;b)FR 型
1-发动机;2-传动桥;3-变速器;4-驱动轴;5-传动轴;6-差速器;7-车桥轴;8-车桥;9-车轮

前驱车由于全车主要质量集中在车辆前部,所以高速转向时容易出现转向不足的情况。另外,在高速起步或上坡时,前轮的负载会变小,导致驱动轮所能得到的最大牵引力下降,削弱汽车的动力性。相对于部件集中的前部来说,后部质量变得很小,后轮很容易失去附着力,尤其是在湿滑的路面上。而且前轮既是转向轮,又是驱动轮,过大的轴荷容易使汽车在高速转向时出现不足转向的情况,前轮轮胎的负担和制动力的负担也相应增大。

2)发动机前置、后轮驱动

发动机前置、后轮驱动(FR 型)的车辆,发动机装在驾驶室前方,由传动轴连接到后桥,通过主减速器来驱动后轮,如图 1-5 所示。这种布置形式主要应用于大、中型车,由于质量前后分散,质量分配接近于理想,即前轮 50%、后轮 50%。但是,驱动轮与发动机安装位置分开后,需要一根很长的传动轴将它们连接。这样不仅增加了车重,也影响了动力传递的效率。

由于发动机是纵置,所以变速器嵌入驾驶室内,再加上传动轴,就更加减小了驾驶室内的空间,这种布置形式对于空间的利用是不利的。

3)发动机中置、后轮驱动

采用发动机中置、后轮驱动(MR 型)布置形式,便于对前后轮进行较为理想的质量分

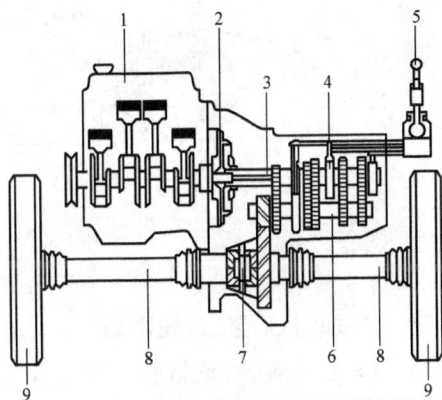

图 1-3　发动机前横置前轮驱动的轿车
传动系统示意图
1-发动机;2-离合器;3-输入轴;4-同步器;5-换挡杆;
6-输出轴;7-差速器;8-驱动轴;9-车轮

配,发动机和变速器等很重的部件集中于车身的重心部位,如图 1-6 所示。

图 1-4　发动机前纵置前轮驱动的轿车传动系统示意图

1-发动机;2-离合器;3-变速器;4-主减速器;5-差速器

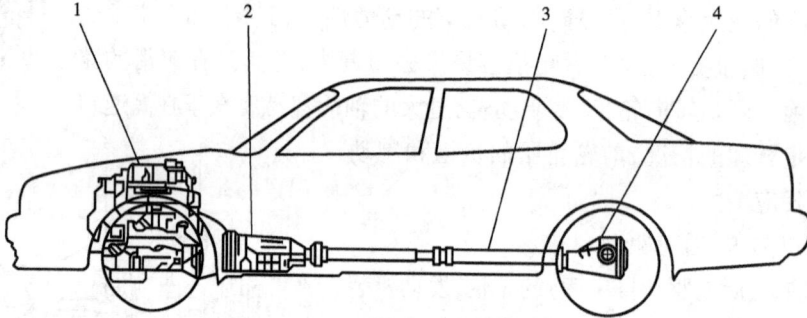

图 1-5　发动机前置后轮驱动形式示意图

1-发动机;2-自动变速器;3-传动轴;4-驱动桥

　　4)发动机后置、后轮驱动

　　发动机后置、后轮驱动(RR 型)的结构如图 1-7 所示,发动机装于车身的后部,后轮为驱动轮。它与 MR 布置形式不同,发动机装于后车轴的后面。由于发动机质量集中在汽车后部,发动机距驱动轮很近,可在最短距离内驱动车轮。它和 FF 型汽车一样,驾驶室比较宽敞。作为驱动轮的后轮车轴附着力大,起动加速时的牵引力良好。但是,RR 车的重心分布对车辆操纵稳定性有一定的不利影响,在汽车转向行驶中,有产生过度转向的倾向。

　　5)全轮驱动

　　全轮驱动(4WD 或 AWD)形式起源于以前的军用车。与其他布置形式相比,它的特点

图1-6　发动机中置后轮驱动形式示意图
1-发动机；2-传动系统

是驱动能力强,适于坏路行驶,爬坡能力好,主要用于越野车。与发动机前置后轮驱动的4×2汽车相比较,其前桥既是转向桥,也是驱动桥。为了将发动机传给变速器的动力分配给前后两驱动桥,在变速器后增设了分动器5,并相应地增设了从分动器通向前后两驱动桥之间的万向传动装置,如图1-8所示。

图1-7　发动机后置后轮驱动形式示意图
1-发动机；2-离合器；3-变速器；4-角传动装置；5-万向传动装置；6-驱动桥

1.1.3　其他传动系统分类

1)纯电动汽车传动系统组成

纯电动汽车电机的特性是先在"基速"范围内保持恒转矩输出,电机的动力,不需要通过变速器的变换,就可以在低转速时获得大的转矩。在驱动电机的转速超过"基速"以上时,转换为恒功率范围保持恒功率输出,因此不需要离合器、变速器。

(1)动力传动系统组成。

纯电动汽车动力传动系统一般由动力电池、传感器、驱动电机、主减速器、驱动轴及控制器等组成,如图1-9所示。

(2)纯电动汽车动力传动布置形式。

纯电动汽车电力来自电机,由电机变速后驱动车轮行驶,在保持传统汽车传动系统基本结构不变的基础上,用电机替换传统汽车的内燃机,其驱动系统的整体结构与传统燃油汽车的区别很小。按照驱动电机的布置形式可分为:传统机械布置式、无离合器布置式、无变速器布置式、轮边电机驱动布置式、轮毂电机驱动式(有减速器式)和轮毂电机驱动式(无减速器式),如图1-10所示。

第一种是传统机械布置式。传统机械传动型纯电动汽车由燃油汽车底盘改装,基本保持燃油汽车的机械传动系统(离合器、变速器、差速器),内燃机更换成电机,如图1-10a)、b)、c)所示。传统机械传动型的优点是技术难度低,成本低,由于传动系统传动比范围都较大,

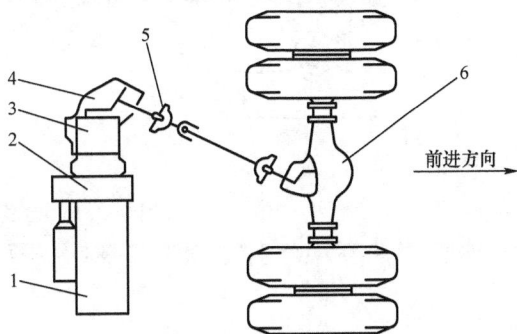

车辆驱动对电机的要求低,可选功率较低的电机。缺点是动力部件多(包括电池、电机、功率变换器,再加上机械传动系统),布置困难。

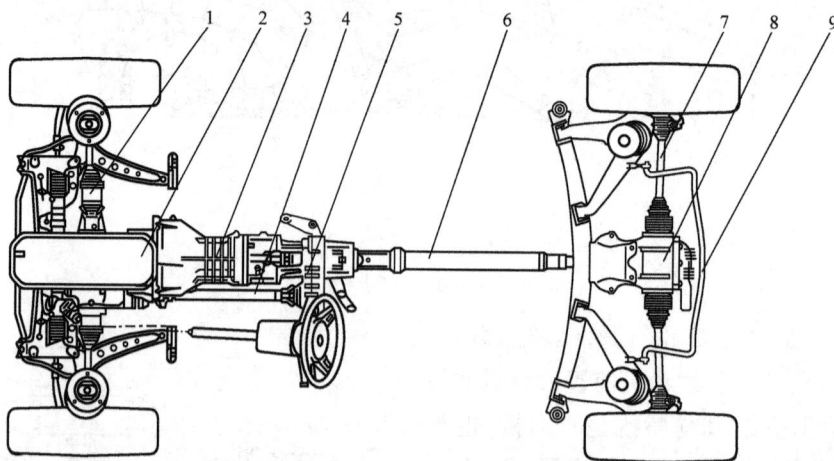

图1-8　4×4越野汽车传动系统示意图

1-前驱动桥;2-发动机;3-变速器;4-前传动轴;5-分动器;6-后传动轴;7-后驱动桥的半轴;8-后驱动桥;9-横向稳定器

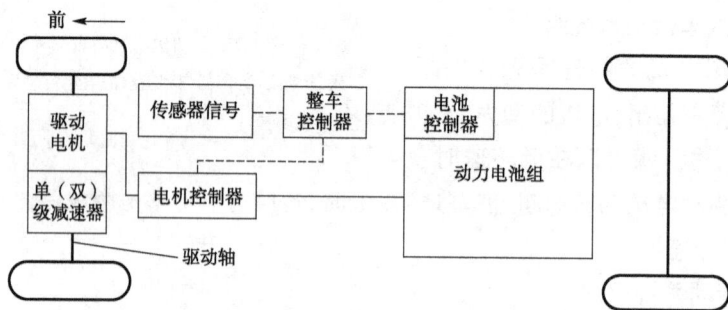

图1-9　纯电动汽车动力传动系统组成示意图

第二种是无变速器型。无变速器型纯电动汽车的结构特点是取消了离合器和变速器,采用了固定传动比的减速器,通过对电机的控制实现变速功能,这种布置形式的优点是机械传动系统得到简化,质量、体积小,要求较大的起动转矩及较大后备功率,以保证汽车的起步加速、爬坡等动力性要求,如图 1-10d)所示。

第三种是轮边电机驱动型。轮边电机驱动不带变速器,通过电机控制实现变速功能。驱动系统采用多电机,电机位于车轮一侧,每个电机配一个减速器,没有差速器,用电机控制系统实现电子差速的功能,如图 1-10e) 、f)所示。

第四种是轮毂电机驱动型。其优点是无离合器,变速器、传动轴等机械装置,无相应操纵机构,结构得到简化。按照是否配备减速器,分为带减速器式和不带减速器式两类,图 1-10g)、h)所示为轮毂电机 2 轮驱动和 4 轮驱动。由于电机装在车身(车架)以下,增加车身内部有效空间。缺点是电机置于汽车底部,影响通过性,电子差速增加了电机控制系统的复杂程度。

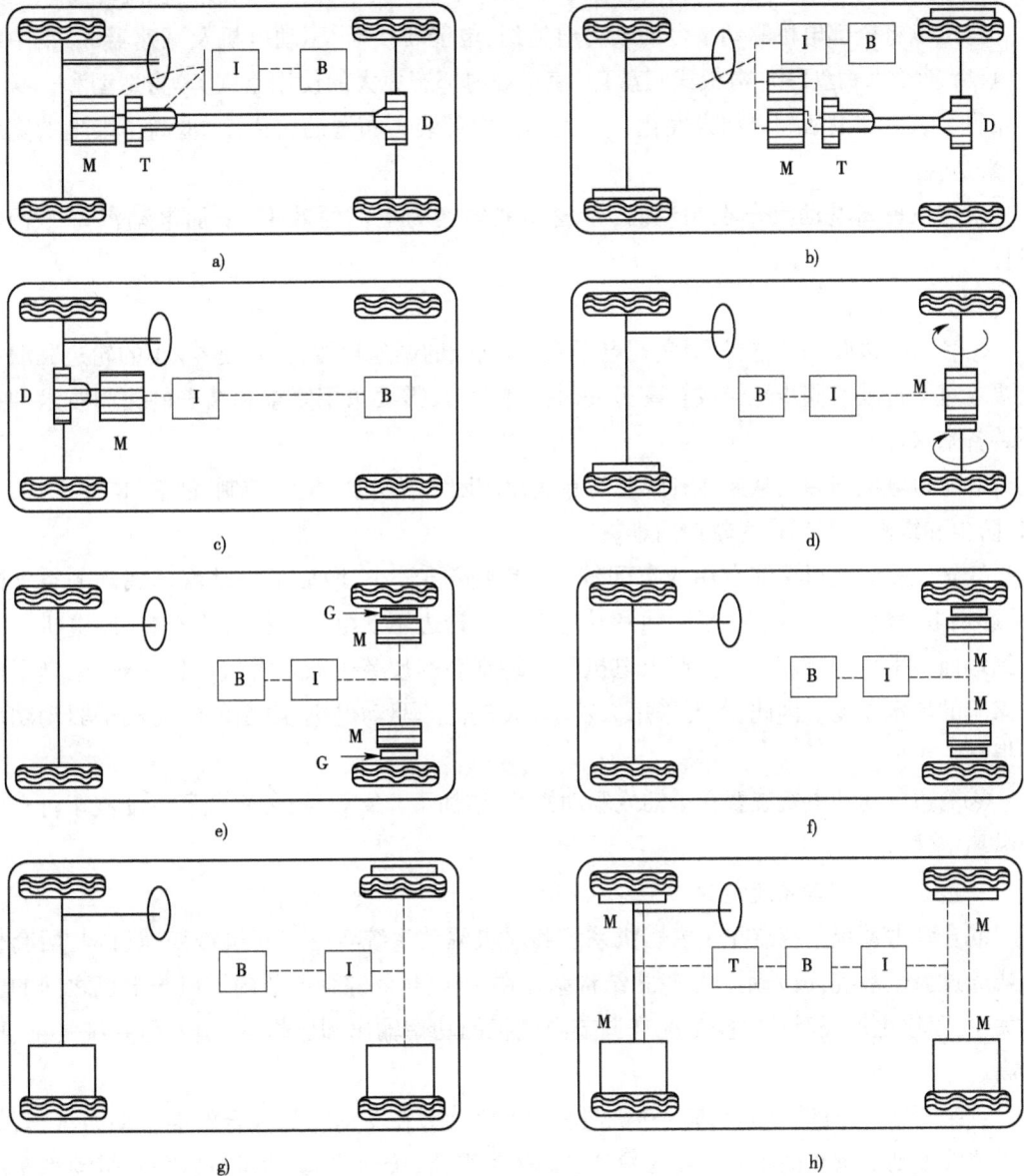

图 1-10　各种电动汽车的总布置形式示意图

a)F-R;b)M-R;c)F-F;d)R-R;e)同轴-反向电机;f)轮边电机;g)轮毂电机 2 轮驱动;h)轮毂电机 4 轮驱动

B-电池;I-控制器;M-电机;T-变速机构;D-主减速器、差速器;G-轮边减速器

(3)优点。

①可以将电机传动系统装在汽车前桥或驱动桥上,没有复杂的机械和液压传动系统,结构紧凑,可以减轻电动汽车的整备质量。

②可以采用现代控制技术,整体控制各个轮边电机的转速、转向、功率输出等参数,使得电动汽车控制实现电子化,自动化,提高了电动汽车驱动的动力性和行驶的稳定性。

③可以将全部电机驱动平台的动力电池组、电能转换器、驱动电机及减速器等,集中装在电动汽车的"底盘"中(滑板式底盘)。使车身内部有更大的使用空间,车身造型和车身内部布置可以更加灵活和更加人性化。扩大车身内部装备布置的自由度,提高了乘坐的宽敞性、舒适性。

④可以提高电动汽车在制动时,车轮动能转换为电能的效率,增加电动汽车的行驶里程。

(4)缺点。

①各个轮边驱动的电机,要实现电子化,自动化的调速功能,特别是 4×4 的轮边驱动系统要求直线行驶时同步运转或转弯行驶时差速运转,需要采用复杂和精确的控制技术和控制装备来保证。

②轮边电机与独立悬架在有限空间布置比较困难,轮边电机的控制,散热、电磁干扰、防水、防尘和维修等管理技术较为困难。

③轮边驱动电机系统占用的空间较大,离地间隙较小,增加了电动汽车底部的空气阻力,影响电动汽车的通过性、平顺性和转弯性能。轮边驱动电机直接装于车轮处,电机总是受到地面不平度的颠簸,因此,要求电机具有特别高的疲劳寿命。密封比较困难,限制了电动汽车的涉水深度。因此,不能采用大功率、大直径的驱动电机,限制了电动汽车驱动功率的提高。

④轮边驱动的电机装置在车轴或驱动桥处,增加了非簧载质量,降低了电动汽车行车的操纵稳定性。

2)混合动力传动系统组成

混合动力系统的特点在于内燃机系统和电机驱动系统各有一套机械变速机构,两套机构或通过齿轮系统,或采用行星轮式结构结合在一起,从而综合调节内燃机与电机之间的转速关系,可以更加灵活地根据工况来调节内燃机的功率输出和电机的运转,但系统复杂、成本高。

克莱斯勒研发的 Citadel 牌发动机与驱动电机动力在驱动轮处耦合的混合动力汽车,保持了传统发动机汽车的驱动平台。发动机通过离合器、传动轴、驱动桥可以独立带动汽车后轮行驶。通过减速器独立带动汽车的前轮行驶。并能够实现发动机与驱动电机的动力在驱动轮处耦合,形成 4×4 的驱动模式,如图 1-11a)所示。

丰田公司研发的发动机、电动机/发电机在"驱动轮"处耦合的雷凌混合动力汽车,其传动系统的结构组成如图 1-11b)所示。

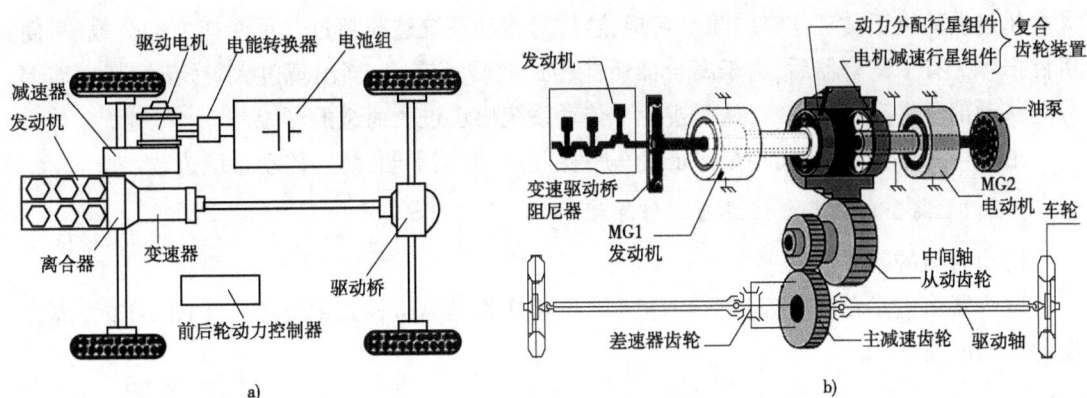

图1-11　混合动力传动系统组成示意图
a) Citadel 牌混合动力系统；b) 雷凌混合动力传动系统

1.2　离合器的功用、组成和工作原理

离合器是汽车传动系统的组成部件,它通常装在发动机曲轴的后端,用来分离或接合发动机和手动变速器之间的动力传递。电动汽车传动装置的作用是将电机的驱动转矩传给汽车的驱动轴。由于电机可以带负载起动,所以电动汽车上无需布置类似传统内燃机汽车的离合器。

1.2.1　离合器的功用

离合器的具体功用有如下三个方面:

(1)使发动机与传动系统逐渐接合,保证汽车起步平稳。

汽车起步时,发动机应在无荷载的情况下起动。若没有离合器,发动机与传动系统刚性连接,一旦变速器挂上挡,正常运转的曲轴将与传动系统在极短的时间内发生接触,曲轴将受到很大的冲击,发动机转速会急剧下降到最低稳定转速以下,直至熄火。设置离合器以后,驾驶员就可以柔和地接合离合器,逐渐加大对传动系统的作用力矩,避免了对曲轴造成的冲击。与此同时,逐渐踩下加速踏板,相应增加对发动机的燃油供给量,使发动机始终能维持不熄火状态,到驱动轮产生的驱动力足以克服起步阻力时,汽车便开始运动并逐渐加速。由此可见,离合器是保证汽车平稳起步的关键部件。

(2)中断动力传递,配合换挡,使换挡平顺。

汽车在行驶中,为了适应不断变化的行驶条件,经常换用不同的挡位。换挡时,先踩下离合器踏板,切断发动机与变速器之间的动力传递,使变速器内相啮合的齿轮之间或其他啮合副之间不再传递动力,并使原挡位啮合副退出传动;待到变速器挂入新挡位后,再逐渐抬起离合器踏板,这样可减轻进入啮合的齿轮冲击,保证了换挡平顺。

(3)防止传动系统过载。

　　当汽车车速急剧变化时,传动系统内各转动部件将产生很大的惯性力矩,该力矩有可能大大超过发动机正常工作时的输出转矩,这样对传动系统造成超过其承受能力的荷载,易使机件损坏。有了离合器后,由于离合器所能传递的转矩有限,当出现过大转矩时,其主动部分与从动部分之间相互打滑,从而避免了传动系统出现过大荷载的可能。

　　由此可见,离合器的功用是保证汽车平稳起步、换挡平顺、防止传动系统过载。

1.2.2　离合器的基本组成与工作原理

1)离合器的基本组成

　　离合器由主动部分、从动部分、压紧机构和分离操纵机构四部分组成。图 1-12 为离合器的结构简图。

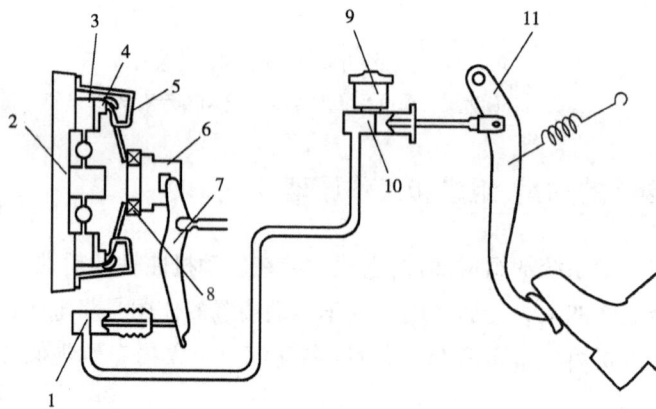

图 1-12　离合器的结构简图

1-离合器工作缸(分离泵);2-飞轮;3-离合器盘;4-压盘;5-离合器盖;6-分离轴承套筒;7-分离叉;8-分离轴承;9-离合器液储液罐;10-离合器主缸(总泵);11-离合器踏板

　　(1)主动部分。离合器主动部分包括飞轮、离合器盖、压盘等零件,与发动机曲轴连在一起。离合器盖与飞轮靠螺栓连接,压盘与离合器盖之间靠 3~4 个传动片传递转矩。

　　(2)从动部分。离合器的从动部分即为从动盘,又称为离合器摩擦片,如图 1-13 所示。离合器正常接合时,从动盘两面的摩擦片分别与飞轮和压盘相接触,发动机的转矩即靠飞轮、压盘与从动盘接触面之间的摩擦作用而传到从动盘上。

　　(3)压紧机构。离合器的压紧机构由若干根沿圆周均匀布置的压紧弹簧或一个膜片弹簧组成,它们装在压盘与离合器盖之间,用来将压盘和从动盘压向飞轮,使飞轮、从动盘和压盘三者压紧在一起。

　　(4)分离操纵机构。离合器分离操纵机构包括离合器踏板、传动机构、分离叉、分离轴承套筒、分离轴承、分离杠杆、复位弹簧等,如图 1-14 所示。

2)离合器的工作原理

　　图 1-15 为摩擦式离合器的工作原理示意图,其工作过程如下:

（1）离合器的接合状态。离合器在接合状态下,压紧弹簧将飞轮、从动盘和压盘三者紧压在一起,发动机的转矩经过飞轮及压盘通过从动盘两摩擦面作用传递给从动盘,再由从动盘中间的花键毂传给变速器的输入轴。离合器所能传递的最大转矩的数值取决于摩擦面间的压紧力和摩擦系数,以及摩擦面的数目和尺寸。

图 1-13　离合器盘
1-摩擦片;2-铆钉;3-扭转橡胶;4-离合器毂

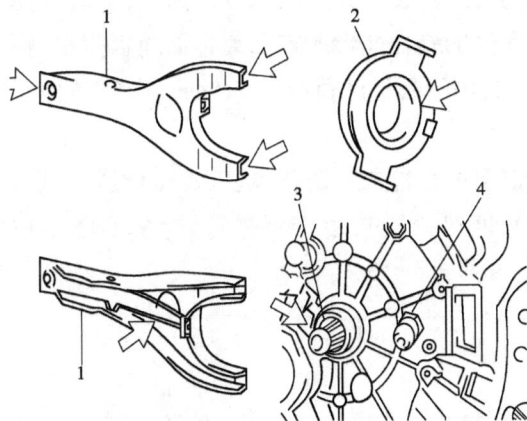

图 1-14　离合器分离机构
1-离合器分离叉;2-分离轴承;3-输入轴;4-分离叉支架

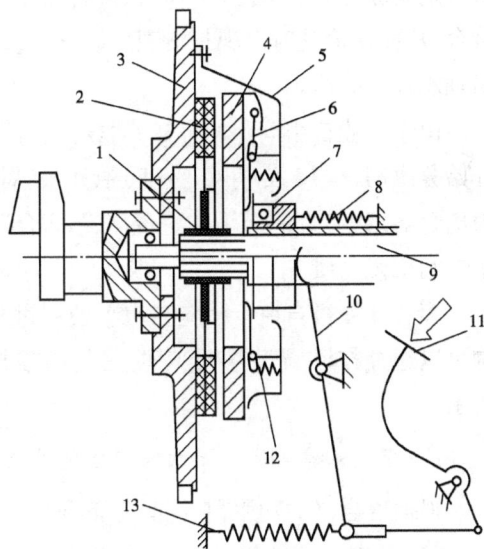

图 1-15　摩擦式离合器的工作原理示意图
1-从动盘毂;2-从动盘;3-飞轮;4-压盘;5-离合器盖;
6-分离杠杆;7-分离轴承和分离套筒;8、13-复位弹簧;
9-变速器输入轴;10-分离叉;11-踏板;12-压紧弹簧

　　（2）离合器的分离过程。欲使离合器分离,只需驾驶员踩下离合器踏板,分离套筒和分离轴承在分离叉的推动下,先消除分离轴承与分离杠杆之间的分离间隙,然后推动分离杠杆内端前移,使分离杠杆外端带动压盘克服弹簧作用力后移,此时从动盘与飞轮分离,摩擦力矩消失,从而中断了动力传递。

(3)离合器的接合过程。接合离合器时,驾驶员缓慢抬起离合器踏板,在压紧弹簧的作用下,压盘向前移动并逐渐压紧从动盘,使接触面间的压力逐渐增加,摩擦力矩也逐渐增加;当飞轮、压盘和从动盘之间接合还不紧时,所能传动的摩擦力矩较小,离合器的主、从动部分有转速差,离合器处于打滑状态;随着离合器踏板的逐渐抬起,飞轮、压盘和从动盘之间的压紧力逐渐增大,主、从动部分的转速逐渐相等,直到离合器完全接合而停止打滑,接合过程结束。

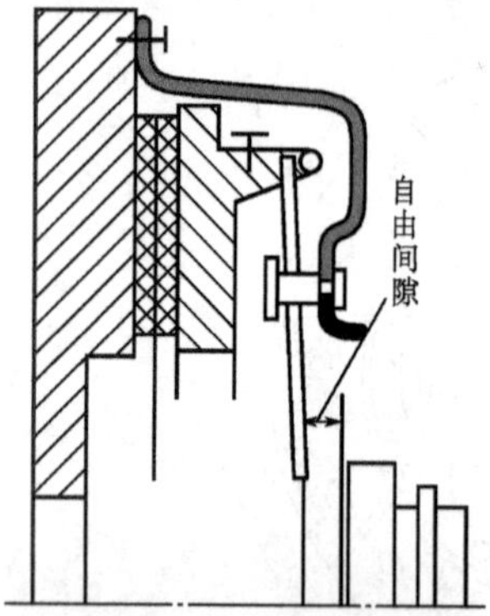

图 1-16　离合器自由间隙

3)离合器自由间隙和离合器踏板自由行程

离合器在正常接合状态下,为保证摩擦片正常磨损后离合器仍能完全接合,分离杠杆内端与分离轴承之间应留有一定间隙,这个间隙称为离合器的自由间隙(此间隙一般为3~4mm),如图 1-16 所示。从动盘摩擦片经使用磨损变薄后,在压紧弹簧作用下压盘和从动盘向飞轮方向后移动一段距离,则分离杠杆的内端相应地要更向后移动一段距离,才能保证离合器完全接合。如果未磨损前分离杠杆内端和分离轴承之间没有预留一定间隙,则在摩擦片磨损后,离合器将因分离杠杆内端不能后移而难以保证离合器完全接合,从而在传动时出现打滑现象。这不仅减小了其所能传递的转矩,并且将使摩擦片和分离轴承加速磨损。

由于上述自由间隙的存在,驾驶员在踩下离合器踏板后,先要消除这一间隙,然后才能开始分离离合器。为消除这一间隙和操纵机构零件的弹性变形所需的离合器踏板行程,称为离合器踏板的自由行程。一般汽车离合器踏板自由行程设计值为5~15mm 不等,具体车型参阅维修手册。

离合器踏板自由行程应在汽车使用过程中定期进行检查和调整,液压式离合器操纵机构可以通过拧动调节螺母来改变分离推杆的长度对踏板自由行程进行调整,如图 1-17 所示。

1.2.3　摩擦式离合器的基本性能要求

根据离合器的功用,它应满足下列主要要求:

(1)具有合适的储备能力,保证既能传递发动机发出的最大转矩,又能防止传动系统过载。

(2)接合柔和,分离迅速彻底,便于发动机起步和变速器换挡。

(3)从动部分的转动惯量尽量小一些,以减小换挡时的冲击。

(4)具有良好的散热能力。由于接合过程中,主、从动部分有相对滑转,频繁使用将产生大量热量,如不及时散出,会影响使用寿命和工作可靠性。

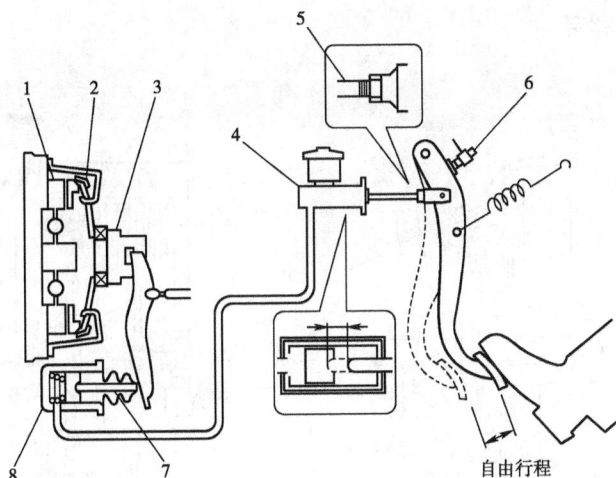

图 1-17　离合器踏板自由行程调整

1-离合器从动盘;2-膜片弹簧;3-分离轴承;4-主缸;5-推杆;6-踏板限位螺栓;7-推杆;8-工作缸

（5）压盘压力和摩擦片的摩擦系数变化小,工作稳定;具有衰减振动的能力,且噪声小,维护修理方便。

（6）操纵轻便,以减轻驾驶员的疲劳。

1.2.4　摩擦式离合器的类型

摩擦式离合器随着所用从动盘的数目、压紧弹簧的形式和安装位置、操纵机构形式的不同,其总体构造也有所差异。

（1）摩擦式离合器按从动盘的数目,可分为单盘离合器、双盘离合器和多盘离合器。

图 1-18a）所示为单盘离合器。它具有一个从动盘,其前后两面都装有摩擦衬片,因而它有两个摩擦表面。对于轿车和轻型货车而言,因发动机最大转矩数值一般不太大,可以满足传递最大转矩的要求。

图 1-18b）所示为双盘离合器,对于重型汽车而言,要求离合器所传递的最大转矩更大。这样,势必要采取一些措施来提高所传递最大转矩的能力。若欲增大离合器所能传递的最大转矩,可选用摩擦系数较大的摩擦衬片材料,或适当加强压紧弹簧的压紧力,或加大摩擦面的尺寸。但是,采用这几种结构措施,可能仍满足不了要求。因为摩擦系数的提高受到摩擦衬片材料的限制;摩擦面尺寸的增加又为发动机飞轮（离合器主动件之一）尺寸所限制;过分加大弹簧的压紧力,又将使操纵费力。在这种情况下,最有效的措施是增加摩擦面的数目,如增加一个从动盘,即采用具有两个从动盘的离合器,可使离合器所能传递的最大转矩增大 1 倍。

双盘离合器与单盘离合器相比,其从动部分多了一个中间压盘和一个从动盘,即两个从动盘和两个压盘,摩擦面为 4 个,因此可传递的转矩增大 1 倍。中间压盘不是通过离合器盖而是由飞轮直接驱动。周向均布 3～4 个传动块径向压入飞轮内,其长方体的头部伸入中间

压盘凸出部位的槽中,使压盘可以其槽侧面和传动块侧面作轴向滑动,因此中间压盘便以传动块来传力、导向和定心。

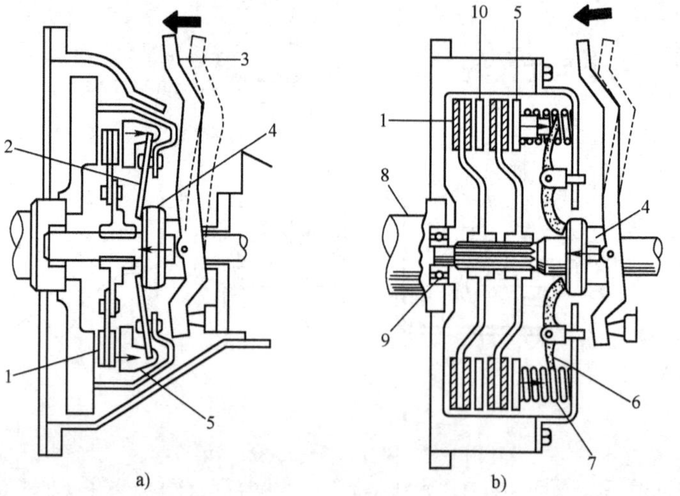

图1-18 摩擦式离合器

a)膜片弹簧单盘式离合器;b)螺旋弹簧双盘式离合器

1-从动盘;2-膜片弹簧;3-分离叉;4-分离轴承;5-压盘;6-分离杠杆;7-压紧弹簧;8-曲轴;9-轴承;10-中间压盘

多盘离合器由于可在重荷载和其他条件不好的情况下使用,一般多用于重型车或赛车上。

(2)摩擦式离合器按压紧弹簧的结构形式,可分为螺旋弹簧离合器和膜片弹簧离合器两种。

螺旋弹簧离合器按弹簧在压盘上的布置,又分为周布弹簧离合器和中央弹簧离合器两种。

采用若干个螺旋弹簧作为压紧弹簧,并沿压盘圆周分布的离合器称为周布弹簧离合器。仅具有一个或两个较强力的螺旋弹簧(圆柱形螺旋弹簧或矩形断面的锥形螺旋弹簧),并与压盘(或从动盘)同心安置在离合器中央的,称为中央弹簧离合器。采用膜片弹簧作为压紧弹簧的称为膜片弹簧离合器。

(3)离合器的操纵机构可分为机械式、液压式和助力式等几种。

①机械式操纵机构有杆系传动、绳索传动等形式。杆系传动优点是结构简单、成本低、维修方便;不足之处是铰接点多、易磨损、维修里程短、操纵费力。绳索传动和杆系传动基本相同,由于钢丝绳挠性大,对布置没有特别要求,不足之处是使用中会被钢丝绳拉长,导致踏板行程变大,操纵费力。

②液压式操纵机构由离合器主缸、离合器工作缸通过液压传递的方式来操纵离合器,具有摩擦阻力小、操纵轻便、适合远距离操纵的优点,不足之处是维修不方便,对系统要求密封

性良好。目前,液压式操纵机构是在各类型车上应用最多的一种操纵机构。

③助力式操纵机构可分为空气助力式和弹簧助力式。其中,弹簧助力式被一些轿车和重型车辆所采用,可减轻驾驶员对踏板的操纵力。

1.3　膜片弹簧离合器

1.3.1　膜片弹簧离合器的组成与工作原理

膜片弹簧离合器也是由主动部分、从动部分、压紧机构和分离操纵机构四大部分组成,其构造组成如图1-19所示。

图1-19　膜片弹簧离合器组成

膜片弹簧离合器所用的压紧元件是一个用薄弹簧钢板制成的、带有一定锥度、其上开有若干个径向开口、形成若干个弹性杠杆的碟形弹簧片。膜片弹簧既是离合器的压紧弹簧,又起离合器分离杠杆的作用,其中部两侧有钢丝支承圈,用铆钉将其安装在离合器盖上,作为杠杆的支点,并使之与离合器盖成为一个不可分解的总成件,称为离合器压盘总成。

在离合器从动盘和压盘总成安装到飞轮上而未锁紧固定螺栓时,膜片弹簧处于自由状态,离合器盖与飞轮接合面间有一距离(图1-20a)。当用螺栓将离合器盖固定到飞轮上时,膜片弹簧以后钢丝支承圈为支点靠在离合器盖上,并以本身的弹力使其外圆边缘压在压盘的外缘上,从而把从动盘压紧在压盘和飞轮后端面之间,这时离合器为接合状态(图1-20b)。当踩下离合器踏板时,分离轴承推动膜片弹簧,使膜片弹簧以钢丝支承环为支点而内端移向飞轮的一侧,其外缘向后翘起,通过分离弹簧钩拉动压盘后移使离合器分离(图1-20c)。

膜片弹簧离合器由于其结构简单、使用寿命长、维护方便,另外膜片弹簧的弹簧特性优于圆柱螺旋弹簧,所以膜片弹簧离合器的应用越来越广泛,在各种车型上都有应用,是目前在汽车上应用最多的离合器。

图1-20　膜片弹簧离合器的工作原理
a)安装前位置;b)安装后接合位置;c)分离位置
1-离合器盖;2-压盘;3-飞轮;4-分离钩;5-膜片弹簧;6-前钢丝支承圈;7-铆钉;8-分离轴承

1.3.2　膜片弹簧离合器主要部件的结构

1)主动部分

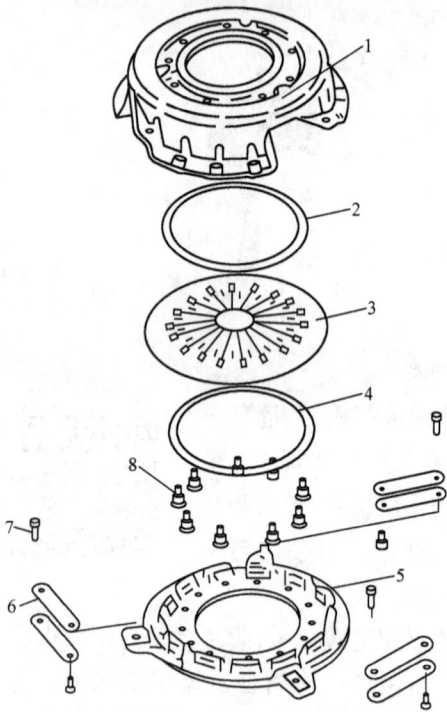

图1-21　膜片弹簧离合器盖及压盘总成
1-离合器盖;2、4-钢丝支承环;3-膜片弹簧;5-压盘;
6-传动钢片;7-铆钉;8-支承铆钉

膜片弹簧离合器主动部分由飞轮、离合器盖和压盘等组成。图1-21为膜片弹簧离合器盖及压盘总成分解图。这部分与发动机曲轴、飞轮连在一起,离合器盖通过螺栓固定在飞轮上,为了保持正确的安装位置,离合器盖通过定位销进行定位,压盘与离合器盖之间是靠3~4个传动钢片传递转矩的,传动钢片用弹簧钢制成,沿压盘周边均匀分布,切线方向安装,其两端分别被铆钉铆在离合器盖上和压盘上。在离合器分离和接合过程中,依靠弹簧片的弯曲变形,使压盘前后移动。正常工作时,离合器盖通过传动钢片拉动压盘旋转,对压盘起着传动、导向和定心作用。

离合器盖通过传动钢片拉动压盘旋转的优点是传动没有间隙,没有驱动部位的磨损,维修工作量小,传动效率高,且无冲击噪声及压盘定心性能变坏问题;缺点是传动钢片反向承载力较差,汽车反拖时易折断传动钢片。

2)从动部分

离合器的从动部分即为从动盘,一般都带有扭转减振器。发动机传到传动系统的转速和转矩是周期性变化的,它使传动系统产生扭转振动,这将使传动系统的零件受到冲击性交变荷载,使零件的寿命下降、零件损坏。采用扭转减振器可以有效地防止传动系统的扭转振动。带扭转减振器的从动盘的结构和原理如图 1-22 所示。

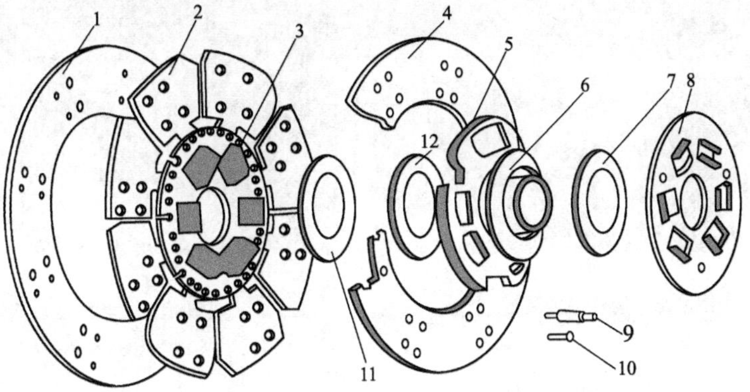

图 1-22　带扭转减振器的从动盘

1、4-摩擦衬片;2-波浪形弹簧钢片;3-减振弹簧;5-从动盘毂;6-调整垫片;7、12-摩擦垫圈;8-减振器盘;9-支承销;10-空心铆钉;11-调整垫圈

从动盘钢片外圆周铆接波形弹簧钢片,摩擦衬片分别铆接在弹簧钢片上,从动盘钢片与减振盘铆接在一起,这两者之间夹有摩擦垫圈和从动盘毂。从动盘毂、从动盘钢片和减振器盘上都有沿圆周均布的 6 个窗孔,减振弹簧装在窗孔中。从动盘毂的内花键套在变速器第一轴前端的外花键上,并可沿轴向移动。转矩通过从动盘毂的花键传给变速器第一轴,由此输入变速器。

从动盘受到转矩作用时,转矩从摩擦衬片传到从动盘钢片,再经过减振弹簧传给从动盘毂。由发动机曲轴传来的扭转振动所产生的冲击即被弹簧所缓和,并被摩擦垫圈所吸收,而不会传到变速器以后的总成部件上;同样,汽车行驶于不平路面上所引起的传动系统冲击荷载也被弹簧所缓和,降低对发动机的影响。波浪形弹簧钢片在接合过程中可以防止压盘和从动盘之间的压力瞬间增大,起到柔和接合的作用。

3) 压紧机构和分离机构

压紧机构包括膜片弹簧、钢丝支承环、传动钢片、收缩弹簧等。膜片弹簧实质上是一种薄弹簧钢板制成的带有锥度的碟形弹簧,盘面上开有许多径向切口,其小端在锥面上形成一排有弹性的分离指,起到杠杆的作用,切口根部钻有圆孔,防止应力集中,如图 1-23 所示。

安装时固定铆钉穿过圆孔,并固定在离合器盖上,起压紧弹簧的作用。膜片弹簧两侧装有钢丝支承环,这两个支承环是膜片弹簧工作的支点。膜片弹簧的外缘通过分离弹簧钩与压盘联系起来,如图 1-24 所示。

分离机构包括分离叉、分离套筒、分离轴承等,如图 1-25 所示。

膜片弹簧离合器的主要特点是用一个膜片弹簧代替传统的螺旋弹簧和分离杠杆,既起压紧机构作用,又起分离杠杆作用。钢丝支承环在膜片弹簧外侧,当膜片弹簧工作时,它作为支点而工作,将膜片弹簧的运动传给压盘,压力均匀、接合平顺。

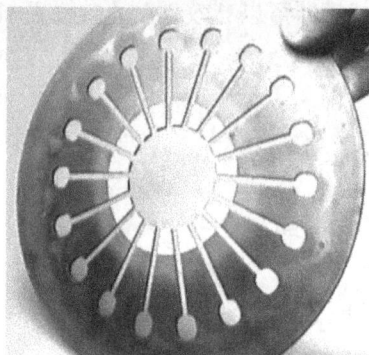

图 1-23　膜片弹簧结构

图 1-24　传动钢片与收缩弹簧结构
1-传动钢片;2-收缩弹簧

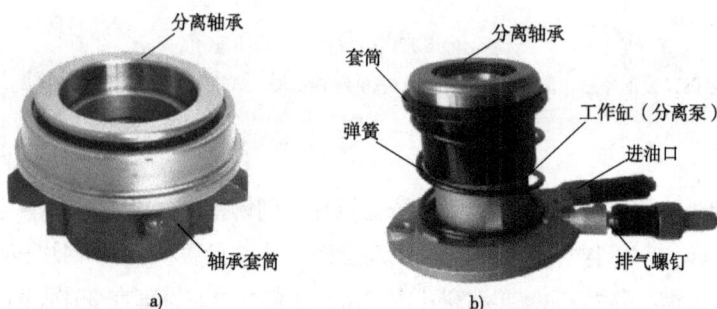

a)　　　　　　　　　　b)

图 1-25　分离套筒、分离轴承结构
a)分离轴承总成;b)工作缸与轴承总成

1.4　离合器的操纵机构

　　离合器的操纵机构是驾驶员操纵离合器使之分离和接合的一套机构,它起始于离合器踏板,终止于离合器壳内的分离轴承。本节所要讨论的主要是其中位于离合器壳外面的部分。

1.4.1　操纵机构的类型与组成

　　离合器操纵机构按照分离离合器时所需操纵能源的不同,可分为人力式和助力式两种。

　　人力式的离合器操纵机构又按所用传动装置的形式不同,分为机械式和液压式两种。

　　助力式的离合器操纵机构可分为气压助力式和弹簧助力式。

　　人力式操纵机构是以驾驶员作用在踏板上的力作为唯一的操纵能源。助力式操纵机构除了驾驶员的力以外,一般主要以其他形式的能源作为操纵能源。

　　本部分主要介绍在轿车中应用较多的机械式操纵机构和液压式操纵机构。其中液压操纵机构应用最为广泛。

1.4.2　机械式操纵机构

机械式操纵机构有杆系传动（图 1-26）和拉索传动（图 1-27）两种形式。

杆系传动机构的组成如图 1-26 所示，它由分离轴承、分离轴（分离叉）、分离拉杆、分离叉臂、踏板轴、踏板等组成。踩下踏板时，操纵力经踏板、分离拉杆等传给分离叉，推动分离轴承前移，并通过分离杠杆使压盘后移，离合器分离。

调节螺母用螺纹与连接杆连接，通过调节螺母来调节连接杆的工作长度，实现踏板自由行程的调整。

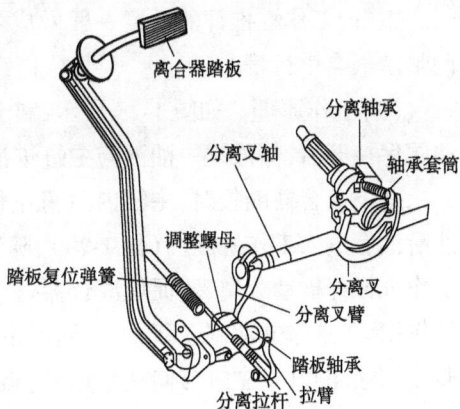

图 1-26　杆系传动操纵机构的组成

1.4.3　液压式操纵机构

1）构造和工作原理

（1）构造。离合器液压操纵系统由离合器踏板、储液罐、进油软管、离合器主缸、离合器工作缸、油管、分离叉、分离轴承等组成，如图 1-12 所示。

离合器主缸（图 1-28）进油孔与储液罐相通。主缸内装有活（柱）塞、两个皮碗、推杆。两个皮碗的刃口方向相反，其作用相同。左侧皮碗用来密封工作缸内油液，防止泄漏；右侧皮碗的作用是在迅速抬起离合器踏板时，防止大气中空气吸入工作缸内。

图 1-27　拉索传动操纵机构的组成

1-拉索外套；2-内拉索；3-离合器壳（或拉索固定架）；4-调整螺母；5-锁紧螺母；6-复位弹簧；7-分离叉；8-踏板；9-踏板轴；10-踏板支架；11-踏板限位挡块；12-拉索球端；13-驾驶室前壁

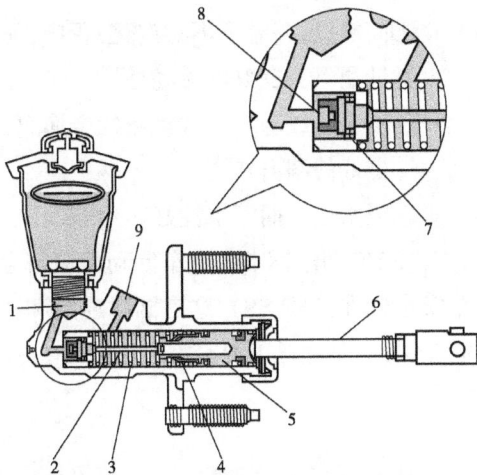

图 1-28　离合器主缸结构

1-室 B；2-连杆；3-压缩弹簧；4-弹簧座；5-柱塞；6-推杆；7-锥形弹簧；8-进油阀；9-室 A（至离合器工作缸）

　　主缸、工作缸推杆的长度一般做成可调的,或主缸推杆与踏板采用偏心螺栓连接,以便调整踏板自由行程。

　　(2)工作原理。如图 1-28 所示,离合器处于接合状态,主缸内活塞处于最右端,左端进油阀保持开启,储液罐中油液与主缸进油孔相通并充满主缸工作腔。

　　踩下离合器踏板时,主缸内活塞左移,推动阀杆左移并关闭储液罐进油阀,主缸内压力油沿油管进入工作缸腔内(图 1-29),随着踏板行程的增加,压力油推动工作缸活塞右移,使工作缸推杆推动分离叉,促使离合器处于分离状态。抬起离合器踏板,在分离轴承复位弹簧的作用下,工作缸活塞左移,油液回到主缸,同时主缸在复位弹簧的作用下,活塞右移并打开通往储液罐阀门,主缸与储液罐相通,离合器重新回到接合状态。

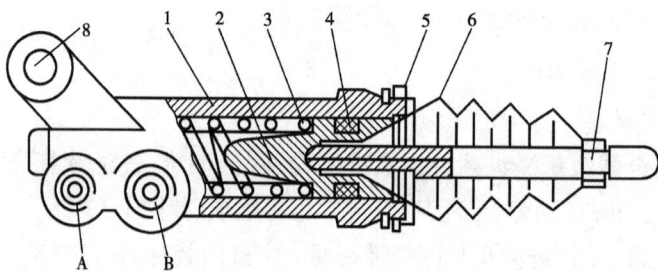

图 1-29　离合器工作缸结构

1-工作缸体;2-活塞;3-弹簧;4-皮碗;5-防尘套卡箍;6-防尘套;7-推杆;8-固定螺栓连接孔;A-放气孔;B-进、回油孔

　　2)液压式离合器操纵机构油液的选用

　　液压式离合器操纵机构使用的油液为汽车制动液。

　　(1)使用要求:

　　①高沸点,高温下不易汽化;否则,易产生气阻,使操纵机构失效。

　　②低温下有良好的流动性。

　　③不会造成与之经常接触的金属腐蚀,橡胶膨胀、变硬和损坏。

　　④良好的润滑作用。

　　⑤吸水性差而溶水性好。

　　(2)制动液标准。汽车制动液应符合美国联邦政府运输安全部(DOT)制定的联邦机动车安全标准(FMVSS),这是国际通用和认可的制动液标准,我国的制动液也是参照这一标准制分级的,具体是 FMVSS NO.116 DOT3、DOT4、DOT5。

课堂讨论一

　　(1)驾驶员新手在驾驶手动变速器汽车起步时,为什么经常会出现汽车向前突然窜动,甚至出现发动机熄火的现象?汽车起步时驾驶员如何正确操纵离合器,如何实现离合器的柔和接合?

（2）离合器液压操纵机构与机械操纵机构有何区别？

（3）离合器的哪些部件在使用中容易出现损坏？试分析引起损坏的原因。

（4）为什么驾驶车辆过程中不要把左脚一直放在离合器踏板上？否则，会有什么后果？

（5）离合器从动盘摩擦衬片磨损变薄后，离合器踏板自由行程会发生怎样的变化，为什么？

（6）哪些因素会导致离合器打滑？请分析表述。

（7）讨论分析双片离合器与单片离合器在结构、使用和维修方面的区别。

（8）如何理解双离合器的作用？

（9）举例说明混合动力传动和纯电动汽车传动形式的区别。

相关技能一

1.5 膜片式离合器的拆卸、分解和安装

本节以速腾轿车离合器及操纵机构的拆装为例。速腾轿车的离合器及操纵机构如图1-30、图1-31所示。

1.5.1 离合器及操纵机构的拆卸、分解和安装的基本步骤

1）准备工作

准备好常用维修工具、专用维修工具、检测工具和易耗材料，将待修车辆用汽车举升器顶起，检查车辆在举升器上是否安放牢固可靠。

2）外围部件的拆卸

为拆卸离合器，应先拆卸汽车底盘上的排气管、传动轴、变速器等外围部件。

3）离合器总成的拆卸与分解的基本步骤

（1）离合器总成的拆卸与分解：

①在离合器盖及飞轮上做装配记号。

②从发动机飞轮上拆下离合器。用芯棒或变速器输入轴插入离合器从动盘及曲轴后端的滚针轴承孔内。用对角线交叉法分几次松开并旋下螺栓，取下离合器盖及压板总成，再取下离合器从动盘，如图1-30所示。

③在离合器盖与压盘及膜片弹簧之间做装配记号，并进行分解。

④拆下膜片弹簧装配铆钉（或螺栓），将膜片弹簧、压盘及离合器盖分解。

（2）离合器分离机构的拆卸：

①如图1-31所示，从变速器壳上旋下螺母，取出螺栓，拆下驱动臂。

②取下分离轴承组件5及分离轴承固定簧7。

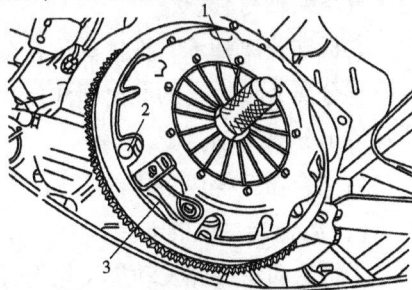

图1-30 离合器总成的拆卸

1-芯棒；2-螺栓；3-离合器盖及压板总成

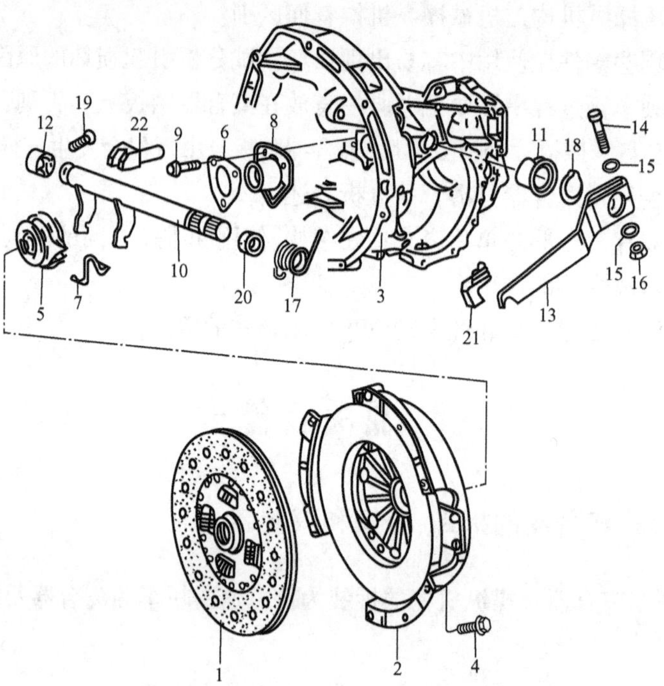

图 1-31　离合器分离机构的拆卸

1-离合器从动盘;2-离合器压盘组件;3-变速器壳体;4、9、14、19-螺栓;5-分离轴承组件;6-衬套;7-分离轴承固定簧;8-分离轴承导向套;10-分离叉轴;11-衬套座;12-衬套;13-驱动臂;15、18-垫圈;16-螺母;17-复位弹簧;20-防尘套;21-护套;22-限位套

③旋下螺栓,取下导向套。

④从变速器壳后面旋下分离叉轴定位用螺栓,用尖钳子取出挡圈和防尘套,再取出衬套座。

⑤向左移动分离叉轴,移动衬套,再向右移出分离叉轴和复位弹簧。

⑥取下复位弹簧,取出限位套。

⑦分离叉轴衬套的取出。用内拉头从变速器壳前端旋紧分离叉轴衬套,再用轴承拉具拉出分离叉轴衬套。

⑧拆卸分离轴承。把拉具放在分离套筒上,将分离轴承取出。

⑨分离叉轴衬套的取出同样使用内拉头从变速器壳前端旋紧分离叉轴衬套,再用轴承拉具拉出分离叉轴衬套。

4)离合器及操纵机构的安装

(1)离合器总成的安装:

①将从动盘装在发动机飞轮上,用定位芯棒定位(以便于从动盘在装进变速器输入轴时对中),将从动盘上减振弹簧凸出的一面朝外。

②装上离合器盖及压盘总成,按图 1-30 所示对角的顺序分几次旋紧螺栓,最后用扭力扳手按规定力矩拧紧螺栓。

（2）离合器操纵机构的安装：

①将分离轴承装入分离套筒中，并涂上二硫化钼锂基润滑脂。

②安装分离叉轴衬套压入变速器壳。

③分离叉轴装上弹簧，先穿入变速器孔中，再将分离叉轴的右端装入右边的衬套孔中。

④装入左边的分离叉轴衬套和分离叉轴衬套座。

⑤将衬垫及导向套涂上密封胶，装到变速器壳前面，锁紧分离叉轴，并检查能否灵活转动。

⑥将复位弹簧装到分离叉轴上，装上驱动臂。

（3）附件安装。最后安装变速器、传动轴、排气管等外围附件。

1.5.2　注意事项

离合器在解体与装配时应注意：

（1）安装离合器应用专用工具（或变速器一轴）装合，待离合器装好后再抽出定位轴。

（2）离合器盖与飞轮拆卸时应做标记，按拆卸时的标记安装。

（3）离合器盖与压盘分解时应做标记，组装时对好标记。

（4）分离轴承、从动轴应加少许润滑脂（锂基）。

（5）离合器液压管路安装后，应进行排放空气并调整自由行程。

1.6　离合器主要部件的检修

1.6.1　飞轮后端面的检查

目视检查飞轮后端面，不应有机油、润滑脂；定位销应固定牢固，无松动。

飞轮后端面主要损伤形式有磨损、沟槽、翘曲和裂纹。离合器盖与飞轮接合面的平面度公差一般为0.5mm，其检查方法如图1-32a）所示。

如果飞轮后端面磨损沟槽深度超过0.5mm，平面度误差超过0.12mm，应修平平面。

如果飞轮后端面有严重磨损、沟槽、烧伤、破裂、翘曲、裂纹或变形（摆差超限），应更换新件。

为了提高驾驶舒适性，进一步衰减振动，延长发动机的使用寿命，有些车辆如一汽大众生产的部分轿车配置的双质量飞轮，如图1-32b）所示。在两飞轮之间安装有缓冲弹簧，用以衰减和吸收底盘传来的振动，检修时除了检查沟槽深度和平面度误差外，还应检查弹簧的自由长度和弹力，如超过故障车型的技术标准，则更换弹簧零件。

1.6.2　从动盘的检查

先目视检查，看从动盘摩擦片是否有裂纹、铆钉外露、减振器弹簧断裂等情况，如果有则更换从动盘。再检查从动盘摩擦片的磨损程度。摩擦片的磨损程度可用游标卡尺进行测量，如图1-33所示。轿车从动盘铆钉头埋入深度一般不小于0.30mm。

图1-32 飞轮平面度误差检测

a)飞轮检查;b)双质量飞轮

1.6.3 压盘平面度的检查

离合器压盘平面度一般不应超过0.12mm,检查方法是用钢直尺或刀口尺压在压盘上,然后用塞尺测量,如图1-34所示。大型车辆离合器压盘平面度一般不大于0.3mm,超过0.5mm应修平平面。在修平离合器压盘平面时,要求其厚度的减薄量一般不大于1mm;否则,由于压盘过薄,会使压紧弹簧过分伸长而导致压盘和从动盘之间的压力下降,离合器容易打滑;此外过薄的压盘也会使其热容量下降,在工作中容易出现过热,导致从动盘烧焦。修整后,压盘工作面的平面度误差一般不大于0.1mm。压盘经过修理加工后,应进行静平衡,其平衡精度一般不低于15~20g·mm。压盘有严重翘曲、磨损、裂纹时应更换新件。

图1-33 从动盘磨损程度检测

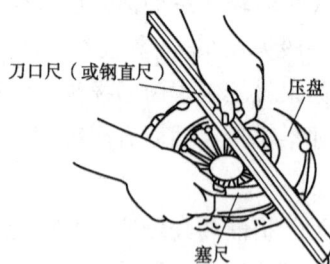

图1-34 压盘平面度的检查

1.6.4 离合器膜片弹簧检查

膜片弹簧在使用中易出现弯曲、折断或弹力减弱而影响动力传递;此外,其内端因长期与分离轴承接触,也会因磨损而出现凹槽,因此有必要进行检查与调整。

检查膜片弹簧内端的磨损程度可用游标卡尺进行测量,如图1-35a)所示。测量膜片弹簧与分离轴承接触部位磨损的深度和宽度一般小于0.6mm和5mm;否则,应更换。

膜片弹簧内端高度差一般不应大于0.5mm,其测量方法如图1-35b)所示。将离合器安装在飞轮上,用专用工具盖住弹簧分离指内端(小端),然后用塞尺测量弹簧内端与专用工具之间的间隙。弹簧内端应在同一平面内,间隙一般不应超过0.5mm;否则,用维修工具将变形过大的弹簧分离指翘起以进行调整,无法调整时通常要更换新件。

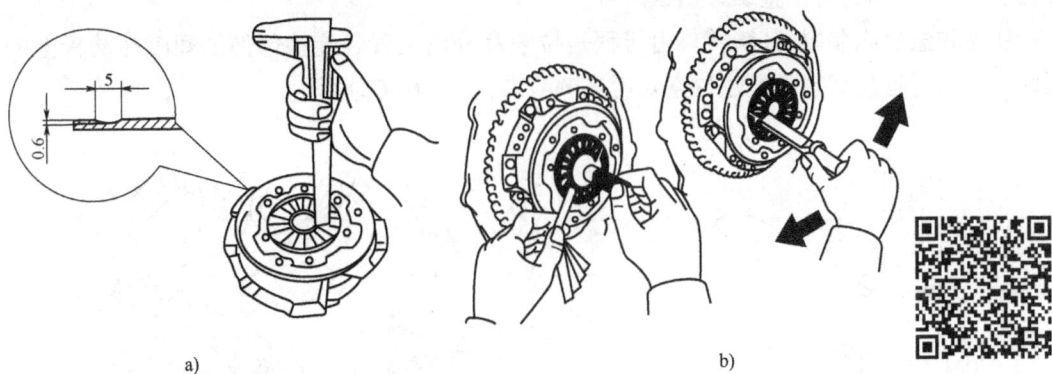

图1-35 膜片弹簧检查(尺寸单位:mm)
a)检查膜片弹簧内端的磨损程度;b)检查膜片弹簧内端高度差

由于离合器在长期使用过程中,会产生磨损,导致打滑。如果长时间打滑,不但会导致从动盘烧焦,还会由于压盘温度过高,使膜片弹簧退火,导致其刚度下降,加剧打滑现象发生,产生恶性循环。膜片弹簧退火后还会因刚度不足而在离合器分离时过度变形,使压盘后移量不足,出现分离不彻底的后果。因此,检查中如发现膜片弹簧有退火变色现象,应更换。

1.7 离合器踏板自由行程的调整

离合器摩擦衬片和传动机构长期工作后,磨损或变形都会造成离合器踏板高度变化,或自由行程出现异常,导致离合器出现打滑或分离不彻底,并加剧离合器摩擦衬片及操纵机构的磨损,因此,应对离合器踏板的高度或自由行程进行调整。

1.7.1 机械操纵式离合器踏板的调整

1)离合器踏板高度的调整

当在检修过程中发现离合器踏板高度不符合技术要求时,首先拧松锁紧螺母,转动止动器螺栓至规定高度,如图1-36a)所示。离合器踏板高度可用直尺测量,国产轿车一般在180~190mm,详细情况请查阅具体车型维修手册。

2)离合器踏板自由行程的调整

踏板自由行程是指踏板踩下一定行程而离合器尚未起分离作用,此时的踏板高度与自由状态的高度之差。具体方法是先测出踏板在完全放松时的高度,再测出用手掌按下踏板感觉有阻力时的高度,前后两数值之差就是自由行程值。品牌轿车离合器踏板自由行程值为5～15mm,具体可参阅维修手册。

杆式机械操纵离合器踏板自由行程的调整,一般都是调整踏板拉杆上的调整螺母,以改变分离轴承与分离杠杆间的间隙,调整螺母的调整方法比较简单,一般顺时针拧进,自由行程变小,逆时针拧出,自由行程变大。检修时,可以边使用直尺检测,边进行调整,当行程标准符合技术要求后,将调整螺母锁紧即可。

机械拉索操纵装置,其踏板自由行程是拉索及分离装置各连接部件的间隙在踏板上的反映。自由行程的调整是通过拉索长度来调节的,如图1-36b)所示。

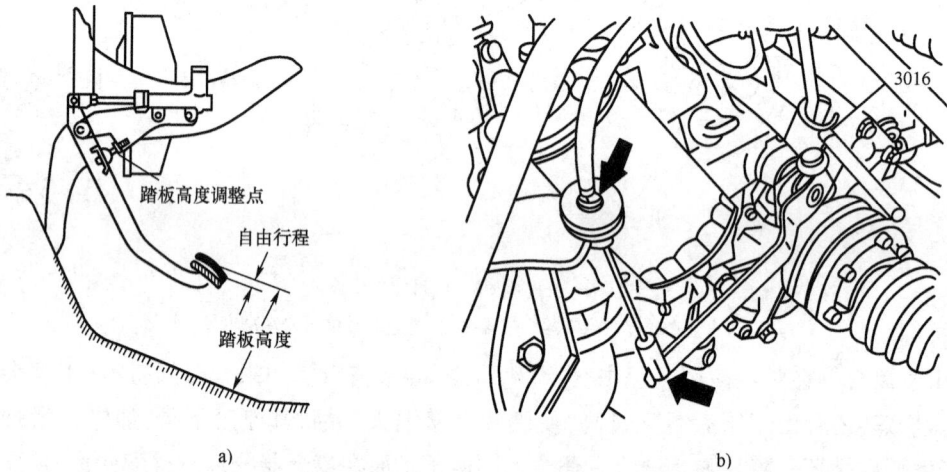

图1-36 离合器踏板高度的检测与调整
a)自由行程调整检测方法;b)自由行程调整螺母和传动机构

踏板自由行程的调整方法是:用一把直尺抵在驾驶室底板上,先测量踏板完全放松时的高度,然后用手拧松调整螺母,另一只手轻抬下面的连接杆,按需要放松或收紧,调到符合要求为止。然后轻按踏板,当感到阻力增大时再测量踏板高度,两次测量的高度差应在技术标准的范围内。

1.7.2 液压操纵式离合器踏板自由行程的调整

液压操纵式离合器踏板自由行程有可调式和自调式两种。

图1-37a)所示为丰田730型手动变速器配套的离合器工作缸,工作缸与分离轴承组合安装在变速器输入轴上,工作时在油压和弹簧作用下,活塞前移推动轴承使离合器分离。特点是弹簧力的作用与液压力方向一致,离合器接合后,轴承在弹簧力作用下始终和分离杠杆接触,无间隙,离合器自由行程依靠调整主缸活塞与推杆进行调整。

图1-37b)所示是踏板自由行程自调式的液压操纵机构的工作缸结构。若离合器在使用过程中从动盘摩擦衬片磨损变薄,离合器接合时分离杠杆内端会向外多移动一个距离,由于离合器压紧弹簧的弹力较大,其通过分离杠杆作用在工作缸柱塞上的压力大于工作缸内锥形弹簧的弹力,从而推压活塞使工作缸内多余的油液通过主缸内开启着的回油阀流回储油室,从而保证压盘能将从动盘完全压紧。同理,当更换新的从动盘后,在离合器接合时分离

杠杆内端会向内多移动一个距离,使分离杠杆与工作缸推杆之间出现间隙,此时工作缸柱(活)塞会在锥形弹簧的弹力作用下外移,使间隙消除,主缸储油室中的油液也会通过主缸内开启着的回油阀流向工作缸,以补偿工作缸柱(活)塞外移所需的油液。

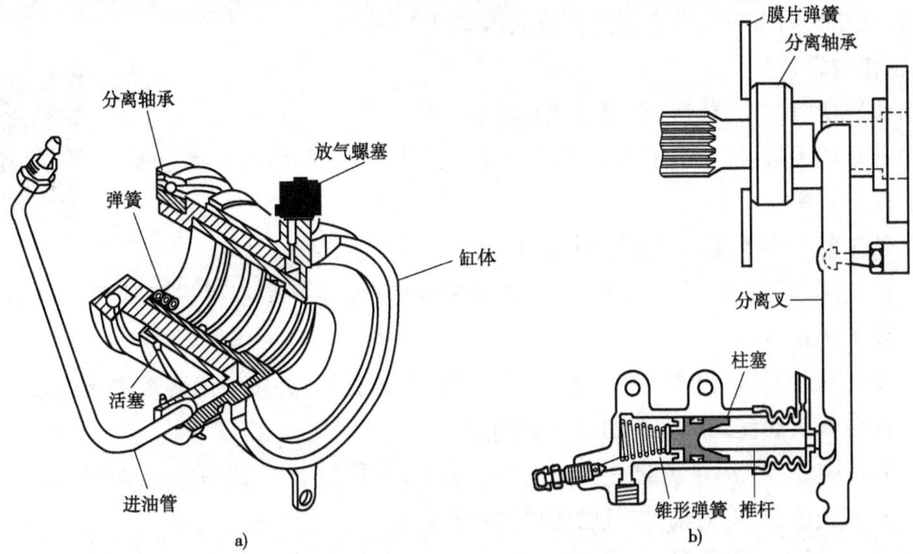

图1-37　自由行程调整装置
a)间隙可调一体式工作缸;b)间隙自调式工作缸

小组工作一

(1)每3~5名学生组成1个工作小组,确定1名小组长,接受工作任务,做好准备工作。

(2)阅读工作单,查阅维修手册(或实训指导书),观察待修车辆的离合器,讨论拆卸方法和步骤,确定小组人员工作分工。向实训指导教师汇报讨论结果,经指导教师同意后,开始下一步的工作。

(3)按照工作单的引导,完成待修车辆离合器的拆卸、分解、检查和更换从动盘的工作。

(4)在执行工作任务的过程中,根据工作单的要求,完成离合器零部件认识、工作原理描述等学习任务。

(5)完成工作单要求的离合器主要零部件的检测,将检测结果记录在工作单的相应栏目,并对检测结果作出分析。

(6)回答指导教师的现场提问,接受指导教师的技能考核。

(7)完成工作任务后,对工作过程进行自我评价和小组互评,听取指导教师的点评。

(8)清洁工作场所,清点维护工具设备,完成任务交接。

生产任务二　离合器分离不彻底故障的检修

1）工作对象

配备双片式周布弹簧离合器的待修故障车辆1辆。

2）工作内容

（1）领取所需的工具、耗材，做好工作准备。

（2）从车辆上拆除传动轴、变速器等离合器外围部件，然后拆下离合器总成。

（3）从车辆上拆下离合器操纵系统的主缸、工作缸。

（4）检查离合器操纵系统的主缸、工作缸和油管，对主要零部件进行检测，分析检测结果，制订修复方案。

（5）安装离合器后，检查周布弹簧式离合器的分离杠杆，并按技术要求进行调整。

（6）调整双从动盘式离合器中间压盘间隙。

（7）安装离合器操纵系统的主缸、工作缸，液压管路排放空气，调整离合器踏板自由行程。

（8）安装变速器、传动轴、排气管等外围部件。

（9）检查、评价工作质量。

（10）整理工具，清洁工作场地。

3）工作目标与要求

（1）学生应以小组工作的方式，完成本项工作任务。

（2）学生应当能在小组成员的配合下，利用汽车维修手册（或实训指导书），制订双片式离合器检修的工作计划，并实施该计划。

（3）能通过阅读资料和现场观察，辨别所拆离合器及其操纵机构的类型。

（4）能认识所拆卸离合器操纵系统的零部件，口述双片式离合器、操纵系统及其主要部件的工作原理和作用。

（5）能向客户解释所修车辆诊断与排除离合器分离不彻底故障原因和修复方案。

（6）能按规范的步骤，完成双片式离合器及其操纵系统的检修作业，恢复汽车的行驶能力。

（7）在工作过程中培养团队协作精神，养成敢担当、能吃苦的好品质。

相关知识二

1.8　周布弹簧离合器

1.8.1　单片式周布弹簧离合器

1）构造

单片式周布弹簧离合器的构造如图1-38所示。

（1）主动部分。单片式周布弹簧离合器的主动部分由飞轮、离合器盖和压盘等组成。离合器盖通过螺栓固定在飞轮上，为了保持正确的安装位置，离合器盖通过定位销进行定位。压盘与离合器盖之间通过周向均布的 3~4 组支撑柱（或传动块）来传递转矩。支撑柱一端连接在压盘上，另一端用球面调整螺母锁在离合器盖上。球面调整螺母可以用来调整分离杠杆离飞轮的高度，保证分离杠杆内端面能处于同一平面内。

图 1-38　周布式弹簧离合器的构造
1-盖；2-压紧弹簧；3-滚子；4-压盘；5-销；6-环头螺栓；7-分离杠杆；8-支撑片；9-分离杠杆弹簧

（2）从动部分。单片式周布弹簧离合器的从动部分包括从动盘和从动轴，从动盘一般都带有扭转减振器。

（3）压紧机构。单片式周布弹簧离合器的压紧机构由若干根螺旋弹簧组成，螺旋弹簧沿压盘周向对称布置，装在压盘和离合器盖之间（为减少压盘对弹簧传热，弹簧座做成凸起的十字形筋条，加隔热垫）。

（4）分离操纵机构。

①分离叉。分离叉与其转轴制成一体，轴的两端靠衬套支撑在离合器壳上。

②分离杠杆。用薄钢板冲制而成，采用支点移动、重点摆动或综合式防干涉机构。

2）工作原理

在压紧弹簧的作用下，离合器经常处于接合状态，只有在必要时暂时分离。三个分离杠杆用薄钢板冲压制成，径向安装，其中部以分离杠杆支承柱孔中的浮动销为支点，外端通过摆动支片抵靠在压盘的钩状凸起部。当在分离杠杆内端施加一个向飞轮方向的水平推力时，杠杆将绕支点转动，其外端通过摆动支片推动压盘克服压紧弹簧的作用力而后移，从而撤除对从动盘的压紧力，于是摩擦作用消失，离合器不再传递任何转矩，即离合器转入了分离状态。当需要使离合器由分离状态恢复到接合状态时，驾驶员可松开离合器踏板，踏板和分离叉分别在复位弹簧的作用下退回原位，压紧弹簧又重新将从动盘压紧在压盘与飞轮之间，使离合器恢复接合状态。为使接合柔和，驾驶员应该逐渐地放松离合器踏板。

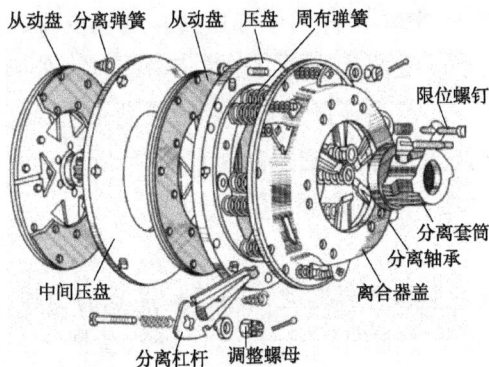

图 1-39　汽车双片式周布弹簧离合器

1.8.2　双片式周布弹簧离合器

为了增大离合器所能传递的转矩，并考虑到飞轮的径向尺寸有限，在中型或重型载货汽车上广泛采用双从动盘离合器。

汽车双片式周布弹簧离合器由飞轮、压盘、中间压盘及离合器盖等组成，如图 1-39 所示。2

个从动盘夹在飞轮、中间压盘及压盘的中间。离合器中沿圆周均布压紧弹簧,使压盘和中间压盘紧紧地压向飞轮。中间压盘的边缘上有4个缺口,飞轮上的4个定位块即嵌装在这4个缺口中,用以传递发动机的转矩,同时保证中间压盘的正确位置。

由于摩擦片数增多,其接合较为柔和,但是必须有专门装置,以保证各主动盘和从动盘之间能彻底分离。为了使后从动盘不被中间压盘和压盘夹住,在离合器盖上装有4个限位螺钉,用以限制中间压盘的行程,限位螺钉的位置可以调节。

课堂讨论二

(1)周布弹簧离合器与膜片弹簧离合器有何区别?
(2)如果传动片磨损以后,将出现什么结果?传动片到底有何作用?
(3)检查中发现离合器压盘螺旋弹簧座凸起,这种结构有何用处?
(4)周布弹簧离合器分离杠杆为什么采用球形螺母连接?有何目的?
(5)双片离合器的中间压盘如何工作?请分析说明。

相关技能二

1.9 周布弹簧离合器的检修

周布弹簧离合器检修与膜片弹簧离合器的检修大体相似,所不同的有以下几点。

1)螺旋弹簧的检查

螺旋弹簧的主要损伤有断裂、裂纹、弯曲变形、弹力减弱等。一般自由长度减小值大于2mm,在全长上的偏斜量超过1mm,应予以更换。检查螺旋弹簧的偏斜程度可用直角尺和塞尺进行测量,如图1-40所示。

2)分离杠杆的调整

如图1-41所示,支撑柱前端插入压盘相应的孔内,分离杠杆的中部通过浮动销支撑在方孔的平面A上,并用扭簧使它们靠紧。凹字形的摆动支撑片以刃口支撑于分离杠杆外端和压盘凸块之间,这样就可以利用浮动销在平面A上的滚动和摆动支撑片的摆动来消除运动干涉。分离杠杆结构简单、工作可靠,其高度可通过螺母调整支点高度来调整,顺时针拧入调整螺母,分离杠杆升高,反之降低,直到满足技术要求时固定锁紧。

3)双片式离合器的调整

双片式离合器为了分离彻底,中间压盘与中间压盘限位螺钉之间应保持适当的间隙。如图1-42所示,进行双片式离合器的调整时,应使离合器处于接合状态,将3个限位螺钉18拧入,直到与中间压盘4相接触,再拧出5/6圈。螺钉与锁止垫圈19间发出5次响声,以保证中间压盘约有1.25mm的行程。

图1-40　螺旋弹簧的检查
a)自由长度的检查;b)中心轴线垂直度的检查
1-弹簧;2-游标卡尺;3-直角尺;4-平规

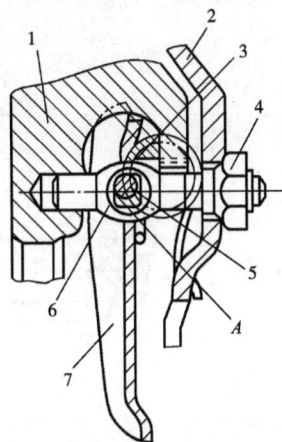

图1-41　分离杠杆的调整
1-压盘;2-盖;3-摆动支撑片;4-调整螺母;5-浮动销;6-支撑柱;7-分离杠杆

1.10　液压操纵系统的检修

1)离合器主缸的拆卸与分解

离合器主缸结构如图1-43所示。检修离合器主缸和工作缸之前,应排干液压管路中的制动液。

(1)取下离合器踏板与主缸推杆叉的连接销轴。

(2)从主缸上拧下进油管4和出油管接头1。

(3)拧下主缸固定螺栓7,拆下主缸。在解体离合器主缸前,应排净主缸中的制动液。

主缸分解过程是:取下防尘套10,用螺丝刀或卡环钳拆下卡簧9,拉出主缸推杆11、压盖8和活塞6。

2)离合器工作缸的拆卸与分解

离合器工作缸结构如图1-29所示。拧下工作缸进油管接头,再拆下工作缸固定螺栓,即可拆下工作缸。工作缸的分解过程是:拆下防尘套6,拉出工作缸推杆7,然后用压缩空气将工作缸活塞2从工作缸体1内压出来。注意在用压缩空气压出活塞时,应当用一块布将工作缸包住,防止气压过大时活塞和制动液突然喷出伤人。

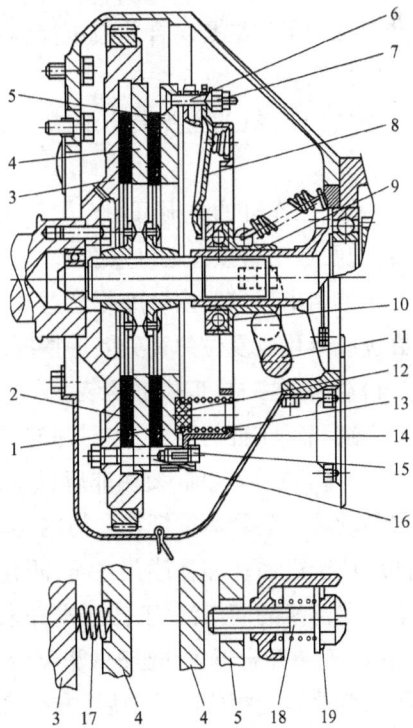

图1-42　双从动盘离合器的调整
1、2-从动盘;3-飞轮;4-中间压盘;5-压盘;6-分离杠杆螺钉;7-调整螺母;8-分离杠杆;9-分离套筒;10-分离轴承;11-分离拨叉;12-隔热垫;13-压紧弹簧;14-离合器盖;15-离合器盖螺钉;16-传动销;17-分离弹簧;18-限位螺钉;19-锁止垫圈

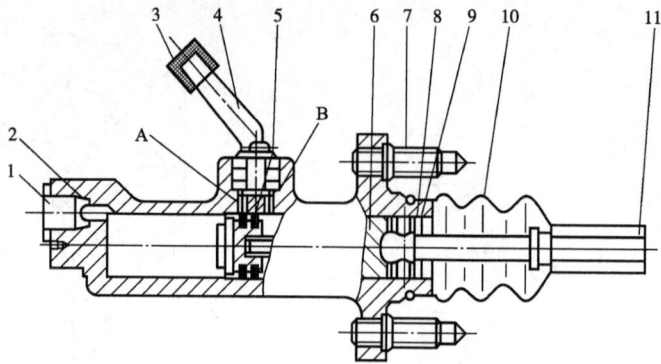

图1-43　主缸结构示意图

1-出油管接头；2-壳体；3-保护套；4-进油管；5-皮碗；6-活塞；7-固定螺栓；8-压盖；9-卡簧；10-防尘套；11-推杆；A-进油孔；B-补偿孔

3) 主缸、工作缸的检修

主缸和工作缸是离合器液压操纵系统的主要部件，其工作性能的好坏直接影响离合器的工作性能。

主缸、工作缸的主要损伤形式是缸筒内壁磨损、皮碗边缘磨损、皮碗老化、复位弹簧变形等。

主缸、工作缸的磨损可用专用工具测量，也可用手指伸入缸筒接触检查，如有明显磨损凹痕，说明缸筒磨损过甚，应更换。

一般当出现缸筒内壁磨损超过0.15mm，活塞与缸筒的间隙超过0.20mm，皮碗边缘有损伤痕迹或老化及复位弹簧失效等情况时，应更换相应零件。

4) 离合器主缸、工作缸的装配

主缸和工作缸的装配，按拆卸与分解相反顺序进行，但装配时应注意以下事项：

(1) 零件在装配前，要用非腐蚀性液体清洗干净，并在活塞、皮碗、挡圈、缸套等零件上涂一层制动液。装合后推杆在缸筒内运动应灵活。在放松(不工作)位置时，主缸皮碗和活塞头部应位于进油孔和补偿孔之间，两孔都开放。工作缸上带有塑料支承环，安装时外表面要涂上一层薄薄的润滑油，工作缸推杆末端也要涂上润滑脂。

(2) 安装离合器工作缸时，需要用一个适当的杠杆克服弹簧的弹力，将其压向变速器壳相应的孔中后，方能将固定螺栓旋入。

5) 离合器液压系统中空气的排出

离合器液压操纵系统在经过检修之后，管路内可能进入空气，在添加制动液时，也可能使液压系统中进入空气。空气进入后，由于空气的可压缩性，缩短了主缸推杆行程即踏板工作行程，从而使离合器分离不彻底。因此，液压系统检修后或怀疑液压系统进入空气时，就要排除液压系统中的空气。排除方法如下：

(1) 将主缸储液罐中的制动液加至规定高度。

(2)举升车辆到适宜高度,在工作缸的放气阀上安装一软管,接到用于盛制动液的容器内。

(3)排空气需要两个人配合工作,一人快速地踩离合器踏板数次,感到有阻力时踩住不动,另一人拧松放气阀直至制动液开始流出,然后再拧紧放气阀。

(4)连续按上述方法操作几次,直到流出的制动液中不见气泡为止(观察喷出的制动液没有断线,液柱连续时为排气结束)。

(5)空气排除干净之后,需要再次检查储液罐液面高度并调整踏板自由行程。

小组工作二

(1)每3～5名学生组成1个工作小组,确定1名小组长,接受工作任务,做好工作准备。

(2)阅读工作单,查阅维修手册(或实训指导书),观察待修车辆的双片式离合器液压操纵系统,讨论拆卸方法和步骤,确定小组人员工作分工。向实训指导教师汇报讨论结果,经指导教师同意后,开始下一步的工作。

(3)按照工作单的引导,完成待修车辆双片式离合器液压操纵系统主要零部件的拆卸、分解、检查和检修从动盘的工作。

(4)在完成工作任务的过程中,根据工作单的要求,完成双片式离合器液压操纵系统主要零部件认识、工作原理描述等学习任务。

(5)完成工作单要求的双片式离合器液压操纵系统主要零部件的检测,将检测结果记录在工作单的相应栏目,并对检测结果作出分析。

(6)回答指导教师的现场提问,接受指导教师的技能考核。

(7)完成工作任务后,对工作过程进行自我评价和小组互评,听取指导教师的点评。

(8)清洁工作场所,清点维护工具设备,完成任务交接。

拓展知识与技能

1.11　离合器的常见故障及诊断

1.11.1　离合器打滑

1)现象

汽车用低速挡起步时,放松离合器踏板后,汽车不能起步或起步困难;汽车加速行驶时,车速不能随发动机转速的提高而提高,感到行驶无力,严重时产生焦煳味或冒烟等现象。

2)原因

(1)离合器踏板没有自由行程,使分离轴承压在分离杠杆上。

(2)从动盘摩擦片、压盘或飞轮工作面磨损严重,离合器盖与飞轮的连接松动,使压紧力减弱。

(3)从动盘摩擦片油污、烧蚀、表面硬化、铆钉外露、表面不平,使摩擦系数下降。

(4)压力弹簧疲劳或折断,膜片弹簧疲劳或开裂,使压紧力下降。

(5)离合器操纵杆系卡滞,分离轴承套筒与导管间油污、尘腻严重,甚至造成卡滞,使分离轴承不能复位。

(6)分离杠杆弯曲变形,出现运动干涉,不能复位。

3)诊断方法

停车后将驻车制动器操纵杆拉紧,使车辆完全制动住,分离离合器,将变速器挂入高挡,在发动机转速逐渐增加的同时,缓慢地接合离合器。这时若发动机停转,则可判断离合器不打滑;若发动机不停转,则可判断离合器打滑。

4)检修与排除

(1)检查离合器踏板自由行程,如不符合规定应予以调整。

(2)如果自由行程正常,应拆下变速器壳,检查离合器与飞轮连接螺栓是否松动,如松动则予以拧紧。

(3)如果离合器仍然打滑,应拆下离合器检查从动盘摩擦片的状况。如果有油污,一般可用清洗剂清洗并吹干,然后找出油污来源并设法排除。如果摩擦片磨损严重或有铆钉外露,应更换从动盘。

(4)如果从动盘完好,则应分解离合器,检查压紧弹簧,如果弹力过软则应更换。

1.11.2 离合器分离不彻底

1)现象

挂一挡或挂二挡时,难以挂入,或无法挂入,或有撞击声;在行驶中挂挡基本正常或有响声,发动机熄火状态下挂挡正常。

2)原因

(1)离合器踏板自由行程过大。

(2)分离杠杆弯曲变形、支座松动、支座轴销脱出,使分离杠杆内端高度难以调整。

(3)分离杠杆调整不当,其内端不在同一平面内或内端高度太低。

(4)双片离合器中间压盘限位螺钉调整不当,个别分离弹簧疲劳、高度不足或折断,中间压盘在传动销上或在离合器驱动窗口内轴向移动不灵活。

(5)从动盘钢片翘曲、摩擦片破裂或铆钉松动。

(6)新换的摩擦片太厚或从动盘正反方向装错。

(7)从动盘花键孔与变速器第一轴花键轴卡滞。

(8)离合器液压操纵机构漏油、有空气或油量不足。

(9)膜片弹簧弹力减弱。

(10)发动机支承磨损或损坏,发动机与变速器输入轴不同心。

3)诊断方法

分离离合器,将变速器挂入倒挡(因为一般倒挡没有同步器)。接着踩下离合器踏板,将齿轮拨回空挡位置。踩下加速踏板待发动机转速上升后,再使倒挡齿轮进入啮合时,若出现响声,则可判断是分离不彻底。

4)检修与排除

(1)检查离合器踏板自由行程,如果自由行程过大则进行调整;否则,检查液压操纵机构是否存在储液罐油量不足或管路中有空气的现象,并进行必要的排除。如果不是上述问题应继续检查。

(2)检查分离杠杆内端高度,如果分离杠杆高度太低或不在同一平面,则进行调整;否则,检查从动盘是否方向装反,如果都没问题则继续检查。

(3)检查从动盘是否翘曲变形、铆钉脱落,从动盘是否轴向运动卡滞等,如果是,则进行更换或修理。

1.11.3　起步发抖

1)现象

汽车用低速挡起步时,按操作规程逐渐放松离合器踏板并徐徐踩下加速踏板,离合器不能平稳接合且产生抖振,严重时甚至整车产生抖振现象。

2)原因

(1)分离杠杆内端高度不处在同一平面内。

(2)从动盘或压盘翘曲变形,飞轮工作端面的端面圆跳动严重。

(3)从动盘摩擦片厚度不均匀、油污、烧焦、表面不平整、表面硬化、铆钉头露出、铆钉松动或切断、波形弹簧片损坏。

(4)压紧弹簧的弹力不均、疲劳或个别折断,膜片弹簧疲劳或开裂。

(5)从动盘上的缓冲片破裂或减振弹簧疲劳、折断。

(6)发动机支架、变速器、飞轮、离合器壳等的固定螺栓松动。

(7)分离轴承套筒与导管油污、尘腻严重,使分离轴承不能复位。

3)诊断方法

使车辆在坡道上起步,或对车辆施加荷载等以改变负荷进行测试,可以更准确地得到验证发抖故障。

4)诊断与排除

(1)检查离合器踏板、分离轴承等复位是否正常;如果正常,则继续检查。

(2)检查发动机支架、变速器、飞轮、离合器壳等的固定螺栓是否松动,如果是,则紧固螺栓;否则,继续检查。

(3)检查分离杠杆的内端是否在同一平面,如果是,则继续检查。

(4)检查压盘、从动盘是否变形,铆钉是否松动、外露,压紧弹簧的弹力是否不在允许范围内,如果是,则更换或修理。

1.11.4　离合器异响

1)现象

离合器分离或接合时发出不正常的响声。

2) 原因

(1) 分离轴承缺少润滑剂,造成干磨或轴承损坏。

(2) 分离轴承与分离杠杆内端之间无间隙。

(3) 分离轴承套筒与导管之间油污、尘腻严重或分离轴承复位弹簧与踏板复位弹簧疲劳、折断、脱落,使分离轴承复位不佳。

(4) 从动盘花键孔与其花键轴配合松旷。

(5) 从动盘减振弹簧退火、疲劳或折断。

(6) 从动盘摩擦片铆钉松动或铆钉头外露。

(7) 双片离合器传动销与中间压盘和压盘的销孔磨损松旷。

3) 诊断与排除

(1) 稍稍踩下离合器踏板,使分离轴承与分离杠杆接触,如果有"沙沙"的响声,则为分离轴承响;如果加油后仍响,说明轴承磨损过度、松旷或损坏,应更换。

(2) 踩下、抬起离合器踏板,如果出现间断的碰撞声,说明分离轴承前后有窜动,应更换分离轴承复位弹簧。

(3) 连踩离合器踏板,如果离合器刚接合或刚分开时有响声,说明从动盘铆钉松动或外露,应更换从动盘。

1.12 双离合器

1.12.1 双离合器与变速器动力布置

图 1-44 为双离合器与变速器动力布置示意图。双离合器技术早在 20 世纪 40 年代就已经出现,其工作原理为:离合器 C1 和离合器 C2 分别与变速器单速挡位齿轮轴和双速挡位齿轮轴相连。在一个挡位运行的同时,下一个挡位则预选下一挡位的齿轮,并处于待命状态。达到换挡点时,在转换瞬间完成两个挡位之间"离"与"合"的切换,其换挡过程极为迅速,因此不产生动力间断,且无顿挫感。

1.12.2 双离合器的结构特点

双离合器分为机械式和液力控制式两种。

1) 机械式双离合器

图 1-45 为机械式双离合器结构示意图。它主要由离合器 C1、离合器 C2 的压紧机构(螺旋弹簧、膜片弹簧)、压盘、输入轴、输出轴和外壳体等零部件组成。其特点是采用了两套离合器压盘,压盘的结构分为主动盘和从动盘(表面镶嵌有摩擦材料)。与普通的压盘式离合器的结构不同,这两个离合器主动盘和摩擦盘均为多片式的。双离合器与传统多从动盘摩擦盘式离合器不同,内侧离合器压紧机构采用螺旋弹簧式,外离合器压紧机构采用膜片弹簧式,且各个离合器可独立完成不同挡位的换挡需求。在变速器实现各个挡位间的动力切

换时,传统的单离合器要先将发动机传递给变速器输入轴的动力切断,变速器内的各组齿轮才能顺利完成切换,达到改变传动比的目的;而机械式双离合器总成中的两个离合器则不存在这种问题,当其中一个离合器断开时,另外一个离合器会随即接通,实现无缝连接。

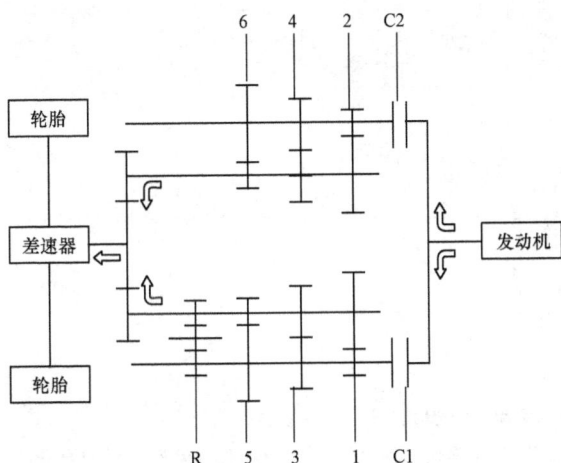

图1-44　双离合器与变速器动力布置示意图
1、2、3、4、5、6、R分别为变速器的挡位;C1-离合器1;C2-离合器2

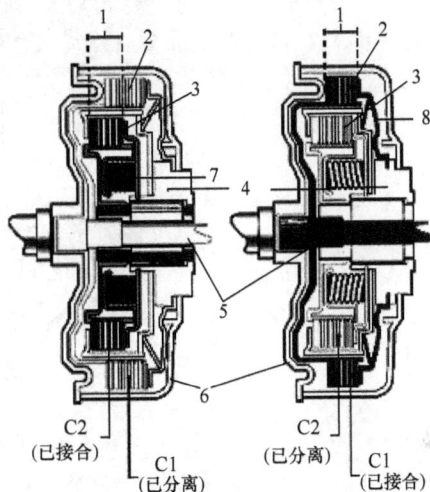

图1-45　机械控制式双离合器结构示意图
1-离合器总成;2-C1离合器压盘;3-C2离合器压盘;4-输出轴1;5-输出轴2;6-壳体;7-螺旋弹簧;8-膜片弹簧;C1-离合器1;C2-离合器2

图1-45所示的双离合器总成结构中,包含有C1和C2两个离合器,其特点是变速器单速挡与离合器C1连接在一起,双速挡则连接在离合器C2上,也就是将变速器的挡位按奇、偶数分别与两个离合器分开配置,变速器换挡所用的同步器与原来的手动变速器完全相同,在车辆处于停止状态时,离合器C1和C2都处于分离状态。起步前,先将挡位切换为低挡位,然后离合器C1接合,车辆开始起步行驶,离合器C2仍处于分离状态,不传递动力。当车辆加速,车速接近高一个挡位的换挡点时,换挡机构提前换挡。当车速达到换挡点时,离合器C1开始分离,同时离合器C2开始接合,两个离合器开始交替切换,直到离合器C1完全分离,离合器C2完全接合,换挡过程结束。离合器在其他挡位换挡工作过程与此类似。

2)液力控制式双离合器

图1-46为液力控制式双离合器结构示意图。它主要由离合器E1、离合器E2、输入轴、输出轴和外壳体等零部件组成。液力控制式双离合器目前主要应用于手自一体的变速器,其特点是采用了两个多片湿式离合器。与传统多从动盘式离合器工作性质不同,这种结构各个离合器压盘是独立工作的,可独立完成不同挡位的换挡需求;与之配合的变速器的结构较为复杂,已不再是两轴或三轴式变速器,而是更为复杂的四轴式的传动结构(具体结构与控制原理可查阅相关的使用说明书)。

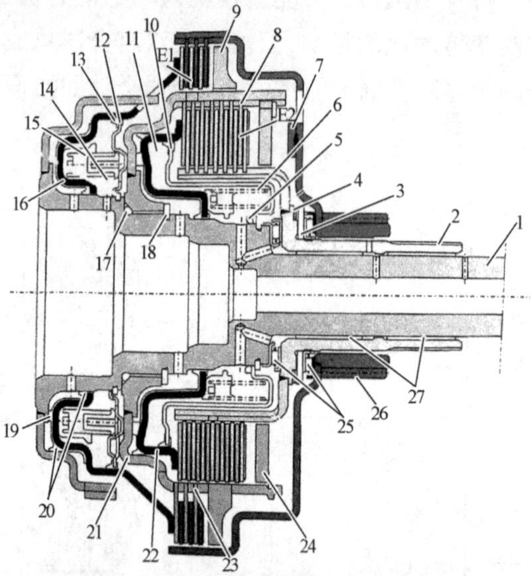

图1-46　液力控制双离合器结构示意图

1-输入轴1；2、26-输出轴2；3-平垫片；4-弹性垫片；5-连接器；6-E2复位弹簧；7-平衡器；8-E2离合器内齿毂；9-E1离合器反位活塞；10-E2平衡活塞；11、14-补偿室；12-E1平衡活塞；13、17、18、20-密封圈；15-E1复位弹簧；16-E1离合器活塞；19、25-限位块；21-E2动力输入齿毂；22-E2离合器活塞；23-E2离合器外齿毂；24-支撑；27-调整垫片；E1-E1离合器摩擦片；E2-E2离合器摩擦片

思考题

(1)汽车传动系统中为什么要装离合器？摩擦式离合器分为哪些类型？

(2)膜片式离合器由哪几部分组成？各部分由哪些零件组成？

(3)摩擦式离合器有哪些基本性能与要求？

(4)离合器的操纵机构有哪些类型？

(5)简述液压式离合器操纵机构的组成和工作原理。如何排除液压式操纵机构中的空气？

(6)何谓离合器踏板自由行程？留有离合器踏板自由行程的原因何在？

(7)简述离合器压盘、从动盘技术检测方法。

(8)离合器有哪些常见故障现象？如何诊断与排除？

(9)离合器液压式操纵机构制动液如何选用？

(10)纯电动汽车有哪些动力传递类型？各种动力传递类型有何特点？

单元二

手动变速器挂挡困难故障检修

Unit **2**

学习情境

一辆使用了 7 年的福田牌载货汽车,在从外地运载货物回途中,变速杆在 1、2 挡时工作正常,勉强可挂入 3 挡,但再提速时很难挂入 4 挡。驾驶员按使用手册要求,自己作了离合器踏板自由行程调整,故障现象并未消除,只得低速驶回卸完货物后送到维修厂检修。

生产任务一 检修三轴式手动变速器

1)工作对象

配置三轴式手动变速器的待修车辆 1 辆。

2)工作内容

(1)领取所需的工具、耗材,做好工作准备。

(2)从车辆上拆除蓄电池接线、排气管、传动轴等变速器的外围部件。

(3)从车辆上拆下变速器总成。

(4)分解变速器,检查变速器各零部件,对主要零部件进行检测,分析检测结果,制订变速器修复方案。

(5)组装变速器。

(6)将变速器装回车辆上,安装传动轴、排气管和蓄电池接线等外围部件。

(7)检查、评价工作质量。

(8)整理工具,清洁工作场地。

3)工作目标与要求

(1)学生应以小组工作的方式,完成本项工作任务。

(2)学生应当能在小组成员的配合下,利用汽车维修手册(或实训指导书),制订并实施

变速器检修的工作计划。

(3)能通过阅读资料和现场观察,辨别所拆装变速器的类型。

(4)能认识所拆卸变速器的零部件,口述变速器的工作原理和各零部件的作用。

(5)能向客户解释所修车辆变速器的损伤情况和修复方案。

(6)能按规范的步骤完成变速器的拆装和检修作业,恢复汽车的行驶能力。

(7)工作过程中养成注意细节好作风,培养精细化服务、"客户至上"的理念。

相关知识

2.1　变速器概述

现代汽车上广泛采用活塞式内燃机作为动力源,其转矩和转速变化范围较小,而复杂的使用条件则要求汽车的驱动力和车速能在相当大的范围内变化。为解决这一矛盾,在传动系统中设置了变速器。(由于纯电动汽车的电机具有低速大转矩特性及较宽范围内的恒功率特性,当采用电机无级调速控制时,电动汽车就可以省去传统汽车的变速器,电机直接输出到主减速器差速器总成。并且驱动电机的反转可以通过电路控制来实现变换,因此,电动汽车也无须配置类似燃料汽车变速器中的倒挡装置。)

2.1.1　变速器的功用和类型

1)功用

(1)通过改变传动比扩大汽车驱动力和速度的变化范围,以适应经常变化的行驶条件,同时,使发动机在最有利的条件下工作。

(2)在发动机旋转方向不变的条件下,使汽车能倒向行驶。

(3)利用空挡,中断发动机向驱动桥的动力传递,以使发动机能够起动、怠速,满足汽车暂时停车和滑行的需要。

(4)利用变速器作为动力输出装置驱动其他机构(如自卸车液压举升装置、汽车起重机的起吊工作装置等)。

2)类型

(1)变速器按传动比的变化方式可分为有级式、无级式和综合式三种。

有级式变速器采用齿轮传动,具有若干个可选择的固定值传动比。根据齿轮的类型又可分为齿轮轴线固定的普通齿轮变速器和齿轮轴线旋转的行星齿轮变速器两种。

目前汽车变速器中主要使用普通齿轮变速器。其优点是结构简单、易于制造、工作可靠、传动效率高。这种变速器按照结构不同又可以分为两轴式和三轴式变速器。两轴式变速器广泛用于发动机前置前轮驱动的轿车,而三轴式变速器可应用于其他各类型车辆。

无级式变速器的传动比可在一定的数值范围内连续变化,可采用电力式、液力传动方式或带传动方式。

综合式变速器是由无级式变速器(液力变矩器)和有级式变速器(行星齿轮式变速器)共同组成的液力机械式变速器。其传动比可以在最大值与最小值之间几个间断的范围内作无级变化,目前应用较多。

(2)变速器按操纵方式可分为强制操纵式、半自动操纵式和自动操纵式三种。

强制操纵式变速器即手动变速器,英文缩写为 MT,即 Manual Transmission 的缩写。它靠驾驶员直接操纵变速杆换挡。

半自动操纵式变速器可分为两类,一类是部分挡位自动换挡,部分挡位手动(强制)换挡;另一类是预先用按钮选定挡位,在踩下离合器踏板或松开加速踏板时,由执行机构自行换挡。

自动操纵式变速器也称为自动变速器,英文缩写为 AT,即 Automatic Transmission 的缩写。其传动比的选择和换挡是自动进行的,驾驶员只需操纵加速踏板,变速器就可以根据发动机的负荷信号和车速信号来控制执行元件,实现挡位的变换。

2.1.2　齿轮的变速原理

普通齿轮式变速器是利用不同齿数的齿轮啮合传动,实现转速、转矩和旋转方向的改变。

齿轮传动的基本原理如图 2-1 所示,一对齿数不同的齿轮啮合传动时可以实现变速,而且两齿轮的转速比与其齿数成反比。设主动齿轮转速为 n_1,齿数为 z_1,从动齿轮转速为 n_2,齿数为 z_2。主动齿轮(即输入轴)转速与从动齿轮(即输出轴)转速之比值称为传动比,用字母 i_{12} 表示。即由齿轮 1 传到齿轮 2 的传动比:

$$i_{12} = \frac{n_1}{n_2} = \frac{z_2}{z_1} \tag{2-1}$$

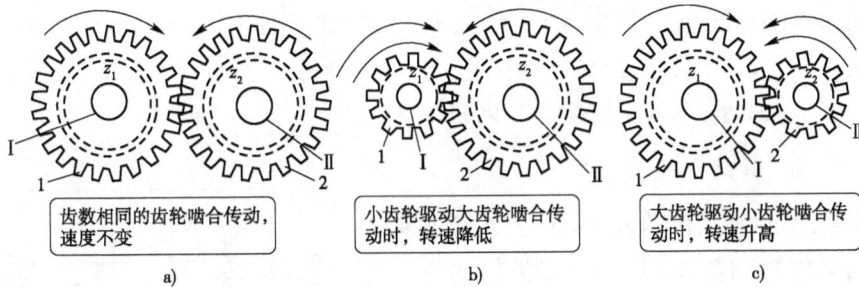

图 2-1　齿轮传动示意图
a)等速传动;b)减速传动;c)增速传动
1-主动轮;2-从动轮;I-主动轴;II-从动轴

即:传动比等于输入轴转速 n_1 与输出轴转速 n_2 之比或被动齿轮齿数 z_2 与主动齿轮齿数 z_1 之比。

图 2-2 为两级齿轮传动示意图,齿轮 1 为主动齿轮,驱动齿轮 2 转动,齿轮 3 与齿轮 2 固

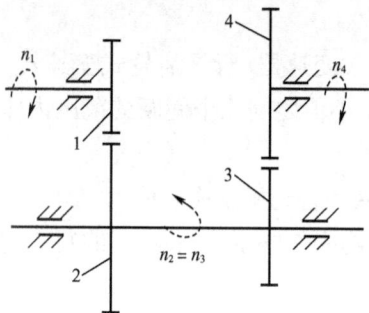

图 2-2 两级齿轮传动示意图

连在一起,再驱动齿轮 4 转动并输出动力,此时,由齿轮 1 传到齿轮 4 的传动比为:

$$i_{14} = \frac{n_1}{n_4} = \frac{z_2 z_4}{z_1 z_3} = i_{12} i_{34} \tag{2-2}$$

同理,多级齿轮传动的传动比为:

$$i = \frac{\text{所有从动齿轮齿数的连乘积}}{\text{所有主动齿轮齿数的连乘积}} = \text{各级齿轮传动比的乘积} \tag{2-3}$$

汽车变速器某一挡位的传动比就是这一挡位各级齿轮传动比的连乘积。

对于变速器,各挡的传动比 i 就是变速器输入轴转速与输出轴转速之比,即:

$$i = \frac{n_{输入}}{n_{输出}} = \frac{M_{输出}}{M_{输入}} \tag{2-4}$$

当 $i > 1$ 时,$n_{输出} < n_{输入}$,$M_{输出} > M_{输入}$,此时实现降速增矩,为变速器的低挡位,且 i 越大,挡位越低。

当 $i = 1$ 时,$n_{输出} = n_{输入}$,$M_{输出} = M_{输入}$,为变速器的直接挡。

当 $i < 1$ 时,$n_{输出} > n_{输入}$,$M_{输出} < M_{输入}$,此时实现升速降矩,为变速器的超速挡。

变速器在改变输出转速的同时,也改变了输出的转矩。由能量守恒定律可知:如果忽略齿轮之间的摩擦损耗(由于润滑油的减磨作用,齿轮间的摩擦阻力很小),则输入功率 = 输出功率,由此可以得出:

$$M_{输入} n_{输入} = M_{输出} n_{输出} \tag{2-5}$$

即 $i = \frac{n_{输入}}{n_{输出}} = \frac{M_{输出}}{M_{输入}}$,也就是说,输出转速与输出转矩成反比。在输入轴转速不变的前提下,输出轴转速降越低,输出转矩越大;反之,输出轴转速越高,输出转矩越小。也就是说,传动比既是变速比又是变转比,降速则增转矩,增速则降转矩。汽车变速器就是利用这一关系通过改变传动比来适应汽车行驶阻力变化的需要。

2.1.3 传动比的变换

变速器是采用变换传动齿轮副的方式来变换传动比的,其原理如图 2-3 所示。当齿轮 4 与齿轮 3 啮合时,变速器处于某一传动比(挡位)。若将齿轮 3 与齿轮 4 脱开,再将与齿轮 4 为一体的齿轮 6 与齿轮 5 啮合,就变换了传动齿轮,使传动比发生变化,输出轴的转速、转矩也随之变化,即实现了挡位的变换。

当齿轮 4、6 都不与中间轴上的齿轮 3、5 啮合时,动力不能传递到输出轴,这就是变速器的空

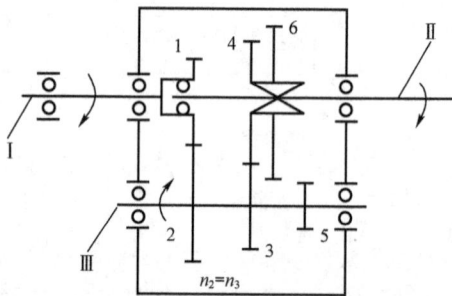

图 2-3 两级齿轮换挡传动图
1~6-齿轮;Ⅰ-输入轴;Ⅱ-输出轴;Ⅲ-中间轴

挡位。

2.1.4　传动方向的变化

1 对外啮合的齿轮传动时,两齿轮的旋转方向相反。按此规律,每增加 1 对齿轮传动,就可改变 1 次轴的转动方向。即偶数对齿轮传动可实现同向传动,奇数对外啮合齿轮传动即可实现变向传动。图 2-4a)所示的变速器采用 2 对齿轮传动,其输入轴和输出轴转向相同。图 2-4b)所示的变速器采用 3 对齿轮传动,齿轮 4 装在中间轴和输出轴之间的倒挡轴上,输入齿轮经齿轮 2、齿轮 3、齿轮 4 传到齿轮 5 后到达输出轴,此时输出轴与输入轴旋转方向相反。齿轮 4 称为倒挡轮。

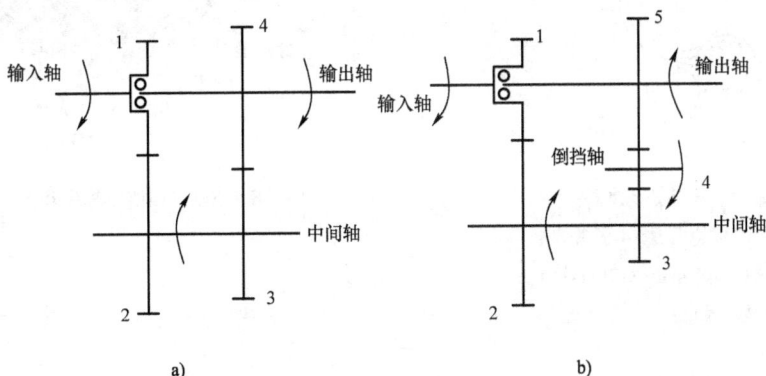

图 2-4　齿轮传动方向关系图
a)前进挡;b)倒挡
1~5-齿轮

2.2　三轴式手动变速器

2.2.1　三轴式手动变速器的组成与特点

三轴式手动变速器的组成如图 2-5 所示,这种变速器有三根主要的传动轴,一轴(输入轴)、二轴(输出轴)和中间轴,所以称为三轴式变速器。另外还有倒挡轴。

三轴式变速器的特点是传动比范围大,直接挡(传动比等于 1 的挡位)传动效率高,因此广泛应用于发动机前置后轮驱动的汽车上。

2.2.2　三轴式变速器的结构和工作原理

1)三轴式变速器的结构

三轴式变速器包括变速齿轮传动机构和操纵机构两大部分。变速齿轮传动机构的主要作用是改变传动比、转矩和旋转方向;操纵机构的作用是实现换挡。

图 2-6 所示是典型的三轴式四挡变速器(无超速挡位),其构造由第一轴、第一轴常啮合齿轮、中间轴、第二轴、1 挡主从动齿轮、2 挡主从动齿轮、3 挡主从动齿轮、R 挡主从动齿轮和惰轮及 1、2 挡同步器和 3、4 挡同步器、拨叉、拨叉轴、换挡手柄和轴承等组成。

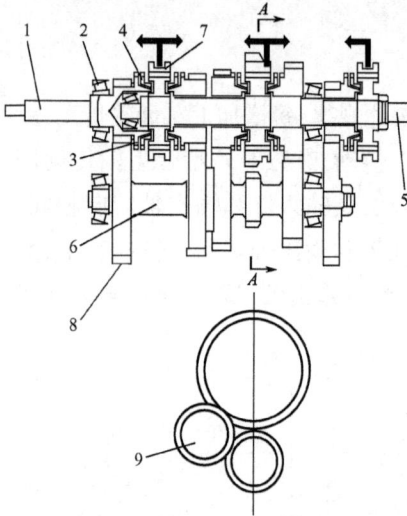

图2-5 三轴式五挡手动变速器

1-输入轴;2-轴承;3-接合齿圈;4-同步环;5-输出轴;6-中间轴;7-接合套;8-中间轴常啮合齿轮;9-倒挡移动齿轮

图2-6 三轴式四挡变速器示意图

2)工作原理分析

图2-7所示为三轴四挡手动变速器结构简图,其变速传动原理表述如下。

图2-7 三轴四前进挡手动变速器结构简图

1-第一轴;2-第一轴常啮合齿轮;3-第一轴直接挡接合齿圈;4、9-接合套;5-三挡齿轮接合齿圈;6-第二轴三挡齿轮;7-第二轴二挡齿轮;8-三挡齿轮接合齿圈;10-二挡齿轮接合齿圈;11-第二轴一挡齿轮;12-倒挡从动齿轮;13-变速器壳体;14-第二轴;15-中间轴;16-倒挡轴;17-倒挡惰轮轴承;18-中间轴倒挡齿轮;19-倒挡惰轮;20-中间轴一挡齿轮;21-中间轴二挡齿轮;22-中间轴三挡齿轮;23-中间轴常啮合齿轮;24、25-花键毂;26-第一轴轴承盖;27-里程表驱动齿轮

（1）空挡。

二轴（输出轴）上的同步器各接合套、传动齿轮均处于中间空转的位置,动力不传给第二轴（输出轴）。

（2）一挡。

在空挡状态下后（右）移接合套 9 与二轴（输出轴）一挡齿轮 11 的接合齿圈 10 啮合。动力经一轴（输入轴）齿轮 2、中间轴常啮合齿轮 23、中间轴齿轮 20、第二轴（输出轴）一挡齿轮 11,传到第二轴,使其顺时针旋转（与第一轴同向）。由于齿轮 20 是中间轴上前进挡齿数最少的齿轮,而齿轮 11 是最多的从动齿轮,因而此时变速器的传动比是所有前进挡中最大的传动比,一般为 2.5～3.5。

（3）二挡。

在空挡状态下前（左）移接合套 9 与二轴（输出轴）二挡齿轮 7 的接合齿圈 8 啮合。动力经齿轮 2、23、21、7、8、9、24,传到二轴（输出轴）使其顺时针旋转。由于齿轮 21 的齿数在中间轴上介于齿轮 20 和齿轮 22 之间,而齿轮 7 的齿数是仅次于齿轮 11 的齿轮,因而此时变速器的传动比是所有前进挡中第二大的传动比,一般为 1.8～3.0。

（4）三挡。

在空挡状态下后（右）移接合套 4 与二轴（输出轴）三挡齿轮 6 的接合齿圈 5 啮合。动力经齿轮 2、23、22、6、5、4、25,传到二轴（输出轴）使其顺时针旋转。由于齿轮 22 是中间轴上齿数最多,而齿轮 6 是二轴上齿数最少的齿轮,因而此时变速器的传动比是所有前进挡中第三大的传动比,一般为 1.2～2.0。

（5）直接挡。

在空挡状态下前（左）移接合套 4 与一轴（输入轴）常啮合齿轮 2 的接合齿圈 3 啮合。动力直接由一轴、2、3、4、25,传到二轴（输出轴）同向输出。由于二轴（输出轴）的转速与一轴（输入轴）相同,故此挡称为直接挡。传动比等于 1。

（6）倒挡。

在空挡状态下左移倒挡从动齿轮 12,使之与倒挡主动齿轮 18、倒挡惰轮 19 啮合。动力经齿轮 2、23、18、19、12,传给二轴（输出轴）使其逆时针旋转,汽车倒向行驶。倒挡传动路线与其他挡位相比较,由于多了倒挡中间惰轮的传动,所以改变了二轴（输出轴）的旋转方向。倒挡中间惰轮 19 起着改变方向,传动比一般为 3.5 左右。

2.3　同步器

同步器的功用是:在换挡过程中,使接合套和待啮合的齿圈迅速同步,缩短换挡时间,保证换挡平顺、无冲击。

2.3.1　无同步器的换挡过程

图 2-8 为五挡变速器四、五挡示意图,在无同步器的情况下,其换挡过程如下。

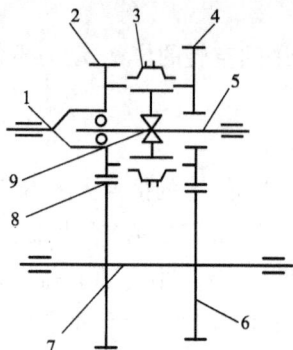

图 2-8　五挡变速器四、五挡
示意图

1-第一轴;2-第一轴常啮合传动齿轮;3-接合套;4-第二轴四挡从动齿轮;5-第二轴;6-中间轴四挡主动齿轮;7-中间轴;8-中间轴常啮合传动齿轮;9-花键毂

1)低挡换高挡(四挡换五挡)

变速器在四挡工作时,接合套 3 与齿轮 4 接合,两者接合齿圆周速度 $v_3 = v_4$,换五挡(直接挡,下同)时先踩下离合器踏板,使离合器分离,再将接合套 3 左移到空挡位置。

此时 $v_3 = v_4$,由于 $v_4 < v_2$,因此换挡瞬间 $v_3 < v_2$。此时不应立即换入五挡(避免冲击),应停留片刻,因输入轴中断动力传递且转动惯量较小,再加上中间轴搅油阻力,v_2 下降较快,如图 2-9a)所示。由于整车转动惯性大,v_3 下降慢,v_2、v_3 两直线因倾斜度不同而相交,交点即为同步状态($v_3 = v_2$)。此时接合套 3 左移与齿轮 2 的齿圈啮合挂入五挡,不会产生冲击。但如此操作换挡时间过长,应在摘下四挡后即抬起离合器踏板,利用怠速,迫使 v_2 较快下降,缩短换挡时间。之后再踩离合器踏板,挂挡。

2)高挡换低挡(五挡换四挡)

变速器在五挡工作时换入空挡,接合套 3 与齿轮 2 接合齿圈圆周速度相同即 $v_3 = v_2$(瞬时),因为 $v_2 > v_4$,则 $v_3 > v_4$(不同步),如图 2-9b)所示。但在空挡时 v_4(转动惯量小)下降比 v_3(转动惯量大)快,即 v_3、v_4 两直线不会出现相交点,不可能达到自然同步状态。所以驾驶员应在变速器退回空挡后,立即抬起离合器踏板,同时踩下加速踏板,使发动机连同离合器从动盘和第一轴开始增速,让 $v_4 > v_3$,再踩下离合器踏板稍等片刻,等 $v_3 = v_4$ 后再换入四挡。

由此可见:欲使无同步器变速器换挡时不产生齿轮冲击,必须采取较复杂的操作,驾驶员容易疲劳,齿轮会因不同步而经常在换挡时受冲击,缩短使用寿命。现代汽车的手动变速器都装有同步器,以保证换挡迅速、平顺。

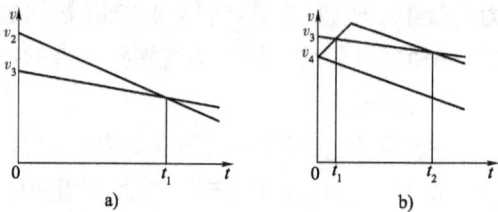

图 2-9　无同步器的换挡过程

2.3.2　同步器的构造和工作原理

同步器有常压式、惯性式和自行增力式等种类。这里仅介绍目前广泛采用的摩擦惯性式同步器。

惯性式同步器是依靠摩擦作用实现同步的,在其上面设有专设机构保证接合套与待接合的花键齿圈在达到同步之前不可能接触,从而避免了齿间冲击。

惯性同步器按结构又分为锁环式和锁销式两种。大中型载货汽车普遍采用锁销式惯性同步器,下面以东风 EQ1092 汽车五挡变速器的四、五挡同步器为例,说明其结构和工作原理(图2-10)。

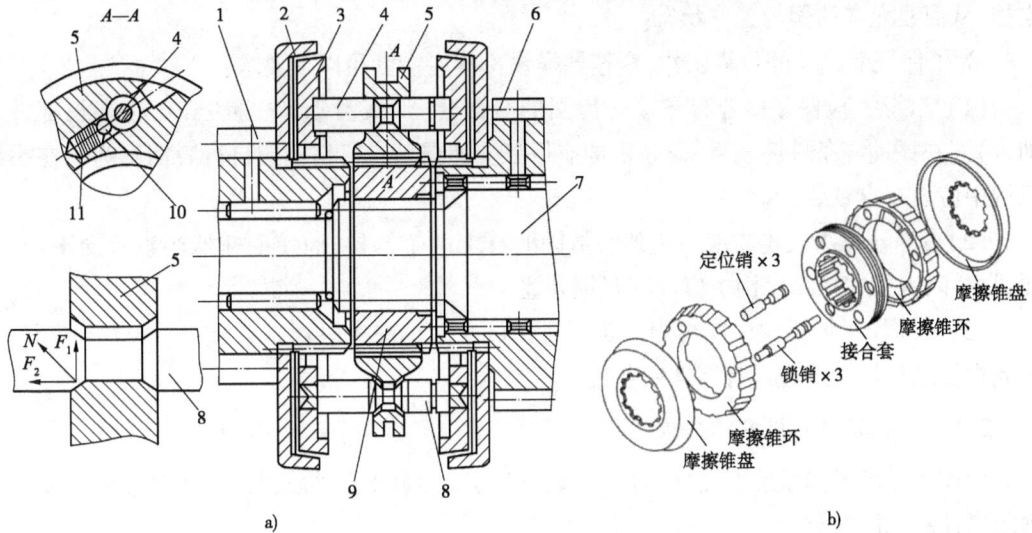

图 2-10　锁销式惯性同步器

a) 结构组成；b) 分解图

1-一轴齿轮；2-摩擦锥盘；3-摩擦锥环；4-定位销；5-接合套；6-二轴四挡齿轮；7-二轴；8-锁销；9-花键毂；10-钢球；11-弹簧

2 个带有内锥面的摩擦锥盘 2，以其内花键分别固装在带有挡合齿圈的斜齿轮 1 和 6 上，随齿轮一起转动。2 个有外锥面的摩擦锥环 3，其上有圆周均匀分布的 3 个锁销 8、3 个定位销 4 与接合套 5，它们固装在一起。定位销与接合套的相应孔是滑动配合，定位销中部切有一小段环槽，接合套钻有斜孔，其中的弹簧 11 把钢球 10 顶向定位销中部的环槽，使接合套处于空挡位置。定位销随接合套能轴向移动。定位销两端伸入两锥环 3 内侧面的弧线浅坑中，定位销与浅坑有周向间隙，锥环相对于接合套在一定范围内作周向摆动。锁销中部环槽的两端和接合套相应孔两端切有相同的倒角；锁销与孔对中时，接合套才能沿锁销轴向移动；锁销两端铆接在锥环相应的孔中。2 个锥环、3 个锁销、3 个定位销和接合套构成 1 个部件，套在花键毂 9 的齿圈上。

换挡时，接合套受到拨叉的轴向推力作用，通过钢球 10、定位销 4 推动摩擦锥环 3 向前移动。因摩擦锥环与锥盘有转速差，故接触后的摩擦作用使锥环和锁销相对于接合套转过一个角度，锁销与接合套上相应孔的中心线不再同心，锁销中部倒角与接合套孔端的锥面相抵触，在同步前，作用在摩擦面的摩擦力矩总大于拨销力矩，因而接合套被锁止不能前移，以防止在同步前接合套与齿圈进入啮合。同步后摩擦力矩消失，拨销力矩使锁销、摩擦锥盘和相应的齿轮相对于接合套转过一个角度，锁销与接合套的相应孔对中，接合套克服弹簧 11 的张力压下钢球并沿锁销向前移动，从而完成换挡。

2.4　变速器的操纵机构

变速器操纵机构用于让驾驶员操纵变速器，使变速器挂上或摘下某一挡，并可随时退至空挡,从而改变变速器的工作状态。

为了保证变速器的可靠工作,变速器操纵机构应能满足以下要求:

(1)挂挡后,应保证接合套与接合齿圈的全部套合(或滑动齿轮换挡时,全齿长都进入啮合)。在振动等条件影响下,操纵机构应保证变速器不自行挂挡或自行脱挡。为此在操纵机构中应设有自锁装置。

(2)变速器操纵机构应能防止驾驶员同时挂上两个挡位,而使变速器产生运动干涉、卡死或损坏,因此在操纵机构中应设有互锁装置。

(3)变速器操纵机构还应当能为防止驾驶员在汽车前进时误挂入倒挡,导致零件损坏。因此在操纵机构中还应设有倒挡锁装置。

2.4.1 变速器直接操纵机构

变速器操纵机构按照变速操纵杆(变速杆)与变速器的位置关系,可分为直接操纵式和远距离操纵式两种类型。

一般前置发动机后轮驱动汽车的变速器距离驾驶员座位较近,变速杆等操纵机构多集中安装在变速器盖上,称为直接操纵式。其结构简单,具有换挡位置容易确定、换挡快、换挡平稳等优点。

这种形式的变速器布置在驾驶员座椅附近,变速杆由驾驶室底板伸出,驾驶员可以直接操纵。变速器的直接操纵机构如图2-11所示,这种变速器操纵机构多用于发动机前置后轮驱动的车辆。

图2-12是载货汽车六挡变速器换挡拨叉机构。拨叉轴7、8、9和10的两端均支承于变速器盖的相应孔中,可以轴向滑动。所有的拨叉和拨块都以弹性销固定于相应的拨叉轴上。三、四挡拨叉2的上端具有拨块。拨叉2和拨块3、4、14的顶部制有凹槽。变速器处于空挡时,各凹槽在横向平面内对齐,叉形拨杆13下端的球头即伸入这些凹槽中。选挡时,可使变速杆绕其中部球形支点横向摆动,则其下端推动叉形拨杆13绕换挡轴11的轴线摆动,从而

使叉形拨杆下端球头对准与所选挡位对应的拨块凹槽,然后使变速杆纵向摆动,带动拨叉轴及拨叉向前或向后移动,即可实现挂挡。例如,横向摆动变速杆使叉形拨杆下端球头深入拨块3顶部凹槽中,拨块3连同拨叉轴8和拨叉5即沿纵向向前移动一定距离,便可挂入二挡;若向后移动一段距离,则挂入一挡。当使叉形拨杆下端球头深入拨块4的凹槽中,并使其向前移动一段距离时,便挂入倒挡。

各种变速器由于挡位数及挡位排列位置不同,其拨叉和拨叉轴的数量及排列位置也不相同。

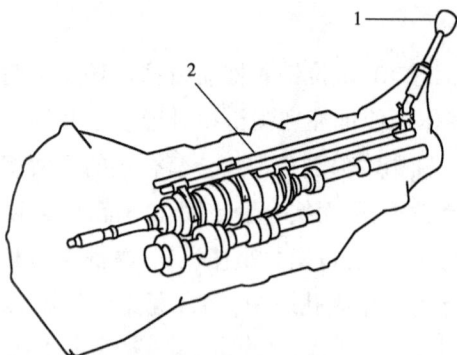

图2-11 变速器的直接操纵机构
1-变速杆;2-换挡拨叉轴

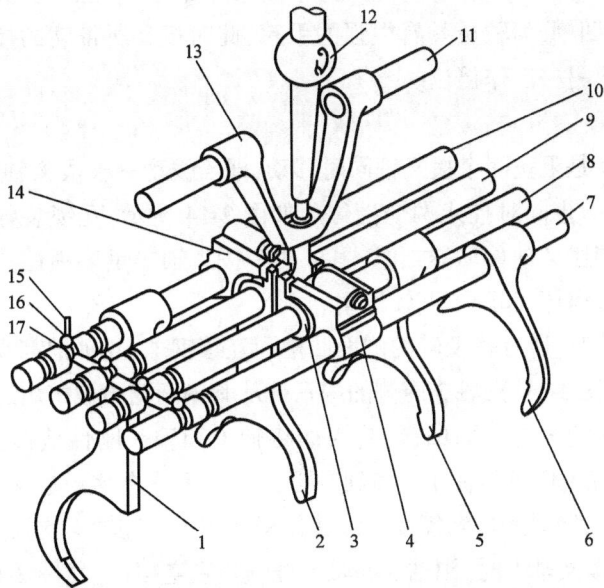

图2-12　载货汽车六挡变速器换挡拨叉机构
1-五、六挡拨叉;2-三、四挡拨叉;3-一、二挡拨块;4-倒挡拨块;5-一、二挡拨叉;6-倒挡拨叉;7-倒挡拨叉轴;8-一、二挡拨叉轴;9-三、四挡拨叉轴;10-五、六挡拨叉轴;11-换挡轴;12-变速杆;13-叉形拨杆;14-五、六挡拨块;15-自锁弹簧;16-自锁钢球;17-互锁销

2.4.2　定位锁止装置

为了保证变速器在任何情况下都能准确、安全、可靠地工作,变速器操纵机构一般都设有换挡锁装置,包括自锁装置、互锁装置和倒挡锁装置。

1)自锁装置

自锁装置用于防止变速器自动脱挡或挂挡,并保证轮齿以全齿宽啮合。大多数变速器的自锁装置都是采用自锁钢球对拨叉轴进行轴向定位锁止。如图2-13所示,在变速器壳体盖中钻有深孔,孔中装入自锁钢球、自锁弹簧和套筒,其位置正处于拨叉轴的正上方,每根拨叉轴对着钢球的表面沿轴向设有3个凹槽,槽的深度小于钢球的半径。中间的凹槽对正钢球时为空挡位置,前边或后边的凹槽对正钢球时则处于某一工作挡位置,相邻凹槽之间的距离能保证齿轮处于全齿长啮合或是完全退出啮合。凹槽对正钢球时,钢球便在自锁弹簧的压力作用下嵌入该凹槽内,拨叉轴的轴向位置便被固定,不能自行

图2-13　大众01X手动变速器换挡
拉杆自锁装置

挂挡或自行脱挡。当需要换挡时,驾驶员通过变速杆对拨叉轴施加一定的轴向力,克服自锁弹簧的压力而将自锁钢球从拨叉轴凹槽中挤出并推回孔中,拨叉轴便可滑过钢球进行轴向

移动,并带动拨叉及相应的接合套或滑动齿轮轴向移动,当拨叉轴移至其另一凹槽与钢球相对正时,钢球又被压入凹槽,驾驶员具有很强的手感,此时拨叉所带动的接合套或滑动齿轮便被拨入空挡或被拨入另一工作挡位。

2)互锁装置

互锁装置的作用就是阻止两个拨叉轴同时移动,即当拨动一根拨叉轴移动时,其他拨叉轴都被锁止,从而可以防止同时挂入两个挡位。如图2-14所示,互锁装置由互锁钢球和互锁销组成。当中间换挡拨叉轴移动挂挡时,另外两个拨叉轴被钢球锁住。防止同时挂上两个挡而使变速器卡死或损坏,起到了互锁作用。

当变速器处于空挡时,所有拨叉轴的侧面凹槽同互锁钢球、互锁销都在一条直线上。当移动中间拨叉轴3时(图2-14a),轴3两侧的内钢球从其侧凹槽中被挤出,而两外钢球2和4则分别嵌入拨叉轴1和轴5的侧面凹槽中,因而将轴1和轴5刚性地锁止在其空挡位置。若欲移动拨叉轴5,则应先将拨叉轴3退回到空挡位置。于是在移动拨叉轴5时,钢球4便从轴5的凹槽中被挤出,同时通过互锁销6和其他钢球将轴3和轴1均锁止在空挡位置(图2-14b)。同理,当移动拨叉轴1时,则轴3和轴5被锁止在空挡位置(图2-14c)。由此可知,互锁装置工作的机理是当驾驶员用变速杆推动某一拨叉轴时,自动锁止其余拨叉轴,从而防止同时挂上两个挡位。

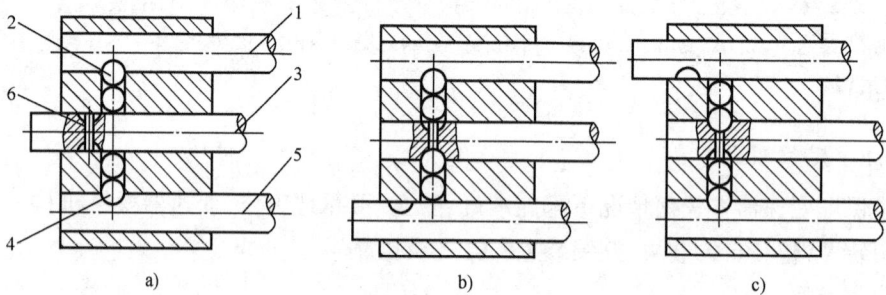

图2-14 互锁装置工作示意图

1、3、5-拨叉轴;2、4-互锁钢球;6-互锁销

有些变速器将自锁和互锁装置合而为一,如图2-15所示,其中 $a = b$。

3)倒挡锁装置

倒挡锁装置用于防止误挂倒挡。图2-16所示为常见的锁销式倒挡锁装置。当驾驶员想挂倒挡时,必须用较大的力使变速杆下端压缩倒挡锁弹簧,将锁销推入锁销孔内,才能使变速杆下端进入倒挡拨块的凹槽中进行换挡。由此可见,倒挡锁的作用是使驾驶员必须对变速杆施加更大的力,才能挂入倒挡,起到警示注意作用,以防误挂倒挡。

2.5 变速器的润滑

变速器齿轮的润滑方式是依靠齿轮搅油飞溅润滑的。变速器中使用的润滑油称为齿轮油。它是以精制润滑油为基础油,加入抗氧化、防腐蚀、防锈、消泡、耐压抗磨等多种添加剂调和而成,因此,具有良好的润滑性能。它与其他的润滑油一样,具有减磨、冷却、清洗、密封、防锈和降低噪声等作用。

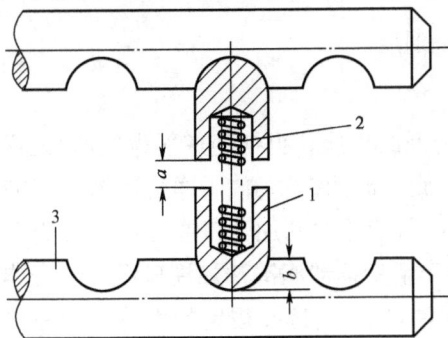

图 2-15 自锁和互锁装置合而为一
1-锁销;2-自锁弹簧;3-拨叉轴

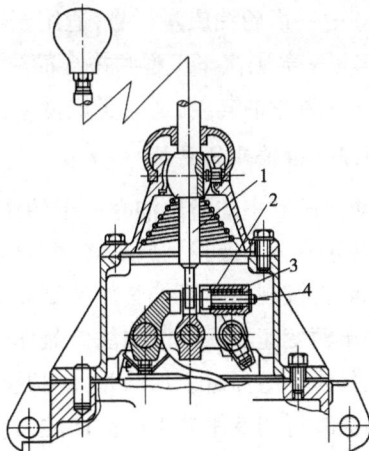

图 2-16 东风 EQ109 车系汽车变速器倒挡锁装置
1-变速杆;2-倒挡拨块;3-倒挡锁弹簧;4-倒挡锁销

2.5.1 齿轮油的选用

目前,国际上采用美国汽车工程师协会(SAE)与美国石油学会(API)的分类标准,来标定齿轮油。通常按说明书的要求,选择相应标号的齿轮油,还可按下列原则选油。

变速器齿轮油在使用时,先选择齿轮油的使用级别,一般参照 API 标准规定的齿轮油规格,API 将齿轮油质量标号分为 GL-1、GL-2、GL-3、GL-4、GL-5、GL-6 六个等级,其适用范围详见表 2-1。对于三轴式手动变速器润滑油直接选用 API GL-3 或 GL-4 牌号即可适用。对于两轴式手动变速器(变速桥)的润滑油选用高一级的牌号,使用 API GL-4 或 GL-5。

API 齿轮油质量使用标号适用范围 表 2-1

标 号	适 用 范 围
GL-1	低齿面压力、低滑动速度下运行的汽车螺旋锥齿轮、蜗轮后轴和各种机械变速器
GI-2	汽车蜗轮后轴,其负荷、温度及滑动速度的状况用 CL-1 不能满足使用要求
GL-3	中等速度及负荷运转的汽车机械变速器和后桥螺旋锥齿轮
GL-4	在高速低转矩及低速高转矩下运转的小客车和其他车辆的各种齿轮,特别是准双曲线齿轮
GL-5	在高速冲击负荷、高速低转矩及低速高转矩下运转的小客车和其他车辆的各种齿轮,特别是准双曲线齿轮
GL-6	在高速冲击负荷运转中汽车的各种齿轮,特别是高偏置准双曲线齿轮,偏置大于从动齿轮直径的25%

其次是选择黏度级别,国际上采用 SAE 黏度标号,齿轮油黏度级别分为 70W、75W、80W、85W、90、140、250 七个指标。带 W 字母的为冬季用油,夏天使用的级别有 90(南方全年通用)、140、250,冬天使用的级别有 75W、80W、85W,也可选用多级油全年使用,其级别有 80W/90、85W/90 等(75W、80W、85W、90 号分别适用于最低气温为 -40℃、-26℃、-12℃、-10℃ 以上的地区,应对照当地最低气温适当选择)。

例如:选用润滑油牌号为"API GL-3 SAE 90"。

API——美国石油学会简称;

GL-3——齿轮油质量标号,适用于普通齿轮传动润滑;

SAE——美国汽车工程师协会简称;

90——齿轮油黏度,适用于最低 −10℃ 以上的环境温度。

2.5.2 齿轮油的更换

手动变速器中的齿轮油有一定的使用期限,到期应及时更换。更换变速器齿轮油时,要在变速器壳体后下方找到放油螺塞,使用回收集油器,旋下放油螺塞,放干净变速器内部的旧润滑油后,按规定力矩拧紧放油螺塞。有些车辆变速器齿轮油的加注口在壳体的上盖后部,有些车辆变速器润滑油加注口兼作通气口,大多数车辆变速器润滑油加注口设置于壳体侧面,视具体车型而定。加油时,应根据维修手册的用油量要求,选择规定的牌号从加注口加入,加油时可用专用的齿轮油加注器(手压泵),如果没有也可以采用漏斗、软管,利用重力自然流动进行注入。加注口设置于壳体侧面时,一般添加齿轮油至离加油口 10~15mm 即可,或用手指进行经验检测,如果用一节手指深入加油口刚好可以触及则为合适。有些车辆的放油螺塞和注油塞使用方榫或四方孔的螺栓,需要配套的工具。有些注油螺塞使用锥形螺栓,拧紧时注意力矩不能过大。

课堂讨论一

(1)手动变速器解体后,如何鉴别、检查、更换易损件?如何选用耗材?

(2)变速器为何需要使用减振垫?试分析说明。

(3)请分析锁销式惯性同步器锁销的工作受力情况。

(4)在下坡时采用发动机熄火、空挡滑行的方法,试分析采用该方法为何会导致同步器的早期磨损。

(5)添加比标准黏度稠的齿轮油,说明对手动变速器将造成什么结果。如何正确选用齿轮油?

(6)试以一对齿轮为例说明如何实现降速、直接传动和超速。

(7)有些变速器将自锁和互锁装置合二为一,请分析在结构上应满足什么条件。

(8)如果没有同步器,变速器换挡的过程是怎样的?

相关技能一

2.6 三轴式手动变速器的检修

2.6.1 三轴式手动变速器的拆卸和分解基本步骤

1)从车上拆卸手动变速器总成

从车上拆卸手动变速器时,必须拆除其外围附件,包括倒车灯开关连接线、离合器分离拉杆、传动轴、车速里程表软管、排气管、变速器减振垫、驻车制动器底板及连接螺栓等(检修时,可参阅具体车型维修手册);然后将手动变速器从车上拆卸下来。

2)三轴式手动变速器的分解

(1)拆卸变速器盖总成。

(2)拆卸输入轴,再拆下变速器的输出轴后盖,卸下车速里程表驱动装置,拆下输入轴轴承盖,然后拆下输入轴。

(3)拆卸分解输出轴总成。先拆输出轴的后轴承,然后取下输出轴总成。拆下输出轴各同步器,拆卸下各挡齿轮、滚针轴承和定位卡环等零件。

(4)拆下中间轴总成及倒挡惰轮轴、惰轮。拆下中间轴前后轴承,取下中间轴总成。拆下惰轮轴,取出惰轮和止推垫片。

(5)分解锁销式同步器。

2.6.2　三轴式手动变速器主要零件的检修

1)变速器壳体的检修

三轴式手动变速器壳体的检修具体检测要求如下:

(1)壳体应无裂纹。

(2)一般壳体上平面在全长上的平面度公差为 0.15mm,壳体各轴承孔的圆度公差为 0.075mm。

(3)中间轴前后承孔公共轴线对输入轴、输出轴轴承孔公共轴线的平行度公差一般为 0.06mm。

(4)壳体前端面对输入轴、输出轴承孔公共轴线在半径 $R=150$mm 处的端面全跳动公差为 0.10mm。

(5)壳体后端面对输入轴、输出轴轴承孔中心线在 $R=80$mm 处的端面全跳动公差一般为 0.15mm。

(6)壳体各轴承承孔的表面粗糙度 $R_a \leqslant 1.6 \mu$m。

2)输入轴、输出轴及中间轴的检修

输入轴、输出轴与中间轴均以两端轴径支承,中部的径向圆跳动公差为 0.03mm,极限为 0.06mm。具体检测方法如图 2-17、图 2-18 所示。

3)轴承、轴颈和座孔配合的检修

三轴式手动变速器的轴承、轴颈和座孔配合的具体检测要求如下:

(1)一般输入轴、输出轴和中间轴的后轴承与承孔的配合均为 0 ~ +0.05mm,允许值为 +0.085mm,极限值为 +0.12mm。

(2)一般中间轴前轴承与座孔的配合为 -0.04 ~ +0.005mm,允许值为 +0.025mm。

(3)一般输入轴轴颈与前轴承的配合为 +0.01 ~ +0.04mm;与后轴承的配合为 -0.038 ~ -0.003mm,极限值为 +0.01mm。

（4）一般输出轴和中间轴轴颈与后轴承的配合均为 $-0.032 \sim -0.003\text{mm}$，允许值为 -0.032mm，极限值为 $+0.01\text{mm}$。

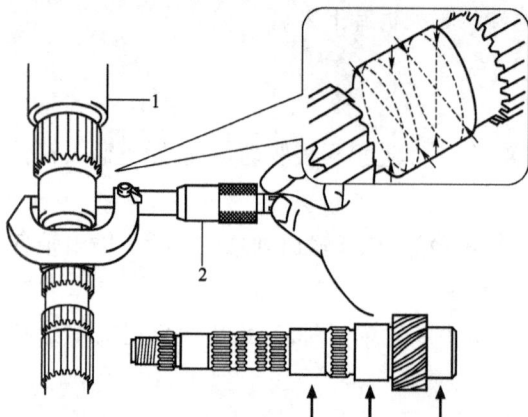

图 2-17　轴颈的检测
1-轴;2-外径千分尺

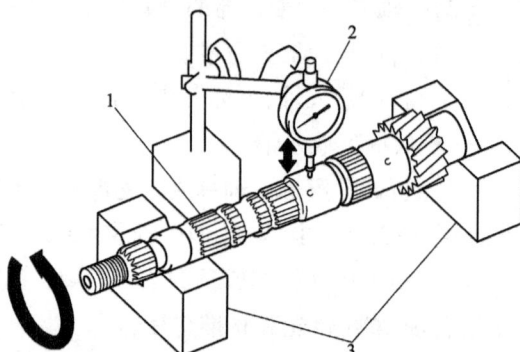

图 2-18　径向圆跳动检测
1-轴;2-百分表;3-V 形铁

（5）一般中间轴轴颈与前轴承配合为 $-0.002 \sim +0.027\text{mm}$，允许值为 $+0.03\text{mm}$，极限值为 $+0.05\text{mm}$。

（6）一般输出轴、中间轴和倒挡惰轮轴轴颈与各滚针轴承的配合为 $+0.1\text{mm}$，极限值为 $+0.30\text{mm}$，大修时应更换全部滚针轴承。

4）齿轮与花键的检修

图 2-19 所示为齿轮轴向间隙、径向间隙的检测方法,图 2-20 所示为五挡齿轮和倒挡惰轮内径的检测方法。一般具体检测要求如下:

（1）齿轮的啮合面上出现明显的疲劳麻点、麻面、斑疤或阶梯形磨损时,必须更换。齿面仅有轻微斑点或边缘略有破损时,可用油石修磨后继续使用。

（2）齿轮端面磨损长度应小于全齿长的 15%,否则应予更换。

（3）齿轮齿面的啮合面中线应在齿高的中部,接触面积一般不小于工作面的 60%。

（4）齿轮与齿轮、齿轮与轴及花键的啮合间隙、径向间隙和轴向间隙应符合原厂规定。

5）接合套、拨叉的检修

图 2-21 所示为接合套、拨叉的检查检测方法。

6）变速器操纵机构的检修

检查操纵机构是否磨损、变形、连接松动,自锁装置、互锁装置的弹簧是否失效、折断,如有,应更换、校正、紧固。三轴式手动变速器盖与拨叉轴的具体检测要求如下:

（1）变速叉轴直线度公差一般为 0.015mm。

（2）一般变速叉轴与座孔配合为 $+0.04 \sim +0.094\text{mm}$,极限值为 $+0.3\text{mm}$。

（3）一、倒挡变速叉端面与齿轮环槽间隙一般为 $+0.5 \sim +0.8\text{mm}$。

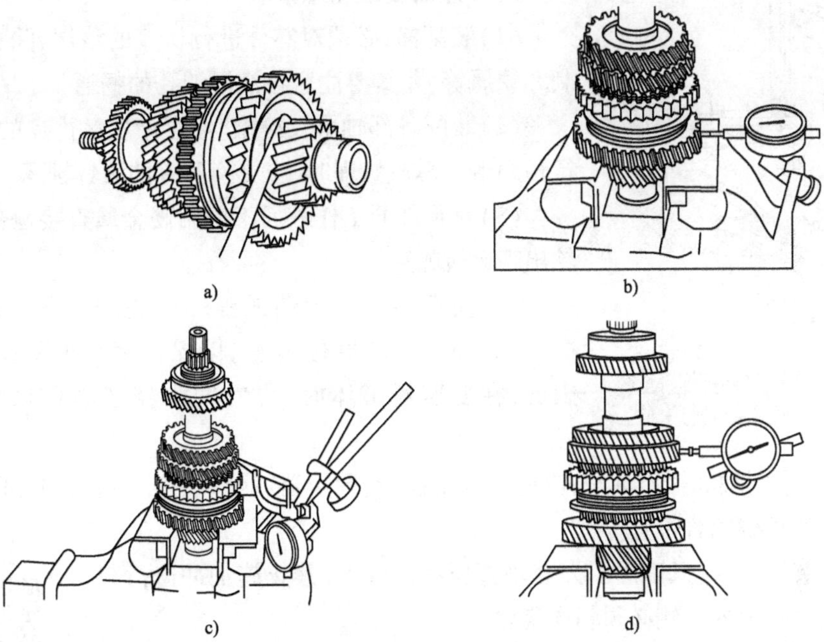

图 2-19 齿轮轴向间隙、径向间隙检测
a)一挡齿轮轴向间隙;b)一挡齿轮径向间隙;c)二挡齿轮轴向间隙;d)二挡齿轮径向间隙

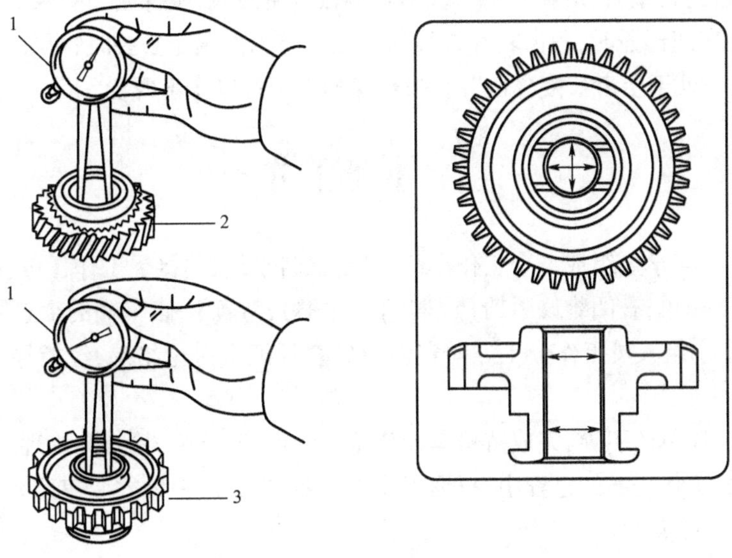

图 2-20 五挡齿轮和倒挡惰轮内径检测
1-百分表;2-五挡齿轮;3-倒挡齿轮

(4)其余各挡变速叉端面与接合套环槽间隙一般为 +0.2 ~ +0.5mm。

(5)变速杆与变速叉导块的间隙一般为 +0.5 ~ +1.0mm,极限值为 +2.0mm。

7)变速器装配注意事项

(1)装配前,必须对零件进行认真的清洗,除去污物、毛刺和铁屑等,尤其要注意各润滑油孔的畅通。

(2)装配各部轴承及键槽时,应涂质量优良的润滑油进行预润滑。总成修理时,应更换所有的滚针轴承。

(3)对零件的工作表面不得用硬金属直接锤击,避免齿轮出现运转噪声。

(4)注意同步器锁环或锥环的装配位置。装配过程中,如有旧件时应原位装复,以保证两零件的接触面积。因此,在变速器解体时,应对同步器各零件做好装配记号,以免装错。

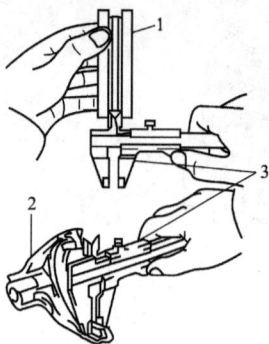

图 2-21　接合套、拨叉的检查检测
1-接合套;2-拨叉;3-游标卡尺

(5)组装中间轴和输出轴时,应注意各挡齿轮、同步器花键毂、推力垫圈的方向及位置,以保证齿轮的正确啮合位置。

(6)安装轴承时,只许用压力套垂直压在内圈上,禁止施加冲击荷载,轴承内圈圆角较大的一侧必须朝向齿轮。

(7)装入油封前,需在油封的刃口涂少量润滑脂,要垂直压入,并注意安装方向。

(8)变速器装配后,要检查各齿轮的轴向间隙和各齿轮副的啮合间隙及啮合印痕。

(9)装配密封衬垫时,应在密封衬垫的两侧涂以密封胶,确保密封效果。

(10)安装变速器盖时,各齿轮和拨叉均应处于空挡位置。必要时,可分别检查各个常用挡的齿轮副是否处于全齿长接合位置。按规定的力矩拧紧全部螺栓。

小组工作一

(1)每 3～5 名学生组成 1 个工作小组,确定 1 名小组长,接受工作任务,做好工作准备。

(2)阅读工作单,查阅维修手册(或实训指导书),观察待修车辆的变速器,讨论拆卸方法和步骤,确定小组人员工作分工。向实训指导教师汇报讨论结果,经指导教师同意后,开始下一步的工作。

(3)按照工作单的引导,完成待修车辆变速器的拆卸、分解、检查和修理工作。

(4)在完成工作任务的过程中,根据工作单的要求,完成三轴式变速器零部件认识、工作原理描述等学习任务。

(5)完成工作单要求的三轴式变速器主要零部件的检测,将检测结果记录在工作单的相应栏目,并对检测结果作出分析。

(6)回答指导教师的现场提问,接受指导教师的技能考核。

(7)完成工作任务后,对工作过程进行自我评价和小组互评,听取指导教师的点评。

(8)清洁工作场所,清点维护工具设备,完成任务交接。

生产任务二　检修两轴式手动变速器

1）工作对象

配备两轴式手动变速器的待修车辆1辆。

2）工作内容

（1）领取所需的工具、耗材，做好工作准备。

（2）从车辆上拆除蓄电池、前轮、发动机舱底板，解开横拉杆头，拆下变速器两侧传动轴等外围部件。

（3）从车辆上拆下两轴式变速器。

（4）分解变速器。检查变速器各部件，对主要零部件进行检测，分析检测结果，制订变速器修复方案。

（5）组装变速器，将变速器装回车辆。

（6）安装传动轴、转向拉杆、发动机舱底板、车轮等外围部件。

（7）检查、评价工作质量。

（8）整理工具，清洁工作场地。

3）工作目标与要求

（1）学生应以小组工作的方式，完成本项工作任务。

（2）学生应当能在小组成员的配合下，利用汽车维修手册（或实训指导书），制订并实施工作计划。

（3）能通过阅读资料和现场观察，辨别所检修两轴式变速器的类型。

（4）能认识所拆卸两轴式变速器的零部件，口述两轴式变速器的工作原理和各零部件的作用。

（5）能向客户解释所修车辆两轴式变速器的损伤情况和修复方案。

（6）能按规范的步骤，完成两轴式变速器的拆装检修作业，恢复汽车的行驶能力。

（7）在工作过程中培养质量强国意识和大国工匠精神。

2.7　两轴式变速器

2.7.1　两轴式变速器的组成和特点

两轴式变速器用于发动机前置前轮驱动的汽车，一般变速器总成内部还包含主减速器和差速器，两者合称为手动变速驱动桥。

前置发动机有纵向布置和横向布置两种形式，与其配用的两轴式变速器也有两种不同的结构形式。发动机纵置时，主减速器为一对锥齿轮，如图2-22所示；图中Ⅰ、Ⅱ、Ⅲ、Ⅳ、Ⅴ为一、二、三、四、五挡齿轮，R为倒挡齿轮。

大多数轿车采用发动机横置结构,其主减速器采用一对圆柱齿轮,如图 2-23 所示。

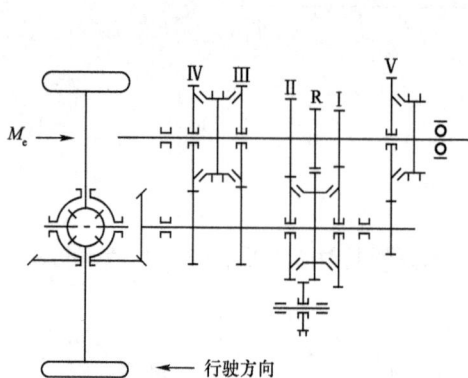

图 2-22 发动机纵置的两轴式变速器传动示意图

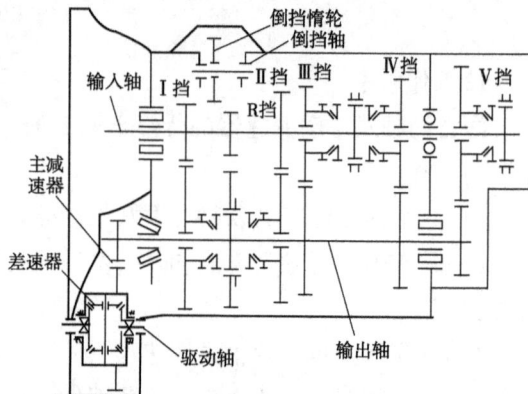

图 2-23 发动机横置的两轴式变速器传动示意图

2.7.2 两轴式变速器的结构与工作原理

1)结构

图 2-24 为发动机横置的两轴式变速器结构图。与传统的三轴变速器相比,两轴式变速器由于省去了中间轴,所以一般挡位传动效率要高一些;但是任何一挡的传动效率又都不如三轴变速器直接挡的传动效率高。

2)工作原理

因各挡全部采用同步器换挡,故各挡齿轮均采用常啮合斜齿轮。换挡时,只要拨动拨叉

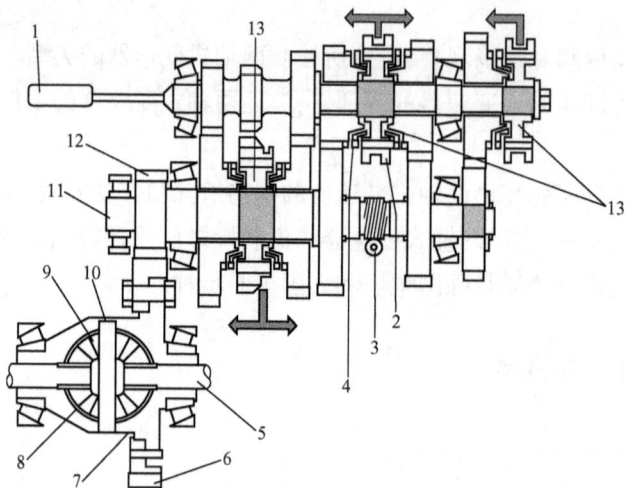

图 2-24 发动机横置的两轴式变速器结构示意图

1-输入轴;2-接合套;3-里程表齿轮;4-锁环;5-半轴;6-主减速器从动齿轮;7-差速器壳;8-半轴齿轮;9-行星齿轮;10-行星齿轮轴;11-输出轴;12-主减速器主动齿轮;13-花键毂

使接合套轴向移动即可脱挡或挂挡。

（1）空挡。如图 2-25 所示，换挡杆处于空挡位置时，输入轴、输出轴上的各接合套、传动齿轮均处于中间空转的位置，动力不传给输出轴。

（2）一挡。图 2-26 为变速器一挡传动示意图，换挡杆处于一挡位置，此时一挡主动齿轮与输出轴一挡从动齿轮啮合。动力经输入轴、输出轴，传到主减速器、差速器。由于一挡主动齿轮是输入轴上齿数最少的齿轮，一挡从动齿轮是输出轴上直径最大、齿数最多的齿轮，因而此时变速器的传动比是所有前进挡中最大的传动比，一般为 2.5～3.5。

（3）二挡。图 2-27 为变速器二挡传动示意图。换挡杆处于二挡位置，此时二挡主动齿轮与输出轴二挡从动齿轮啮合。动力经输入轴、输出轴，传到主减速器、差速器。由于二挡主动齿轮是输入轴上齿数略大于一挡主动齿轮的齿轮，而二挡从动齿轮是输出轴上齿数仅次于一挡的从动齿轮的齿轮，因而此时变速器的传动比是所有前进挡中第二大的传动比，一般为 2.0～3.0。

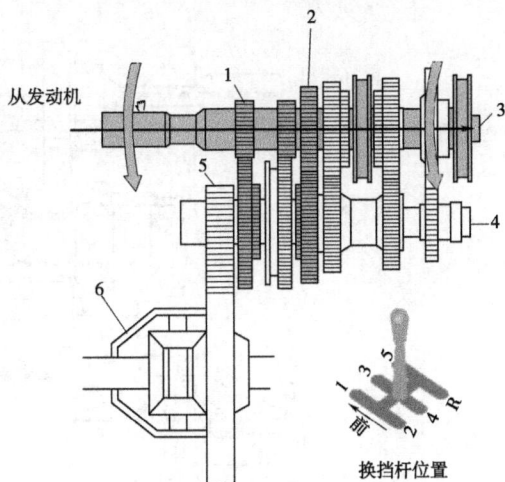

图 2-25　变速器空挡传动示意图

1-一挡齿轮;2-二挡齿轮;3-驱动轴;4-输出轴;5-驱动小齿轮;6-差速器

图 2-26　变速器一挡传动示意图

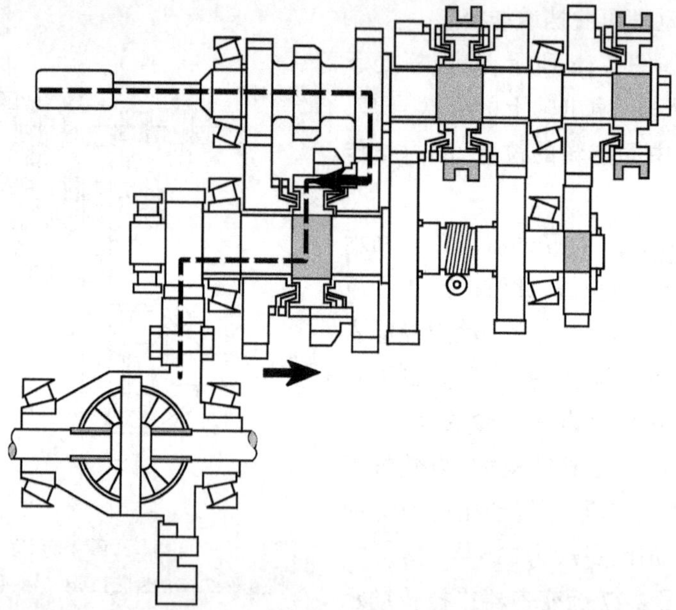

图 2-27　变速器二挡传动示意图

（4）三挡。图 2-28 为变速器三挡传动示意图。换挡杆处于三挡位置,此时三挡主动齿轮与输出轴三挡从动齿轮啮合。动力经输入轴、输出轴,传到主减速器、差速器。由于三挡主动齿轮在输入轴上齿数大于二挡主动齿轮的齿数,而三挡从动齿轮在输出轴上齿数次于二挡的从动齿轮齿数,因而此时变速器的传动比是所有前进挡中第三大的传动比,一般为1.5~2.0。

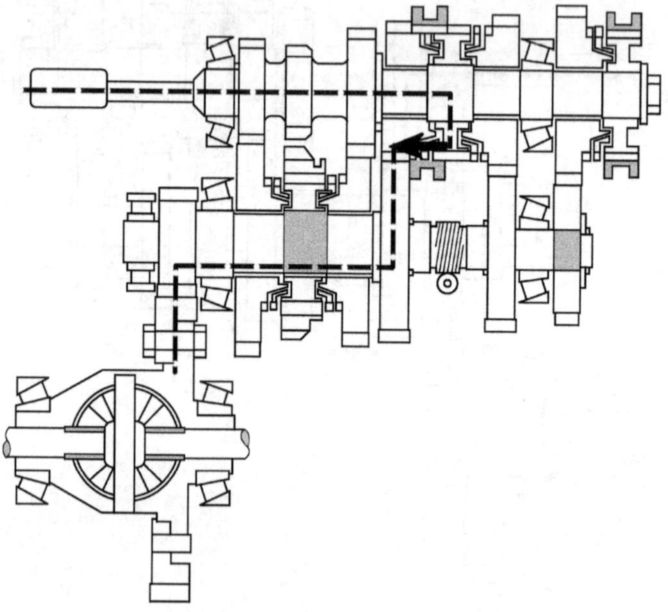

图 2-28　变速器三挡传动示意图

（5）四挡。图2-29为变速器四挡传动示意图。换挡杆处于四挡位置,此时四挡主动齿轮与输出轴四挡从动齿轮啮合。动力经输入轴、输出轴,传到主减速器、差速器。由于四挡主动齿轮与四挡从动齿轮齿数差一大齿,此时的传动比接近1,因此四挡称为直接挡。

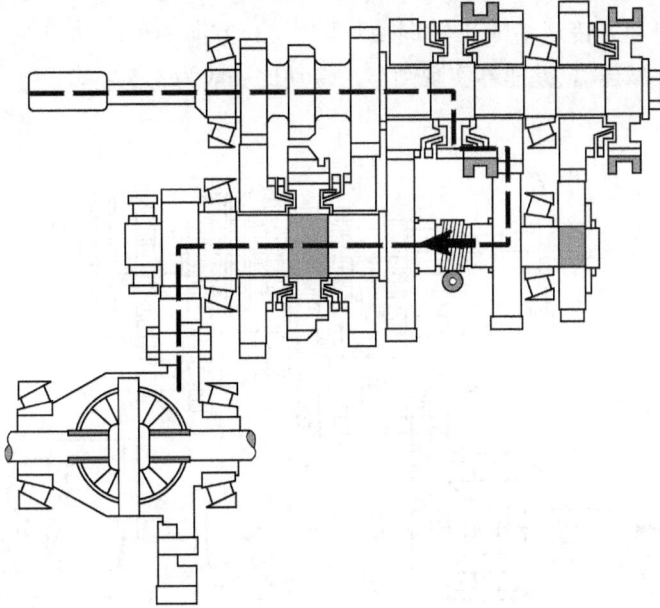

图2-29　变速器四挡传动示意图

（6）五挡。图2-30为变速器五挡传动示意图。换挡杆处于五挡位置,此时五挡主动齿轮

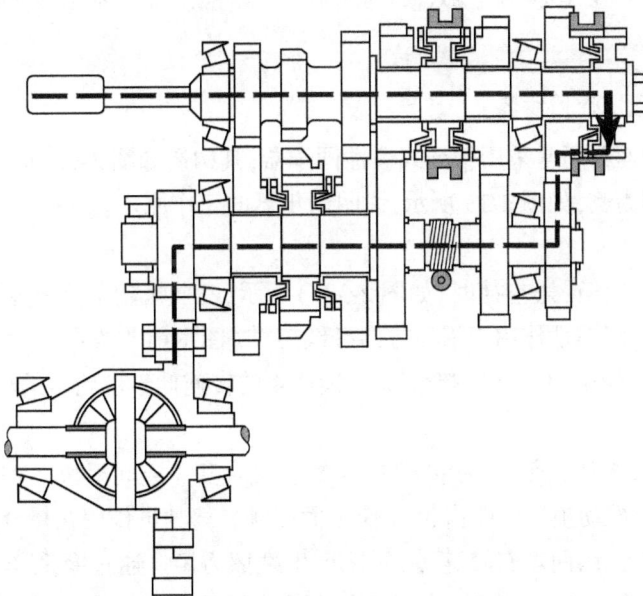

图2-30　变速器五挡传动示意图

与输出轴五挡从动齿轮啮合。动力经输入轴、输出轴,传到主减速器、差速器,由于五挡主动齿轮齿数大于五挡从动齿轮齿数,实现了增速,因此五挡称为超速挡,传动比一般为 0.75 ~ 0.85。

(7)倒挡。图 2-31 为变速器倒挡传动示意图,换挡杆处于倒挡位置,此时倒挡主动齿轮与倒挡中间齿轮将动力传递给输出轴倒挡从动齿轮,方向相反。动力经输入轴、倒挡惰轮轴、输出轴,传到主减速器、差速器实现倒车。传动比一般为 3.5 左右。

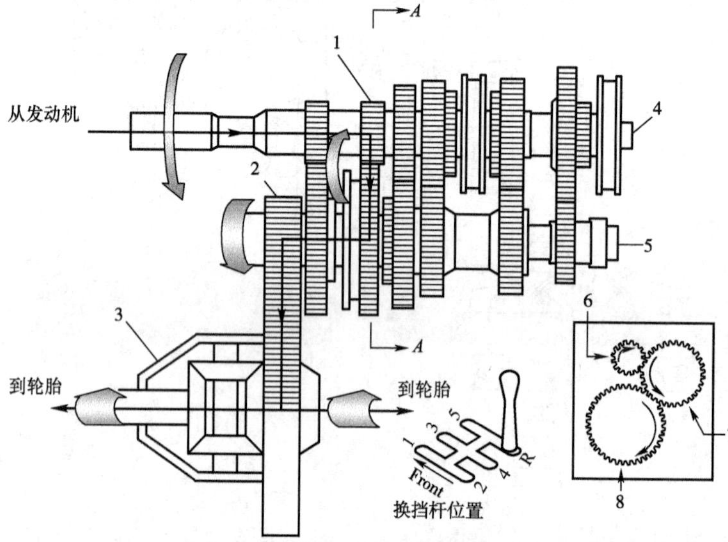

图 2-31 变速器倒挡传动示意图

1-倒挡主动齿轮;2-驱动小齿轮;3-差速器;4-输入轴;5-输出轴;6-驱动轴(倒挡主动齿轮);7-倒挡中间齿轮;8-倒挡从动齿轮 A—A 部位(从发动机)

2.7.3 锁环式惯性同步器

两轴式手动变速器通常采用锁环式惯性同步器,其构造如图 2-32 所示。

以二挡换三挡为例,如图 2-33 所示,说明同步器的工作原理。

1)空挡位置

接合套 3 刚从二挡退入空挡时,如图 2-33a)所示,三挡齿轮 1、接合套 3、锁环 4 以及与其有关联的运动件,因惯性作用而沿原方向继续旋转(图示箭头方向)。由于齿轮 1 是高挡齿轮(相对于二挡齿轮来说),所以接合套 3、锁环 4 的转速低于齿轮 1 的转速。

2)挂挡

欲换入三挡时,驾驶员通过换挡杆使拨叉推动接合套 3 连同滑块 2 一起向左移动,如图 2-33b)所示,滑块又推动锁环移向齿轮 1,使锥面接触。驾驶员作用在接合套上的轴向推力,使两锥面有正压力,又因两者有转速差,所以产生摩擦力矩。通过摩擦作用,齿轮 1 带动锁环相对于接合套向前转动一个角度,使锁环缺口靠在滑块的另一侧(上侧)为止,此时接合套的内齿与锁环上的齿端错开了约半个齿宽,接合套的齿端倒角面与锁环的齿端倒角面互相抵住。

图2-32 锁环式惯性同步器结构图

1、4-齿轮;2-换挡滑块;3-换挡拨叉;5、9-同步器锁环;6-弹簧圈;7-花键毂;8-接合套;10-凹槽;11-轴向槽;12-缺口

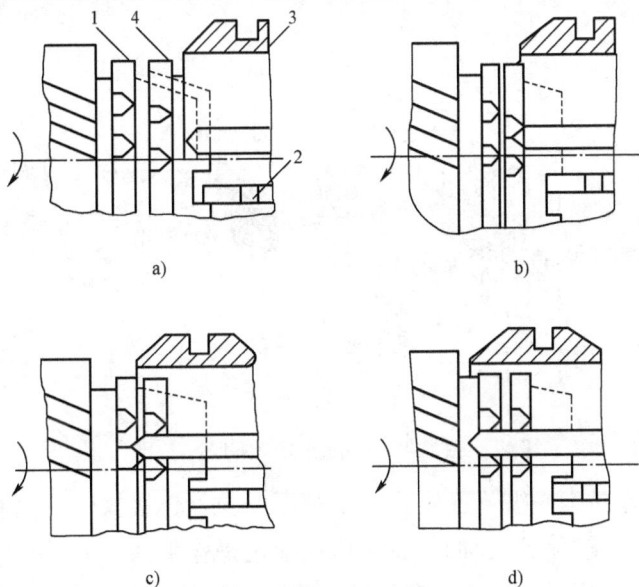

图2-33 锁环式惯性同步器工作过程示意图

a)空挡位置;b)挂挡;c)锁止;d)同步啮合

1-齿轮;2-换挡滑块;3-接合套;4-同步器锁环

3)锁止

驾驶员的轴向推力使接合套的齿端倒角面与锁环的齿端倒角面之间产生正压力,形成

一个企图拨动锁环相对于接合套反转的力矩,称为拨环力矩。这样在锁环上同时作用着方向相反的摩擦力矩和拨环力矩,同步器的结构参数可以保证在同步前(存在摩擦力矩)拨环力矩始终小于摩擦力矩,所以在同步之前无论驾驶员施加多大的操纵力,都不会挂上挡,即产生锁止作用,如图2-33c)所示。

4)同步啮合

随着驾驶员施加于接合套上的推力加大,摩擦力矩不断增加,使齿轮1的转速迅速降低。当齿轮1、接合套3和锁环4达到同步时,作用在锁环上的摩擦力矩消失。此时在拨环力矩的作用下,锁环4、齿轮1以及与之相连的各零件都对于接合套反转一角度,滑块2处于锁环缺口的中央,如图2-33c)所示,键齿不再抵触,锁环的锁止作用消除。接合套压下弹簧圈继续左移(滑块脱离接合套的内环槽而不能左移),与锁环的花键齿圈进入啮合。进而再与齿轮1进入啮合,如图2-33d)所示,换入三挡。

锁环式同步器尺寸小、结构紧凑、摩擦力矩也小,多用于轿车和轻型车辆上。

2.8 远距离换挡操纵机构

在一些汽车上,驾驶员座位离变速器较远,在换挡杆与变速器之间增加若干传动件,组成远距离操纵机构,如图2-34所示。驾驶员通过换挡杆的左右摆动和前后拨动动作,实现变速器的换挡操纵。

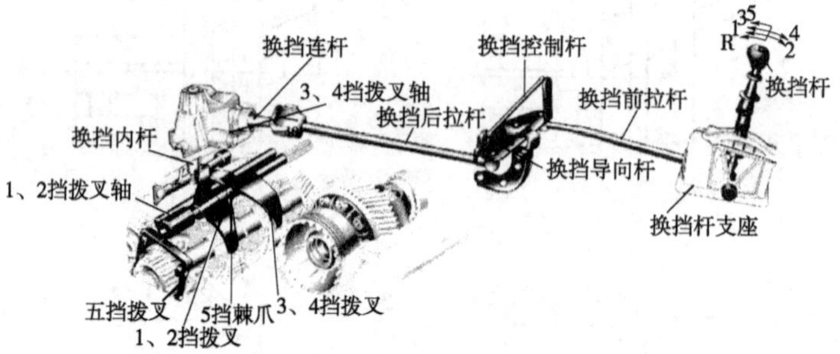

图2-34 杆式远距离操纵机构

大众手动挡轿车拉索操纵装置如图2-35所示。拉索连接操作手柄和变速器,将操作手柄的动作传递给变速器(换挡轴)。这种机构通过操作手柄下方,用一根推拉索传递变速杆的前后拨动运动,用另一根推拉索传递变速杆的左右摆动运动,从而操纵变速器实现换挡。

大众手动挡轿车的选挡、换挡机构如图2-36所示,操作手柄的选挡动作(左 - 右)通过选挡杆转换为选挡拉索的前后动作(换挡轴旋转)选定挡位。通过操作手柄将挂挡动作(前 - 后)传递到挂挡拉索,换挡杆沿挡位方向前后移动(或换挡轴上下移动),并按选挡动作的相反方向拉或推挂挡位拉索,实现挂挡、摘挡。

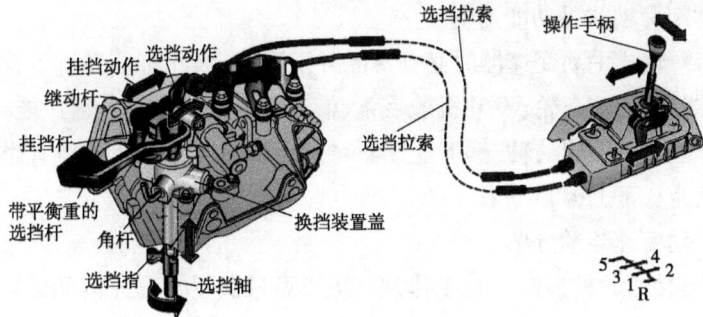

图 2-35　振动隔离式换挡操纵机构示意图

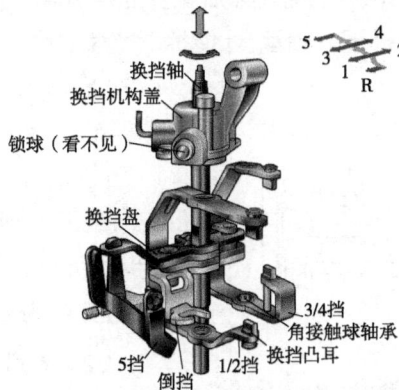

图 2-36　选挡挂挡机构示意图

课堂讨论二

（1）两轴式变速器与三轴变速器有何区别与联系？

（2）两轴式变速器油为何与三轴变速器油不一样？如加错了润滑油会引起什么结果？

（3）远距离操纵机构有什么优缺点？

（4）如何检查变速器齿轮油的加注量是否合适？

（5）两轴式变速器的齿轮轴向间隙、径向间隙应如何检测？有什么要求？

（6）如何识别锁销式惯性同步器和锁环式惯性同步器？多锁环式惯性同步器工作过程有何特点？

（7）DSG 变速器有何特点？

相关技能二

2.9　两轴式手动变速器的检修

2.9.1　两轴式手动变速器的拆卸与分解

横置发动机两轴式变速器总成的拆卸按以下基本步骤进行(以雪铁龙 C4L 车型为例)。

1)从车上拆卸两轴式手动变速器

从车上拆卸两轴式手动变速器时必须拆除外围附件,为此必须先拆下蓄电池搭铁线、倒车灯开关、离合器拉索、前车轮、发动机舱底舱盖、车速里程表软管,断开转向横拉杆与转向节的连接并取下左右两侧传动轴,拆下变速器与发动机连接螺栓及其他有影响的连接部件。然后将手动变速器从车上拆卸下来。

2)两轴式手动变速器的分解

(1)后盖及五挡齿轮的拆卸。按工作规范拆下两轴式手动变速器的后盖,拆下五挡同步器和齿轮。

(2)变速器壳体的拆卸。在拆下变速器后盖及五挡齿轮后,注意一定要先拆除安装在变速器壳体上的倒车开关螺栓,拆下后轴承,才能拆下变速器壳体。

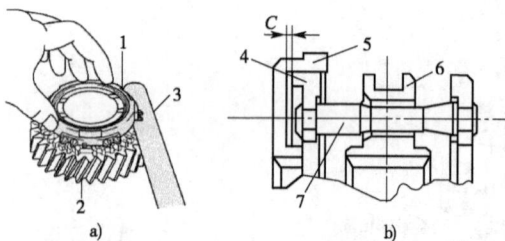

图2-37 同步器轴向间隙检查检测
a)锁环式;b)锁销式
1-锁环;2-齿轮;3-塞尺;4-同步器锥环;5-同步器锥盘;6-接合套;7-锁销

(3)整套齿轮的拆卸。拆下变速器的前轴承盖,然后拆下整套齿轮。

(4)输出轴(二轴)的分解。先拆四挡齿轮,三、四挡同步器,再取下二挡齿轮和一、二挡同步器及一挡齿轮。

(5)分解锁环式同步器。

2.9.2 两轴式变速器主要零件的检修

1)同步器的检修

同步器的检测如图2-37所示,具体检测要求如下:

(1)锁环端面已与锥盘接触、有擦痕、同步过程失效,允许将锥盘端面车削修复,一般最大车削量为1mm。

(2)一般锁环斜面上的螺纹油槽的深度应大于或等于0.10mm,锁环前端面与锥盘的间隙应大于或等于+0.30mm,超过使用极限应予修理。

(3)更换新同步器总成后原锥盘可用,但要检查锁环端面不得与锥盘端面接触,新锥盘与新锁环端面间隙一般为3mm。如果使用原锥盘,则应检查锥盘和锥环的端面间隙C,其间隙应不小于0.30mm,如图2-37b)所示。

2)两轴式变速器其他零件的检修

两轴式变速器其他零件的检修与三轴式变速器相同,可参阅具体车辆的维修手册。

小组工作二

(1)每3~5名学生组成1个工作小组,确定1名小组长,接受工作任务,做好工作准备。

(2)阅读工作单,查阅维修手册(或实训指导书),观察待修车辆变速器的布置形式,讨论横置发动机前驱车辆变速器的拆卸方法和步骤,确定小组人员工作分工。向实训指导教师汇报讨论结果,经指导教师同意后,开始下一步的工作。

(3)按照工作单的引导,完成待修车辆变速器的拆卸、分解、检查和修理工作。

(4)在完成工作任务的过程中,根据工作单的要求,完成两轴式变速器零部件认识、工作原理描述等学习任务。

(5)完成工作单所要求的两轴式变速器主要零部件的检测,将检测结果记录在工作单的相应栏目,并对检测结果作出分析。

(6)回答指导教师的现场提问,接受指导教师的技能考核。

(7)完成工作任务后,对工作过程进行自我评价和小组互评,听取指导教师的点评。

(8)清洁工作场所,清点维护工具设备,完成任务交接。

拓展知识与技能

2.10　分动器及其操纵机构

2.10.1　分动器的功用

分动器的作用是将变速器输出的动力分配到各驱动桥,允许驾驶员选择如下模式之一:

(1)2WD 模式:只有前轮被驱动,这种类型的传动模式降低了噪声和燃油消耗,并且操控更好。

(2)4WD 模式:前轮后轮被驱动,汽车适于在泥泞、草地、冰雪、沙土等特殊条件下越野使用要求。

2.10.2　分动器的构造与原理

分动器构造如图 2-38 所示,其工作原理如下:

①空挡:接合套 4 处中间位置。

②高挡:接合套 4 左移,动力传递由轴 1→齿轮 3→齿轮 13→中间轴 8→齿轮 9→齿轮 6、11→轴 7、10(因 $z_6 = z_{11}$,所以 $n_7 = n_{10}$)。

1)对操纵机构的要求

(1)分动器换入低挡时,输出转矩较大,

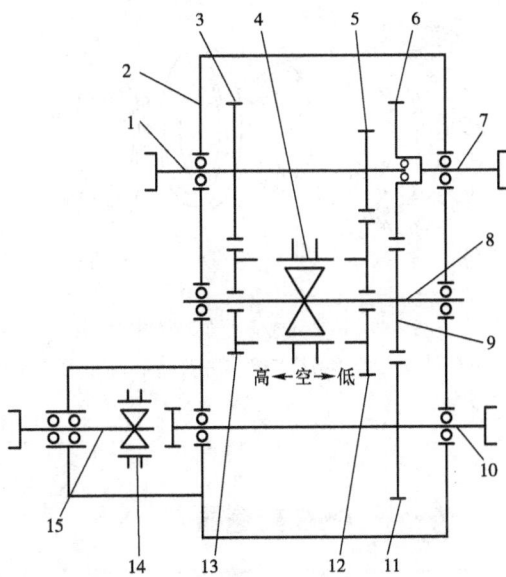

图 2-38　三个输出轴的分动器示意图
1-输入轴;2-分动器壳;3、5、6、9、11、12、13-齿轮;4-换挡接合套;7-后桥输出轴;8-中间轴;10-中桥输出轴;14-前桥接合套;15-前桥输出轴

为避免中后桥超载,操纵机构必须保证:非先接上前桥,不得换入低挡,非先退出低挡,不得摘下前桥,应有互锁装置。

(2)为防止自动换挡和脱挡,必须有自锁装置。

2)操纵机构构造

操纵机构由操纵杆、杠杆机构、拨叉轴、拨叉、自锁和互锁装置等组成。自锁和自锁装置的结构、工作原理与变速器操纵机构的工作原理相同,这里不再赘述。

2.11 多锁环式惯性同步器

为了增强同步啮合动力的传递能力,减少锁环在工作过程中的磨损,提高其使用寿命,目前许多轿车手动变速器在二挡和三挡的锁环式同步器中采用了双锁环或三锁环的结构。

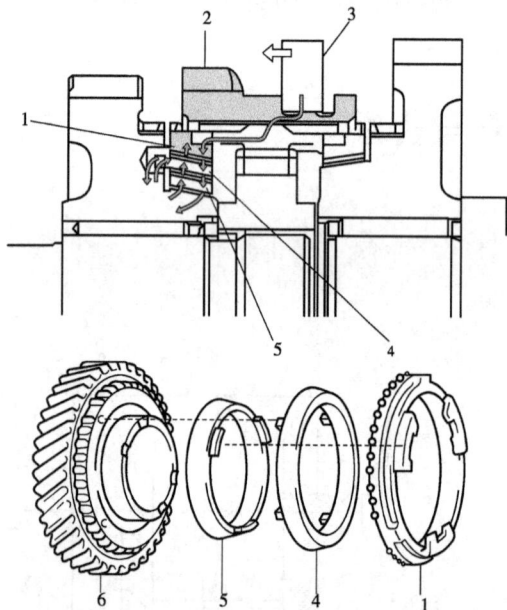

图2-39 三锁环式惯性同步器结构原理图
1-外环;2-接合套;3-换挡拨叉;4-中环;5-内环;6-主动齿轮和齿圈

图2-39为三锁环式惯性同步器的结构原理图。与普通锁环式同步器不同,三锁环式同步器将原来的锁环分为外环、中环和内环三个锥面环,外环的结构和传统的锁环完全相同,其内锥面上制有细牙螺旋槽,中环和内环的内锥面也同样制有螺旋槽。在换挡时,接合套带动滑块推动外环与中环接触,再通过中环与内环接触,使外环、中环、内环形成一体压向齿圈,此时,用以吸收接合套和主动齿轮之间转速差的摩擦力是由所有3个锥形部分共同产生的,这就相当于锁环的摩擦面积增加了约3倍,从而使同步性能提高了1倍以上,每个锁环的磨损也下降了一半以上,提高了同步器的使用寿命,并使需要的换挡力大约减小了一半,改善了操纵舒适性。

2.12 DSG 变速器

DSG 变速器(Direct-shift Gearbox)即为直接换挡变速器。由于 DSG 变速器没有变矩器,采用机械式双离合器结构,其传动过程中的能耗损失非常小,大大提高了车辆的燃油经济性。

图2-40 为单中间轴 DSG 变速器结构简图。双离合器总成中有 C1 和 C2 两个离合器,其特点是变速器中 1、3 和 5 挡与离合器 C1 连接在一起,2、4、6、R 挡则连接在离合器 C2 上,变速器换挡所用的同步器与手动变速器完全相同。在车辆处于停止状态时,离合器 C1 和 C2 都处于分离状态。起步前,先将挡位切换为 1 挡,离合器 C1 接合,动力由发动机 M 输入到离合器C1→单速挡位输入轴→1 挡主动齿轮→1 挡从动齿轮→输出轴,这时车辆开始起步,离合器 C2 仍处于分离状态,不传递动力。当车辆加速接近 2 挡的换挡点时,换挡机构提前

换入 2 挡,当车速达到换挡点时,离合器 C1 开始分离,同时离合器 C2 开始接合,动力由发动机 M 输入到离合器 C2→双速挡位输入轴→2 挡主动齿轮→2 挡从动齿轮→输出轴。根据变速器挡位的选择需要,两个离合器开始交替切换,完成各挡位的换挡过程。其他挡位动力传递过程与此类似。

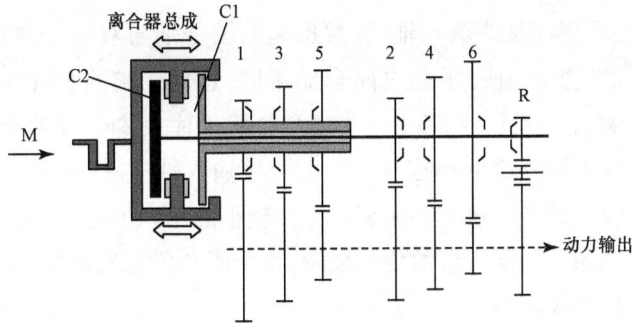

图 2-40　单中间轴 DSG 变速器结构简图
1、2、3、4、5、6、R-变速器挡位;C1-离合器 1;C2-离合器 2

　　此外,DSG 变速器与液力变矩器配合可以实现手动和自动两种控制模式,当进入逻辑控制模式时,变速器可根据驾驶员的意愿进行换挡控制。下面以多轴式直接换挡变速器加以说明。

2.12.1　多轴式 DSG 变速器结构

　　图 2-41 为四轴式 DSG 变速器结构示意图。它主要由多片湿式双离合器总成、四轴式齿轮变速器及换挡控制系统(图中未画出)等组成。

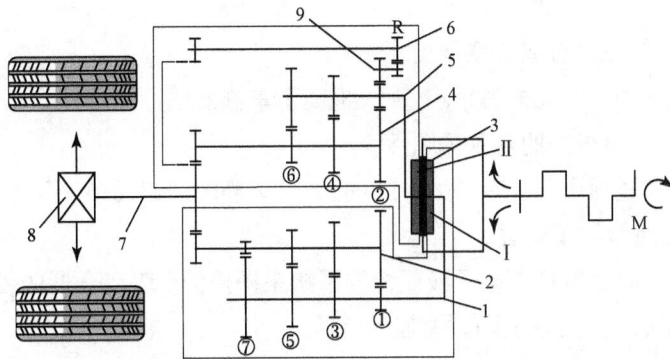

图 2-41　多轴式 DSG 变速器结构简图
1-单速挡位输入轴;2-单速挡位输出轴;3-双离合器总成;4-双速挡位输出轴;5-双速挡位输入轴;6-倒挡轴;7-变速器输出轴;8-主减速器;9-倒挡中间轴;Ⅰ-离合器Ⅰ;Ⅱ-离合器Ⅱ

　　DSG 变速器有两根同轴线的输入轴,输入轴 1 装在输入轴 5 里面。输入轴 1 和离合器Ⅰ相连,输入轴 1 上的齿轮分别和①1 挡齿轮、③3 挡齿轮、⑤5 挡齿轮和⑦7 挡齿轮相啮合;输入轴 5 是空心的,并和离合器Ⅱ相连,输入轴 5 上的齿轮分别和②2 挡齿轮、④4 挡齿轮、⑥6 挡齿轮相啮合;倒挡齿轮则通过中间轴齿轮和输入轴 1 的①1 挡齿轮啮合。

与 DSG 变速器配合的湿式双离合器的结构和液压式自动变速器中的离合器相似,但是尺寸要大很多,工作时利用液压缸内的油压和活塞压紧离合器,油压的建立则由中央控制单元指令电磁阀来控制,两个离合器的工作状态相反,不会发生两个离合器同时接合的情形。

2.12.2　多轴式 DSG 变速器工作原理

DSG 变速器采用两根同轴线输入轴,这两根输入轴分别与双离合器总成中的其中一个连接。与普通手动挡车型采用的压盘式离合器不同,这两组离合器主从动盘是采用多片(盘)式的,两个离合器独立工作,当其中一个离合器断开时,另外一个离合器会随即接通,实现无缝连接,独立完成不同挡位的换挡需求。而两根输入轴实际是套在一起围绕着同一轴线转动的,一根直径较大的空心输入轴 5 套在直径较小的输入轴 1 的外侧,两根轴由于长度不同,在轴的一端分别固定不同齿数的传动齿轮,两个离合器有选择性的控制两根输入轴的转动,从而实现动力的连续传递。

这里,离合器 I 负责 1 挡、3 挡、5 挡、7 挡和倒挡,在汽车行驶中驾驶员使用到上述挡位中任何一挡位时,根据选挡需要离合器 I 进入接合状态。离合器 II 负责 2 挡、4 挡和 6 挡,当使用 2、4、6 挡中的任一挡位时,离合器 II 进入接合状态,同时离合器 I 进入分离状态。

例如,一挡的动力传递线路:由发动机 M 输入到离合器I→单速挡位输入轴 1→①1 挡主、从动齿轮→单速挡位输出轴 2→输出轴 7→主减速器→半轴→左、右驱动轮。其他挡位类推。

倒挡的动力传递线路:由发动机 M 输入到离合器I→单速挡位输入轴 1→①1 挡位主动齿轮→倒挡中间轴 9 及齿轮→倒挡输出轴 6→输出轴 7→主减速器→半轴→左、右驱动轮。

2.12.3　DSG 变速器的特点

(1)没有变矩器,也没有离合器踏板。

(2)在传动过程中的能耗损失很小,大大提高了车辆的燃油经济性。

(3)反应灵敏,具有很好的驾驶平顺性。

(4)车辆在加速过程中不会有动力中断的感觉,车辆的加速强劲、平滑,百公里加速时间比采用传统手动变速器的车辆短。

(5)多片湿式双离合器是由电子液压控制系统来操控的。双离合器的使用,可以使变速器同时有两个挡位啮合,使换挡操作快捷。

(6)具有手动和自动两种控制模式,除了变速器操纵杆可以控制外,转向盘上还配备有手动控制的换挡按钮,在行驶中,两种控制模式之间可以随时切换。

(7)选用手动模式时,如果不做升挡操作,即使将加速踏板踩到底,变速器也不会升挡。

(8)换挡逻辑控制可以根据驾驶员的意愿进行。

(9)在手动控制模式下,可以跳跃降挡。

2.13　手动变速器的故障诊断与排除

手动变速器常见的故障主要有掉挡、乱挡、挂挡困难、异响等。

2.13.1　掉挡

1）现象

汽车在加速、减速、爬坡或剧烈振动时，变速杆自动跳回空挡位置。

2）原因

(1)自锁装置的钢球未进入凹槽内或挂挡后齿轮未达到全齿长啮合。

(2)自锁装置的钢球或凹槽磨损严重，自锁弹簧过软或折断。

(3)齿轮沿齿长方向磨损成锥形。

(4)输入轴、输出轴轴承过于松旷，使输入轴、输出轴和曲轴三者轴线不同心或变速器壳与离合器壳接合平面相对曲轴轴线的垂直度变动。

(5)输出轴上的常啮合齿轮轴向或径向间隙过大。

(6)各轴轴向或径向间隙过大。

3）故障诊断与排除方法

先确知跳挡挡位：走热全车后，采用连续加、减速的方法逐挡进行路试便可确定。将变速杆挂入跳挡挡位，发动机熄火，小心拆下变速器盖，观察跳挡齿轮的啮合情况。

(1)未达到全齿长啮合，则故障由此引起。

(2)达到全齿长啮合，应继续检查。

(3)检查啮合部位磨损情况：磨损成锥形，则故障可能由此引起。

(4)检查输出轴上该挡齿轮和各轴的轴向和径向间隙。间隙过大，则故障可能由此引起。

(5)检查自锁装置。若自锁装置的止动阻力很小，甚至手感钢球未插入凹槽（把变速器盖夹在台钳上，用手摇动变速杆），则故障为自锁效能不良；否则，故障为离合器壳与变速器接合平面与曲轴轴线垂直变动等引起。

2.13.2　乱挡

1）现象

在离合器技术状况正常的情况下，变速器同时挂上两个挡，或挂需要挡位时，结果挂入别的挡位。

2）原因

(1)互锁装置失效：如拨叉轴、互锁销或互锁钢球磨损过甚等。

(2)变速杆下端弧形工作面磨损过大或拨叉轴上拨块的凹槽磨损过大。

(3)变速杆球头定位销折断或球孔、球头磨损过于松旷。

总之，乱挡的主要原因是变速器操纵机构失效。

3）故障诊断与排除方法

(1)摇动变速杆，检查其摆转角度，若超出正常范围，则故障由变速杆下端球头定位销与定位槽配合松旷或球头、球孔磨损过大引起。

(2)变速杆摆转360°，则为定位销折断。

(3)如摆转角度正常，仍挂不上或摘不下挡，则故障由变速杆下端从凹槽中脱出引起

(脱出的原因是下端弧形工作面磨损或凹槽磨损)。

(4)能同时挂入两个挡,则故障由互锁装置失效引起。

2.13.3 挂挡困难

1)现象

离合器技术状况良好,但挂挡时不能顺利挂入挡位,常发生齿轮撞击声。

2)原因

(1)同步器故障。

(2)拨叉轴弯曲、锁紧弹簧过硬、钢球损伤等。

(3)输入轴花键损伤或输入轴弯曲。

(4)齿轮油不足或过量、齿轮油不符合使用规格要求。

3)故障诊断与排除方法

(1)检查同步器是否散架,锁环内锥面螺旋槽是否磨损,滑块是否磨损,弹簧弹力是否过软等。

(2)如果同步器正常,检查输入轴是否弯曲,花键是否磨损严重。

(3)检查拨叉轴是否移动正常。

2.13.4 变速器异响

1)现象

变速器异响是指变速器工作时发出的不正常的响声。

2)原因

(1)齿轮异响。齿轮磨损过甚、变薄,间隙过大,运转中有冲击;齿面啮合不良,如修理时没有成对更换齿轮。新、旧齿轮搭配,齿轮不能正确啮合;齿面有金属疲劳剥落或个别齿损坏折断;齿轮与轴上的花键配合松旷,或齿轮的轴向间隙过大;轴弯曲或轴承松旷引起齿轮啮合间隙改变。

(2)轴承响。轴承磨损严重,轴承内(外)座圈与轴颈(孔)配合松动,轴承滚珠碎裂或有烧蚀麻点。

(3)其他原因发响。如变速器内缺油,润滑油过稀、过稠或质量变坏,变速器内掉入异物,某些紧固螺栓松动,里程表软轴或里程表齿轮发响等。

3)故障诊断与排除

(1)变速器发出金属干摩擦声,即为缺油或油的质量不好。应加油或检查油的质量,必要时更换。

(2)行驶时换入某挡若响声明显,即为该挡齿轮轮齿磨损;若发生周期性的响声,则为个别齿损坏。

(3)空挡时响,而踩下离合器踏板后响声消失,一般为输入轴轴承或常啮合齿轮响;如换入任何挡都响,多为输出轴后轴承发出的响声。

(4)变速器工作时发生突然撞击声,多为轮齿断裂,应及时拆下变速器盖检查,以防机件损坏。

（5）行驶时,变速器只有在换入某挡位时齿轮发响,在上述检查完好的前提下,应检查啮合齿轮是否搭配不当,必要时应重新装配一对新齿轮。此外,也可能是同步器齿轮磨损或损坏,应视情况修复或更换。

（6）换挡时齿轮相撞击而发响,则可能是离合器不能分离或离合器踏板行程不正确、同步器损坏、发动机怠速过高、变速杆调整不当或导向衬套太紧。遇到这种情况,先检查离合器能否分离,再分别调整发动机怠速或变速杆位置,检查导向衬套与分离轴承配合的松紧度。

如经上述检查排除后,变速器仍发响,应检查各轴轴承与轴孔配合情况、轴承本身的技术状态等;如完好,再查看里程表软轴及齿轮是否发响,必要时予以修理或更换。

2.13.5　变速器漏油

1）现象

变速器周围出现齿轮润滑油,变速器齿轮箱的油量减少,则可判断为润滑油泄漏。

2）原因及排除方法

（1）润滑油选用不当,产生过多泡沫,或润滑油量太多,此时需更换润滑油或调节润滑油油面高度。

（2）变速器壳体侧盖太松,密封垫损坏,油封损坏。密封垫和油封损坏应更换新件。

（3）放油螺塞和变速器壳体及盖的固定螺栓松动,应按规定力矩拧紧。

（4）变速器壳体破裂或延伸壳体油封磨损而引起的漏油,必须更换。

（5）里程表齿轮限位器松脱破损,必须锁紧或更换。

（6）变速杆油封漏油,检查变速器通气塞,如有堵塞应予以疏通或更换新件。

思考题

（1）何谓传动比? 如何实现增速降矩、减速增矩? 速度降低,转矩为何会增加?

（2）手动变速器有何功用?

（3）表述三轴式手动变速器各挡动力传递路线。

（4）同步器有何功用?

（5）何谓自锁、互锁、倒挡锁?

（6）如何检修三轴式手动变速器?

（7）手动变速器装配应注意哪些事项?

（8）常见手动变速器有哪些故障现象? 如何诊断与排除?

（9）二轴式与三轴式手动变速器的润滑油选用有何区别?

单元三

汽车底盘异响并伴有振动故障检修

Unit 3

学习情境

一辆已经使用了6年的皮卡(PICK—UP)轻型载货汽车,一个月前开始底盘出现轻微异响,且伴有速度增大响声逐渐变大的趋势,一周前在国道上停车加水后起步时出现撞击,下坡滑行时,不仅底盘出现异响,而且车身出现振动现象,检修时驾驶员反映握转向盘的手感觉发麻。

生产任务一 更换十字轴万向节

1)工作对象

配备发动机前置后轮驱动的待修车辆1辆。

2)工作内容

(1)领取所需的工具、耗材,做好工作准备。

(2)从车辆上拆除传动轴中间支承固定架等外围部件。

(3)从车辆上拆下传动轴。

(4)分解十字轴万向节。检查传动轴各零件,对主要零部件进行检测,分析检测结果,制订传动轴及十字轴万向节修复方案。

(5)十字轴万向节及传动轴安装。

(6)安装传动轴中间支承固定架等外围部件。

(7)检查、评价工作质量。

(8)整理工具,清洁工作场地。

3）工作目标与要求

(1)学生应以小组工作的方式,完成本项工作任务。

(2)学生应当能在小组成员的配合下,利用汽车维修手册(或实训指导书),制订并实施工作计划。

(3)能通过阅读资料和现场观察,辨别所拆装传动轴及万向节的类型。

(4)能认识所拆卸万向传动装置的零部件,口述各零部件的作用和十字轴万向节的工作原理。

(5)能向客户解释所修车辆万向传动装置的损伤情况和修复方案。

(6)能按规范的步骤,完成传动轴和十字轴万向节的拆装检修作业,恢复汽车的行驶能力。

(7)在工作过程中做好废料的处理,养成环境污染防治的好习惯。

相关知识一

3.1　万向传动装置

在汽车上,变速器通常与发动机一起安装在车架上,而驱动桥则通过弹性悬架与车架相连接,变速器输出轴轴线与驱动桥输入轴轴线很难布置成重合,并且在行驶过程中,弹性悬架受路面冲击产生振动,使两轴线相对位置经常发生变化。因此,变速器的输出轴与驱动桥的输入轴不能刚性连接,必须采用万向传动装置。

3.1.1　万向传动装置的功用、组成

万向传动装置在汽车上有很多应用,结构也稍有不同,但其功用都是一样的,即在轴线相交且相互位置经常发生变化的两转轴之间传递动力。

图3-1所示为在汽车中最常见的万向传动装置,它位于变速器与驱动桥之间。

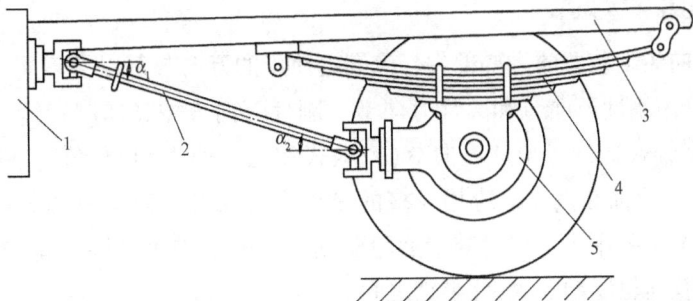

图3-1　万向传动装置示意图
1-变速器;2-万向传动装置;3-车架;4-后悬架;5-驱动桥

万向传动装置的组成主要包括万向节和传动轴,对于传动距离较远的分段式传动轴,为

了提高传动轴的刚度,还设置有中间支承,如图3-2所示。

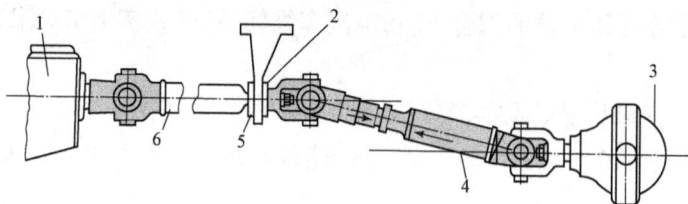

图3-2 万向传动装置组成

1-变速器;2-中间支承;3-后驱动桥;4-后传动轴;5-球轴承;6-前传动轴

3.1.2 万向传动装置的应用

万向传动装置在汽车上的应用主要有以下几个方面:

(1)在变速器(或分动器)与驱动桥之间传递动力。一般汽车的变速器、离合器与发动机三者合为一体装在车架上,驱动桥通过悬架与车架相连。在负荷变化及汽车在不平路面行驶时引起的跳动,会使驱动桥输入轴与变速器输出轴之间的夹角和距离发生变化,所以在变速器和驱动桥之间装有万向传动装置,如图3-3a)所示。

(2)在越野汽车变速器与分动器之间传递动力。为消除车架变形及制造、装配误差等引起的其轴线同轴度误差对动力传递的影响,须装有万向传动装置,如图3-3b)、c)所示。

(3)断开式驱动桥的半轴。主减速器壳在车架上是固定的,桥壳上下摆动,半轴是分段的,须用万向传动装置,如图3-3d)所示。

(4)在汽车转向驱动桥的内、外半轴之间传递动力,转向时两段半轴轴线相交且交角变化,因此要用万向传动装置,如图3-3e)所示。

(5)在转向机构的转向轴和转向器之间传递运动,有利于转向机构的总体布置,如图3-3f)所示。

3.1.3 十字轴式万向节

万向节是万向传动装置的主要部件。汽车上使用的万向节可以从不同的角度分类。按其刚度大小,可分为刚性万向节和柔性万向节。刚性万向节按其速度特性分为不等速万向节(常用的是十字轴式)、准等角速万向节(双联式和三销轴式)和等角速万向节(包括球叉式和球笼式)3种。目前在汽车上应用较多的是十字轴式刚性万向节和等角速万向节。十字轴式刚性万向节主要用于发动机前置后轮驱动的变速器与驱动桥之间,等角速万向节主要用于发动机前置前轮驱动的内、外半轴之间。

1)组成

十字轴式刚性万向节组成如图3-4所示,它结构简单,工作可靠,传动效率高,且成本低,能允许相邻两传动轴之间有较大的交角(一般为15°~20°),故广泛应用于各种汽车的传动系统中。

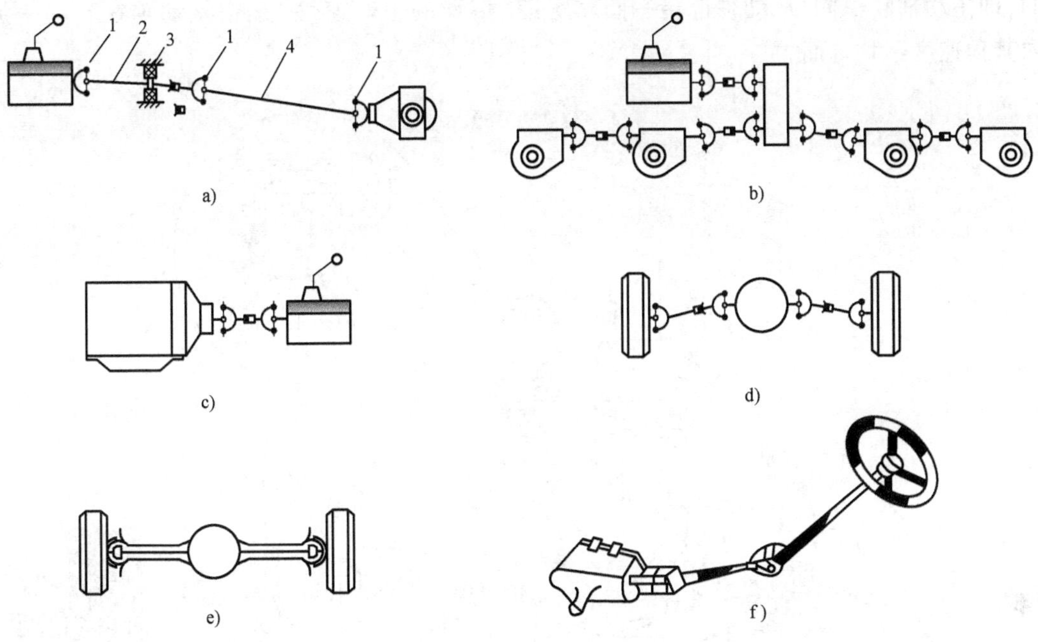

图 3-3　万向传动装置的应用示意图

1-万向节;2-中间传动轴;3-中间支承;4-主传动轴

2)构造

十字轴式刚性万向节主要由十字轴、万向节叉等组成(图 3-4)。万向节叉上的孔分别套在十字轴的 4 个轴颈上。在十字轴轴颈与万向节叉孔之间装有滚针和套筒,用带有锁片的螺钉和轴承盖进行轴向定位。为了润滑轴承,十字轴内钻有油道,且与注脂嘴、安全阀相通(图 3-5)。为避免润滑油流出及尘垢进入轴承,十字轴轴颈的内端套装着油封。安全阀的作用是:当十字轴内腔润滑脂压力超过允许值时,阀打开润滑脂外溢,使油封不会因油压过高而损坏。现代汽车多采用橡胶油封,多余的润滑油从油封内圆表面与十字轴轴颈接触处溢出,故无需安装安全阀。

十字轴式刚性万向节轴承的常见定位方式有三种:螺钉和轴承盖定位、卡环定位(图 3-6)和过盈配合或铆合定位。采用过盈配合或铆合定位的万向节损坏后,无法单独更换万向节,必须更换整根传动轴总成。

3)十字轴式刚性万向节的速度特性

当十字轴式刚性万向节的主动叉是等角速转动时,从动叉是不等角速的,其变化情况可用图 3-7 来分析。设主动叉轴 1 以等角速 ω_1 旋转,两叉轴夹角为 α。由理论分析可知,当十字轴式刚性万向节的主动叉轴 1 以等角速度从图 3-7a)转到图 3-7b)位置时,从动叉轴 2 的角速度 ω_2 由最大值变至最小值。主动叉轴 1 再转 90°,从动叉 2 的角速度 ω_2 又由最小值变至最大值,即从动叉轴 2 的角速度变化周期为 180°,在一圈内有两快两慢。同时,从动叉轴 2 不等速程度是随轴间夹角 α 的加大而加大的。而主、从动轴的平均转速是相等的,即主动轴转一圈,从动轴也转一圈。所谓"传动的不等速性"是指从动轴在转动一周内其角速度不均匀而言。

图 3-4 十字轴式刚性万向节

1、10-万向节叉;2-注脂嘴;3-端盖;4-锁片;5-螺栓;6-轴承套;7-滚针轴承;8-十字轴;9-安全阀;11-挡圈

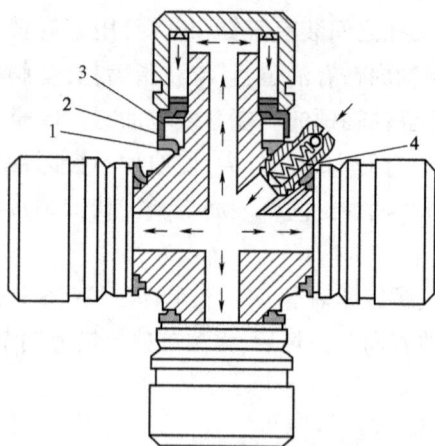

图 3-5 润滑油道及密封装置

1-油封挡盘;2-油封;3-油封座;4-注脂嘴

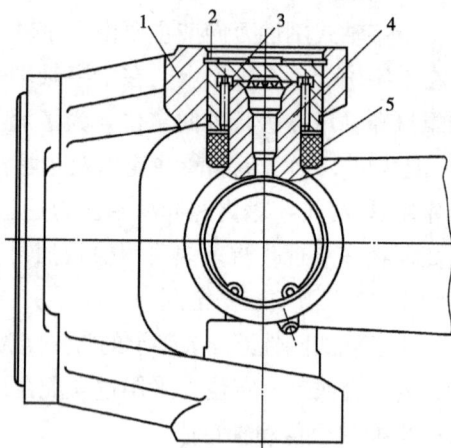

图 3-6 滚针轴承内挡圈定位

1-万向节叉;2-内挡圈;3-滚针轴承;4-十字轴;5-橡胶油封

图 3-8 所示为单个十字轴式刚性万向节不等速特性曲线,单个十字轴式刚性万向节在主动叉轴和从动叉轴之间有夹角的情况下,当主动叉轴是等角速转动时,从动叉轴是不等角速的,且两转轴之间的夹角 α 越大,不等速性就越大。

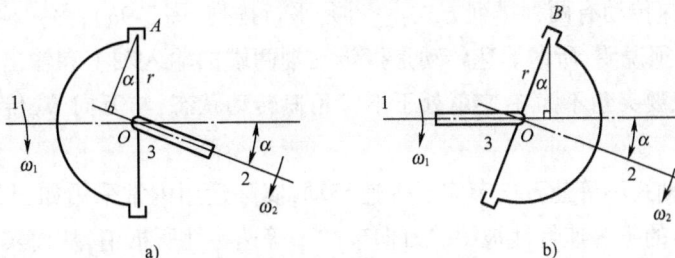

图 3-7　普通万向节传动的速度特性分析

1-主动叉轴;2-从动叉轴;3-十字轴;r-十字轴旋转半径($r = OA = OB$);α-两叉轴夹角

图中 v_1 为主动叉轴和从动叉轴之间在夹角 $\alpha = 10°$时,主动叉轴与十字轴连接点的转速;v_2 为主动叉轴和从动叉轴之间在夹角 $\alpha = 20°$时,从动叉轴与十字轴连接点的转速。两轴转角差随主动叉轴转角大小而变化,两轴交角越大,转角差越大,十字轴万向节的不等速特性越严重。十字轴式刚性万向节的不等速特性,将使从动轴及其相连的传动部件产生扭转振动,从而产生附加的交变荷载,影响部件寿命。

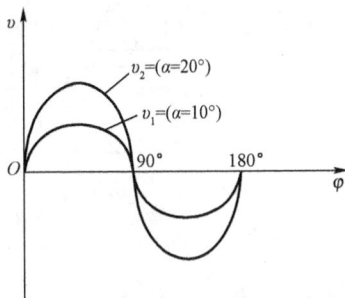

图 3-8　十字轴式刚性万向节的不等速特性

由此可见,若采用两个十字轴式刚性万向节,且在中间以传动轴相连接,可利用第二个万向节的不等速效应抵消第一个万向节的不等速效应,从而实现两轴间的等速传动。从运动学的原理分析可知,要达到这一目的,同时还必须满足以下两个条件:

(1)第一个万向节的从动叉和第二个万向节的主动叉与传动轴 2 相连(图 3-9),且传动轴两端的万向节叉处于同一平面内。

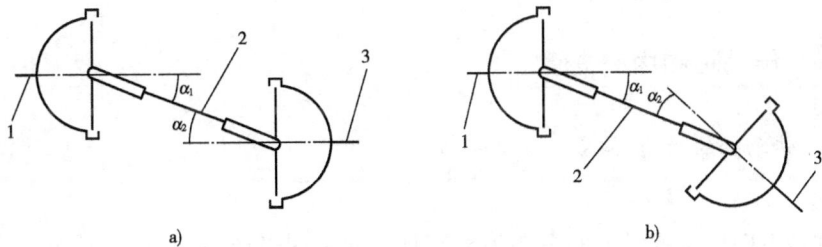

图 3-9　双万向节等速传动排列方式

a)平行排列;b)等腰三角形排列

1-输入轴;2-传动轴;3-输出轴

(2)第一个万向节两轴之间的夹角 α_1 与第二个万向节两轴之间的夹角 α_2 相等(图 3-9)。

双万向节等速传动有两种排列方式:一种是平行排列(图3-9a);另一种是等腰三角形排列(图3-9b)。必须说明,所谓等速传动是指传动轴两端的输入轴1和输出轴3而言。对于传动轴2来说,只要夹角不为0,它就处于不等角速转动状态,与万向节、传动轴的排列形式无关。

为了使十字轴式不等速万向节实现等速传动,实际运用中常采用如图3-10所示的布置形式,第一万向节的不等速特性被第二万向节的不等速特性所抵消,从而实现两轴间的等角速传动。

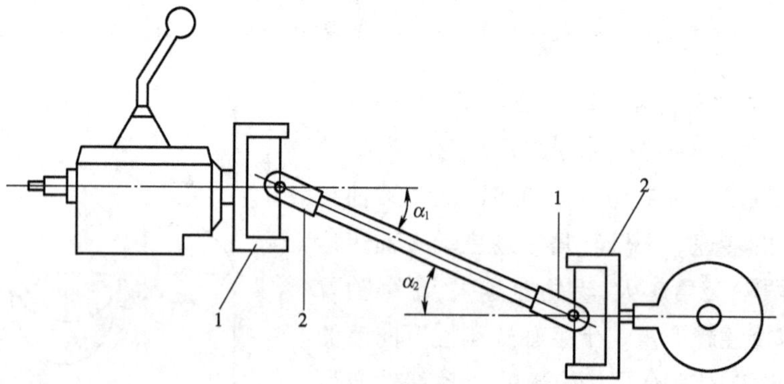

图3-10 双十字轴刚性万向节等速传动布置图
1-主动叉轴;2-从动叉轴

这种形式应用在车辆传动系统中,由于悬架的振动,不可能在任何时候都保证 $\alpha_1 = \alpha_2$,因此,这种双十字轴刚性万向节的传动只能近似地解决等速传动问题,且由于两轴夹角最大只能是20°,因此使用上受到限制。

十字轴式刚性万向节结构简单,工作可靠,且采用两个或两个以上万向节可近似地满足等速传动,因此在汽车传动系统中应用最为广泛,其缺点是十字轴颈和滚针轴承润滑条件差,易于磨损松旷,使传动轴发响。

3.2 传动轴和中间支承

3.2.1 传动轴的功用、组成

1)功用

传动轴是万向传动装置中的主要传力部件。通常用来连接变速器(或分动器)和驱动桥,在转向驱动桥和断开式驱动桥中,则用来连接差速器和驱动车轮。

2)构造

传动轴有实心轴和空心轴之分。为了减轻传动轴的质量,节省材料,提高轴的强度、刚度,传动轴多为空心轴,其构造如图3-11所示,一般采用厚度为 1.5 ~ 3.0mm 的低碳钢板卷制焊接,质量均匀,两端焊有带花键的轴头和万向节叉。超重型货车则直接采用无缝钢管。

转向驱动桥、断开式驱动桥或微型汽车的传动轴通常制成实心轴。

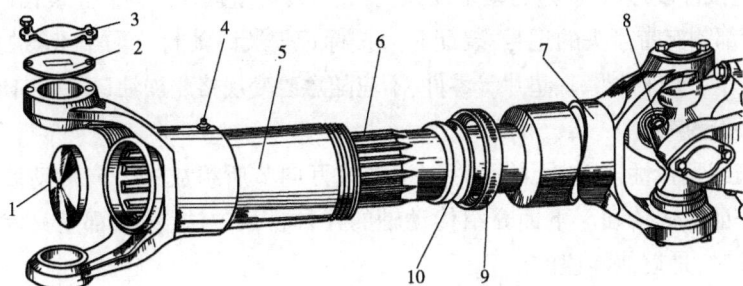

图 3-11　传动轴

1-盖子;2-轴承盖;3-螺栓锁片;4-注脂嘴;5-万向节滑动叉;6-花键轴;7-轴管;8-注脂嘴;9-油封盖;10-滑动叉油封

图 3-12 所示为中型载货汽车的万向传动装置,因传动轴过长时,自振频率降低,易产生共振,故将其分成两段并加中间支承,中间传动轴前端焊有万向节叉,后端焊有花键轴,其上套装带内花键的凸缘盘;主传动轴前端焊有花键轴,其上套装滑动叉并使之在花键轴上可轴向滑动,以适应变速器与驱动桥相对位置的变化。滑动部位用润滑脂润滑,并使用油封(即橡胶伸缩套)来防漏、防水、防尘,滑动叉前端装有带小孔的堵盖,保证花键部位伸缩自由。

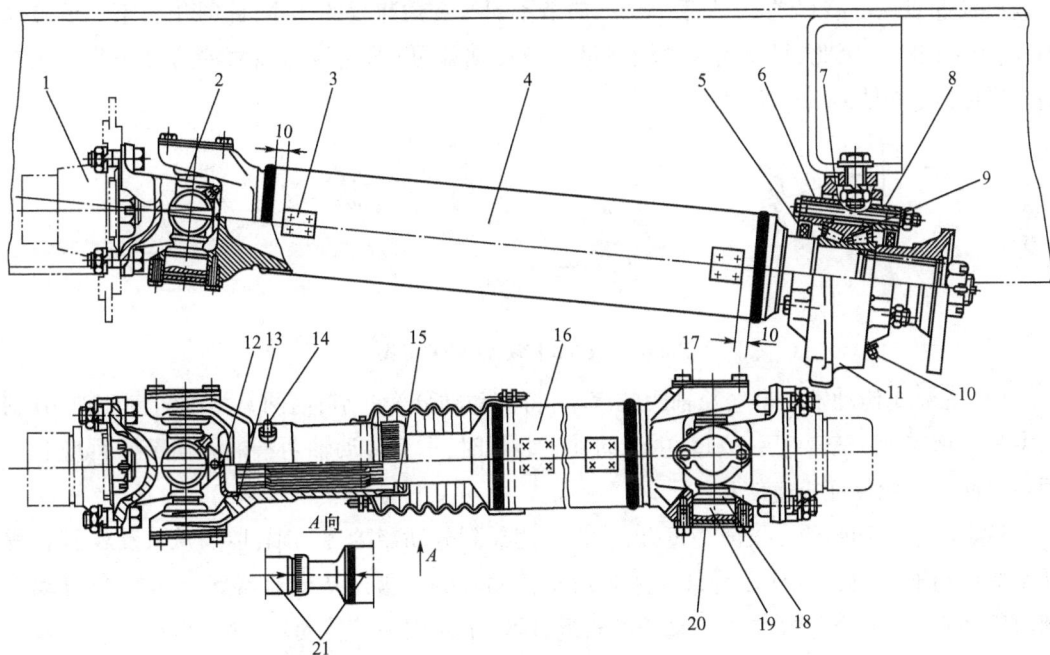

图 3-12　中型载货汽车的万向传动装置

1-凸缘叉;2-万向节十字轴;3-平衡片;4-中间传动轴;5、15-油封;6-中间支承前盖;7-橡胶垫片;8-中间支承后盖;9-双列圆锥滚子轴承;10、14-注脂嘴;11-支架;12-堵盖;13-滑动叉;16-主传动轴;17-锁片;18-滚针轴承油封;19-万向节滚针轴承;20-滚针轴承轴盖;21-装配位置标记

传动轴两端连接件装好后,应进行动平衡试验,故常焊有平衡片。为防止装错位置和破坏平衡,滑动叉、轴管都刻有带箭头的记号,装配时应按标记安装。油封上两个卡箍的开口销应装在间隔180°位置上,万向节螺钉、垫片等零件,不应随意改变规格。加油口应朝向传动轴。

3)布置形式及装配特点

因驱动桥与车架是弹性连接的,故采用十字轴式万向节所组成的万向传动装置不可能在任何情况下都保证等速传动。下面介绍传动轴的几种排列方法,一般都是只保证汽车满载在水平路面行驶时,是近似等速的。

(1)单节式传动轴。当传动距离较近时采用,传动轴只有一节,两端用十字轴万向节分别与变速器和驱动桥连接。装配时,传动轴两端的十字轴万向节叉在同一平面内就可满足满载时等速传动的条件。

(2)双节式传动轴。当传动距离较远时,如图3-13所示,采用两节传动轴、三个万向节,其布置形式有两种:一种是汽车变速器输出轴与中间传动轴不在一条直线上,当汽车满载时其两节传动轴之间近似在一直线上,相当于只有一根传动轴,此时中间万向节不起改变角速度的作用。因此,为满足满载等速传动的条件,两节合起来作为整根传动轴来说,两端万向节叉应装在同一平面内。为此,一些汽车规定,中间传动轴两端的万向节叉相互垂直,主传动轴两端的万向节叉在同一平面内,如图3-13a)所示。另一种是汽车的中间传动轴与变速器输出轴近似在一条直线上,则第一个万向节不起改变角速度的作用,此时相当于一节传动轴、两个万向节。因此,只要主传动轴满足等速传动即可,即主传动轴两端的万向节叉应在同一平面内,如图3-13b)所示。

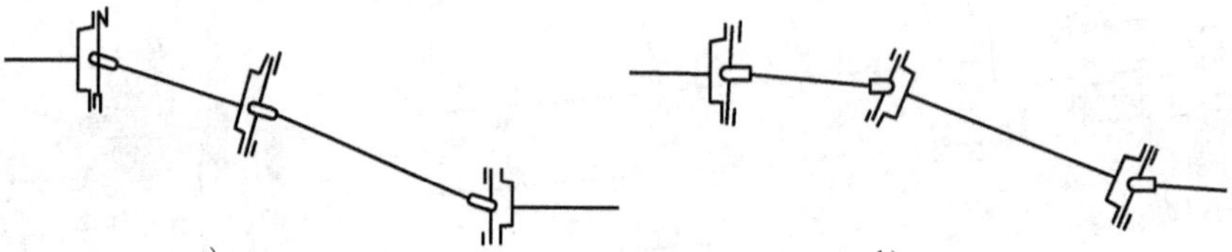

图3-13　双节式传动轴的布置形式

(3)三节式传动轴。有些长轴距的汽车,将传动轴分为三节,前两节为中间传动轴,分别用中间支承支承于车架,后一节为主传动轴。装配时,每节传动轴两端的万向节叉都应装在同一平面内才能保证等速传动。

越野汽车传动轴的布置较为复杂,包括变速器到分动器的传动轴,以及从分动器到各驱动桥的传动轴。图3-14所示为某种越野汽车传动轴的布置。从变速器到分动器4、分动器到前驱动桥1和中驱动桥7的传动距离较近,所以都采用一节传动轴、两个万向节。而从分动器到后驱动桥10的距离较远,传动轴分为三段,用四个万向节连接,但其中间一段轴作为中间支承轴支承在中驱动桥7上。这样,满载时变速器输出轴与分动器的各轴、中驱动桥7和后驱动桥10的输入轴以及中间支承8的轴线近似平行,且每一节传动轴两端的万向节叉均在同一平面内,从而近似满足平行排列;而前驱动桥1则近似地满足等腰三角形排列,从而保证汽车满载时为近似的等角速传动。

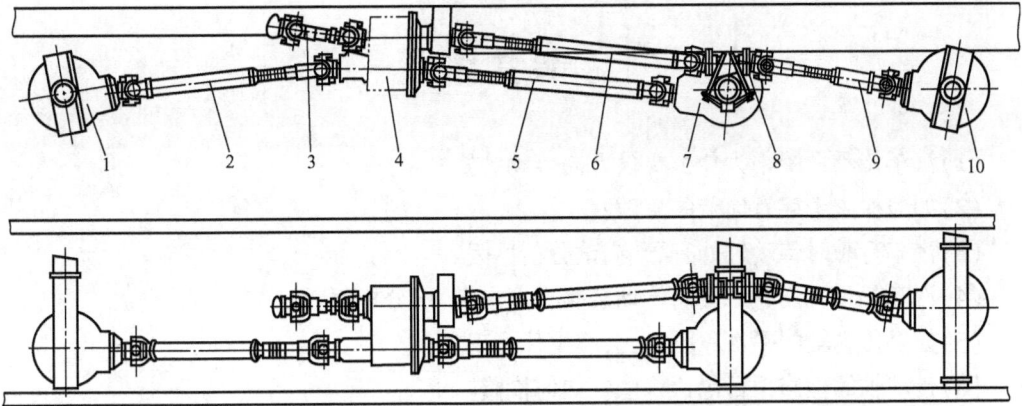

图 3-14　越野汽车传动轴的布置

1-前驱动桥;2-前桥传动轴;3-传动轴;4-分动器;5-中桥传动轴;6-后桥中间传动轴;7-中驱动桥;8-中间支承;9-后桥传动轴;10-后驱动桥

3.2.2　中间支承

传动轴分段时需加中间支承,中间支承通常装在车架横梁上,能补偿传动轴轴向和角度方向的安装误差,以及汽车行驶过程中因发动机窜动或车架变形等引起的位移。

为了满足上述功用,大部分汽车的中间支承采用弹性元件,图 3-15 所示的中间支承由支架和轴承等组成,双列锥轴承固定在中间传动轴后部的轴颈上,带油封的支承盖之间装有弹性元件橡胶垫环,橡胶垫环作为轴向和角度误差的补偿元件,用三个螺栓紧固,紧固时,橡胶垫环会径向扩张,其外圆被挤紧于支架的内孔,轴承可在轴承座内轴向滑动,轴承座装在蜂窝形橡胶垫内,通过 U 形支架固定在车架横梁上。

图 3-15　中间支承

1-车架横梁;2-轴承座;3-轴承;4-注脂嘴;5-蜂窝形橡胶;6-U 形支架;7-油封

课堂讨论一

(1)汽车传动系统中为什么要设万向传动装置?

(2)如何检查十字万向节的游隙?

(3)汽车行驶时传动轴处有异响,试分析原因。

(4)汽车起步或变速时万向传动装置有撞击声,试分析原因。

(5)如果传动轴的平衡片脱落,会产生什么现象?

(6)传动轴的检修项目包括哪些?如何检修?

(7)中间支承的检修项目包括哪些?如何恢复技术性能?

相关技能一

3.3 万向传动装置的检修

3.3.1 万向传动装置的拆装

万向传动装置的万向节拆卸前应做好标记,如图 3-16 所示,拆卸顺序应为从后向前;安装则顺序相反,并做好下列作业内容:

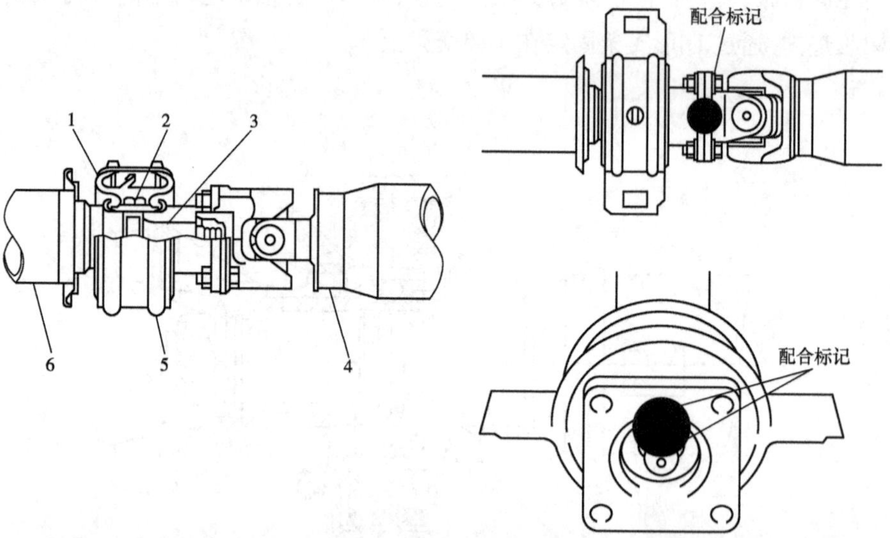

图 3-16　万向节拆卸前的标记

1-橡胶衬套;2-中间轴承;3-花键;4-传动轴;5-中间轴承支架;6-中间轴

(1)清洗零件。最好用化油器清洗剂或煤油等清洗剂清洗,并用空气吹干。

（2）核对零件的装配标记，保证同一平面。

（3）十字轴安装。注脂嘴应朝向传动轴，方向朝下，且相隔180°。

（4）中间支承。安装时，边转动边紧固。

（5）加注润滑脂。

3.3.2　万向传动装置主要零部件的检修

1）十字轴式刚性万向节的检修

十字轴式刚性万向节在拆卸分解完成后，需要用清洗剂清洗各零件，以便检查零件的损伤、磨损情况，并按以下要求进行检查。

（1）检查滚针轴承，如果滚针断裂、油封失效，应更换新件。

（2）检查十字轴轴颈磨损、压痕剥落等情况。十字轴轴颈轻微磨损、轻微压痕或剥落，仍可继续使用，如果轴颈磨损过甚、压痕深度一般超过0.1mm或严重剥落时，应予以更换。

（3）十字轴承轴向间隙磨损检查，如图3-17a）所示，一般轿车 <0.05mm，货车 <0.25mm，否则应更换。滚针轴承检查方法如图3-17b）所示，将十字轴夹在台虎钳上，滚针轴承座套在十字轴轴颈上，用百分表抵住轴承座外表面最高点，用手上下推动滚针轴承座检查，配合间隙超过规定极限值时，应予更换。

（4）检查万向节叉不得有裂纹或其他严重损伤，否则更换新件。

万向节装配完毕后，可用手扳动十字轴进行检验，以转动自如没有松旷感觉为合适。

2）传动轴的检修

（1）传动轴弯曲程度检查。传动轴检查时，轴管不得有裂纹及严重的凹瘪现象。应对传动轴轴管全长上的径向圆跳动进行检查，如图3-18所示，其检查结果应符合表3-1的规定。

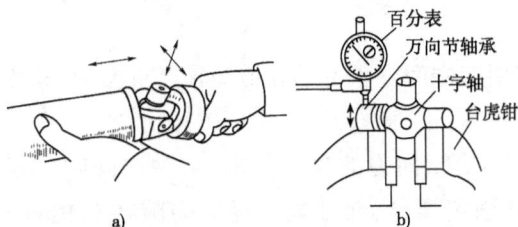

图3-17　轴承轴向间隙磨损检查　　　　图3-18　传动轴径向圆跳动检查

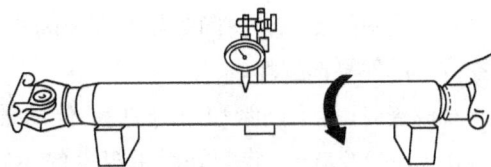

传动轴轴管的径向圆跳动公差（mm）　　　　　　　　表3-1

轴长	<600	600～1 000	>1 000
径向圆跳动	0.6	0.8	1.0

一般轿车传动轴径向圆跳动应比表3-1的值相应减小0.2mm。中间传动轴支承轴颈的径向圆跳动为0.10mm。当传动轴轴管的径向圆跳动超过表3-1的规定时，应对传动轴进行校正或更换。

(2)传动轴花键与滑动叉的侧隙检查。传动轴花键与滑动叉花键、凸缘叉与所配合花键的侧隙要求：一般轿车应不大于0.15mm,其他类型的汽车应不大于0.30mm,装配后应能滑动自如;否则,应更换。

3)中间支承的检修

中间支承轴承经使用磨损后,需及时检查和调整,以恢复其良好的技术状况(图3-19)。

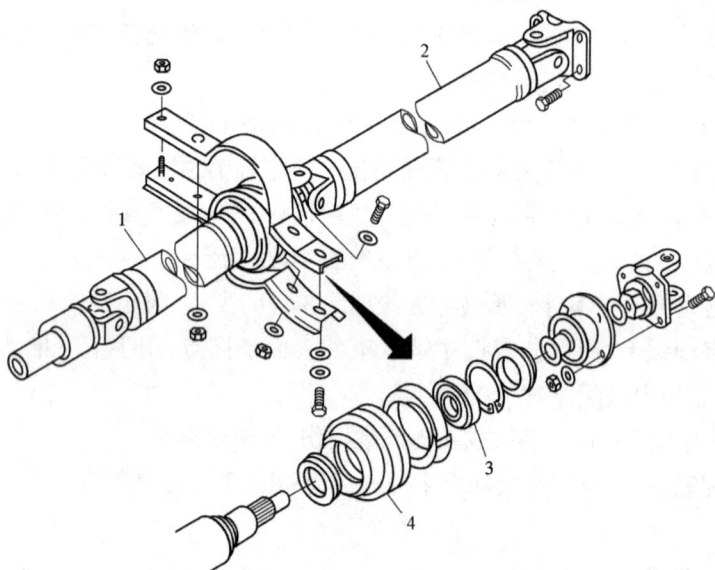

图3-19　中间支承检查

1-前传动轴;2-后传动轴;3-滚珠轴承;4-中间轴承隔离装置

检查中间支承的橡胶垫环是否开裂、油封磨损是否过甚或失效、轴承松旷或内孔磨损是否严重,如有异常,应更换新的中间支承。

一般中间支承轴向间隙超过0.30mm时,将引起中间支承发响和传动轴严重振动,导致各传力部件早期损坏。

检查时,拆下凸缘和中间轴承,传动轴承在不受轴向力的自由状态下,轴向间隙一般为0.15~0.25mm,装配好后用规定的力矩拧紧固定螺栓,保证轴承径向间隙在0.05mm左右,即转动轴承外圈而无明显的轴向游隙为宜,最后从滑脂嘴注入足够的润滑脂,以减小磨损。

小组工作一

(1)每3~5名学生组成1个工作小组,确定1名小组长,接受工作任务,做好工作准备。

(2)阅读工作单,查阅维修手册(或实训指导书),观察待修车辆的万向传动装置布置情况,讨论拆卸方法和步骤,确定小组人员工作分工。向实训指导教师汇报讨论结果,经指导教师同意后,开始下一步的工作。

(3)按照工作单的引导,完成待修车辆传动轴的拆卸、分解、检查和修理工作。

(4)在完成工作任务的过程中,根据工作单的要求,完成传动轴、十字万向节各零件认识、工作原理描述等学习任务。

(5)完成工作单要求的传动轴、十字万向节等主要零部件的检测,将检测结果记录在工作单的相应栏目,并对检测结果作出分析。

(6)回答指导教师的现场提问,接受指导教师的技能考核。

(7)完成工作任务后,对工作过程进行自我评价和小组互评,听取指导教师的点评。

(8)清洁工作场所,清点维护工具设备,完成任务交接。

生产任务二　更换等速万向节防尘套

1)工作对象

配备发动机前置前轮驱动的待修车辆1辆。

2)工作内容

(1)领取所需的工具、耗材,做好工作准备。

(2)从车辆上拆除前车轮、发动机舱底板、转向节及悬架各拉杆接头等外围部件。

(3)从车辆上拆下变速器两侧传动轴。

(4)分解传动轴万向节。检查传动轴各部件,对主要零部件进行检测,分析检测结果,制订等速万向节的修复方案。

(5)更换等速万向节防尘套,安装传动轴。

(6)安装转向节及悬架各拉杆接头、发动机舱底板、车轮等外围部件。

(7)检查、评价工作质量。

(8)整理工具,清洁工作场地。

3)工作目标与要求

(1)学生应以小组工作的方式,完成本项工作任务。

(2)学生应当能在小组成员的配合下,利用汽车维修手册(或实训指导书),制订并实施工作计划。

(3)能通过阅读资料和现场观察,辨别所拆装传动轴、等速万向节的类型。

(4)能认识所拆卸传动轴的零部件,口述前驱车辆传动轴等速传动的工作原理和各零部件的作用。

(5)能向客户解释所修车辆传动装置的损伤情况和修复方案。

(6)能按规范的步骤,完成传动轴等速万向节的拆装检修作业,恢复汽车的行驶能力。

(7)在工作过程中培养正确的劳动态度,弘扬劳动精神、奋斗精神、奉献精神。

相关知识二

3.4 等速万向节

许多轿车和越野汽车采用断开式驱动桥和独立悬架,其主减速器壳体固定在车架或车身上,车轮可随悬架的变形作上下摆动,故在车轮和主减速器间需要用万向传动装置(图3-20)。这种传动系统有一个传统的前差速器,安装在变速器里面,由差速器将动力平均传递给前桥横向驱动轴(使用等速万向节)。一个分动箱单元驱动纵向传动轴(使用十字刚性万向节),将动力传递到后差速器,由差速器将动力平均传递给后桥横向驱动轴(使用等速万向节)。

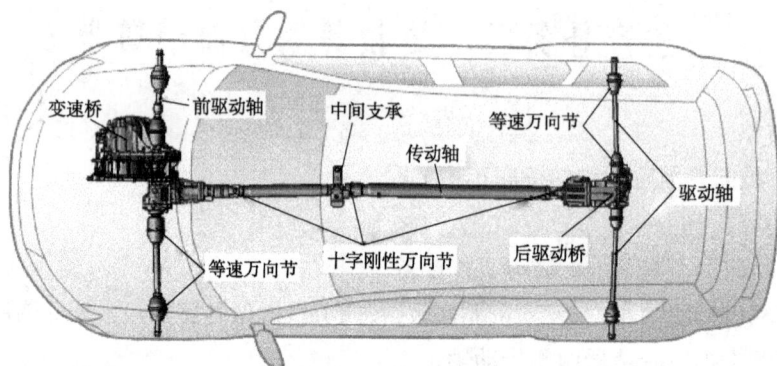

图3-20 三菱(MITSUBISHI)轿车整体传动系统示意图

3.4.1 等速万向节的工作原理

等速万向节的基本原理是传力点始终位于两轴交点的平分面上。图3-21为等速万向节的工作原理图。一对大小相同锥齿轮的接触点 P 位于两齿轮轴线交角的平分面上,由 P 点到两轴的垂直距离都等于 r。P 点处两齿轮的圆周速度相等,两齿轮的角速度也相等。可见,若万向节的传力点在其交角变化时,始终位于两轴夹角的平分面上,能够保证等速传动。

图3-22所示为球叉式等速万向节,它由主动叉5、从动叉1、传动钢球4、中心钢球6、定位销3和锁止销2等组成。主动叉与从动叉分别与内、外半轴制成一体。在主、从动叉上,分别有4个曲面凹槽,装配后,则形成两个相交的环形槽,作为钢球滚道。4个传动钢球放在槽中,中心钢球放在两叉中心的凹槽内,以定中心。球叉式等速万向节在工作的时候,不管是正转或反转,都只有两个钢球传力,磨损快,影响使用寿命,现在应用越来越少。

3.4.2 固定型球笼式等速万向节(简称RF节)

固定型球笼式等速万向节如图3-23所示,主要由星形套7、球笼4、球形壳8及钢球6等组成。星形套7通过内花键与中段半轴相连接,用卡环、隔套和碟形弹簧轴向限位。星形套7的外表面有6条曲面凹槽,形成内滚道。球形壳8与带花键的外半轴制成一体,内表面制有相应的6条曲面凹槽,形成外滚道。球笼4上有6个窗孔。装合后6个钢球分别装于6条凹槽中,并用球笼使之保持在一个平面内。工作时,转矩由主动轴1传至星形套7,经6个均布的钢球6传给球形壳8,并通过球形壳上的花键轴传至前轮(转向驱动轮),使汽车行驶。

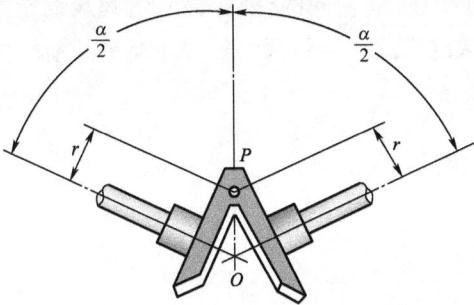

图3-21 等速万向节的工作原理

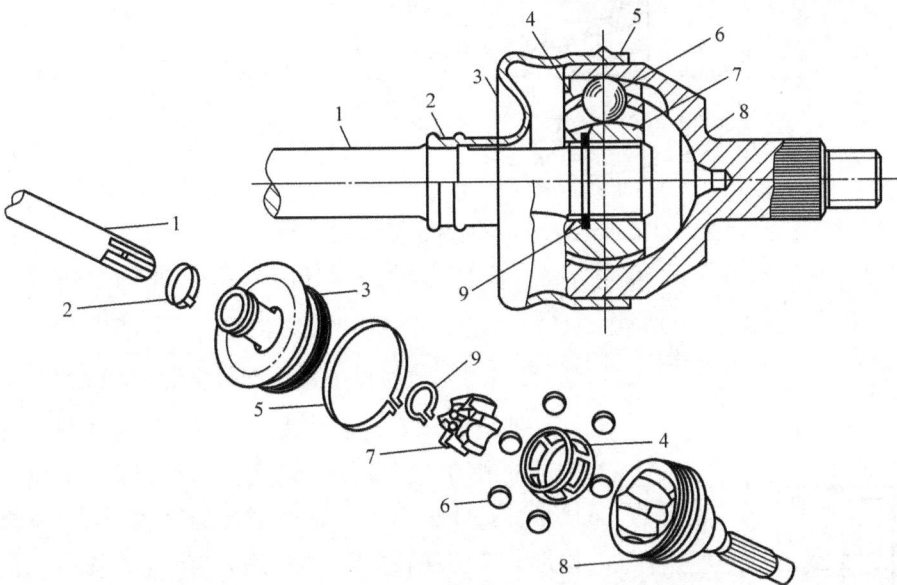

图3-22 球叉式等速万向节
1-从动叉;2-锁止销;3-定位销;4-传动钢球;5-主动叉;
6-中心钢球

图3-23 固定型球笼式等速万向节
1-主动轴;2、5-钢带箍;3-外罩;4-球笼(保持架);6-钢球;7-星形套(内滚道);8-球形壳(外滚道);9-卡环

固定型球笼式等速万向节等角速传动的原理如图3-24所示。其星形套的外球面、球笼2的内球面和外球面以及球形壳的内球面均以万向节中心 O 点为球心。球笼使6个钢球球心所在的平面通过中心 O 点。外滚道中心 A 与内滚道中心 B 不重合,分别位于中心 O 的两侧且 $OA = OB$。当两轴交角 α 变化时,球面之间绕 O 点相互滑转,钢球则在内、外滚道上滚动且始终与内、外滚道相切,即钢球中心 C 到 A、B 两点的距离均相等。由于 $OA = OB$,$CA = CB$,CO 是共边,则两个三角形 $\triangle COA$ 与 $\triangle COB$ 全等,故 $\angle COA = \angle COB$,即两轴相交任意交

角 α 时,传力的钢球都位于两轴夹角的平分面上。此时钢球到主动轴和从动轴的距离 a 和 b 相等,从而保证了从动轴与主动轴以相等的角速度旋转。

固定型球笼式等速万向节可在两轴最大交角为 42° 情况下传递转矩,且工作时,无论传动方向如何,6 个钢球全部传力。与球叉式万向节相比,在相同的外廓尺寸下,其承载能力强、使用寿命长、结构紧凑、拆装方便,因此应用越来越广泛。目前国内外多数轿车的前转向驱动桥在转向节处均采用这种万向节。

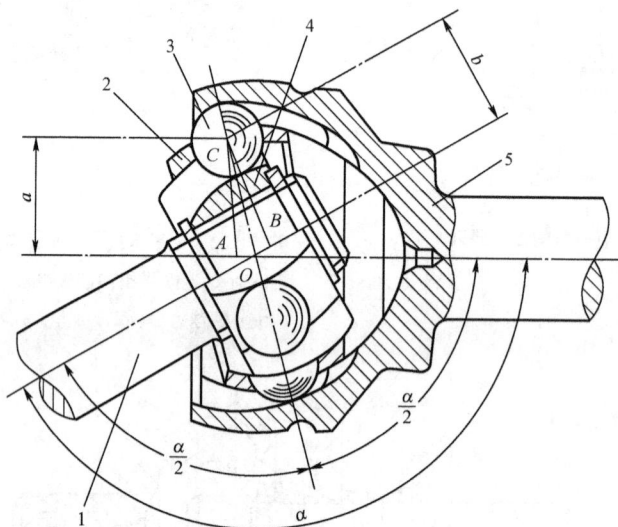

图 3-24 固定型球笼式等速万向节的等速性

1-主动轴;2-球笼(保持架);3-钢球;4-星形套(内滚道);5-球形壳(外滚道);A-外滚道中心;B-内滚道中心;C-钢球中心;α-两轴交角(指钝角);O-万向节中心

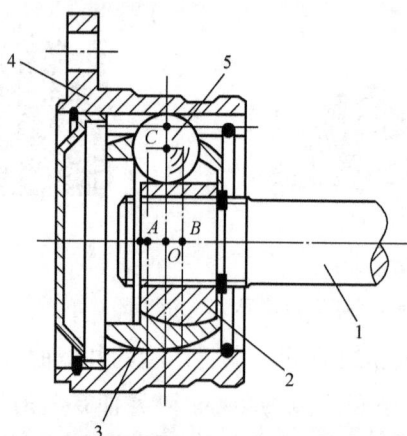

图 3-25 伸缩型球笼式双补偿万向节

1-主动轴;2-内球座(内滚道);3-球笼(保持架);4-外球座(外滚道);5-钢球;A-外球面中心;B-内球面中心;C-钢球中心;O-万向节中心

3.4.3 伸缩型球笼式万向节(简称 VL 节)

伸缩型球笼式双补偿万向节又称为球笼式万向节的滑动式,如图 3-25 所示。其外球座 4 为圆筒形,内、外滚道是与轴线平行的直线凹槽(即圆筒形),在传递转矩时,内球座 2 与外球座 4 可以相对轴向移动。球笼 3 的内外球面在轴线方向是偏心的,内球面中心 B 与外球面中心 A 分别位于万向节中心 O 的两边,且 $OA = OB$。同样,钢球中心 C 到 A、B 的距离相等,以保证万向节作等速传动。

由于这种万向节能轴向相对移动,因此可省去万向传动装置中的滑动花键等伸缩机构,使结构简化,且轴向位移是通过钢球沿内、外滚道的滚动来实现,与滑动花键相比,滚动阻力小,磨损轻,寿命长,故最适用于断开式驱动桥。

1）结构

图 3-26 为 VL 型球笼式万向节结构图。奥迪 A4 和速腾轿车转向驱动桥半轴内万向节（靠近主减速器处）均采用 VL 型球笼式万向节。VL 型球笼式万向节即伸缩型等速万向节。

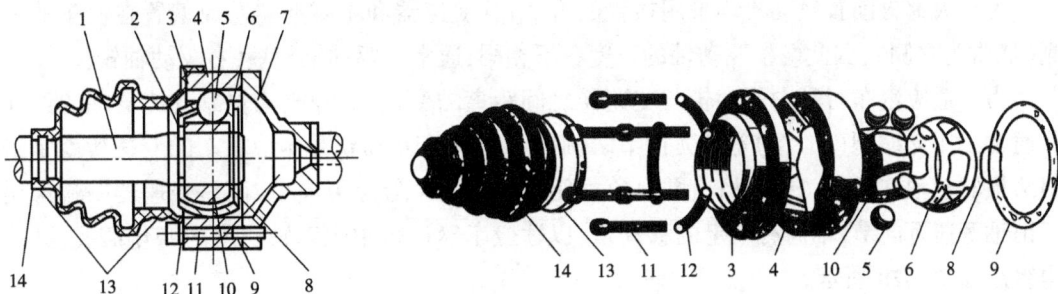

图 3-26　VL 型球笼式万向节

1-中半轴;2-挡圈;3-外罩;4-外球座;5-钢球;6-球笼;7-内半轴;8-卡环;9-密封垫;10-内球座;11-圆头内六角螺栓;12-锁片;13-箍带;14-防尘罩

2）工作原理

内、外滚道为圆筒形,且内、外滚道不与轴线平行,而是以相同的角度相对于轴线倾斜着。同一零件上相邻的两条滚道的倾斜方向相反,形成 V 形。装合后,同一周向位置内、外滚道的倾斜方向刚好相反,即对称交叉,而钢球则处于内外滚道的交叉部位。当内半轴与中半轴以任意夹角相交时,所有传动钢球都位于轴间交角的平分面上,从而实现等角速传动。

3）特点

在动力传递过程中,内、外球座可以沿轴向相对移动（一般伸缩量为 45mm）,省去了万向传动装置中的滑动花键,最大夹角 20°～25°,寿命长,强度高（6 个钢球都受力）,广泛应用于断开式驱动桥上。

另外,还有一种结构为三销型的等速万向节,如图 3-27 所示。它主要由三销总成和万向节套组成。三销总成的花键孔与传动轴内花键配合,三个销轴上均装有轴承,以减小磨损。万向节套的凸缘用螺栓连接,为防止润滑脂外漏,万向节由防护罩封护,并用卡箍 2、4 紧固。三销式等速万向节结构简单,磨损小,并且可以轴向伸缩,在轿车中的应用也逐渐增多。

图 3-27　三销式等速万向节

1-锁定三角架;2、4-防尘套卡箍;3-防尘套;5-漏斗形轴;6-推力块;7-垫圈;8-外座圈

3.4.4 发动机前置前轮驱动汽车的传动轴

采用发动机前置、前轮驱动的轿车,其变速器和主减速器装配在一个总成内(又称为变速驱动桥),用两根传动轴连接左、右驱动轮(也称为左、右半轴或驱动轴),每根驱动轴采用两个等速万向节连接。

由于大部分前置发动机均采用横置的方式,其变速器和主减速器总成偏置在汽车的一侧(通常为左侧),因此两根驱动轴的长度各不相同,通常左驱动轴较短,右驱动轴较长。

为了适应汽车行驶中驱动轮与变速器之间距离的变化,这种驱动轴靠变速器端的万向节通常采用伸缩型(VL 型)等速万向节。例如雪铁龙 C4L 和新爱丽舍轿车的变速桥就是采用两根驱动轴连接左、右驱动轮,并且每根驱动轴有两个等速万向节,而靠变速器一端采用三销轴等速万向节,轴向有一定的移动量,以适应车辆运行中驱动轴长度的变化需要,其结构组成如图 3-28 所示。

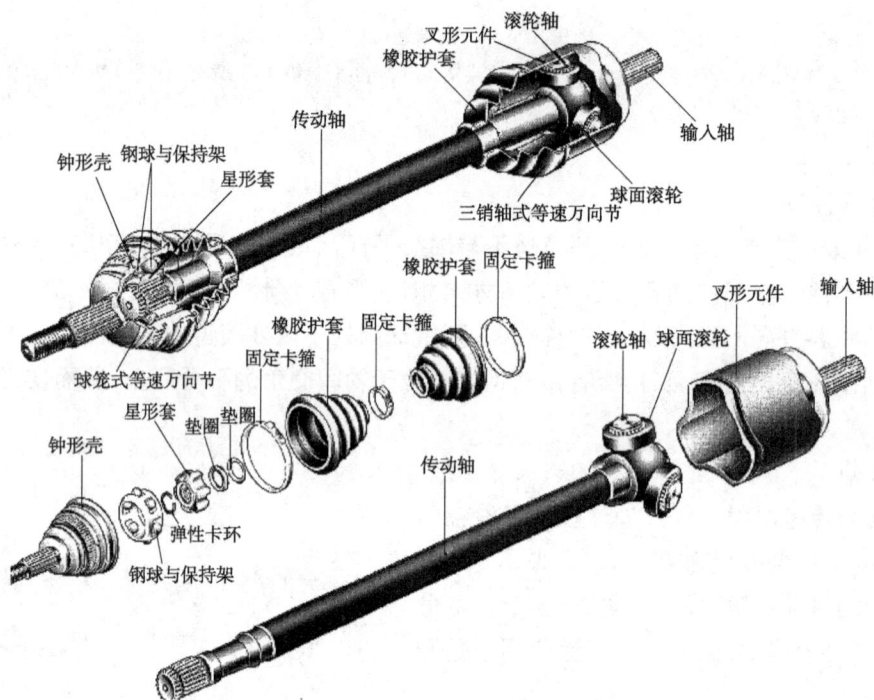

图 3-28 轿车传动轴的结构组成示意图

右驱动轴如图 3-29a)所示,由于驱动轴较长,因此,设置驱动轴的中间支承,其上的滚动轴承支承右驱动轴。左驱动轴较短,如图 3-29b)所示,靠变速器端为伸缩型等速万向节。

纯电动汽车的驱动轴布置如图 3-29c)所示,其结构形式与其他现代车辆传动系统相似,由电机驱动单级或双级主减速器、差速器,其工作原理不变,驱动轴靠差速器一侧布置的是三销式等速万向节,外侧为固定形等速万向节。

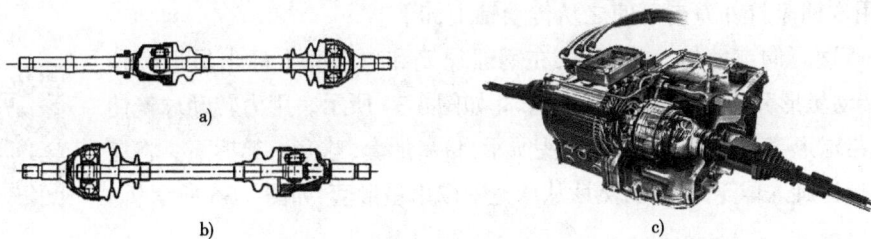

图 3-29　轿车左右传动轴不等长示意图

a)轿车右传动轴;b)轿车左传动轴;c)纯电动汽车驱动轴布置

课堂讨论二

(1)汽车断开式驱动桥如何确保动力的等速传动？如何保证轴向移动？

(2)伸缩型等速万向节有何优点？讨论分析伸缩型等速万向节的等速特性。

(3)球笼式等速万向节润滑脂加注有何要求？试分析说明。

(4)分析引起汽车起步撞击和滑行异响现象的原因。

(5)拆卸、安装 FF 型、FR 型万向传动装置,拆卸工序有哪些异同点？

相关技能二

3.5　等速万向节的检修

3.5.1　等速万向节的拆装

1)传动轴的拆装

(1)从变速驱动桥放出齿轮油,从前轮制动器和滑柱上拆下车轮、减振器叉和转向节,如图 3-30 所示。

(2)用适当的撬棒从变速驱动桥壳上拆下传动轴总成,如图 3-31 所示。由于等速万向节的防尘套可能破碎,在拆卸时不要用力拉传动轴,并在等速万向节上做记号,以保证安装正确。

2)球笼式等速万向节的拆装

球笼式等速万向节的拆装按下列步骤进行。

(1)万向节的分解。

①用钢锯锯开或尖嘴钳打开原装卡箍,拆下防尘罩,如图 3-32 所示。

②万向节内、外圈解体。先拆弹簧卡圈,如图 3-33

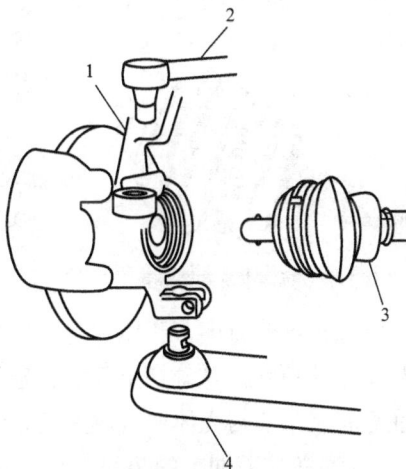

图 3-30　从前轮上拆下传动轴

1-转向节;2-横拉杆;3-传动轴;4-下摆臂

所示,再用木槌敲打外万向节使之从传动轴上卸下。

③外等速万向节解体。分解前,在钢球球笼和球形壳上标出星形套位置,然后转动星形套与球笼,依次取出钢球,如图3-34所示。用力转动球笼使两个方孔与球形壳对上,如图3-35箭头所示,将星形套、球笼一起拆下。将星形套上扇形齿旋入球笼的方孔,然后从球笼中取出星形套,如图3-36所示。

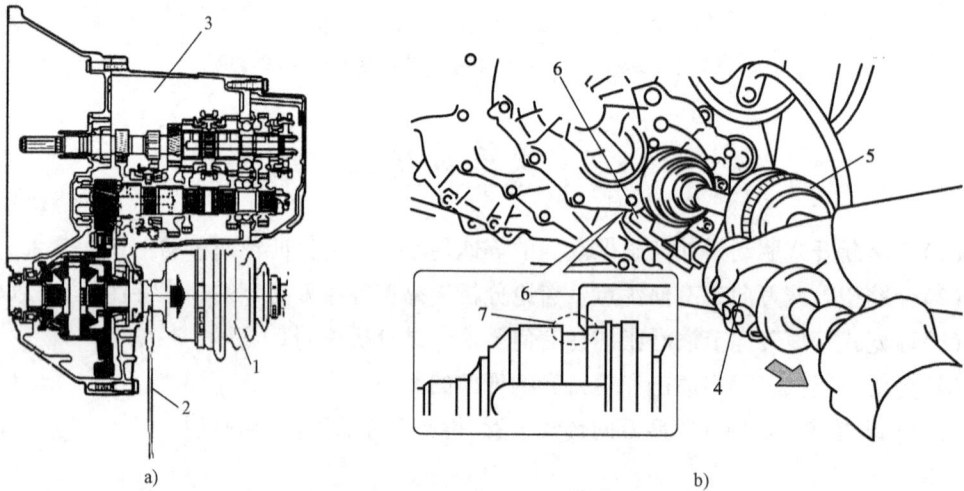

图3-31 从变速驱动桥上拆下传动轴
a)使用螺丝刀撬动;b)使用滑锤拉动
1-内等速万向节;2-撬棒(或一字螺丝刀);3-变速器驱动桥;4-滑锤;5-驱动轴;6-卡爪;7-槽

图3-32 拆卸卡箍和防尘罩　　图3-33 拆卸弹簧卡圈　　图3-34 取出钢球

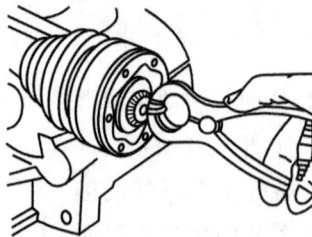

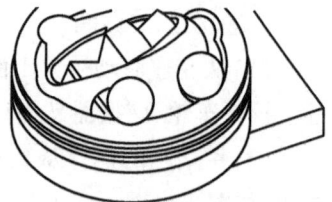

④内等速万向节解体。转动球笼和星形套,按垂直向前的方向压出球笼里的钢球,如图3-37箭头所示。从球槽上面取出球笼里的星形套。因星形套与球形壳体是选配的,拆卸时注意将星形套与壳体成对放置,不允许互换。

(2)等速万向节的装配。

①外等速万向节的装配。用化油器清洗剂或其他清洗剂清洗各部件,将规定润滑脂总量的一半注入万向节内,将球笼连同星形套一起装入球形壳体。对角交替地压入钢球,必须保持星形套在球笼及球形壳的原来位置。将弹簧挡圈装入星形套,并将剩余的润滑

脂压入万向节。

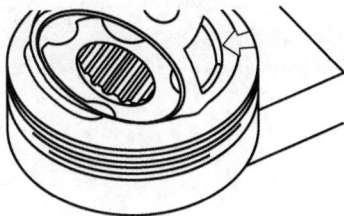

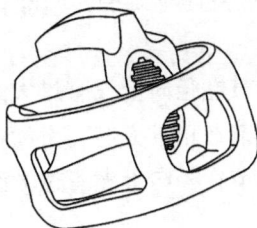

图 3-35　拆下球笼　　　　图 3-36　取出星形套　　　　图 3-37　取出钢球

②内等速万向节的装配。对准凹槽,将星形套嵌入球笼,再将钢球压入球笼,并注入规定量的润滑脂。将带钢球的球笼垂直装入球形壳,如图 3-38 所示。装配时,注意球形壳上的宽间隙 a 应对准星形套上的窄间隙 b,转动球笼以便嵌入到位;转动星形套,星形套就能转出球笼,如图 3-39 所示。安装时应保证球形壳体中的球槽有足够间隙。用力掀压球笼,如图 3-40 箭头所示,使装有钢球的球笼完全转入球形壳。最后检查,如果用手能将星形套在轴向范围内来回灵活推动,则表明装配正确。

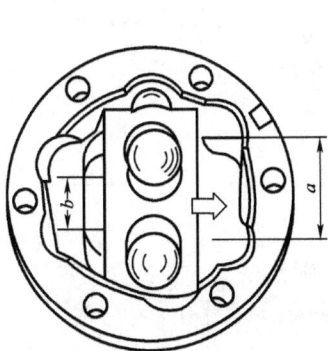

图 3-38　将球笼垂直装入球形壳　　　图 3-39　将星形套转出球笼　　　图 3-40　使球笼完全转入球形壳

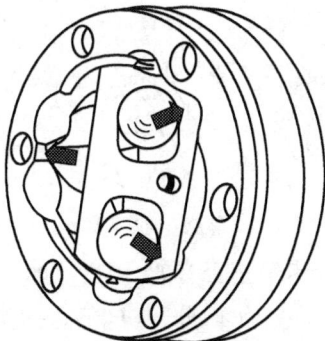

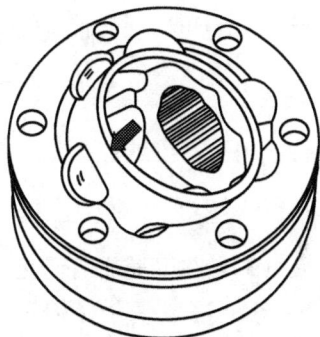

③碟形座圈的安装。将碟形座圈装在传动轴带齿端配合位置上,其安装位置如图 3-41所示。

④压入内万向节。安装弹簧卡圈,装上外万向节。

⑤安装防尘套。万向节防尘套受到挤压后内部将产生真空,所以安装防尘套小口径后,要稍微充点气,使其压力平衡,不产生皱褶。

3.5.2　等速万向节检修

等速万向节常见的损伤件是球形壳,损伤形式是球笼、星形套及钢球的凹陷、磨损、裂纹、麻点、防尘套破裂等。下面以球笼式等速万向

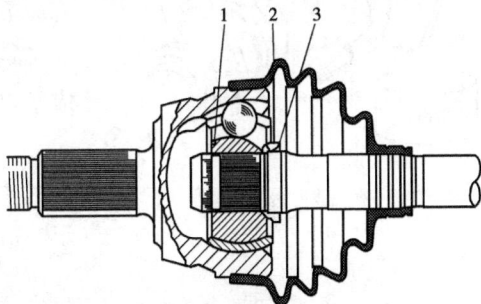

图 3-41　碟形座圈和弹簧卡圈的安装位置
1-弹簧卡圈;2-中间挡圈;3-碟形座圈

节为例,说明其检修过程。

(1)球笼式等速万向节用手感检查应无径向间隙,否则应予更换,如图 3-42 所示,等速万向节检查方法如下:

①检查并确定外侧等速万向节在径向上没有过大间隙。

②检查并确定内侧等速万向节在止推方向上滑动顺畅。

③检查并确定内侧等速万向节在径向上没有过大间隙。

④检查防尘套是否损坏。

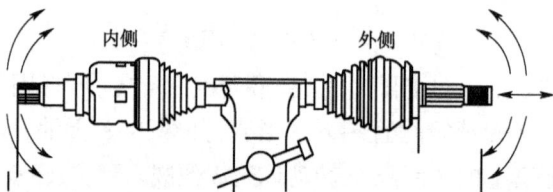

图 3-42　等速万向节常见的损伤检查方法示意图

(2)前后等速万向节在拆装时必须做装配标记,如图 3-43 所示,转动等速万向节 40°左右时,如有任何撞击、刮碰或受阻,必须更换万向节总成。

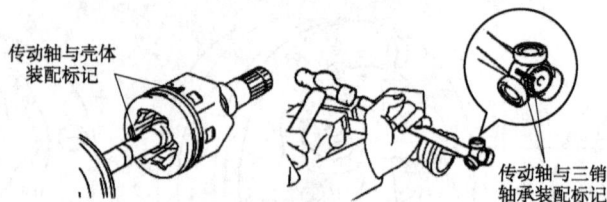

图 3-43　等速万向节拆装标记

(3)防尘套是否有老化、破裂,卡箍是否有效、可靠。如失效,则换新。

(4)分开防尘套橡皮或卡环,拆下防尘套。

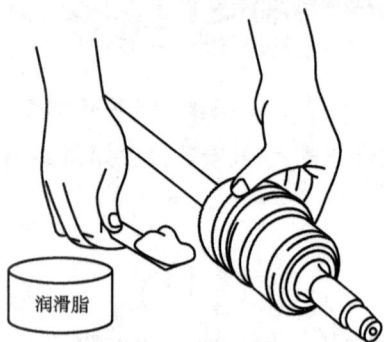

图 3-44　添加润滑脂

(5)外等速万向节的 6 颗钢球要求有一定的配合公差,并与星形套一起组成配合件。检查轴、球笼、星形套与钢球有无凹陷与磨损,如磨损严重则应更换。内等速万向节只能整体调换,不可单个更换,若万向节间隙过大,需更换万向节。防尘套及卡箍、弹簧挡圈等损坏时,应予以更换。

(6)如等速万向节完好,应彻底清洁全部零件。使用优质润滑脂填塞等速万向节和防尘套,如图 3-44 所示。适当地安装防尘套和卡箍。

小组工作二

(1)每 3～5 名学生组成 1 个工作小组,确定 1 名小组长,接受工作任务,做好工作准备。

（2）阅读工作单,查阅维修手册(或实训指导书),观察待修车辆传动轴等速万向节的情况,讨论拆卸方法和步骤,确定小组人员工作分工。向实训指导教师汇报讨论结果,经指导教师同意后,开始下一步的工作。

（3）按照工作单的引导,完成待修车辆传动轴、等速万向节的拆卸、分解、检查和修理工作。

（4）在完成工作任务的过程中,根据工作单的要求,完成传动轴、等速万向节各零件认识、工作原理描述等学习任务。

（5）完成工作单要求的传动轴、等速万向节主要零件的检测,将检测结果记录在工作单的相应栏目,并对检测结果作出分析。

（6）回答指导教师的现场提问,接受指导教师的技能考核。

（7）完成工作任务后,对工作过程进行自我评价和小组互评,听取指导教师的点评。

（8）清洁工作场所,清点维护工具设备,完成任务交接。

拓展知识与技能

3.6 准等角速万向节和柔性万向节

3.6.1 三销轴式准等角速万向节

三销轴式准等角速万向节是根据两个普通万向节实现等速传动的原理制成的,只能近似实现等角速传动,如图 3-45 所示。

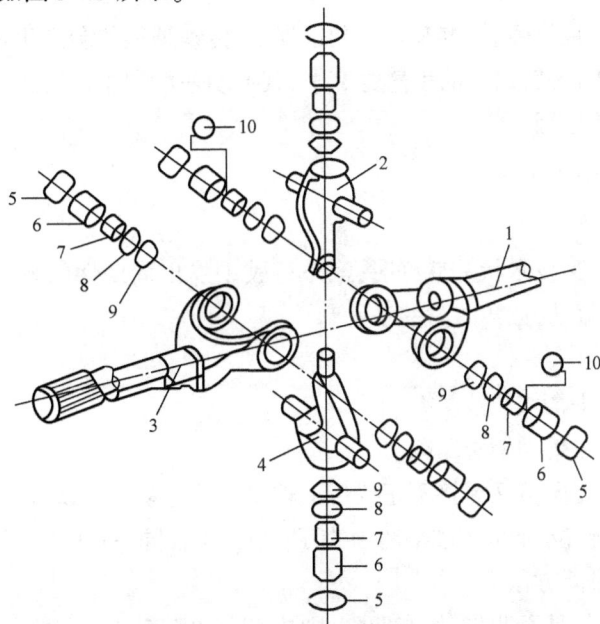

图 3-45 三销轴式准等角速万向节
1、3-偏心轴叉;2、4-三销轴;5-卡环;6-轴承座;7-衬套;8-毛毡圈;9-毡圈套;10-止推垫片

它主要由两个偏心轴叉 1、3,两个三销轴 2、4,六个滑动轴承和密封件等组成。每一偏心轴叉的两叉孔通过轴承和一个三销轴大端的两轴颈配合,两个三销轴的小端轴互相插入对方的大端轴承孔内。

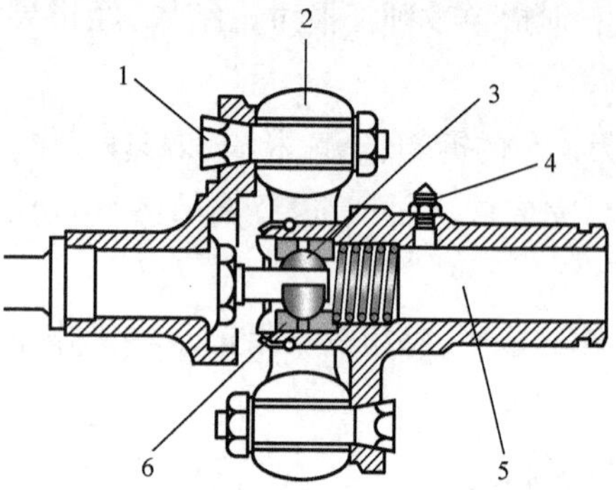

图 3-46　柔性万向节
1-螺栓;2-橡胶;3-中心钢球;4-注脂嘴;5-传动凸缘;6-球座

三销轴式准等角速万向节在东风汽车等越野车的前桥上有应用,可在两个传动轴最大夹角为 45°的情况下传递动力,从而获得较小的转弯半径。

3.6.2　柔性万向节

柔性万向节依靠其弹性件的弹性变形来保证在相交两轴间传动时不发生机械干涉。弹性件采用橡胶盘、橡胶金属套筒、六角形橡胶圈等结构。如图 3-46 所示,因弹性件的弹性变形有限,故柔性万向节适用于两轴间夹角不大(3°~5°)和微量轴向位移的万向传动装置。如有的汽车发动机与变速器之间、变速器与分动器之间装有柔性万向节,以消除制造安装误差和车架变形对传动的影响。

3.7　万向传动装置的故障诊断

万向传动装置由于经常受汽车在复杂道路上行驶的影响,使传动轴在其角度和长度不断变化情况下传递转矩,因此常出现传动轴动不平衡、万向节与中间支承松旷、发响等故障。

万向传动装置出现故障后,汽车在行驶过程中,传动轴往往会产生振动,并传递给车身,引起车身振动和噪声,握转向盘的手感觉麻木,其振动一般和车速成正比。可根据其故障特征来检查和排除故障原因。

3.7.1　传动轴动不平衡

1)现象

在万向节和伸缩叉技术状况良好时,汽车行驶中发出周期性的响声;速度越高,响声越大,甚至伴随有车身振动,握转向盘的手发麻。

2)原因

(1)传动轴上的平衡块脱落。

(2)传动轴弯曲或传动轴管凹陷。

(3)传动轴管与万向节叉焊接不正或传动轴未进行过动平衡试验和校准。

(4)伸缩叉安装错位,造成传动轴两端的万向节叉不在同一平面内,不满足等速传动条件。

3)故障诊断与排除方法

(1)检查传动轴管是否凹陷;如有凹陷,则故障由此引起。

(2)检查传动轴管上的平衡片是否脱落;如有脱落,则故障由此引起。

(3)检查伸缩叉安装是否正确;如不正确,则故障由此引起。

(4)拆下传动轴检查有无弯曲,并进行动平衡试验。如有弯曲,应校直;如有动不平衡,则应校准以消除故障。

3.7.2　万向节松旷、异响、严重磨损

1)现象

在汽车起步或突然改变车速时,传动轴发出"吭、吭"的响声;在汽车缓行时,发出"咣啷、咣啷"的响声。

2)原因

(1)凸缘盘连接螺栓松动。

(2)万向节主、从动部分游动角度太大。

(3)万向节十字轴磨损严重。

3)故障诊断与排除方法

(1)用锤子轻轻敲击各万向节凸缘盘连接处,检查其松紧度。太松旷,则故障由连接螺栓松动引起;否则,继续检查。

(2)用双手分别握住万向节主、从动部分转动,检查游动角度。游动角度太大,则故障由此引起。

3.7.3　中间支承松旷、磨损

1)现象

汽车运行中出现一种连续的"呜呜"响声,车速越高,响声越大。

2)原因

(1)滚动轴承缺油烧蚀或磨损严重。

(2)中间支承安装方法不当,造成附加荷载而产生异常磨损。

(3)橡胶圆环损坏。

(4)车架变形,造成前后连接部分的轴线在水平面内的投影不同线而产生异常磨损。

3)故障诊断与排除方法

(1)给中间支承轴承加注润滑脂,响声消失,则故障由缺油引起;否则,继续检查。

(2)松开夹紧橡胶圆环的所有螺钉,待传动轴转动数圈后再拧紧,若响声消失,则故障由中间支承安装方法不当引起;否则,故障可能是由橡胶圆环损坏,或滚动轴承技术状况不佳,或车架变形等引起。

3.7.4　传动轴异响

1)现象

汽车行驶中传动装置发出周期性的响声;车速越高,响声越大,严重时伴随有车身振抖。

2)原因

主要原因是传动轴动不平衡,如传动轴变形或平衡块脱落、中间支承吊架固定螺栓松动或万向节凸缘盘连接螺栓松动,使传动轴偏斜。

3)故障诊断与排除

用"传动轴动不平衡"诊断方法检测,此外,再检查中间支承吊架固定螺栓和万向节凸缘盘连接螺栓是否松动;若有松动,则异响由此引起。

3.7.5　起动撞击和滑行异响

1)现象

汽车在起步时有撞击响声,在滑行时也常有撞击异响。

2)原因及排除方法

(1)万向节产生磨损或损伤,应更换零件。

(2)变速器输出轴花键磨损,应修理或更换相关零件。

(3)滑动节叉花键磨损、损伤,应更换零件。

(4)传动轴连接部位松动,拧紧螺栓即可消除故障。

思考题

(1)十字轴式万向节由哪些零件组成?滚针在结构中有何作用?

(2)表述十字轴式万向节传动的不等速特性。

(3)十字轴式万向节实现等速传动应满足什么条件?

(4)表述中间支承的作用。应如何检修中间支承?

(5)等速万向节有哪些结构形式?各有何特点?

(6)球叉式与球笼式等速万向节在应用上有何差别?

(7)断开式驱动桥万向传动装置 RF 节与 VL 节应如何布置?为什么?

(8)拆卸、安装 FR 型万向传动装置应注意什么事项?

(9)如何检修十字轴式刚性万向节、等速万向节?

(10)万向传动装置有哪些常见故障?如何诊断与排除?

单元四

驱动桥异响的故障检修

Unit **4**

学习情境

一辆 3 年前购置的一汽解放载货汽车进入维修厂检修。车主反映：该车前段时间开始出现下坡时底盘有异响，最近几天发现异响加重，发展到平路转弯时也出现响声，经试车检查，发现响声来自驱动轿。因此，检修人员对驱动轿进行技术调整和润滑维护，重新试车，故障现象消失。

生产任务　驱动桥异响故障检修

1）工作对象

配备发动机前置后轮驱动的待修车辆 1 辆。

2）工作内容

（1）领取所需的工具、耗材，做好工作准备。

（2）从车辆上拆除后车轮、半轴，断开传动轴与主减速器的连接。

（3）从车辆上拆下并解体主减速器、差速器总成。

（4）检查主减速器、差速器各部件，对主要零部件进行检测，分析检测结果，制订主减速器、差速器修复方案。

（5）安装主减速器、差速器总成，调整轴承的预紧度，检查主减速器的啮合印痕、调整啮合间隙。

（6）安装主减速器、差速器总成到车辆上。

（7）安装半轴、后车轮等外围部件，连接传动轴。

（8）检查、评价工作质量。

（9）整理工具，清洁工作场地。

3)工作目标与要求

(1)学生应以小组工作的方式,完成本项工作任务。

(2)学生应当能在小组成员的配合下,利用汽车维修手册(或实训指导书),制订并实施工作计划。

(3)能通过阅读资料和现场观察,辨别所拆装主减速器、差速器总成的类型。

(4)能认识所拆卸主减速器、差速器总成的零部件,口述主减速器、差速器的工作原理和各零部件的作用。

(5)能向客户解释所修车辆主减速器、差速器的损伤情况和修复方案。

(6)能按规范的步骤,完成主减速器、差速器总成的拆装检修作业,恢复汽车的行驶能力。

(7)工作过程中养成不断探究新技术涵养优良学风的素养。

相 关 知 识

4.1 驱动桥概述

1)组成

驱动桥一般由主减速器、差速器、半轴、后桥壳等零件组成,如图4-1所示。

发动机的动力经过离合器、变速器、万向传动装置传到驱动桥。驱动桥是后驱式汽车传动系统的最后一个总成,发动机的动力传到驱动桥后,首先传到主减速器,再经差速器分配给左、右半轴,最后通过半轴外端的凸缘传到驱动车轮的轮毂。驱动桥的主要零部件都装在驱动桥的桥壳中。桥壳由主减速器壳和半轴套管组成。

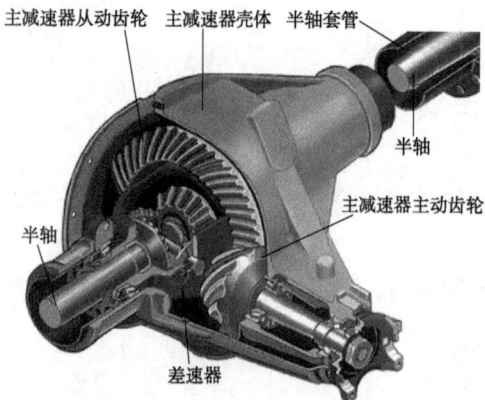

图4-1 整体式驱动桥的组成

2)功用

驱动桥的功用是将由万向传动装置传来的发动机转矩传给驱动车轮,实现降速增扭,改变动力传动方向,使汽车行驶,并允许左右驱动车轮以不同的转速旋转。

3)分类

按照结构的不同,驱动桥可以分为整体式驱动桥(又称为非断开式驱动桥)、断开式驱动桥和变速驱动桥。

(1)整体式驱动桥。整体式驱动桥结构如图4-2所示(采用非独立悬架),主要由主减速器、差速器、半轴、桥壳、轮毂等组成。桥壳为一刚性整体,驱动桥两端通过悬架与车架或车身相连,左、右半轴始终在一条直线上,即左、右驱动轮不能相互独立跳动,当某一侧车轮通过地面的凸出物或凹坑升高或下降时,整个驱动桥及车身都要随之发生倾斜,车身波动大。

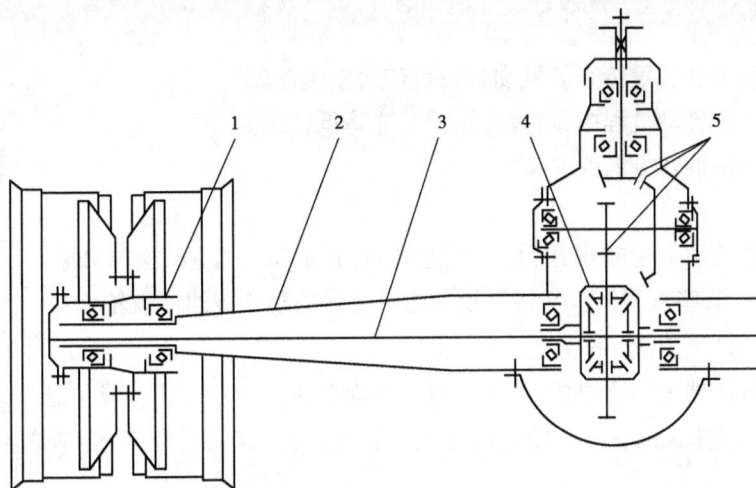

图 4-2　整体式驱动桥结构
1-轮毂;2-桥壳;3-半轴;4-差速器;5-主减速器

　　(2)断开式驱动桥。断开式驱动桥如图 4-3 所示,与独立悬架配用,主要由主减速器、差速器、半轴、减振器、弹性元件、摆臂、摆臂轴和车轮等组成。其主减速器固定在车架或车身上,驱动桥壳分段并用铰链连接,半轴也分段并用等速万向节连接。驱动桥两端分别用独立悬架与车架或车身连接。这样,两侧驱动车轮及桥壳可以彼此独立地相对于车架或车身上下跳动。

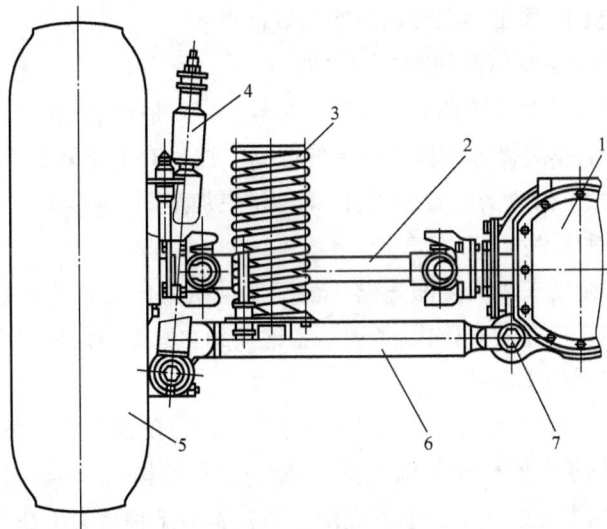

图 4-3　断开式驱动桥
1-主减速器;2-半轴;3-弹性元件;4-减振器;5-驱动车轮;6-摆臂;7-摆臂轴

4.2 主减速器

4.2.1 主减速器的功用和类型

1)功用

(1)将万向传动装置传来的发动机转矩传给差速器。

(2)在动力的传动过程中,增大转矩并相应降低转速。

(3)将转矩的旋转方向改变90°。

2)类型

(1)按参加传动的齿轮副数目,主减速器可分为单级式主减速器和双级式主减速器。有些重型汽车又将双级式主减速器的第二级圆柱齿轮传动设置在两侧驱动车轮附近,称为轮边减速器。

(2)按主减速器传动比个数,主减速器可分为单速式和双速式主减速器。单速式的传动比是固定的,而双速式则有两个传动比可供驾驶员选择,其通过性好,能适应不同行驶条件下的需要。

(3)按齿轮副结构形式,主减速器可分为圆柱齿轮式主减速器和锥齿轮式主减速器。圆柱齿轮式主减速器又可分为定轴轮系和行星轮系。锥齿轮式主减速器又可分为螺旋锥齿轮式和准双曲面锥齿轮式主减速器。

目前,在轿车中主要采用单级式主减速器。

4.2.2 单级主减速器的构造和工作原理

目前,对于轿车和一般轻型、中型货车,采用单级主减速器即可满足汽车动力性的要求。它具有结构简单、体积小、质量轻和传动效率高等优点。

1)圆锥齿轮式单级主减速器的组成与原理

主减速器齿轮可以分为准双曲面齿轮和斜齿轮,准双曲面齿轮由于偏置设计,可以降低传动轴的布置,可在后排座椅区域提供更多的空间。这也有助于降低车辆重心和提高车辆稳定性,该机构也增大了齿轮的啮合面积,使得结构更加坚固,操作更加安静,准双曲面齿轮用于所有 FR 型车辆和某些 4WD 型车辆。

图 4-4 所示为速腾轿车单级主减速器。由于发动机纵向前置前轮驱动,其主减速器采用圆锥齿轮式并组装在变速器壳体内,省去了变速器到主减速器之间的万向传动装置,变速器输出轴即为主减速器的主动轴。

主减速器由主、从动锥齿轮组成,如图 4-4b)所示。主动锥齿轮与变速器输出轴制成一体,用双列圆锥滚子轴承和圆柱滚子轴承支承在变速器壳体内。环状的从动锥齿轮靠凸缘定位,并用螺栓与差速器壳连接。差速器壳由一对圆锥滚子轴承支承在变速器壳体上。

主动锥齿轮轴上的轴承预紧度不需要调整。圆锥滚子轴承的轴承预紧度可通过调整垫片来调整。齿轮啮合间隙的调整也是通过调整垫片进行,即增减垫片厚度,使主、从动锥齿轮轴向移动。

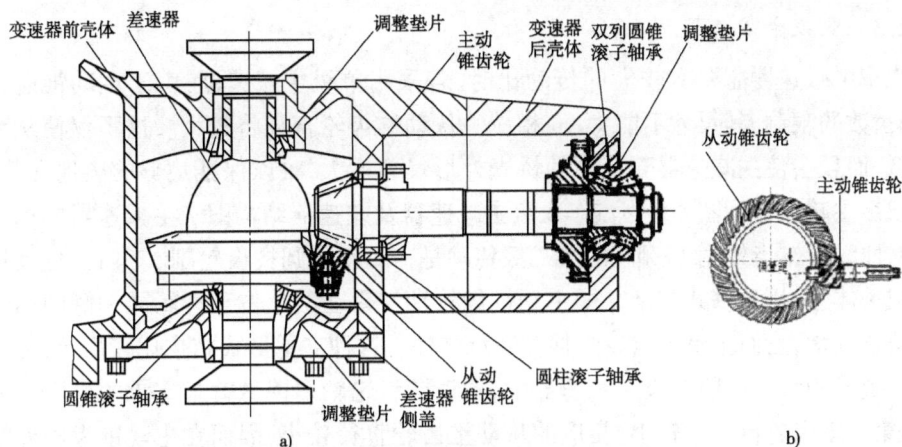

图 4-4　速腾轿车圆锥齿轮式主减速器示意图

a) 圆锥齿轮式主减速器结构布置;b)主/从动锥齿轮

主减速器圆锥滚子轴承应有一定的装配预紧度,即在消除轴承间隙的基础上,再给予一定的压紧力,其目的是为了减小锥齿轮在传动过程中,因轴向力所引起的轴向位移,以提高轴的支承刚度,保证锥齿轮副的正常啮合。

2)圆柱齿轮式主减速器的组成与原理

圆柱齿轮式主减速器组成如图 4-5a)所示,在前置发动机前轮驱动的车辆上,整个传动系统都集中布置在汽车前部,其圆柱齿轮式主减速器装在变速器壳体内,没有专门的主减速器壳体。省去了变速器到主减速器之间的万向传动装置,主动圆柱齿轮与变速器输出轴制造成一起。

圆柱齿轮式主减速器如图 4-5b)所示,检修时不要求调整齿轮啮合间隙或齿侧间隙,斜齿轮用于所有 FF 车辆和某些 4WD 车辆。

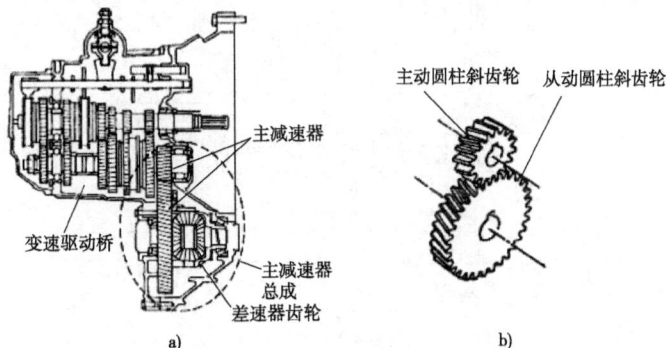

图 4-5　圆柱齿轮式主减速器的组成示意图

a)圆柱齿轮式主减速器的结构;b)圆柱斜齿轮主减速器

目前,汽车上的单级主减速器中的锥齿轮普遍采用准双曲面锥齿轮,工作时,齿面间有较大的相对滑动,且齿面间压力很大,齿面油膜易被破坏。因此必须使用双曲面齿轮油润滑,不能用普通齿轮油代替。圆柱齿轮式单级主减速器由于与变速器组成一体,其润滑模式与锥齿轮普遍相近。

4.2.3　双级主减速器

当汽车主减速器需要有较大的传动比时,若采用单级主减速器,由于主动锥齿轮受强度、最小齿数的限制,其尺寸不能太小,相应地从动锥齿轮直径将较大。这不仅使从动齿轮刚度降低,而且会使主减速器壳及驱动桥壳外形尺寸增大,难以保证足够的离地间隙,这时需采用双级主减速器。图4-6为汽车双级主减速器及差速器结构图。主减速器的第一级传动是一对曲线齿锥齿轮副11和16,第二级传动是一对斜齿圆柱齿轮副5和1。主动锥齿轮与轴制成一体,采用悬壁式支承。即主动锥齿轮轴支承在两个位于齿轮同一侧的相距较远的圆锥滚子轴承上,而主动锥齿轮悬伸在轴承之外。这种支承形式结构比较简单,但支承刚度不如跨置式的大。一般双级主减速器中,主动锥齿轮轴多用悬臂式支承的原因有如下两点:一是第一级齿轮传动比较小,相应的从动锥齿轮直径较小,因而在主动锥齿轮外端要再加一个支承,布置上很困难。二是因传动比小,主动锥齿轮及轴颈尺寸有可能做得较大,同时尽可能将两轴承间的距离加大,同样可得到足够的支承刚度。

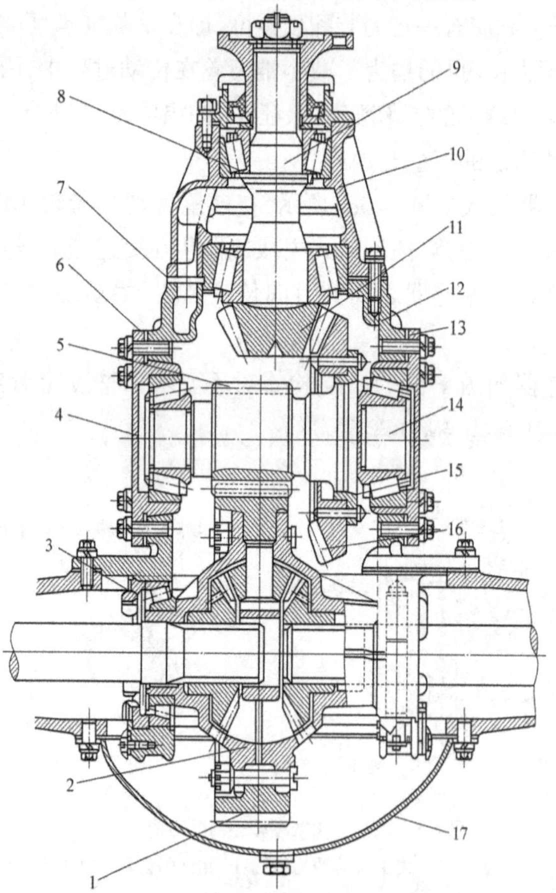

图4-6　汽车双级主减速器及差速器结构图

1-第二级从动圆柱齿轮;2-差速器壳;3-调整螺母;4、15-轴承盖;5-第二级主动圆柱齿轮;6、7、8、13-调整垫片;9-第一级主动锥齿轮轴;10-轴承座;11-第一级主动锥齿轮;12-主减速器壳;14-中间轴;16-第一级从动锥齿轮;17-后盖

主动锥齿轮轴轴承的预紧度可借增减调整垫片 8 的厚度来调整,中间轴圆锥滚子轴承预紧度则借助改变两侧的轴承盖 4、15 和主减速器壳 12 间的调整垫片 6 和 13 的总厚度来调整。支承差速器壳的圆锥滚子轴承的预紧度是靠旋动调整螺母 3 来调整的。为便于进行锥齿轮副的啮合调整,主动和从动锥齿轮的轴向位置都可以略加移动。增加轴承座 10 和主减速器壳 12 间的调整垫片 7 的厚度,第一级主动锥齿轮 11 则沿轴向离开从动锥齿轮;反之则靠近。若减小左轴承盖 4 处的调整垫片 6,同时将这些卸下来的垫片都加到右轴承盖 15 处,则从动锥齿轮 16 右移;反之则左移。若两组调整垫片 6 和 13 的总厚度的减量和增量不相等,则将破坏已调整好的中间轴轴承预紧度。

电动汽车减速器种类繁多,型号各异。比亚迪 E6 纯电动汽车的驱动单元结构如图 4-7 所示。其前驱变速器总成由二级圆柱硬质齿面斜齿轮主减速器组成。采用单级减速时,传动比一般在 8~10,特斯拉就单独配置一个齿比为 9.73 的减速器,日产聆风也是采用一个齿比为 8.19 的减速器,吉利 EV300 采用二级传动比为 7.793 的减速器。

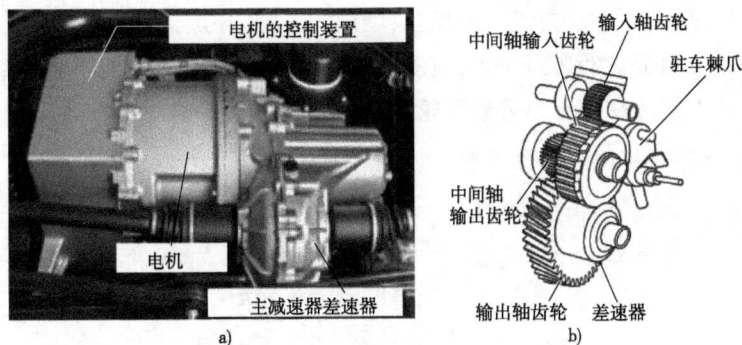

图 4-7 比亚迪 E6 纯电动车驱动单元减速齿轮示意图
a)电动汽车驱动桥布置;b)二级主减速器

4.3 差速器

4.3.1 差速器的功用、类型

差速器的功用是将主减速器传来的动力传给左、右两半轴,并在必要时允许左、右半轴以不同转速旋转,以保证左、右驱动车轮能相对地面处于纯滚动状态(电动汽车差速器的功用、组成与工作原理同此;在采用电动轮驱动时,电动汽车也可省去传统内燃机汽车传动系统的差速器)。

汽车行驶过程中,车轮相对路面有两种运动状态,即滚动和滑动。滑动又有滑转和滑移两种。设车轮中心相对路面的速度为 v,车轮旋转角速度为 ω,车轮滚动半径为 r。如果 $v = \omega \times r$,则车轮对路面的运动为滚动,这是最理想的运动状态;如果 $v < \omega \times r$(例如 $\omega > 0$,但 $v = 0$ 时),则车轮的运动为滑转;如果 $v > \omega \times r$(例如 $v > 0$,但 $\omega = 0$ 时),则车轮的运动为滑移。

当汽车转弯行驶时,内外两侧车轮中心在同一时间内移过的曲线距离显然不同,即外侧车轮移过的距离大于内侧车轮移过的距离,如图4-8所示。若两侧车轮都固定在同一刚性转轴上,两轮角速度相等,则此时外轮必然是边滚动边滑移,内轮必然是边滚动边滑转。

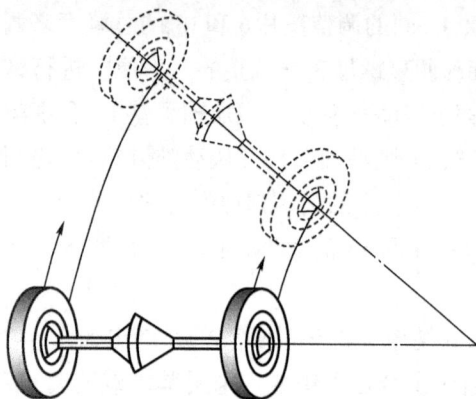

同样,汽车在不平路面上直线行驶时,两侧车轮实际移过的曲线距离也不相等。因此在角速度相同的条件下,在波形较显著的路面上运动的一侧车轮是边滚动边滑移,另一侧车轮则是边滚动边滑转。即使路面非常平直,但由于轮胎制造尺寸误差,磨损程度不同,承受的荷载不同或充气压力不等,各个轮胎的滚动半径实际上就可能不相等,因此,只要各轮角速度相等,车轮对路面的滑动就必然存在。

图4-8 汽车转向时驱动车轮的运动示意图

车轮对路面的滑动不仅会加速轮胎磨损,增加汽车的动力消耗,而且可能导致转向和制动性能的恶化。所以,在正常行驶条件下,应使车轮尽可能不发生滑动,差速器的作用就在于此。

差速器按其工作特性可分为普通齿轮式差速器和防滑差速器两大类。

4.3.2 差速器的构造与工作原理

锥齿轮式差速器构造如图4-9所示,主要由轴承、左右外壳、半轴齿轮、行星齿轮、从动齿轮、行星齿轮轴、螺栓与垫片等组成。

图4-9 锥齿轮式差速器

1-复合式止推垫片;2-半轴齿轮;3-螺纹套;4-行星齿轮;5-行星齿轮轴;6-止动销;7-圆锥滚子轴承;8-主减速器从动锥齿轮;9-差速器壳;10-螺栓;11-车速表驱动齿轮;12-车速表齿轮锁紧套筒

差速器的工作原理如图 4-10、图 4-11 所示。主减速器传来的动力带动差速器壳(转速为 n_0)转动,经过行星齿轮轴、行星齿轮、左右半轴齿轮、左右半轴(转速分别为 n_1 和 n_2),最后传给两侧驱动车轮。

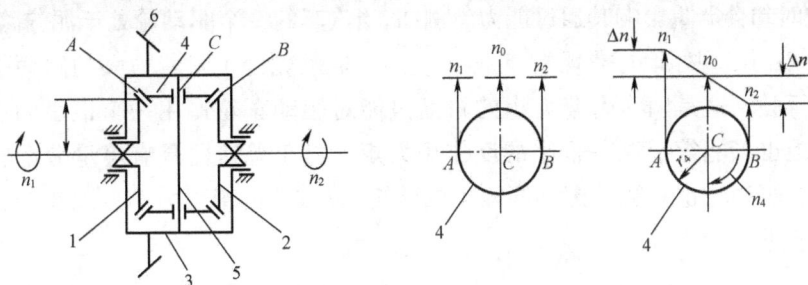

图 4-10　差速器运动原理

1、2-半轴齿轮;3-差速器壳;4-行星齿轮;5-行星齿轮轴;6-主减速器从动齿轮

(1)汽车直线行驶时。此时两侧驱动车轮所受到的地面阻力相同,并经半轴、半轴齿轮反作用于行星齿轮两啮合点 A 和 B(图 4-10)。这时行星齿轮相当于等臂杠杆,即行星齿轮不自转,只随差速器壳和行星齿轮轴一起公转,两半轴无转速差,即 $n_1 = n_2 = n_0$,$n_1 + n_2 = 2n_0$。

同样,由于行星齿轮相当于等臂杠杆,主减速器传给差速器壳体上的转矩 M_0 等分给两半轴齿轮(半轴),即 $M_1 = M_2 = M_0/2$。

(2)汽车转向行驶时。当汽车转向行驶时,此时两侧驱动车轮所受到的地面阻力不同。如果车辆右转,右侧(内侧)驱动车轮所受的阻力大,左侧(外侧)驱动车轮所受的阻力小。这两个阻力经半轴、半轴齿轮反作用于行星齿轮两啮合点 A 和 B(图 4-11),使行星齿轮除了随差速器壳公转外还顺时针自转,设自转转速为 n_4,则左半轴齿轮的转速增加,右半轴齿轮的转速降低,且左半轴齿轮增加的转速等于右半轴齿轮降低的转速。设半轴齿轮的转速变化为 Δn,则 $n_1 = n_0 + \Delta n$,$n_2 = n_0 - \Delta n$,即汽车右转时,左侧(外侧)车轮转得快,右侧(内侧)车轮转得慢,实现纯滚动。此时,依然有 $n_1 + n_2 = 2n_0$。

由于行星齿轮的自转,行星齿轮孔与行星齿轮轴轴径间以及齿轮背部与差速器壳体之间都产生摩擦。行星齿轮所受的摩擦力矩 M_T 方向与其自转方向相反,并传到左、右半轴齿轮,使转得快的左半轴的转矩减小,转得慢的右半轴的转矩增加。所以当左、右驱动车轮存在转速差时,$M_1 = (M_0 - M_T)/2$,$M_2 = (M_0 + M_T)/2$。但由于有止推垫片及润滑油的存在,实际中的 M_T 很小,可以忽略不计,则 $M_1 = M_2 = M_0/2$。

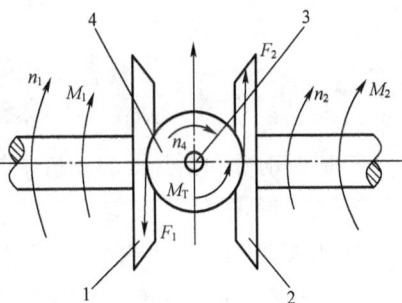

图 4-11　差速器转矩分配原理

1、2-半轴齿轮;3-行星齿轮轴;4-行星齿轮

由此可见,普通锥齿轮差速器存在以下两个特性:

①普通锥齿轮差速器的运动特性:$n_1 + n_2 = 2n_0$。

②普通锥齿轮差速器的转矩分配特性:$M_1 = M_2 = M_0/2$,即为转矩等量分配特性。

普通锥齿轮式差速器转矩等量分配的特性对于汽车在好路面上行驶是有利的,但汽车在坏路面上行驶时却会严重影响其通过能力。例如,当汽车的一个驱动轮处于泥泞路面,由于其地面附着力小而出现原地打滑现象,此时即使另一驱动轮处于附着力大的路面上未滑转,汽车仍不能行驶。这是因为附着力小的路面只能对驱动车轮作用一个很小的反作用力矩,而驱动转矩也只能等于这一很小的反作用力矩。由于差速器具有等量分配转矩的特性,附着力好的驱动轮也只能分配到同样小的转矩,以致总的牵引力不足以克服行驶阻力,汽车便不能前进。

4.4 半轴和桥壳

4.4.1 半轴

1)功用和构造

半轴的功用是将差速器传来的动力传给驱动轮。因其传递的转矩较大,常制成实心轴。如果半轴断裂则汽车无法起步、行驶。半轴常用的材料有 40Cr、40CrMo、40MnB 经高频淬火热处理。

半轴的结构因驱动桥结构形式的不同而异。整体式驱动桥中的半轴为一刚性整轴,半轴内端一般制有外花键与半轴齿轮连接。半轴外端有的直接在轴端锻造出凸缘盘,如图 4-12 所示,也有的制成花键与单独制成的凸缘盘滑动配合,还有的制成锥形并通过键和螺母与轮毂固定连接。

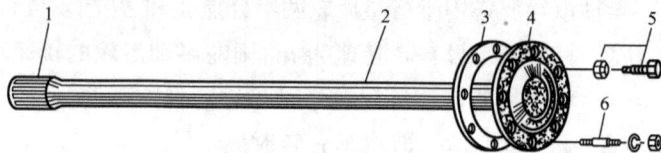

图 4-12 半轴

1-花键;2-杆部;3-垫圈;4-半轴凸缘;5-半轴起拔螺栓;6-半轴紧固螺栓

转向驱动桥和断开式驱动桥中的半轴则分段并用等速万向节连接,前面已有介绍。

2)支承形式

整体式驱动桥中,半轴的支承形式有全浮式和半浮式两种。

(1)全浮式半轴支承。全浮式半轴支承广泛应用于各种货车上。图 4-13 为全浮式半轴支承的示意图。半轴外端锻造有半轴凸缘,用螺栓紧固在轮毂上,轮毂用一对圆锥滚子轴承支承在半轴套管上,半轴套管与空心梁压配成一体,组成驱动桥壳。这种支承形式,半轴与桥壳没有直接联系。半轴内端用花键与半轴齿轮套合,并通过差速器壳支承在主减速器壳的座孔中。

这种支承形式的半轴只在两端承受转矩,不承受其他任何反力和弯矩,所以称为全浮式半轴支承。所谓"浮"是对卸除半轴的弯曲荷载而言的。

全浮式半轴便于拆装,只需拧下半轴凸缘上的轮毂螺栓,即可将半轴抽出,而车轮和桥壳照样能支持住汽车。

(2)半浮式半轴支承。图4-14为半浮式半轴支承的结构示意图。半轴外端制成锥形,锥面上铣有键槽,最外端制有螺纹。轮毂以其相应的锥孔与半轴上锥面配合,并用键连接,用锁紧螺母紧固。半轴用一个圆锥滚子轴承直接支承在桥壳凸缘的座孔内。车轮与桥壳之间无直接联系,而支承于悬伸出的半轴外端。因此,地面作用于车轮的各种反力都须经半轴外端的悬伸部分传给桥壳,半轴外端不仅要承受转矩,而且还要承受各种反力及其形成的弯矩。半轴内端通过花键与半轴齿轮连接,不承受弯矩,故称这种支承形式为半浮式半轴支承。

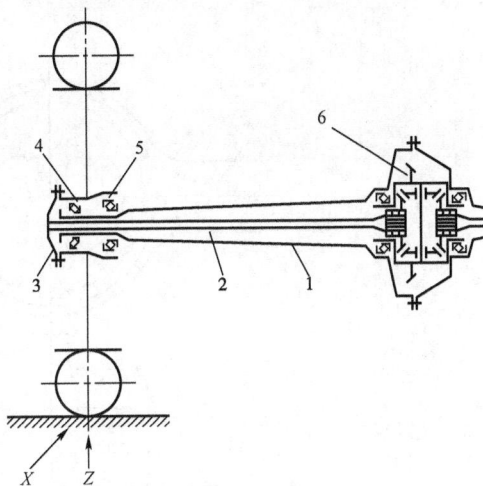

图4-13　全浮式半轴支承示意图
1-桥壳;2-半轴;3-半轴凸缘;4-轮毂;5-轴承;6-主减速器从动齿轮

半浮式半轴支承结构简单,半轴外端承受各向反力和弯矩,内端不承受任何反力和弯矩,结构紧凑、简单,广泛用于各类轿车;其缺点是拆装不方便。

4.4.2　桥壳

驱动桥壳既是传动系统的组成部分,也是行驶系统的组成部分。作为传动系统的组成部分,其功用是安装并保护主减速器、差速器和半轴;作为行驶系统的组成部分,其功用是安装悬架和轮毂,和车桥一起支承汽车悬架以上各部分质量,承受驱动轮传来的反力和力矩,并在驱动轮与悬架之间传力。

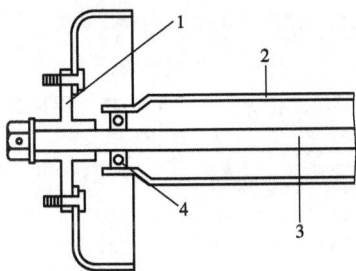

图4-14　半浮式半轴支承示意图
1-轮毂;2-桥壳;3-半轴;4-车轮轴承

桥壳承受较复杂的荷载,因此要求桥壳应具有足够的强度和刚度,质量小,还要便于主减速器的拆装和调整。

驱动桥壳可分为整体式桥壳和分段式桥壳两种类型。整体式桥壳一般采用铸造加工,具有较大的强度和刚度,且便于主减速器的拆装和调整;缺点是质量大,铸造质量不易保证。因此,整体式桥壳适用于中型以上货车,结构如图4-15所示。

分段式桥壳一般分为两段,由螺栓将两段连成一体。分段式桥壳最大的缺点是拆装、维修主减速器、差速器十分不便,必须把整个驱动桥从车上拆下来,现已很少应用,结构如图4-16所示。

图 4-15　整体式桥壳

1-壳体主件;2-三角镶块;3-钢板弹簧座;4-半轴套管;5-前加强环;6-后加强环;7-后盖

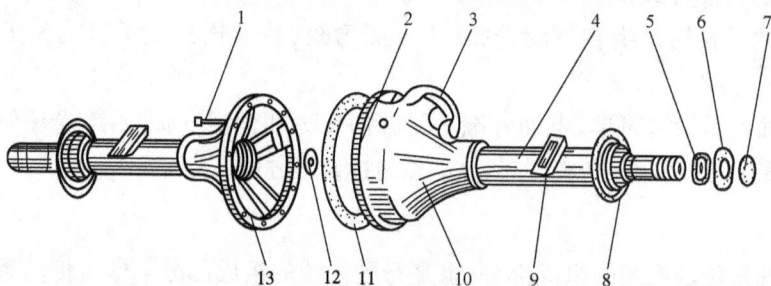

图 4-16　分段式驱动桥壳

1-螺栓;2-注油孔;3-主减速器壳颈部;4-半轴套管;5-调整螺母;6-止动垫片;7-锁紧螺母;8-凸缘盘;9-弹簧座;10-主减速器壳;11-垫片;12-油封;13-盖

课 堂 讨 论

(1)主减速器传动比对整个传动系统的传动比有什么影响?

(2)试分析一侧车轮掉到坑里滑转时,差速器的工作特性。

(3)双级主减速器轴承的预紧度应该如何调整?

(4)如果让您调整主减速器,请问应该采用什么步骤,才能满足车辆的技术性能?

(5)差速器怎样让汽车通过弯道平稳行驶?

(6)差速器在行星齿轮、半轴齿轮背部与差速器壳体之间采用了止推垫片,请分析止推垫片的作用。

（7）如何进行主减速器的润滑？与手动变速器的润滑有何区别？

相 关 技 能

4.5 驱动桥检修

4.5.1 驱动桥桥壳的检修与维护

1）检修

（1）桥壳和半轴套管不允许有裂纹存在，半轴套管应进行探伤处理。各部螺纹损伤不得超过2牙。

（2）钢板弹簧座定位孔的磨损一般不大于1.5mm，超限时先进行补焊，然后按原位置重新钻孔。

（3）整体式桥壳以半轴套管的两内端轴颈的公共轴线为基准，一般两外轴颈的径向圆跳动超过0.30mm时应进行校正，校正后的径向圆跳动不得大于0.08mm。

（4）分段式桥壳以桥壳的结合圆柱面、结合平面及另一端内锥面为基准，轮毂的内外轴颈的径向圆跳动误差超过0.25mm时应进行校正，一般校正后的径向圆跳动不大于0.08mm。

（5）桥壳承孔与半轴套管的配合及伸出长度应符合原厂规定，如半轴套管承孔磨损严重，可将座孔镗至修理尺寸，更换相应的修理尺寸半轴套管。

（6）滚动轴承与桥壳的配合应符合原厂规定。

（7）检查轮毂应无裂纹。与半轴凸缘及制动鼓的结合面对轴承孔公共轴线端面圆跳动公差一般为0.15mm，否则应车削修复。轴承承孔与轴承配合应符合原厂规定。

2）维护

（1）检查后桥壳是否有裂纹及不正常的渗漏。如有渗漏，应查明原因并予以排除。

（2）检查各部螺栓、螺母的连接是否可靠。

（3）后桥壳体内的润滑油量是否合适，其油面应不低于检视孔下沿15mm。

（4）后壳的通气螺塞应保持畅通。

（5）用推动轮毂来检查轴承的松紧度时，应无明显手感的松旷量。

（6）检视轮胎和半轴上的外露螺栓、螺母，不得有松动。

（7）检查半轴套管是否有配合松旷和裂纹，各螺纹的损伤不得超过2牙。

4.5.2 主减速器检修、安装与调整

1）检修

（1）主减速器壳体应无裂损，螺纹损伤一般不得超过2牙。

（2）主减速器壳体纵轴线对横轴线的垂直公差：

一般情况下，轴线 $L > 300mm$，垂直公差为0.16mm；轴线 $L < 300mm$，垂直公差

为 0.12mm;轴线同一平面,其位置公差为 0.08mm。

(3)主减速器壳体与侧盖的配合及圆柱主动齿轮轴承与减速器壳体配合应符合原厂规定。

(4)主减速器锥齿轮工作表面不得有明显斑点、剥落、缺损和阶梯形磨损。一般主动锥齿轮锥面径向跳动公差为 0.05mm。从动锥齿轮的铆钉连接应牢固可靠,用螺栓连接的其拧紧力矩符合要求,锁止可靠。齿轮必须成对更换。

(5)滚动轴承滚珠(子)和滚道上不得有伤痕、剥落、严重黑斑或烧伤变色等缺陷,轴承架不得有缺口、裂纹、铆钉松动或滚珠脱出等现象。

2)安装

如图 4-17 所示,在实际成品中的主减速器和差速器作为整体组装在一起,并直接安装在差速器支座上,该支座又安装到后桥壳、车身或车架上。

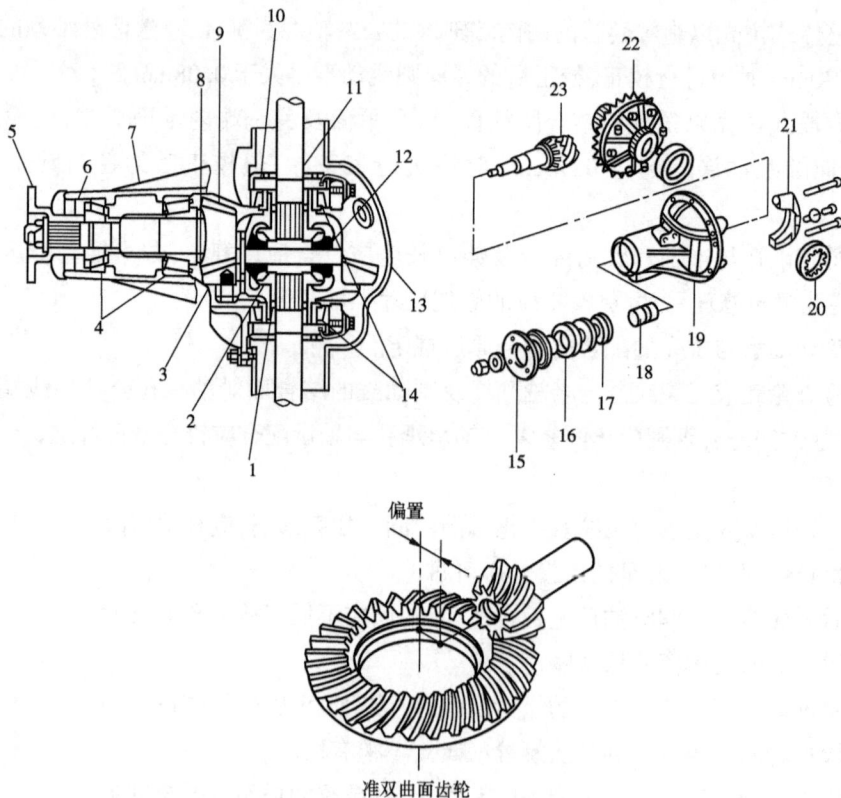

图 4-17 主减速器、差速器装配示意图

1-差速器箱;2-半轴齿轮;3-齿圈;4-滚锥轴承;5-配对凸缘;6-油封;7-差速器支座;8-调整垫片;9-驱动小齿轮;10-调整螺母;11-后桥半轴;12-行星齿轮;13-后桥轴盖;14-侧轴承;15-配对凸缘;16-油封;17-轴承;18-缩紧式隔套;19-差速器支座;20-调整螺母;21-侧轴承盖;22-主减速器从动齿圈;23-驱动小齿轮

传动轴万向节固定到配对凸缘上,并通过配对凸缘转动主减速器主动锥齿轮(驱动小齿

轮)。

主减速器主动锥齿轮通过两个滚锥轴承安装到差速器支座上。主减速器从动锥齿轮(齿圈)和差速器壳通过两个侧向轴承整体安装到差速器支座上。

3)调整

(1)在进行调整作业时,必须遵守以下原则:

①先调整轴承预紧度,再调整齿轮啮合印痕,最后调整啮合间隙。

②主、从动锥齿轮轴承预紧度必须按原厂规定的数值和方法进行调整和检查,在主减速器的调整过程中,轴承预紧度不得变更,始终应符合原厂规定的数值。

③在保证啮合印痕合格的前提下,调整啮合间隙。啮合印痕和啮合间隙的调整结果都必须满足技术条件;否则,应成对更换齿轮副。

④准双曲面锥齿轮、奥利康锥齿轮(等高齿)和格利森锥齿轮(非等高齿)啮合印痕的技术标准不尽相同,调整方法也有差异。前两种齿轮往往移动主动锥齿轮调整啮合印痕,并移动从动锥齿轮调整啮合间隙;而对格利森锥齿轮的调整则无特殊的要求。

(2)主、从动锥齿轮预紧度的调整。主动锥齿轮和从动锥齿轮的预紧度调整正确与否,对于主减速器的使用寿命和运转平稳性起着决定性作用,主减速器和差速器总成拆装后,特别是更换某些零部件后,必须重新调整主、从动锥齿轮预紧度。

①从动锥齿轮(差速器壳)侧向轴承预紧力调整。从动锥齿轮的预紧力调整就是对差速器壳侧向轴承预紧力的调整,调整的方法和部位如图4-18a)、b)所示。可以使用增减垫片或调整螺母进行调整,在测量预紧力矩前,应将左右固定螺栓,用80~90N·m的力矩拧紧。从动锥齿轮预紧度调整后,采用弹簧扭力计拉动从动锥齿轮,一般保证轴承有1.5~3.5N·m的预紧力矩。

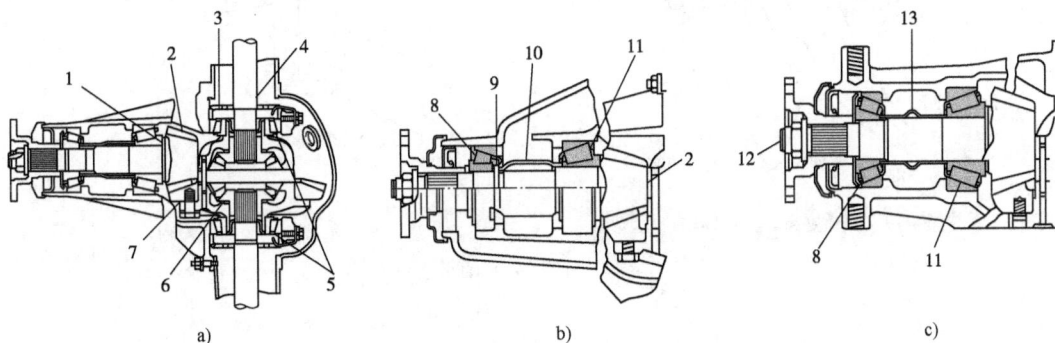

图4-18 主减速器轴承预紧度的调整

1-调整垫片;2-主动锥齿轮;3-调整螺母;4-后桥半轴;5-侧轴承;6-半轴齿轮;7-从动齿圈;8-前轴承;9-垫片;10-套筒;11-后轴承;12-螺母;13-可伸缩套筒

②主动锥齿轮预紧力调整。主动锥齿轮轴承的预紧力可通过更改前、后内轴承座圈的

距离进行调节,即通过更改所用垫片的总厚度或给可伸缩隔圈(隔套)施加压力(通过拧紧螺母)以便改变其长度,如图4-18c)所示。主动锥齿轮预紧度调整后,也是采用弹簧扭力计拉动主动锥齿轮输入轴的凸缘检查预紧力矩。

(3)主、从动锥齿轮啮合印痕与齿侧间隙调整。检查齿面啮合印痕的方法为:在从动锥齿轮上相隔120°的三处,用红丹油在齿的正反面各涂2~3个齿,再用手对从动锥齿轮稍施加阻力,并正、反向各转动主动锥齿轮数圈。观察从动锥齿轮上的啮合印痕。正确的啮合印痕如图4-19所示,应位于齿高的中间偏小端,并占齿宽60%以上,离小端一般4~6mm,齿高方向的接触印痕不小于60%,一般应距齿顶0.80~1.50mm,齿侧间隙为0.15~0.40mm。

调整啮合印痕移动主动锥齿轮后,主、从动锥齿轮的啮合间隙要发生变化,应重新检查调整。

啮合间隙的检查方法是(图4-20):将百分表抵在从动锥齿轮正面的大端处,用手把住主动锥齿轮,然后轻轻往复摆转从动锥齿轮即可显示间隙值。中、重型汽车一般为0.15~0.40mm,轻型车一般为0.10~0.18mm,使用极限为1.00mm。

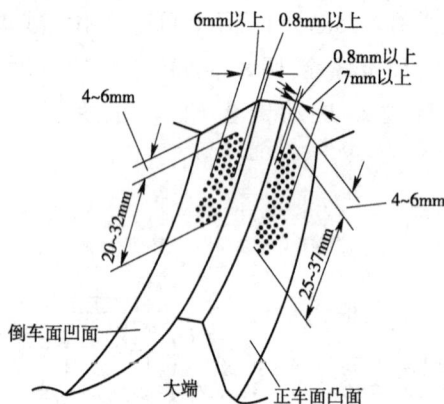

图4-19 从动锥齿轮齿正确啮合位置

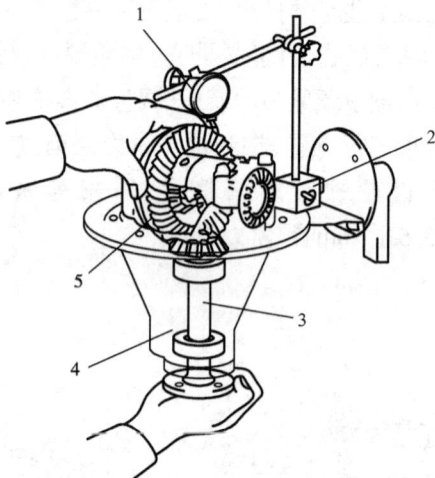

图4-20 主减速器的间隙检测
1-百分表;2-磁力座;3-驱动小齿轮;4-后差速器;5-齿圈

如果啮合间隙不符合要求,需要进行调整,方法是移动从动锥齿轮。当从动锥齿轮远离主动锥齿轮时间隙变大,反之则变小。移动从动锥齿轮的方法是将一侧的轴承调整螺母旋入多少圈,另一侧同时旋出多少圈,以保持轴承预紧度不变,具体检查调整方法见表4-1。

其调整口诀是:顶进主、根出主、大进从、小出从,即:

当啮合印痕位于从动锥齿轮轮齿大端时,应将从动锥齿轮向主动锥齿轮靠拢,假如因此而使啮合间隙变小,可将主动锥齿轮向外移动。

啮合齿面和间隙调整方法

表 4-1

从动锥齿轮面接触区		调整方法	齿轮移动方向
前驶	倒车		
		将从动锥齿轮向主动锥齿轮移近,若这时齿隙过小,则将主动锥齿轮向外移开	
		将从动锥齿轮自主动锥齿轮移开,若这时齿隙过大,则将主动锥齿轮移近	
		将主动锥齿轮向从动锥齿轮移近,若这时齿隙过小,则将从动锥齿轮移开	
		将主动锥齿轮自从动锥齿轮移开,若这时齿隙过大,则将从动锥齿轮移开	

当啮合印痕位于从动锥齿轮轮齿小端时,应将从动锥齿轮移离主动锥齿轮,假如因此而使啮合间隙变大,可将主动锥齿轮向内移动。

当啮合印痕位于从动锥齿轮轮齿顶部时,应将主动锥齿轮向从动锥齿轮靠拢,假如因此而使啮合间隙变小,可将从动锥齿轮向外移动。

当啮合印痕位于从动锥齿轮轮齿根部时,应将主动锥齿轮移离从动锥齿轮,假如因此而使啮合间隙变大,可将从动锥齿轮向内移动。

(4)主减速器调整注意事项:

①要先进行轴承预紧度的调整,再进行锥齿轮啮合印痕、啮合间隙的调整。

②调整锥齿轮啮合间隙和啮合印痕时,啮合印痕应首先保证,其次才是啮合间隙;否则,将加剧齿轮磨损。但当啮合间隙超过规定时,应成对更换齿轮。

4.5.3 差速器检修

1)差速器检查

(1)差速器左右轴承孔同轴度公差一般为 0.10mm。主动锥齿轮或侧盖轴线及差速器轴承孔轴线对减速器壳前端的平行度公差:

轴线 $L>200$mm,一般为 0.12mm;轴线 $L<200$mm,一般为 0.10mm。

(2)差速器半轴齿轮与行星齿轮的啮合间隙检查方法如图 4-21 所示。

2)差速器的装配

(1)装差速器轴承内圈时,应用压力机平稳地压入,不得用手锤击打,以免损伤轴承的工作表面或刮伤轴颈表面,影响配合性质。

(2)装行星齿轮和半轴齿轮时,其配合的工作表面应涂上机油,先装入垫片和半轴齿轮,

然后装入已装好行星齿轮及垫片的十字轴,并使行星齿轮与半轴齿轮啮合。两侧壳体的位置标记对正,以免破坏齿轮副啮合。

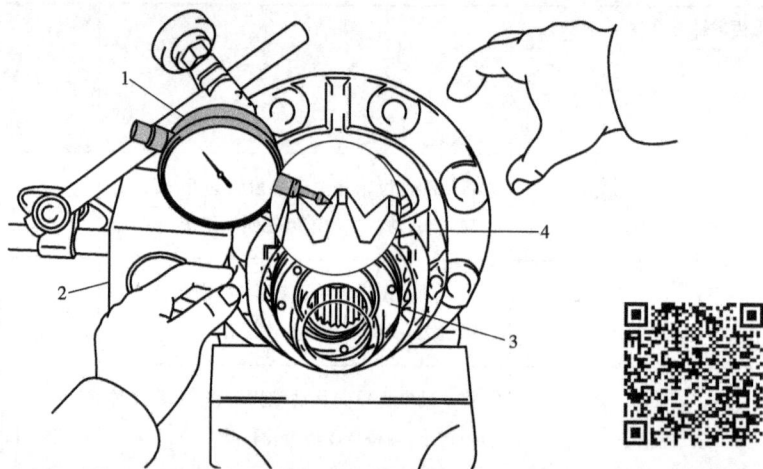

图4-21　半轴齿轮与行星齿轮的啮合间隙检查
1-百分表;2-磁力座;3-半轴齿轮;4-行星齿轮

(3)从动齿轮的安装和差速器的装合:从动齿轮的安装在差速器壳体上,将固定螺栓按规定方向穿过壳体,套入垫片,用规定力矩拧紧螺母,锁死锁片。

4.5.4　半轴的检修

(1)应对半轴进行隐伤检查,不得有任何形式的裂纹存在。

(2)半轴花键应无明显的扭转变形。

(3)以半轴轴线为基准,半轴中段未加工圆柱体的径向圆跳动一般不大于1.3mm;花键外圆柱面的径向圆跳动一般不大于0.25mm;半轴凸缘内侧端面圆跳动一般不大于0.15mm。径向圆跳动超限,应进行冷压校正;端面圆跳动超限,可车削端面进行修正。

(4)半轴花键的侧隙增大量较原厂规定,一般不大于0.15mm。

4.5.5　驱动桥的磨合试验

驱动桥检修装配后,应按规定加注符合原厂规定的齿轮油至规定油面。必要时应进行质量检验:检查齿轮的啮合是否存在噪声,轴承区的温度是否异常,外部是否存在渗漏现象。有条件的可在检修后进行磨合试验,磨合转速一般为1 400～1 500r/min,并进行正、反转试验。具体要求:各项试验的时间不少于10min,轴承区温度升高不超过25℃,齿轮啮合应无噪声,桥壳无漏油现象。磨合完后更换润滑油。

小 组 工 作

(1)每3～5名学生组成1个工作小组,确定1名小组长,接受工作任务,做好工作准备。

(2)阅读工作单,查阅维修手册(或实训指导书),观察待修车辆主减速器总成的安装布置特点,讨论拆卸方法和步骤,确定小组人员工作分工。向实训指导教师汇报讨论结果,经指导教师同意后,开始下一步的工作。

(3)从车辆上卸下主减速器总成。按照工作单的引导,完成待修车辆主减速器、差速器的分解、检查、组装、调整工作。将检修好的主减速器总成安装到车辆上。

(4)在完成工作任务的过程中,根据工作单的要求,完成主减速器、差速器各零件认识、工作原理描述等学习任务。

(5)完成工作单要求的主减速器、差速器主要零件的检测,将检测结果记录在工作单的相应栏目,并对检测结果作出分析。

(6)回答指导教师的现场提问,接受指导教师的技能考核。

(7)完成工作任务后,对工作过程进行自我评价和小组互评,听取指导教师的点评。

(8)清洁工作场所,清点维护工具设备,完成任务交接。

拓展知识与技能

4.6　防滑差速器

强制锁止式差速器如图4-22所示。其差速锁由接合器及其操纵机构组成,半轴和差速器壳上制有键齿,推动接合套轴向滑动,使左半轴与差速器壳刚性连接时,左右半轴被连成一体一同旋转,使车辆驶出不良路面。驶出坏路后,驾驶员操纵接合套,使半轴与差速器壳分离,恢复差速。目前汽车上使用的还有高摩擦自锁式和蜗轮蜗杆式等结构的差速器。

4.7　驱动桥的故障诊断与排除

驱动桥的主减速器、差速器、半轴、轴承和油封等长期承受冲击荷载,使其各配合副磨损严重,造成零部件损坏,容易导致驱动桥过热、异响和漏油等故障发生。

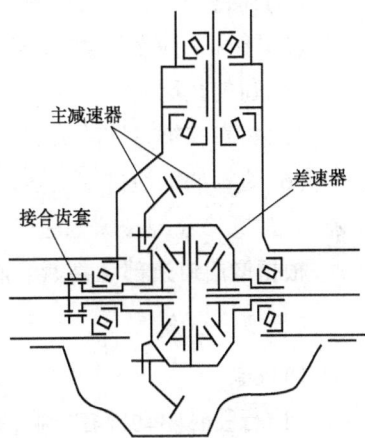

图4-22　强制锁止式差速器原理图

4.7.1　过热

1)现象
汽车行驶一段里程后,用手探试驱动桥壳中部或主减速器壳,有无法忍受的烫手感觉。

2)原因
(1)齿轮油变质、油量不足或牌号不符合要求。
(2)轴承调整过紧。
(3)齿轮啮合间隙或行星齿轮与半轴齿轮啮合间隙调整太小。

(4)止推垫片与主减速器从动齿轮背隙过小。

(5)各运动副、轴承润滑不良而产生干(或半干)摩擦。

3)故障诊断与排除方法

(1)检查齿轮油油面高度。油面太低,则故障由齿轮油油量不足引起;否则,检查齿轮油规格、黏度或润滑性能。

(2)检查结果不符合要求,则故障由齿轮油变质或规格不符引起;否则,检查主减速器齿轮啮合间隙的大小。

(3)松开驻车制动器操纵杆,变速器置于空挡,轻轻转动主减速器的凸缘盘;若转动角度太小,则故障由主减速器齿轮啮合间隙太小引起;若转动角度正常,则故障由差速器行星齿轮与半轴齿轮啮合间隙太小引起。

4.7.2 漏油

1)现象

从驱动桥加油口、放油口螺塞处或油封、各接合面处可见到明显漏油痕迹。

2)原因

(1)加油口、放油口螺塞松动或损坏。

(2)油封磨损、硬化,油封装反,油封与轴颈不同轴,油封轴颈磨成沟槽。

(3)接合平面变形,加工粗糙,密封衬垫太薄、硬化或损坏,紧固螺钉松动或损坏。

(4)通气孔堵塞。

(5)桥壳有铸造缺陷或裂纹。

(6)齿轮油加注过多,运转中壳体内压力增高,使齿轮油渗出。

3)故障诊断与排除方法

根据漏油痕迹部位判断漏油的具体原因,逐一排除。

4.7.3 异响

1)现象

(1)行驶时驱动桥有异响,脱挡滑行时异响减弱或消失。

(2)行驶时驱动桥有异响,脱挡滑行时亦有异响。

(3)汽车直线行驶时无异响,当汽车转弯时驱动桥处有异响。

(4)汽车上坡或下坡时后桥有异响,或上、下坡时驱动桥都有异响。

(5)车轮有运转噪声或沉重的异响。

2)原因

(1)圆锥或圆柱主、从动齿轮,行星齿轮,半轴齿轮啮合间隙过大;半轴齿轮花键槽与半轴的配合松旷;主、从动锥齿轮啮合不良;圆锥和圆柱主、从动齿轮啮合间隙不均;齿轮齿面损伤或轮齿折断。

(2)主动锥齿轮轴承松旷;主动圆柱齿轮轴承松旷;差速器圆锥滚子轴承松旷;后桥中某个轴承由于预紧力过大,导致间隙过小;主、从动锥齿轮调整不当,间隙过小。

（3）差速器行星齿轮半轴齿轮不匹配,使其啮合不良;行星齿轮、半轴齿轮磨损或折断;差速器十字轴轴颈磨损;行星齿轮支承垫圈磨薄;行星齿轮与差速器十字轴卡滞或装配不当（如行星齿轮支承垫圈过厚）,使行星齿轮转动困难;减速器从动齿轮与差速器壳的紧固铆钉松动。

（4）驱动桥某一部位的齿轮啮合间隙过小,导致汽车上坡时发响;后桥某一部位的齿轮啮合间隙过大,导致汽车下坡时发响;后桥某一部位的齿轮啮合印痕不当或齿轮轴支承轴承松旷,导致汽车上、下坡时都发响。

（5）车轮轮毂轴承损坏,轴承外圈松动;制动鼓内有异物;车轮轮辋破碎;车轮轮辋轮胎螺栓孔磨损过大,使轮辋固定不牢。

3）故障诊断与排除方法

根据异响部位的不同判断异响的具体原因,逐一排除。

思考题

（1）请表述驱动桥的功用。什么是整体式驱动桥、断开式驱动桥、变速驱动桥?

（2）试分析驱动桥的传力过程。

（3）请表述主减速器准双曲面齿轮传动比。

（4）请表述差速器的工作原理。

（5）请分析普通差速器转速特性与转矩分配特性。

（6）何谓半浮式支承、全浮式支承?

（7）如何检修驱动桥? 有哪些检修项目?

（8）请表述主减速器的调整内容。如何检验主减速器齿轮正常啮合印痕位置? 请展开说明主减速器齿轮啮合印痕和啮合间隙的调整口诀。

（9）驱动桥有哪些故障现象? 应如何诊断与排除?

（10）如何进行轮毂轴承的润滑与调整?

第二篇

汽车行驶、转向
与制动系统检修

单元五

汽车高速行驶时车身振动故障检修

Unit 5

学习情境

  一辆前年出厂的一汽丰田卡罗拉轿车,一周前在行驶途中左前轮突然爆胎,驾驶员在轮胎专卖店更换了轮胎,此后当车速超过 80km/h 时,即出现车轮振动并伴有转向盘抖动的故障。

生产任务　汽车高速行驶中车轮异常振动故障检修

1)工作对象

配备需要检修车轮的车辆1辆。

2)工作内容

(1)领取所需的工具、耗材,做好工作前准备。

(2)举升车辆、从车辆上拆下车轮、轮毂。

(3)检查车轮、轮胎、轮毂各部件,制订维修方案。

(4)使用动平衡仪,对车轮进行动平衡检测,按规范进行配重平衡。

(5)对轮毂轴承进行润滑,安装轮毂、车轮。

(6)检查、评价工作质量。

(7)整理工具,清洁工作场地。

3)工作目标与要求

(1)学生应独立或以小组工作的方式,完成本项工作任务。

(2)学生应当能在小组成员的配合下,利用汽车维修手册(或实训指导书),制订并实施

工作计划。

(3)能通过阅读资料和现场观察,辨别所检修轮胎、轮辋和轮毂的类型、规格。

(4)能认识所拆卸车轮、轮毂的零部件,口述各零部件的作用。

(5)能向客户解释所修车辆轮胎、轮辋和轮毂的损伤情况和修复方案。

(6)能按规范的步骤,完成车轮、轮毂的拆装检修作业,恢复汽车的行驶能力。

(7)在工作过程中培养创造性实践意识和维修工艺创新理念。

相 关 知 识

5.1 汽车行驶系统概述

汽车行驶系统包括使汽车滚动行驶的车轮、连接车轮的车桥、支承车身的悬架和承受各种荷载的车架等结构总成,是保证汽车安全行驶的一个重要系统。

5.1.1 行驶系统的功用

1)汽车行驶系统的作用

(1)接受传动系统的动力,通过驱动轮与路面的作用产生牵引力,使汽车正常行驶。

(2)承受汽车的总质量和地面的反力。

(3)缓和不平路面对车身造成的冲击,衰减汽车行驶中的振动,保持行驶的平顺性。

(4)与转向系统配合,保证汽车操纵稳定性。

2)对汽车行驶系统的要求

为了达到上述目的,汽车行驶系统必须满足以下要求:

(1)作为传力的系统结构,必须具有足够的强度和刚度,并具有足够的使用寿命。

(2)传力可靠,使得各传力构件均能以最佳方式承受负荷,从而减轻结构质量。

(3)尽可能缓和以及衰减不平路面对汽车形成的冲击和振动,改善汽车乘坐舒适性。

(4)保持系统自身各部分之间以及与其他各系统之间相互工作(运动)的协调性,让汽车在转向、制动等行驶工况下具有良好的操纵控制性,保证行车的安全。

5.1.2 行驶系统的组成

汽车行驶系统一般由车架、车桥、车轮和悬架等组成,如图5-1所示。其中车架1是整个车辆的装配基体,通过它将汽车各系统、总成连成了一个整体。车轮支承汽车的前后车轿传递着路面的各种反力;具有弹性的前后悬架将车桥与车架相连,与车轮一道承担着缓和振动的作用。

5.2 车架与车身

汽车车架是支承车身的基础构件,一般称为底盘大梁架,通常由纵梁和横梁组成。它通过悬架装置连接各车桥。

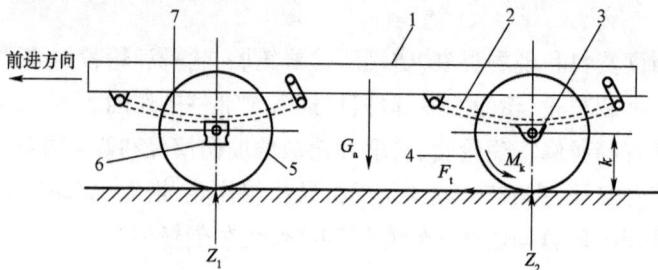

图 5-1　汽车行驶系统

1-车架;2-后悬架;3-驱动桥;4-后轮;5-前轮;6-从动桥;7-前悬架;G_a-汽车总质量;Z_1、Z_2-前、后地面垂直反力;M_k-驱动转矩;k-车轮滚动半径;F_t-牵引力

5.2.1　车架的功用与要求

1)功用

(1)安装汽车各种总成部件,并使它们保持正确的相对位置。

(2)承受来自车身和地面的各种静、动荷载。

2)要求

(1)满足汽车总体布置的要求。

(2)具有足够的强度和刚度,且其质量应尽可能小。

(3)结构尽可能简单,并有利于降低汽车质心和获得较大的转向角。

(4)应布置得离地面近些,以降低质心位置,有利于提高行驶的稳定性。

5.2.2　车架车身的主要类型

1)轻型载货汽车的车架车身结构

载货汽车车架车身结构如图 5-2 所示,其车架由两根纵梁和若干根横梁构成。纵梁和横梁之间通过铆接或焊接的方法连接起来,是一种用铆接法或焊接法连接成坚固的刚性结构。纵梁通常用低合金钢冲压而成,断面形状一般为槽形,也有 Z 字形或箱形断面。横梁用来保证车架的扭转刚度和承受纵向载荷、支撑汽车主要部件。左右纵梁钻有许多小孔,用以安装转向器、悬架、燃油箱、储气罐、蓄电池等。

2)客车的车架车身结构

(1)非承载式车身。

普通大客车非承载式车身如图 5-3 所示,其载荷主要由底部车架承担,车身构件主要是金属薄板经冲压成型,构件之间配以加强板用铆接方式连接。特点是质量轻,而刚度小,维修方便。

(2)基础承载式车身。

基础承载式车身结构如图 5-4a)所示,通常在长途大客车上采用。车身侧围腰线以下部分为主要承载件,车顶为非承载件,所以车窗立柱较细,侧窗开口大,视野开阔,通透感强。基础承载式车身结构地板下部的空间较大,地板离地面高度也较高,如图 5-4b)所示。

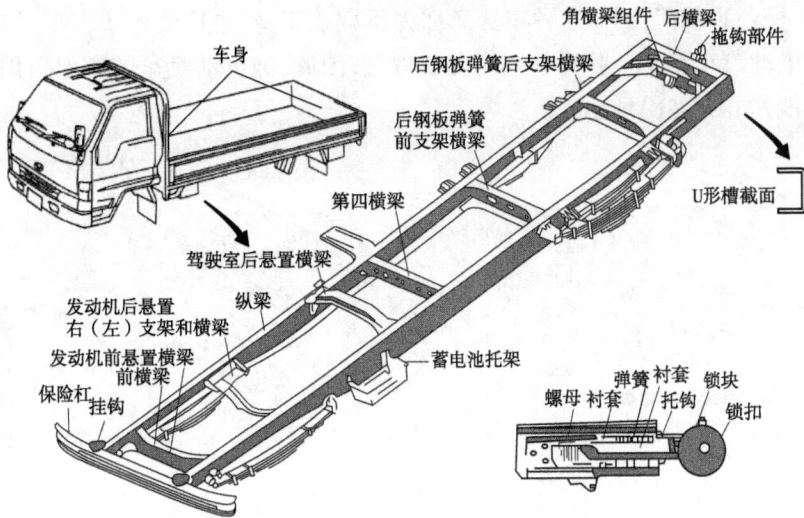

图 5-2　载货汽车车架车身结构示意图

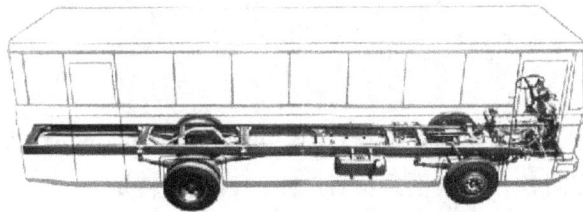

图 5-3　客车非承载式车身车架示意图

图 5-4　客车的车架车身结构示意图
a)承载式车身结构；b)基础承载式车身下部结构

（3）轿车承载式车身。

大多数轿车采用承载式车身，用车身兼做车架，汽车的所有零部件、总成都安装在车身上,车身要承受各种载荷,因而这种车身又称为承载式车身,也广泛用于客车,如图5-5a)所示。由于纯电动汽车需要布置蓄电池组安装位置,因此,纯电动汽车的车架采用平底式,便于安装蓄电池,如图5-5b)所示。

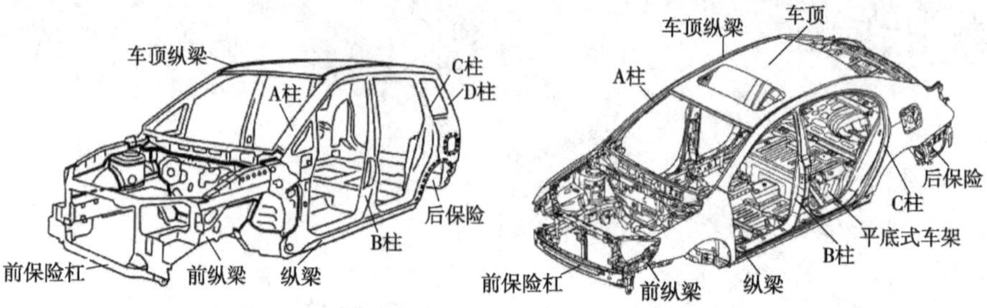

图5-5　承载式车身
a)燃料轿车车架;b)电动轿车车架

5.3　车桥

5.3.1　车桥的功用与类型

1)功用

车桥通过悬架和车架(或承载式车身)相连,两端安装汽车车轮,其功用是传递车架(或承载式车身)与车轮之间各方向作用力及所产生的弯矩和转矩。

2)类型

按悬架结构不同,车桥分为整体式和断开式两种。整体式车桥的中部是刚性实心或空心梁,与非独立悬架配用;断开式车桥为活动关节式结构,与独立悬架配用。

按车桥上车轮的作用不同,车桥分为转向桥、驱动桥、转向驱动桥和支持桥4种类型。其中,转向桥和支持桥都属于从动桥。

转向桥通常位于汽车前部,能使装在其两端的车轮偏转一定的角度,以实现汽车转向。同时还要承受车架与车轮之间的作用力及其产生的弯矩和转矩。

在后轮驱动的汽车中,前桥不仅用于承载,而且兼起转向作用,称为转向桥;后桥不仅用于承载,而且兼起驱动的作用,称为驱动桥。

越野汽车的前轮除了承载和转向的作用外,还兼起驱动作用,所以称为转向驱动桥。

只起支承作用的车桥称为支持桥。挂车的车桥就是支持桥。

5.3.2　转向桥

转向桥可以与非独立悬架相配,也可以与独立悬架相配,两者在结构上有很大的不同。

1)与非独立悬架匹配的转向桥

这种转向桥主要由前轴、转向节和主销等组成,如图5-6所示。

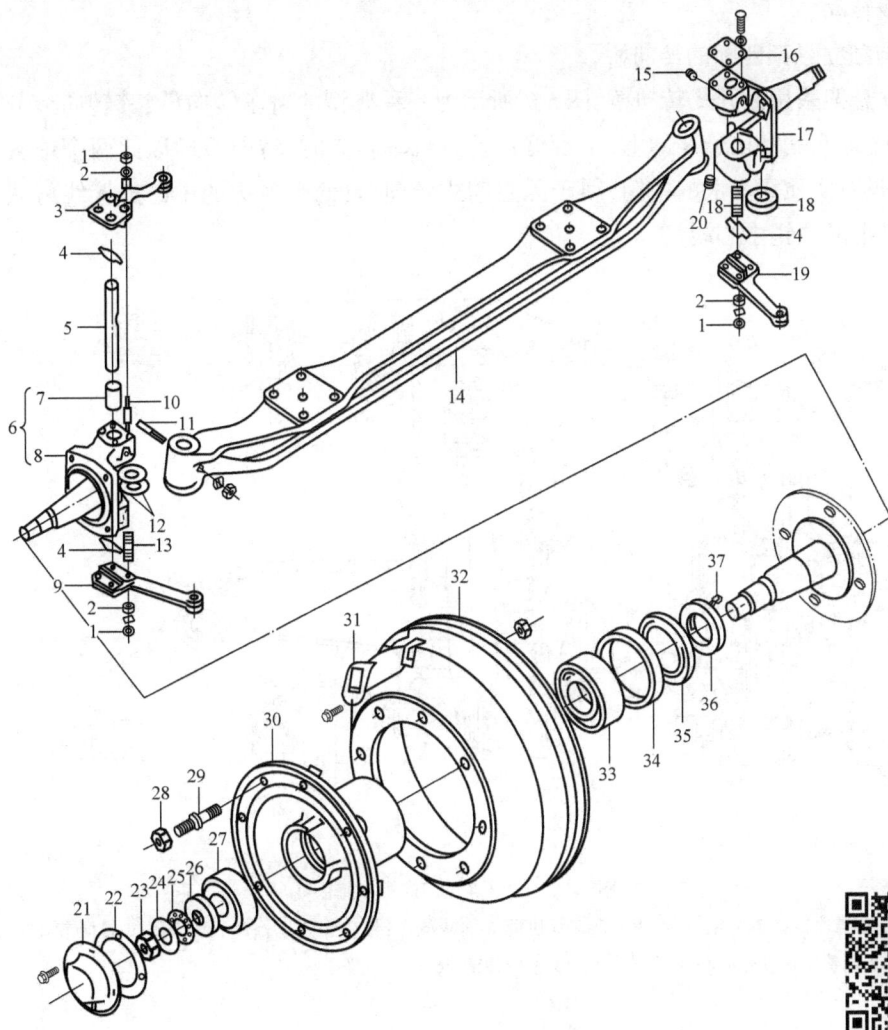

图5-6　转向桥的结构与组成

1-紧固螺母;2-锥套;3-转向节臂;4-密封垫;5-主销;6-左转向节总成;7-衬套;8-左转向节;9-左转向梯形臂;10、13-双头螺柱;11-楔形锁销;12-调整垫片;14-前轴;15-油嘴;16-右转向节上盖;17-右转向节 18-推力轴承;19-右转向梯形臂;20-限位螺栓;21-轮毂盖;22-衬垫;23-锁紧螺母;24-止动垫圈;25-锁紧垫圈;26-调整螺母;27-前轮毂外轴承;28-螺母;29-螺栓;30-车轮轮毂;31-检查孔堵塞;32-制动鼓;33-前轮毂内轴承;34-轮毂油封外圈;35-轮毂油封总成;36-轮毂油封内圈;37-定位销

　　前轴是转向桥的主体,一般由中碳钢经模锻而成。其端面采用工字形断面以提高抗弯强度;接近两端逐渐过渡为方形,以提高抗扭刚度。中部加工出两处平台用以支承钢板弹簧,其上钻有四个安装U形螺栓(俗称骑马螺栓)的通孔和一个位于中心的钢板弹簧定位凹坑。中部向下弯曲,使发动机位置得以降低,从而降低汽车质心,扩展驾驶员视野,并减小传动轴与变速器输出轴之间的夹角。前轴两端各有一个加粗部分,呈拳形,称为拳部,其中有

通孔,主销即装入此孔内,并用带有螺纹的楔形锁销将主销固定在拳部孔内,转向时车轮绕主销轴线转动。

2)与独立悬架匹配的转向桥

独立悬架采用断开式转向桥,图 5-7 所示为一种典型的轿车转向桥,其转向节分别通过上、下两个球头销和前悬架的上、下摆臂连接。汽车转向时,转向节即以此两个球头为支点摆动,它没有实质意义上的主销,属于无主销式转向节,两个球头的中心连接线可认为是其几何意义上的主销中心线。

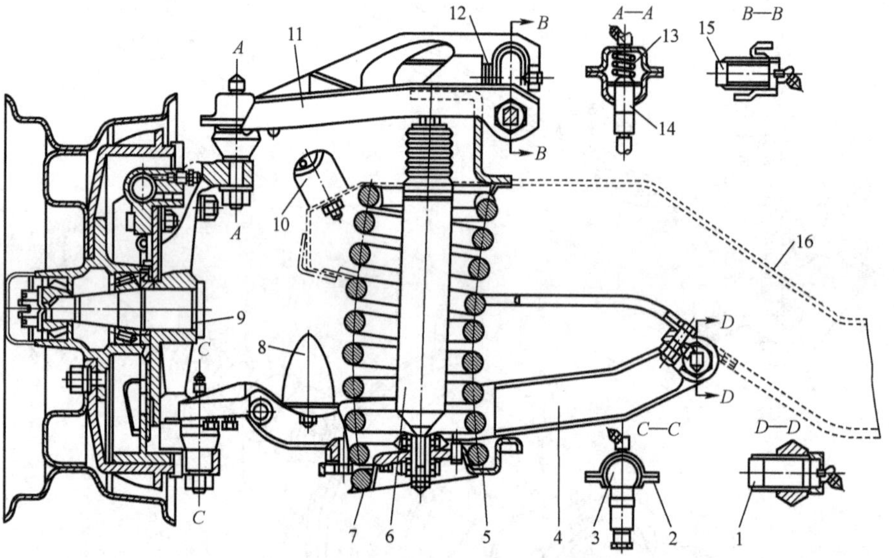

图 5-7 典型轿车的转向桥与前悬架

1-下摆臂轴;2-垫片;3-下球头销;4-下摆臂;5-螺旋弹簧;6-筒式减振器;7-橡胶垫片;8-下缓冲块;9-转向节;10-上缓冲块;11-上摆臂;12-调整垫片;13-弹簧;14-上球头销;15-上摆臂轴;16-车架横梁

5.3.3 转向驱动桥

1)与非独立悬架匹配的转向驱动桥

转向驱动桥主要用于一些前轮驱动的轿车与全轮驱动的越野汽车的前桥上,它既作为转向桥,也作为驱动桥使用。与非独立悬架匹配的转向驱动桥的组成如图 5-8 所示。

2)与独立悬架匹配的转向驱动桥

图 5-9 所示为帕萨特型轿车的前桥总成(图中主减速器、差速器未画出),采用的是断开式驱动桥、独立悬架转向驱动桥。

车桥上端通过左、右悬架与承载式车身相连接,下端通过左、右下摆臂与固定在车身上的前悬架横梁相连接。转向节与下摆臂之间通过球形接头连接,从而使前轮固定。为了减小车辆转向时的车身倾斜,在前悬架横梁与下摆臂之间还装有横向稳定器。来自变速驱动桥的动力经左右半轴驱动车轮旋转。

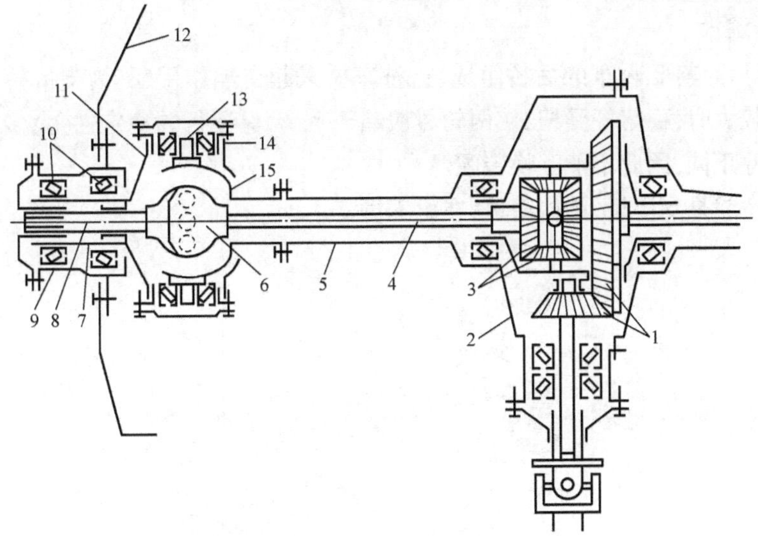

图 5-8　转向驱动桥示意图

1-主减速器;2-主减速器壳;3-差速器;4-内半轴;5-半轴套管;6-等速万向节;7-转向节轴颈;8-外半轴;9-轮毂;10-轮毂轴承;11-转向节壳体;12-车轮;13-主销;14-主销轴承;15-球形支座

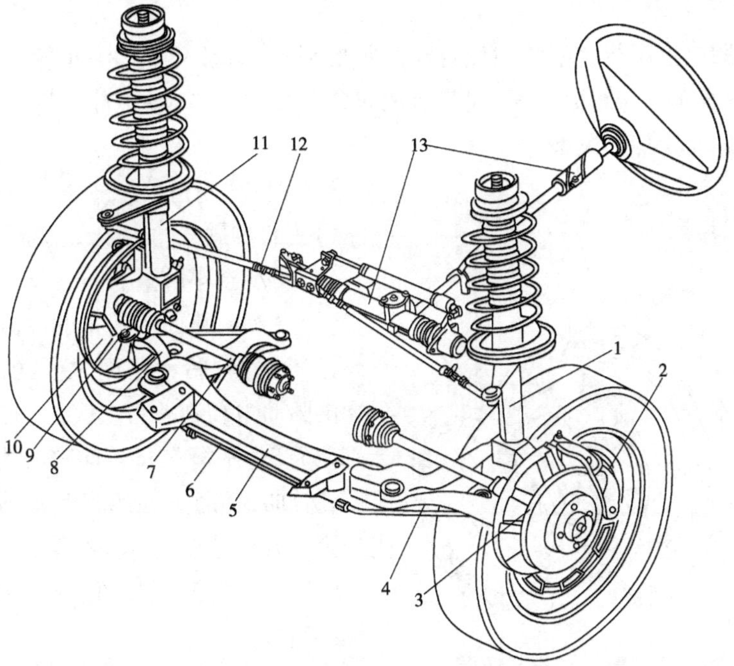

图 5-9　帕萨特轿车的转向驱动桥

1、11-减振器悬架总成;2-前轮制动器总成;3-制动盘;4、8-下摆臂;5-前悬架横梁;6-横向稳定器;7-半轴总成;9-球形接头;10-制动底板;12-转向横拉杆;13-转向器总成

5.3.4 支持桥

图 5-10 所示为前驱轿车的后桥组成,这种车桥只起支承作用,称为支持桥。当左右后轮相对跳动量较大时,稳定杆受扭,使两轮尽快趋于平衡,保证行驶稳定性;大多数车辆稳定杆左右端部尺寸不同,因此不能互换装配。

挂车的车桥就是支持桥,结构简单,在此不再赘述。

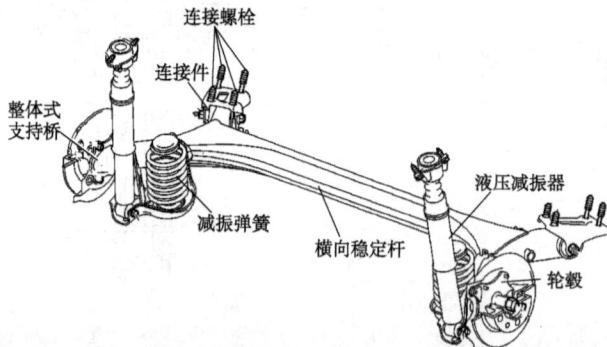

图 5-10　轿车支持桥结构示意图

5.4　车轮与轮胎

车轮与轮胎是汽车行驶系统中最直观的重要部件,两者又合称为车轮总成,它位于汽车车身与路面之间,起支承汽车的作用,汽车行驶性能的好坏与车轮和轮胎有密切的关系。

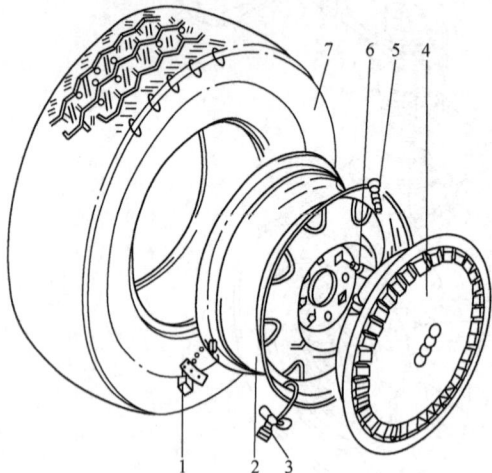

图 5-11　车轮总成
1-平衡块;2-轮辋;3-平衡块定位弹簧;4-车轮外装饰罩;5-气门嘴;6-轮胎螺栓;7-轮胎

5.4.1　车轮总成的功用与组成

1)主要功用

(1)支承整车质量。

(2)缓和由路面传递来的冲击荷载。

(3)通过轮胎和路面之间的附着作用为汽车提供驱动力和制动力。

(4)产生平衡汽车转向离心力的侧向力,以便顺利转向,并通过轮胎产生的自动回正力矩,使车轮具有保持直线行驶的能力。

(5)承担越障、提高通过性的作用。

2)组成

车轮总成的组成包括车轮和轮胎,如图 5-11 所示。

5.4.2　车轮

车轮用于安装轮胎,承受轮胎与车桥之间的

各种荷载的作用。

车轮是由轮毂、轮辋和轮辐组成的。轮毂通过圆锥滚子轴承装在车桥或转向节轴径上。轮辋用于安装和固定轮胎。轮辐用于将轮毂和轮辋连接起来。

为了保证汽车行驶的安全性,轿车、客车等车速较高的汽车车轮总成必须通过动平衡检测和调整后方可使用,这种车轮的轮辋边缘常常夹装有平衡块。

按轮辐结构的不同,车轮可分为辐板式和辐条式。轿车和载货汽车广泛采用辐板式车轮。

1)辐板式车轮

普通轿车、轻型和中型货车普遍采用辐板式车轮,如图 5-12 所示。这种车轮由挡圈、轮辋、辐板和气门嘴等组成。辐板为钢质圆板,它将轮毂和轮辋连接成为一体,大多是冲压制成的,少数是与轮毂铸成一体,后者主要用于重型汽车。

货车辐板式车轮如图 5-13 所示。辐板与轮辋通过焊接或铆接的方式固定成为一个整体,辐板通过螺栓安装在轮毂上,辐板上的孔可以减轻质量,有利于制动鼓的散热,方便接近气门嘴,同时可作为安装时的把手。6 个孔加工成锥形,以便在用螺栓把辐板固定在轮毂上时对正中心。

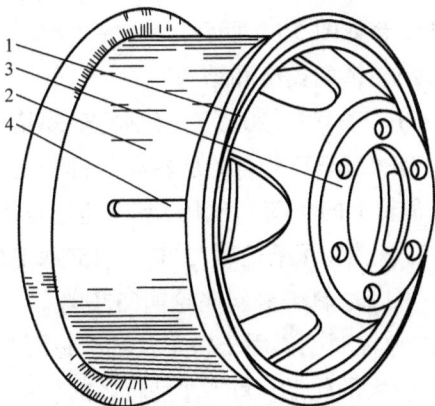

图 5-12 辐板式车轮

1-挡圈;2-轮辋;3-辐板;4-气门嘴孔

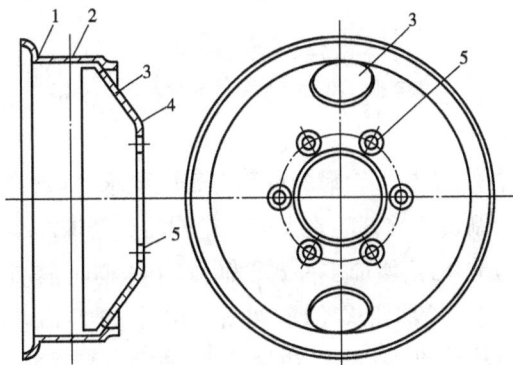

图 5-13 货车辐板式车轮

1-轮辋;2-气门嘴伸出口;3-辐板孔;4-辐板;5-螺栓孔

货车后桥负荷比前桥大得多,为使后轮轮胎不致过载,后桥一般装用双式车轮,在同一轮毂上安装了两套辐板和轮辋,如图 5-14 所示。为了防止汽车在行驶中固定辐板的螺母自行松脱,有些汽车两侧车轮上的辐板固定螺栓采用旋向不同的螺纹,左侧用左旋螺纹,右侧用右旋螺纹。目前在一些载货汽车上(如黄河 JN1150D 型汽车),采用了球面弹簧垫圈,可以防止螺母的自行松脱,故汽车左右车轮上固定辐板的螺栓均可用右旋螺纹,从而减少了零件种类。

轿车的辐板所用板料较薄,常冲压成起伏多变的形状,以提高其刚度。目前,轿车车轮广泛采用铝合金车轮,且多为整体式,即轮辋和轮辐铸成一体。它质量轻,尺寸精度高,生产工艺好,美观大方,可以明显改善车轮的空气动力学特性,降低汽车油耗。

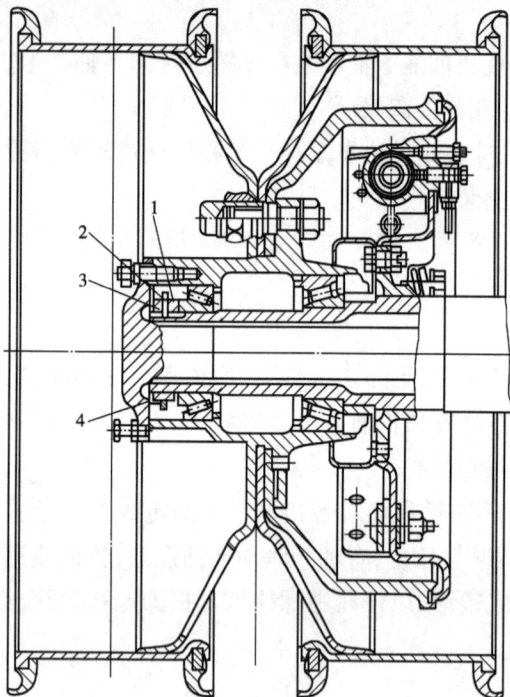

图 5-14 双式车轮并装

1-调整螺母;2-锁止垫片;3-锁紧螺母;4-销钉

2)辐条式车轮

辐条式车轮由轮辋、衬块、螺栓、辐条、轮毂等组成。

按辐条结构的不同,辐条式车轮又分为钢丝辐条式车轮和铸造辐条式车轮,如图 5-15 所示。钢丝辐条式车轮的结构与自行车车轮完全一样,其制造成本较高,维修安装不便,多用在赛车和某些高级轿车上。铸造辐条式车轮常用于重型货车上,辐条与轮毂铸成一体,轮辋用螺栓和特殊形状的衬块固定在辐条上,为了使轮辋和辐条很好地对中,在轮辋和辐条上都加工出配合锥面。

5.4.3 轮辋

1)轮辋轮廓的术语

轮辋轮廓术语如图 5-16 所示。轮胎与轮辋的配合如图 5-17 所示。

2)轮辋的类型和结构

GB/T 3487—2015 对汽车轮辋规格进行了规范。汽车车轮与轮胎相配合部分的轮辋轮廓,增加了轮辋的负荷与气压要求,施加在轮辋/车轮上的负荷和气压,不应超过轮辋/车轮制造厂推荐的最大值。轮辋的类型增加了 5°一件式轮辋:深槽轮辋(5°DC)、15°深槽轮辋(15°DC);增加多件式轮辋:5°半深槽轮辋(5°SDC)平底轮辋和 5°斜底轮辋(5°FB)。

(1)深槽式轮辋,如图 5-18a)、图 5-18b)所示,这种轮辋主要用于轿车及轻型越野车,其结构简单,刚度大,质量较小,适宜安装尺寸小、弹性较大的轮胎(大尺寸且较硬的轮胎很难装进这样的整体轮辋内)。深槽轮辋有带肩的凸缘,用以安放外胎的胎圈,其肩部通常略向中间倾斜,倾斜部分的最大直径即称为轮胎胎圈与轮辋的着合直径。为便于外胎的拆装,断面的中部制成深凹槽。

(2)平底式轮辋,如图 5-18c)所示。这种轮辋多用于货车。其挡圈是整体的,且用一个开口锁圈来防止挡圈脱出。在安装轮胎时,先将轮胎套在轮辋上,而后套上挡圈,并将它向内推,直至越过轮辋上的环形槽,再将开口的弹性锁圈嵌入环形槽中。拆卸时,先将内胎放气,然后使外胎向里移动,用撬胎棒撬下锁圈,取下挡圈后即可拆下轮胎。东风、解放等载货汽车车轮,均采用这种形式的轮辋。

(3)对开式轮辋,如图 5-18d)所示。这种轮辋由内外

图 5-15 辐条式车轮

两部分组成,其内外轮辋的宽度可以相等,也可以不相等,二者用螺栓连成一体。拆装轮胎时拆卸螺栓上的螺母即可。图中所示挡圈是可拆的。有的无挡圈,而由与内轮辋制成一体的轮缘代替挡圈的作用,内轮辋与辐板焊接在一起。这种轮辋主要用于荷载较大的重型货车和大型客车。限于篇幅,这里不再一一赘述。

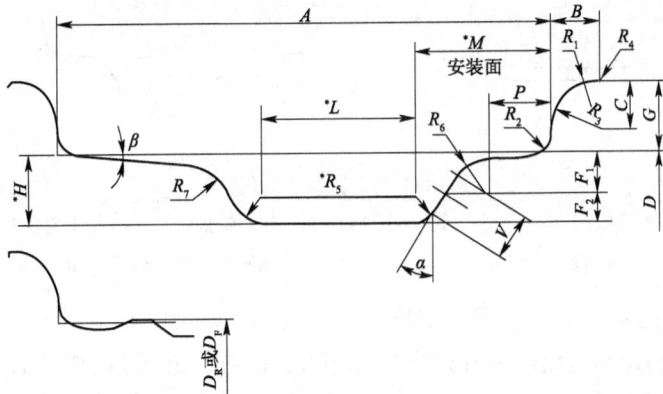

图 5-16 轮辋的轮辋轮廓结构术语

A-轮辋标定宽度;B-轮缘宽度;C-轮缘半径位置尺寸;D-轮辋标定直径;F_1,F_2-轮辋上气门嘴位置尺寸;G-轮缘高度;$^*H$-槽底深度;D_R、D_F-胎圈座突峰直径;$^*L$-槽底宽度;$^*M$-槽的位置尺寸;P-胎圈座宽度;R_1-轮缘接合半径;R_2-轮缘半径;R_3-胎圈座圆角半径;R_4-槽顶圆角半径;$^*R_5$-槽底圆角半径;R_6-轮缘圆角半径;R_7-槽侧半径;V-气门嘴孔或槽的尺寸;α-槽底角度;β-胎圈座角度

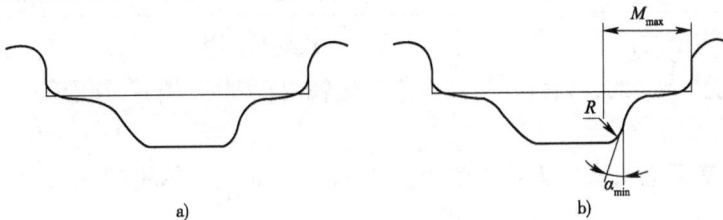

图 5-17 轮胎与轮辋的配合示意图

a)轮辋轮廓曲线与轮胎正确配合部分;b)轮辋轮廓曲线上保证轮胎顺利拆装部分

轮辋是轮胎的装配和固定基础,每种规格的轮胎应配用相应的轮辋。如果轮辋使用不当,尤其使用过窄轮辋,会使轮胎早期损坏,且会影响汽车的行驶性能。

由于汽车工业的快速发展和轮胎技术的进步,车轮轮辋必须出现大量的新型产品和规格型号,才能满足要求。

3)国产轮辋规格的表示方法

国产轮辋规格用一组数字、字母和符号组合表示,分为几部分,各部分的含义及具体内容如下:

(1)轮辋宽度。以数字表示,一般取小数点后两位,单位为英寸(当以 mm 表示时,要求轮胎与轮辋的单位一致)。

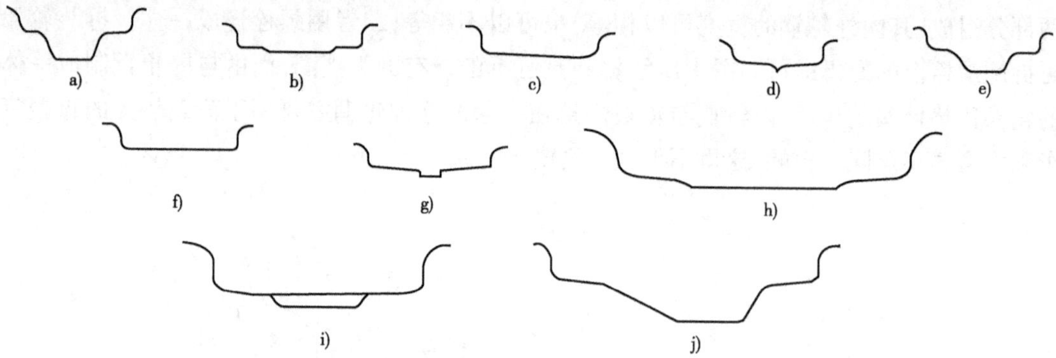

图5-18　轮辋轮廓类型及代号

a)深槽轮辋(DC)；b)半深槽轮辋(SDC)；c)平底轮辋(WFB)；d)对开轮辋(DT)；e)深槽宽轮辋(WDC)；f)平底轮辋(FB)；g)全斜底轮辋(TB)；h)5°深槽轮辋(E、F、G、H、N)；i)5°斜底槽轮辋(FB-Ⅰ、FB-Ⅱ)；j)5°深槽轮辋(LB)

（2）轮缘高度代号。用一个或几个拉丁字母表示，如C、D、E、F、J、K、L、V等。在《乘用车轮辋规格系列》（GB/T 3487—2015）中增加了T、JJ、KB、LB轮廓，常用代号及相应高度值（mm）见表5-1。

轮缘高度代号及高度值（单位：mm）　　　　　　　　　　　　　表5-1

C	D	E	F	G	H	J	K
15.88	17.45	19.81	22.23	27.94	33.73	17.27	19.26
L	P	R	S	T	V	W	
21.59	25.40	28.58	33.33	38.10	44.45	50.80	

（3）轮辋结构形式代号：用符号"×"表示一件式轮辋；用"—"表示多件式轮辋。一件式轮辋是指轮辋为整体式的，只有一件；而多件式轮辋由轮辋体、挡圈、锁圈等多个部件组成。

例如：

4.50E×16表示名义宽度为4.5英寸，轮缘代号为E的整体轮辋（D、E、F为越野汽车用轮辋）。

6.5—20表示名义宽度为6.5英寸，名义直径为20英寸的多件式平底宽轮辋。

（4）轮辋直径代号。以数字表示，单位为英寸（当以mm表示时，要求轮胎与轮辋的单位一致）。

（5）轮辋轮廓类型。用几个字母表示，每个代号所表示的轮辋轮廓类型如图5-18所示。增加了5°斜底轮辋和5°半涤槽轮辋等。

5.4.4　轮胎的功用和类型

现代汽车都采用充气式轮胎，轮胎安装在轮辋上，直接与路面接触，它的功用是：

（1）支撑汽车及货物的总质量，承受路面传来的各种荷载。

（2）与汽车悬架一起缓和汽车行驶中所受到的冲击，并衰减由此而产生的振动。

（3）保证车轮和路面有良好的附着性，以提高汽车的动力性、制动性和通过性。

（4）保证汽车有良好的乘坐舒适性和行驶平顺性。

按轮胎内空气压力的大小,轮胎可分为高压胎(0.45～0.7MPa)、低压胎(0.15～0.45MPa)和超低压胎(0.15MPa以下)3种。低压胎弹性好、减振性能强、壁薄散热性好、与地面接触面积大、附着性好,因而广泛用于轿车。超低压胎在松软路面上具有良好的通过能力,多用于越野汽车及部分高级轿车。

5.4.5 轮胎的组成

1)有内胎轮胎

有内胎轮胎由外胎、内胎和垫带等组成,使用时安装在汽车车轮的轮辋上,如图5-19所示。

外胎由胎面、帘布层、缓冲层和胎圈组成,是轮胎的框架,必须具有足够的刚性,阻止高压空气外泄,又必须有足够的弹性以吸收荷载的变化和冲击。

内胎是装入外胎内部的一个环形橡胶管,外表光滑,装有气门嘴,以便充入或排出空气,为使内胎在充气状态下不产生褶皱,其尺寸应稍小于外胎的内壁尺寸。

垫带是一个环形橡胶带,垫在内胎和轮辋之间,保护内胎不被轮辋和胎圈磨损。

2)无内胎轮胎

无内胎轮胎俗称真空胎,在外观上与普通轮胎相似,但是没有内胎及垫带。它的气门嘴用橡胶垫圈直接固定在轮辋上,空气直接充入外胎中,其密封性由外胎和轮辋来保证,如图5-20所示。

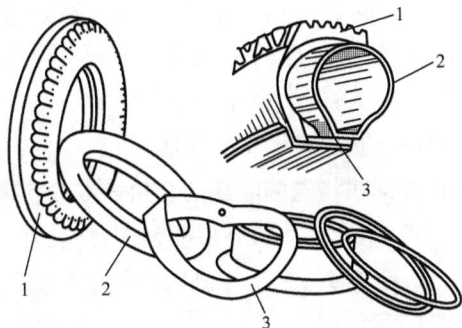

图5-19 有内胎轮胎的组成
1-外胎;2-内胎;3-垫带

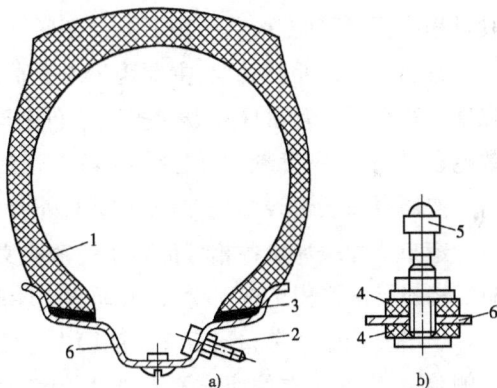

图5-20 无内胎轮胎
a)无内胎轮胎结构;b)气门嘴结构
1-橡胶密封层;2-气门嘴;3-胎圈橡胶密封层;4-橡胶垫圈;5-气门螺母;6-轮辋

无内胎轮胎的内壁有一层橡胶密封层,有的在该层下面还有一层自黏层,能自行将刺穿的孔黏合。

3)外胎的结构

外胎由胎面、帘布层、缓冲层和胎圈组成,胎面包括胎冠、胎肩、胎侧,帘布层是外胎的骨架,缓冲层连接胎面和帘布层,胎圈结构如图5-21中4所示。

胎面是轮胎的外表面,可分为胎冠、胎肩和胎侧3部分。胎冠与路面直接接触,并产生附着力,使车辆行驶和制动。为使轮胎与地面有良好的附着性能,防止纵、横向滑移,在胎面上制有各种形状的凹凸花纹。

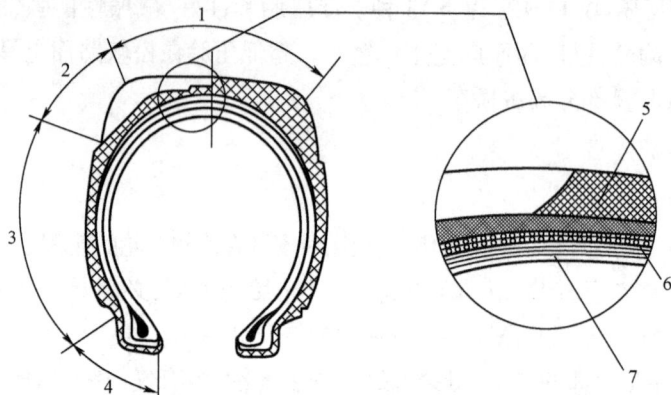

图5-21 外胎的结构
1-胎冠;2-胎肩;3-胎侧;4-胎圈;5-胎面;6-缓冲层;7-帘布层

胎肩是较厚的胎冠和较薄的胎侧间的过渡部分,一般也制有各种花纹,以提高该部位的散热性能。

胎侧又称胎壁,它由数层橡胶构成,覆盖轮胎两侧,保护内胎免受外部损坏。胎侧在行驶过程中,不断地在荷载作用下挠曲变形。胎侧上标有厂家名称、轮胎尺寸及其他资料。

帘布层是外胎的骨架,主要用于承受荷载,保持外胎的形状和尺寸,并使其具有足够的强度。帘布层通常由成双数的多层帘布用橡胶贴合而成,相邻层的帘线交叉排列。帘布层数越多,轮胎的强度越大,但弹性下降。帘线可以是棉线、人造丝、尼龙和钢丝。

按照帘布层帘线排列方式的不同,外胎可以分为斜交轮胎和子午线轮胎。

帘布层和缓冲层各相邻帘布层的帘线交叉,帘布的帘线与轮胎断面的交角一般为52°~54°,相邻层帘线相交排列,称为普通斜交轮胎,如图5-22a)所示。帘布层数越多,强度越大。

子午线轮胎的帘布层帘线与胎面中心线夹角呈现90°排列,并从一侧胎边穿过胎面到另一侧胎边,帘线分布像地球子午线,故得名,如图5-22b)所示。

子午线轮胎的优点是质量轻,弹性大,减振性好,附着性好,滚动阻力小,承载力大,行驶中胎温低,胎面耐刺穿,使用寿命长;缺点是成本高,胎侧变形大,易产生裂口,侧向稳定性差。

子午线轮胎与斜交轮胎相比较,具有滚动阻力小、节约燃料、承载能力大、减振性能好、附着性能好、不易爆胎、行驶里程长等优势,目前在汽车上应用广泛。

缓冲层夹在胎面和帘布层之间,由两层或数层较稀疏的帘布和橡胶制成,弹性较大。其作用是加强胎面与帘布层之间的结合,防止汽车紧急制动时胎面与帘布层脱离,并缓和汽车行驶时所受到的路面冲击。

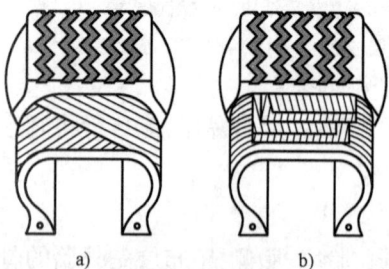

图5-22 轮胎的结构形式
a)斜交轮胎;b)子午线轮胎

胎圈由钢丝圈、帘布层包边和胎圈包布组成,有很大的刚度和强度,可以使外胎牢固地安装在轮辋上。

4)胎面花纹

胎面花纹主要有普通花纹、组合花纹、越野花纹等,如图5-23所示。

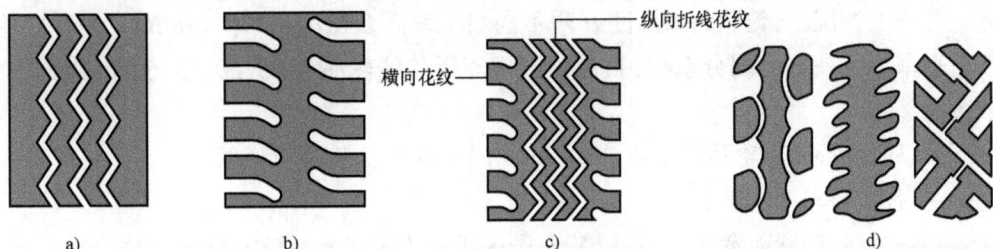

图5-23　胎面花纹
a)纵向花纹;b)横向花纹;c)组合花纹;d)越野花纹

普通花纹中的纵向折线花纹最适合于在较好的硬路面上高速行驶,广泛用于轿车、客车及货车等各种车辆。

纵向花纹(图5-23a)滚动阻力小,防横向滑移性能好,噪声小,但防纵向滑移性能差,在泥泞路面和雨天行驶时,排水性能差,并且容易夹石,适用于高速行驶的车辆。

横向花纹(图5-23b)耐磨性高,防纵向滑移性能好,不易夹石,但散热性能和防横向滑移性能差,滚动阻力也较大,仅用于货车。

组合花纹(图5-23c)由纵向折线花纹和横向花纹组合而成,在好路面和不良路面上都可提供稳定的驾驶性能,广泛用于客车和货车。

越野花纹(图5-23d)的凹部深而粗,在软路面上与地面附着性好,越野能力强,适用于矿山、建筑工地及其他一些在松软路面上使用的越野汽车轮胎。

5.4.6　轮胎的规格

轮胎规格由轮胎外径 D、轮胎内径或轮辋直径 d、轮胎断面宽度 B、轮胎断面高度 H 的名义尺寸等组成,如图5-24所示。

1)斜交轮胎的规格

按国标《载重汽车轮胎规格、尺寸、气压与负荷》(GB/T 2977—2016)规定,我国和大多数国家一样,斜交轮胎的规格用 $B—d$ 表示,使用英寸(in)为单位,例如 9.00—20 表示轮胎宽度为 9.00in、轮胎内径为 20in 的斜交轮胎。

2)子午线轮胎的规格

子午线轮胎规格用 BRd 表示,R 代表子午线

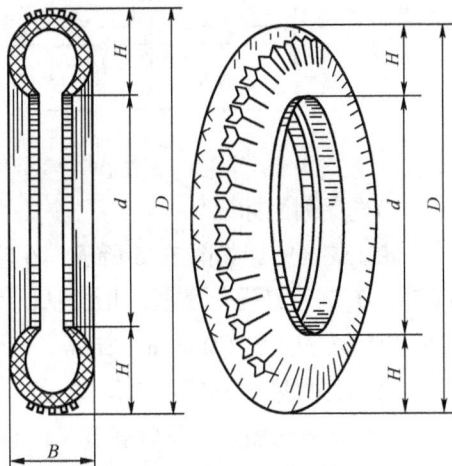

图5-24　轮胎的尺寸标注
D-轮胎外径;d-轮胎内径或轮辋直径;B-轮胎宽度;
H-轮胎高度

轮胎,即"Radial"的第一个字母。国产轿车子午线轮胎断面宽度 B 已全部改用米制单位(mm);载货汽车轮胎断面宽度 B 有英制单位(in)和米制单位(mm)两种。而轮胎内径或轮辋直径 d 的单位仍采用英制单位(in)。

随着轮胎的扁平化,仅用断面 B 和轮辋直径 d 已不能完全表示轮胎的规格。即在断面宽度 B 相同的情况下,轮胎断面高度 H 随不同扁平率而变化(扁平率 $= H/B \times 100\%$),轮胎按其扁平率——高宽比划分系列,目前国产轿车子午线轮胎有 45、50、55、60、65、70、75、80 八个级别。

下面以帕萨特轿车轮胎的规格 P 195/60 R 14 85 H 为例进行说明。

P——代表轿车用轮胎。

195——表示轮胎断面宽度 195mm(货车子午线轮胎的宽度一般用 in 为单位)。

60——表示扁平率为 60%,扁平率为轮胎断面高度 H 与断面宽度 B 之比,普通轿车常用的有 60、65、70、75、80 五个级别,如图 5-25 所示。

R——表示子午线轮胎。

14——表示轮胎内径或轮辋直径 14in。

85——表示荷重等级,即最大荷载质量。荷重等级为 85 的轮胎的最大荷载质量为 515kg。

H——表示速度等级,表明轮胎能行驶的最高车速,H 的最高车速为 210km/h。

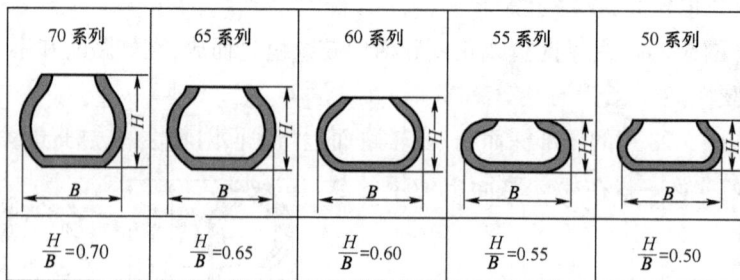

图 5-25　轮胎扁平率——高宽比系列

3)轮胎侧面标记

轮胎侧面标记如图 5-26 所示。在轮胎规格前加"P"表示轿车轮胎;在胎侧标有"REIN-FORCED"表示经强化处理,"RADIAL"表示子午线轮胎,"TUBELESS"(或 TL)表示无内胎(真空胎),"M + S"(Mud and Snow)表示适于泥地和雪地。

(1)常见品牌与出厂日期。

世界知名轮胎常见品牌有 Bridgestone 石桥(普利司通)(日),Dunlop 邓禄普(英),Firestone 凡世通(日),Goodyear 固特异(美),Hankook 韩泰(韩),Kumho 锦湖(韩),Michelin 米其林(法),Pirelli 倍耐力(意)。

轮胎的出厂日期标记按出厂的日历周数 + 出厂年份进行标识,如:4318 表示 2018 年第 43 周出厂,即该轮胎在 2018 年 10 月份第 3 周出品。

图 5-26 轮胎侧面标记

（2）安装标志。

轮胎侧面注有"△""－""□"等符号或注有"W""D"等文字，表示轮胎最轻的部分，安装内胎时，应将气门嘴对准符号安装，以使轮胎周围的质量平均，保持轮胎高速转动时平稳。如箭头"→"则表示有方向性的轮胎。按箭头指的方向为旋转方向安装。

（3）三"T"指数——轮胎品质标识。

①Treadwear（耐磨指数）。Treadwear 耐磨指数以数字来表示，数字的高低代表了轮胎在相同使用环境下可行驶里程的多少，数字越大，可以理解为该款轮胎更加耐磨。比如耐磨指数 Treadwear340，耐磨是标准轮胎的 3.4 倍，标准轮胎的耐磨指数为 100，对应耐磨里程为48000km，耐磨指数 Treadwear340 的轮胎耐磨里程为 163200km，其余依此类推。

②Traction（湿地牵引力）。湿地牵引力（Traction）是根据在特定路面的湿地直线制动所取得的纵向牵引力系数来进行的分级。这个参数其实更直白的理解就是抓地力的水平，以AA/A/B/C 进行标识，AA 代表优秀，C 则最差，该项数值越高的轮胎，在湿滑地面的纵向牵引力就越好。

③Temperature（温度指数）。温度指数等级体现了轮胎自身散热能力的优劣。轮胎随着车速的上升，自身的温度也会上升。用 Temperature A/B/C 进行标识，A 级最高。耐高温指数越高的轮胎，高速行驶时的稳定性就越好，鉴于国内的路况条件，建议最低标准最好不要低于 B 级。

（4）帘布层的层级。

层级是指轮胎橡胶层内帘布的公称层数，与现实帘布层数不完全一律，是轮胎强度的重要指标。如"14P. R"表示 14 层级。

帘线质料：有的轮胎单独标识，如"尼龙"（NYLON），通常标在层级之后，如 9:00－20N、7.50－20G 等，N 表示尼龙，G 表示钢丝，M 表示棉线，R 表示人造丝。

（5）磨损极限标志。

轮胎胎面花纹深度的一侧用橡胶条、橡胶块标示轮胎的磨损极限，橡胶条、橡胶块厚度为1.6mm左右,当轮胎磨损到与磨损标志齐平时,必须更换轮胎。有些轮胎的磨损标志在轮胎侧面注有"△"等。

4)轮胎速度等级

速度等级是轮胎设计生产时经过多方面因素考量与测试给出的最高速度限制,一旦行驶速度超过该数值,会带来多种安全隐患,而一般全地形轮胎(AT)为了考量到非铺装路面的行驶性能,使得速度级别要低于公路型轮胎。对于轿车轮胎(P到S)是指不许超过的最高速度。对于货车轮胎(F到N)是指随负荷降低可以超过的参考速度,见表5-2。

速度等级及对应的最高车速　　　　　　　　　　　　表5-2

速度等级	最高车速(km/h)	速度等级	最高车速(km/h)
F	80	R	170
G	90	S	180
J	100	T	190
K	110	U	200
L	120	H	210
M	130	V	240
N	140	Z	240 以上
P	150	W	270 以下
Q	160	Y	300 以下

我国参照采用了国际标准化组织(ISO)规定的速度标志。根据《轿车轮胎规格、尺寸、气压与负荷》(GB/T 2978—2014)规定,轿车轮胎采用了表5-2中速度等级符号及对应的最高车速。

5)轮胎负荷能力

轮胎负荷能力是指在一定行驶速度和相应充气压力时的最大载质量,见表5-3。

荷重等级及对应的最大载荷质量表　　　　　　　　　　　表5-3

荷重等级	最大载荷质量(kg)	荷重等级	最大载荷质量(kg)
71	345	83	487
72	355	84	500
73	365	85	515
74	375	86	530
75	387	87	545
76	400	88	560
77	412	89	580
78	425	90	600
79	437	91	615
80	450	92	630
81	462	93	650
82	475	94	670

续上表

荷重等级	最大载荷质量(kg)	荷重等级	最大载荷质量(kg)
95	690	111	1095
96	710	112	1129
97	730	113	1164
98	750	114	1200
99	775	115	1237
100	800	116	1275
101	825	117	1315
102	250	118	1355
103	875	119	1397
104	900	120	1440
105	925	121	1485
106	950	122	1531
107	975	123	1578
108	1000	124	1627
109	1030	125	1677
110	1060		

课 堂 讨 论

(1)如何对汽车进行受力分析?汽车正常行驶应满足什么条件?

(2)汽车车架应满足哪些要求?中梁式车架与边梁式车架有什么区别?

(3)整体式车桥和断开式车桥各有什么特点?它们分别与哪种悬架配合使用?为什么?

(4)普通斜交轮胎与子午线轮胎相比,有什么区别和特点?为什么子午线轮胎使用越来越广泛?

(5)无内胎轮胎是如何实现密封的?有自黏层和无自黏层的无内胎轮胎有什么不同的应用?

(6)在胎面上轮胎品质使用什么指标标识?

相 关 技 能

5.5 车轮的检修

5.5.1 轮辋的检验

1)轮辋变形检验

轮辋变形检验方法如图 5-27 所示。一般平式轮辋边缘 20mm 内的圆跳动公差为

2.50mm,轿车深式轮辋中线上的圆跳动公差与边缘附近的圆跳动公差为2.00mm,有变形应更换,以保证车轮滚动时的平稳性能并减轻轮胎的磨损。检验时参阅具体车型维修手册。

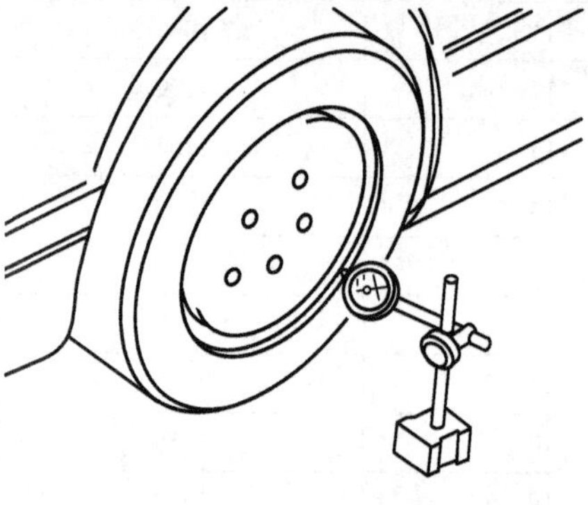

图5-27 轮辋变形检查

平式轮辋的锁圈在自由状态下,对口重叠长度不得小于45mm;否则,说明锁圈的收缩弹性已经衰退,在气压下有崩脱的隐患,所以必须更换。严禁用压扁的方法增加对口重叠量。轮胎螺栓孔磨损大于0.20mm应进行修理或更换轮辋。

2)轮辋组件的平衡

轿车的轮毂、轮辋、制动鼓组件的动不平衡量一般不大于400g·mm,车轮总成(包括轮胎)的动不平衡量一般为800~1 000g·mm,更换车轮总成中任一部件后均应重新进行动平衡检验,维护时粘补外胎也必须重新进行总成动平衡检验。拆装中,原平衡块不得拆除或移位。要求最终车轮总成不平衡度小于100g·mm,约相当于轮辋内外侧边缘平衡块5g。

5.5.2 轮胎的检修

1)轮胎的检查

轮胎的检查内容有轮胎的磨损程度和轮胎气压。

轮胎磨损程度的检查,包括胎面花纹深度的检查和轮胎异常磨损的检查。

轮胎是行车安全的重要因素,过度磨损的轮胎,除容易爆胎外,由于花纹过浅,还会使汽车操纵稳定性变坏。汽车在雨中高速行驶时,由于不能把水全部从胎下排出,轮胎将会出现水滑现象,致使汽车失控。花纹越浅,水滑的倾向越严重。而轮胎(包括备胎)气压的检查对于行车也是非常重要的。轮胎气压不足,长时间高速行车后会导致轮胎过热,并使胎肩和胎侧快速磨损,缩短轮胎的使用寿命;同时,会增加滚动阻力、加大耗油,而且影响车辆的操控,严重时甚至引发交通事故。轮胎气压过高,则使车身质量集中在胎面中心上,导致胎面中心快速磨损,不但缩短轮胎的使用寿命,而且降低车辆的舒适性。所以在维护和检修时,对于轮胎的检查是非常必要的。

(1)胎面花纹深度的检查。《机动车运行安全技术条件》(GB 7258—2017)规定,轮胎一侧用橡胶条、块标示轮胎的磨损极限。

轮胎花纹深度可用深度计进行测量,如图5-28所示。胎面的磨损程度也可以通过胎面磨耗标志来判断,该标志位于胎面花纹沟底部,当胎面磨损到此处时,花纹沟断开,表明轮胎必须停止使用。

(2)轮胎异常磨损的检查。检查轮胎的异常磨损,可以发现故障的早期征兆和原因,以便及时排除影响轮胎寿命的不良因素,防止早期磨损和损坏,具体内容见下面的轮胎常见故障诊断。

(3)轮胎气压的检查。轮胎气压可用气压表进行检查。注意不同的车辆,轮胎的气压值也许不同,检查时应参看相应车辆左侧门柱上的标签或维修手册。

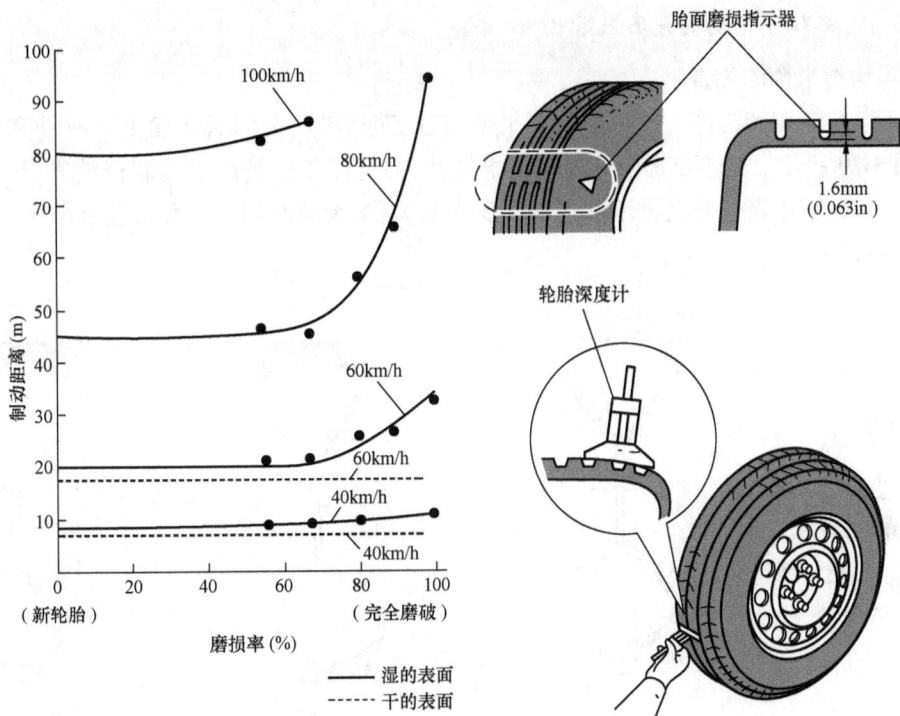

图 5-28　胎面花纹深度检查

2)轮毂轴承预紧度检查与调整

轮毂轴承用于支承车轮轮毂,大部分车辆每个轮毂用一对圆锥滚子轴承来支承。轮毂轴承常见故障为过松、过紧或行驶中有异常响声。轮毂轴承过松,会造成车轮摆振及行驶不稳,严重时还能使车轮甩出。单边前轮轮毂轴承过紧,会造成汽车行驶跑偏。全部轮毂轴承过紧时,会使汽车滑行距离明显下降。轮毂轴承过紧会使汽车经过一段行驶后,轮毂处温度明显上升,有时甚至使润滑脂溶化而容易甩入制动鼓内,使制动性能下降。轮毂轴承过松或过紧必须立即修理,即调整轮毂轴承的预紧度,方法为:

(1)举升车辆或用千斤顶支起车轮,拧下轮毂盖螺钉,拆下轮毂衬垫。

(2)拆下锁止销钉,旋下锁紧螺母,拆下锁止垫片。

(3)旋转调整螺母改变轮毂轴承间隙。旋进轴承间隙变小,旋出轴承间隙变大。一般是将调整螺母旋紧到底,再退回 1/3 圈即可。轿车按规定力矩锁紧即可。检修时参阅具体维修手册。

合适的轮毂轴承预紧度应使车轮能够自由转动,且轴向推动无明显间隙。

轮毂轴承长期使用后容易出现磨损,导致行驶中出现异常。检查时应拆卸清洗轴承,认真检查轴承滚子和滚道有无磨损痕迹,如有肉眼可见的磨损痕迹,或出现麻点(疲劳磨损),应更换轴承。

5.6 车轮的动平衡

5.6.1 车轮不平衡的危害及原因

1)车轮不平衡的危害

汽车车轮是旋转构件。如果车轮不平衡,在高速行驶时会引起车轮上下跳动和横向摇摆,如图5-29所示。这不仅影响汽车乘坐舒适性,而且使驾驶员难以控制行驶方向,影响行车安全。车轮不平衡还会大大增加各部件所受的力,加大轮胎的磨损和行驶噪声等。

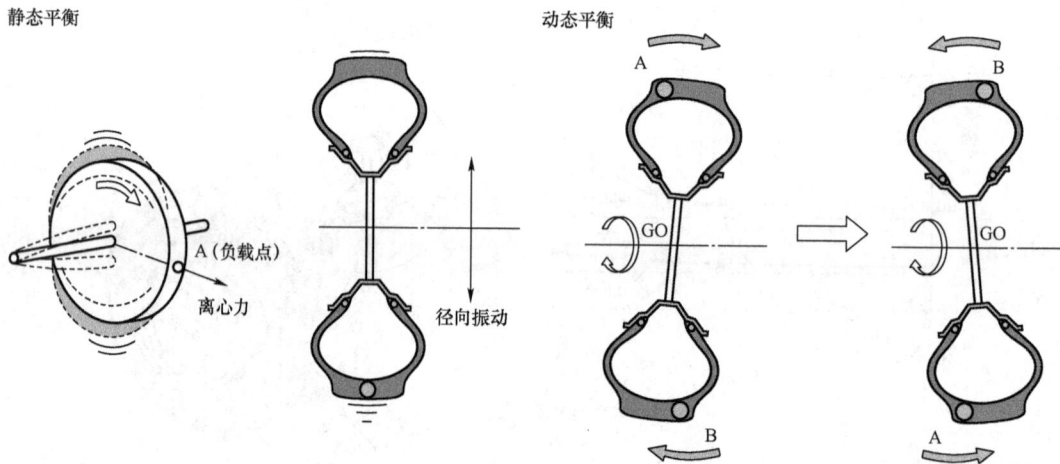

静态平衡　　　　动态平衡

图5-29　车轮不平衡

2)车轮不平衡的原因

车轮不平衡的原因是其质量分布不均匀,如轮胎产品质量欠佳,翻新胎、补胎、胎面磨损不均匀及在外胎与内胎之间垫带等。轮辋、制动鼓变形,轮毂与轮辋加工质量不佳,如中心不准、轮胎螺栓孔分布不均、螺栓质量不佳等,也会导致车辆不平衡。

新车上安装的车轮与轮胎都经过了平衡,随着车辆的行驶及轮胎的磨损,或维护修理中轮胎进行了拆装或更换,就会使车轮失去原有的平衡。车轮的不平衡有两种情况,即静不平衡和动不平衡。

(1)静平衡。静平衡是质量围绕车轮轴线均匀分配,即车轮的质量中心位于其旋转轴线上。如果车轮的质量中心偏离了旋转中心,则称为静不平衡,在车轮旋转时会由于质量中心离心力的作用而造成跳动,也称角振动。这种情况还会引起轮胎不均匀磨损。实际上,静平衡就是车轮在静止时是平衡的,即不管车轮在车轴上旋转到任何位置,都能保持静止不动。静不平衡的车轮只有重的部分转到下方时,才能保持静止,在其他位置总有转动趋向。

(2)动平衡。动平衡简单地说,就是车轮在运动中处于平衡状态,即车轮的所有质量在旋转过程中的离心力是平衡的,或其合力为零。动不平衡的车轮会引起车轮摆动和磨损。动不平衡的原因,实质上是不平衡质量所产生的力偶的作用。

5.6.2　车轮动平衡试验

由于车轮不平衡对汽车危害很大,因此,必须对车轮的平衡进行试验,并进行调平衡工作。车轮的不平衡包括静不平衡和动不平衡,由于达到动平衡的车轮一定是静平衡的,因此,只要检测调整了车轮的动平衡,就没有必要再检测和调整车轮的静平衡。

车轮的动平衡试验有离车式和就车式两种方法。

1)离车式车轮动平衡

离车式动平衡需将车轮从车上拆下,用车轮动平衡机对车轮进行动平衡检测,图5-30所示为常见的车轮动平衡机。该动平衡机主要由驱动装置、转轴与支承装置、显示与控制装置、制动装置及防护罩等组成。

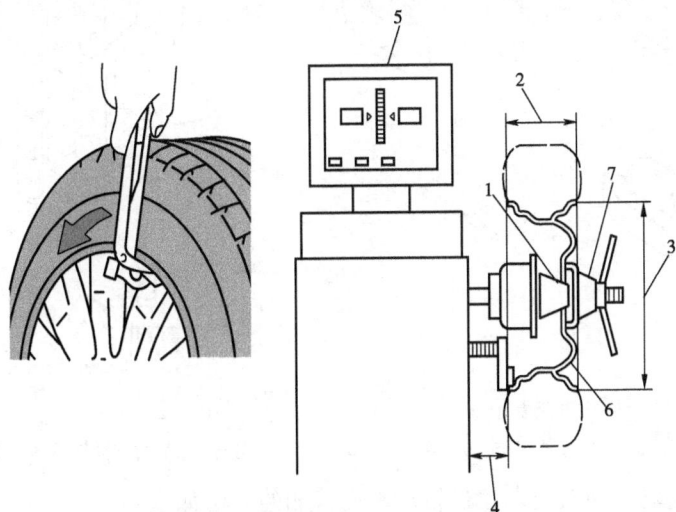

图5-30　车轮动平衡机

1-车轮中心;2-轮辋宽度;3-轮辋直径;4-距离;5-动平衡器;6-车轮;7-适配器

车轮动平衡机的使用方法如下:

(1)对被测车轮进行清洗,去掉泥土、砂石,拆掉旧平衡块。

(2)检查轮胎气压,并充气至规定气压值。

(3)根据轮辋中心孔的大小选择锥体,将车轮安装于平衡机上。

(4)打开电源开关,检查指示装置是否指示正确。

(5)将被检车轮的轮辋直径、宽度,轮辋边缘到机箱之间的距离等参数输入平衡机。

(6)放下防护罩,按下启动键,开始测量。

(7)当车轮自动停转后,从指示装置读出车轮内、外侧动不平衡量和位置。

(8)抬起车轮防护罩,用手慢慢旋转车轮,当动平衡机指示装置发出信号时,停止转动车轮。

(9)根据动平衡机显示的动不平衡量和方向,在轮辋内侧或外侧的上部(时钟十二点位置)的边缘加装平衡块,并使平衡块装卡牢固。平衡块应当与被检车轮的轮辋结构相适应,常见的平衡块类型如图 5-31 所示。

（10）重新启动动平衡机，进行动平衡试验，直至动不平衡量小于 5g·cm，机器显示"00"或"OK"时为止。

（11）取下车轮，关闭电源，测试结束。

2）就车式车轮动平衡

这种方法是在不拆卸汽车车轮前提下，用就车式车轮动平衡机对车轮进行动平衡检测，如图 5-32 所示。

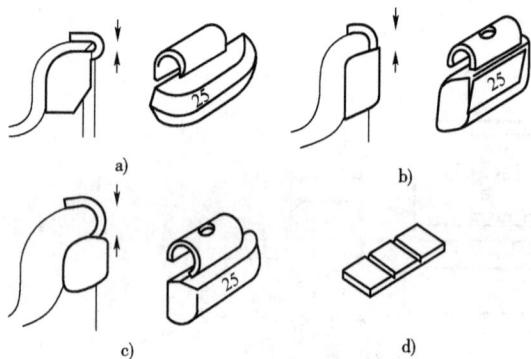

图 5-31　动平衡配重类型
a)钢质类型;b)铅质类型;c)铅质类型;d)黏性类型

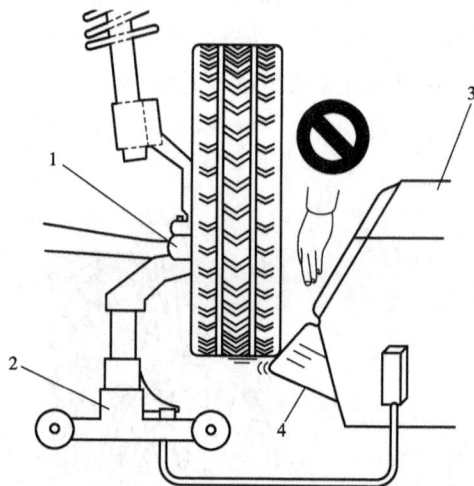

图 5-32　就车式车轮动平衡机示意图
1-下摇臂;2-测量支撑点;3-车上动平衡器;4-轮辗机

用就车式车轮动平衡机对车轮进行动平衡检测的方法如下：

（1）对车轮进行清洁，并去掉旧平衡块，将轮胎充气到规定气压，轮毂轴承松紧度合适，支起前桥，使两侧车轮离地间隙相等，然后，用粉笔在轮胎任意位置做出标记。

（2）将传感器头吸附在制动底板边缘，并使车轮与轮辗机接触，以规定转速旋转。

（3）观察轮胎标记位置，在指示装置上读取不平衡量，停转车轮，加装平衡块，再进一步复查，直至合格，测试结束。

测从动轮时，利用动平衡机转轮驱动车轮转动;测驱动车轮时，则直接用汽车发动机来驱动车轮转动。

小组工作

（1）每 3～5 名学生组成 1 个工作小组，确定 1 名小组长，接受工作任务，做好工作准备。

（2）阅读工作单，查阅维修手册(或实训指导书)，观察待修车辆车轮总成，讨论拆卸方法和步骤，确定小组人员工作分工。向实训指导教师汇报讨论结果，经指导教师同意后，开始下一步的工作。

（3）按照工作单的引导，完成待修车辆车轮、轮毂的拆卸、分解、检查和维护工作。

（4）在完成工作任务的过程中，根据工作单的要求，完成车轮、轮毂各零件认识、工作原理描述等学习任务。

（5）完成工作单要求的车轮磨损检测、车轮动平衡的检测与平衡，将检测结果记录在工作单的相应栏目，并对检测结果作出分析。

（6）回答指导教师的现场提问，接受指导教师的技能考核。

（7）完成工作任务后，对工作过程进行自我评价和小组互评，听取指导教师的点评。

（8）清洁工作场所，清点维护工具设备，完成任务交接。

拓展知识与技能

5.7　车桥的检修

前桥的技术状况关系到汽车的操纵稳定性，也关系到汽车制动过程中方向的稳定性及轮胎的磨损，也影响汽车的安全运行。因此，对前桥的维修必须仔细认真，确保恢复汽车的操纵稳定性。

前桥支撑汽车前部的质量，承受路面传来的各种反力，尤其是行驶在不良路面上和高速行驶时，这些力构成的冲击荷载峰值很高；前桥零部件不但数量多，而且铰接配合多，零件的磨损、变形会引起前轮定位失准。而汽车的操纵稳定性主要是由前轮定位保证的，前轮定位失准及其他耗损必然引起前轮摆动、前轮跑偏、转向沉重以及转向盘振抖等故障，甚至引发重大交通事故。

在汽车各级维护和修理的过程中，前桥的检修要求及其技术状况必须符合国家有关法规[如《机动车安全技术条件》（GB 7258—2017）]的要求。

1）前轴的检修

前轴的耗损包括主销孔、钢板弹簧座与定位孔的磨损，前轴变形与裂纹。

一般前轴的钢板弹簧座平面磨损大于 2mm，定位孔磨损大于 1mm，可堆焊后加工修复。而主销承孔与主销的配合间隙轿车不大于 0.10 mm，载货汽车不大于 0.20mm。磨损逾限后，可采用镶套法或修理尺寸法修复。主销承孔端面的磨损用堆焊加工修理。

前轴不但容易变形，而且几何形状复杂，变形后影响汽车的操纵稳定性。可用"角尺检验法"（图 5-33）检验前轴变形，通过测量 a、b 值可以判断前轴是否有弯曲和扭转变形。而变形的校正需用另外的设备进行。

前轴变形校正必须在钢板弹簧座和定位孔、主销孔磨损修复后进行，以便减少检验、校正的积累误差，提高生产率。一般采用冷压校正法为佳，但冷压校正一次将使前轴疲劳强度降低 10% 左右，除合理选择冷压校正工艺参数外，前轴的冷压校正次数不宜超过 2～3 次。

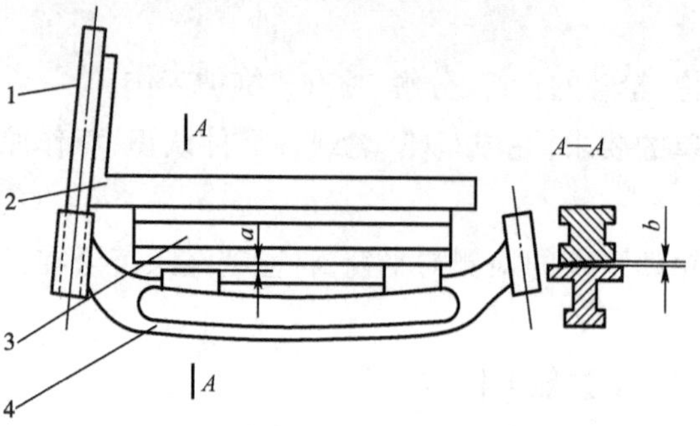

图5-33 角尺检验法
1-芯轴;2-专用角尺;3-工字形平尺;4-前轴

另外,现代汽车前轴已不允许在自由锻造加热炉中局部加热后锤击校正了,这样的校正工艺把前轴由调质状态改变成正火状态,使前轴的强度大幅度降低。

2)转向节的检修

转向节的检修重点是磨损与隐伤。

转向节的油封轴颈处,因其断面的急剧变化,应力集中,是一个典型的危险断面,容易产生疲劳裂纹,以致造成转向节轴疲劳断裂酿成重大的交通事故。因此,二级维护和修理时,必须对转向节进行隐伤检验,一旦发现疲劳裂纹,只能更换,不许焊修。

转向节轴颈磨损后可用刷镀法修复。轴颈与轴承的配合间隙标准是:一般轴颈直径不大于40mm时,配合间隙为0.040mm;轴颈直径大于40mm时,配合间隙为0.055mm。禁止用"拉毛"法修复轴颈。

转向节轴锁止螺纹的损伤一般不应多于2牙。锁止螺母只能用扳手拧入,若能用手拧入,说明螺纹中径磨损松旷,应更换转向节。

转向节与转向节臂等杆件配合的锥孔磨损,应使用塞尺进行检验,其接触面积不得小于70%,与锥孔配合的锥颈的止推端面沉入锥孔的沉入量一般不小于2mm;否则,应更换转向节。

一般主销衬套与主销的配合间隙大于0.15mm时必须更换,以免引起汽车前轮摆动等故障。主销衬套与承孔的配合过盈量一般为0.175~0.086mm,应在压力机上平稳压入。压镶衬套时,必须对准润滑脂孔。

主销上耳衬套孔与下耳衬套孔的同轴度公差一般为0.02mm。为了保证套孔的同轴度,最好以转向节轴为基准,用导向锁导向镗削法加工衬套孔。若用手动铰刀铰削,应选用有导向装置的专用铰刀,或在通用手动铰刀上加装导向轴铰削衬套孔。衬套与主销的配合间隙一般为0.06~0.10mm。

5.8 轮胎常见故障的诊断

轮胎常见故障是轮胎的异常磨损。轮胎花纹异常磨损的特征和原因见表5-4。

轮胎花纹异常磨损的特征和原因 表5-4

特 征	原 因	特 征	原 因
 胎冠过度磨损	气压过量	 单边磨损	前轮外倾角失准后桥壳变形

续上表

特　征	原　因	特　征	原　因
胎肩过度磨损	气压过低	杯形（贝壳形）磨损	悬架部件和连接车轮的部件(球节车轮轴承、减振器、弹簧衬套等)磨损,车轮不平衡
锯齿(羽毛)状磨损	前束失准,主销衬套或球节松旷	第二道花纹过度磨损（只出现在子午线胎上）	轮辋太窄而轮胎太宽,不配套

1)胎肩或胎面中间磨损

(1)现象。轮胎的胎肩和胎面出现了如图5-34所示的磨损。

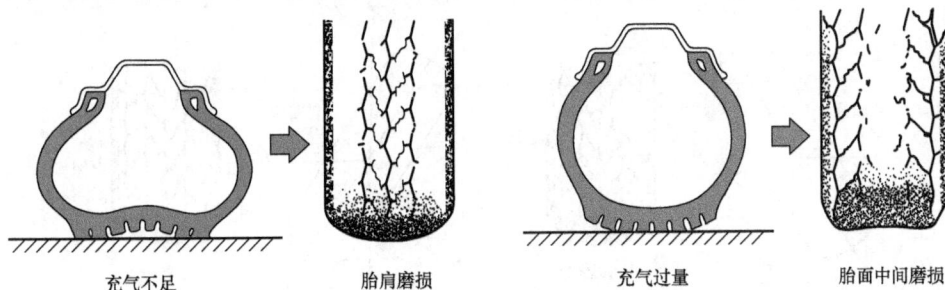

充气不足　　　胎肩磨损　　　充气过量　　　胎面中间磨损

图5-34　胎肩或胎面中间磨损

(2)故障原因。集中在胎肩上或胎面中间的磨损,主要是由于未能正确保持充气压力所致。如果轮胎充气压力过低,或汽车严重超载,轮胎的中间便会凹入,将荷载转移到胎肩上,使胎肩磨损快于胎面中间;反之,如果充气压力过高,轮胎中间便会凸出,承受了较大的荷载,使轮胎中间磨损快于胎肩。

(3)故障排除步骤。

①检查是否超载。

②检查充气压力。如果充气过量或充气不足,应调整充气压力。

2)内侧或外侧磨损

(1)现象。轮胎出现如图5-35所示的内侧或外侧磨损。

(2)原因:

①在过高的车速下转弯会造成转弯磨损。转弯

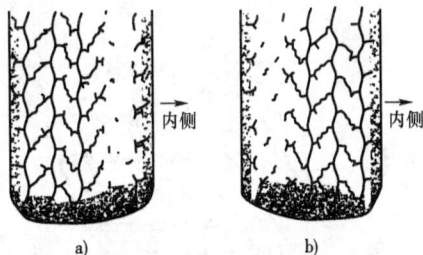

a)　　　　　　b)

图5-35　内侧或外侧磨损
a)内侧磨损;b)外侧磨损

时轮胎滑动,便产生了斜形磨损。这是较常见的轮胎磨损原因之一。驾驶员所能采取的唯一补救措施,就是在转弯时减低车速。

②悬架部件变形或间隙过大,会影响前轮定位,造成不正常的轮胎磨损。

③如果轮胎面某一侧的磨损,快于另一侧的磨损,其主要原因可能是外倾角不正确。由于轮胎与路面接触面积大小因荷载而异,对具有正外倾角的轮胎而言,其外侧直径要小于其内侧直径。因此胎面必须在路面上滑动,以便其转动距离与胎面的内侧相等。这种滑动便造成了外侧胎面的过量磨损;反之,具有负外倾角的轮胎,其内侧胎面磨损较快。

(3)故障排除步骤:

①询问驾驶员是否高速转弯,如果是,则要避免。

②检查悬架部件。如松动,则将其紧固;如有变形和磨损,应修理或更换。

③检查外倾角。如不正常,应校正。

3)羽状磨损

(1)现象。车轮出现了如图5-36所示的羽状磨损。

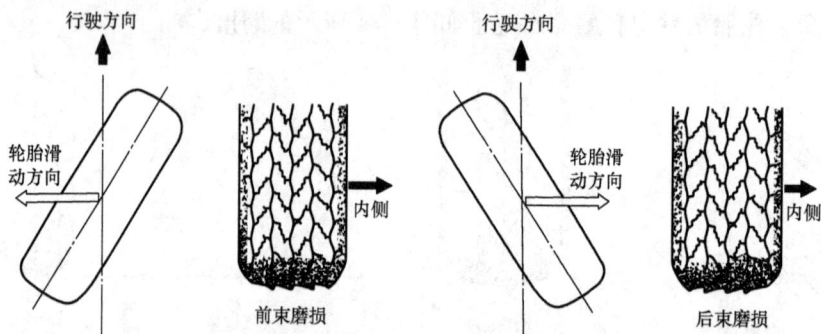

图5-36　前束和后束不当造成的羽状磨损

(2)故障原因。胎面的羽状磨损,主要是由于前束调节不当所致,过量的前束,会迫使轮胎向外滑动,并使胎面的接触面在路面上朝内拖动,造成前束磨损,胎面呈明显的羽毛形。用手指从轮胎的内侧至外侧划过胎面,便可加以辨别。另一方面,过量的后束,会将轮胎向内拉动,并使胎面的接触面在路面上朝外拖动,造成后束磨损。

(3)故障排除步骤:

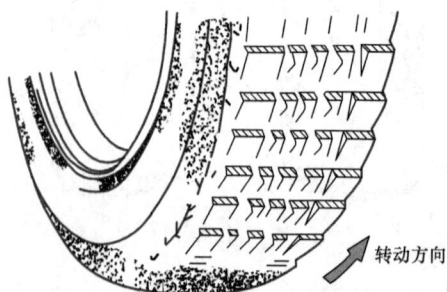

图5-37　前端和后端磨损

①检查前束和后束。如果前束过量或后束过量,应该加以调整。

②调换轮胎位置。

4)前端和后端磨损

(1)现象。轮胎出现如图5-37所示的前端和后端磨损。

(2)故障原因:

①前端和后端磨损是一种局部磨损,常常出现在具有横向花纹和区间花纹的轮胎上,胎面上的区

间发生斜向磨损(与鞋跟的磨损方式相同),最终变成锯齿状。

②具有纵向折线花纹的胎面,磨损时会产生波状花纹。

③非驱动轮的轮胎只受制动力的影响,而不受驱动力的影响,因此,往往会有前后端形式的磨损,如反复使用和放开制动器,便会使轮胎每次发生短距离滑动而磨损,前后端磨损的形式便与这种磨损相似。

④另一方面,如果是驱动轮的轮胎,则驱动力所造成的磨损,会在制动力所造成的磨损的相反方向上出现,所以驱动轮轮胎极少出现前后端磨损。客车和货车由于制动时产生了大得多的摩擦力,故具有横向花纹的轮胎,便会出现与非驱动轮相似的前后端磨损。

(3)故障排除步骤:

①检查充气压力。如果充气不足,就将其充至规定值。

②检查车轮轴承。如果磨损或松动,应更换或调整。

③检查外倾角和前束。如果不正确,应加以调整。

④检查轴颈或悬架部件。如果损坏,应修理或更换。

思考题

(1)车架按结构形式分哪几种?

(2)车桥可分为哪些类型?

(3)车轮由哪几部分组成?轮胎的功用是什么?描述轮胎外胎的结构组成。

(4)为提高轮胎使用寿命,应从哪几方面采取措施?

(5)说明轮胎规格 P 215/60 R 16 95 H 中各字母、数字的含义。

(6)轮胎的检查维护项目包括哪些?如何检查?

(7)轮胎有哪些常见故障?说明其现象、原因及排除方法。

(8)如何检查、调整轮毂轴承的预紧度?

(9)如何正确拆装车轮?

(10)车轮不平衡的危害和原因有哪些?

(11)如何使用车轮动平衡机进行车轮动平衡检验?

(12)纯电动汽车的车架有什么特点?

单元六

汽车前轮轮胎异常磨损检修

Unit **6**

学习情境

有一位客户开着一辆尼桑轿车来到维修车间,向维修业务接待员反映他的车前轮出现了异常的磨损。初步检查,该车辆两前轮内侧出现严重磨损现象。经询问客户,了解到该车辆在前一段时间到一家汽车改装店更换了减振器并进行增高底盘的改装。此后车辆使用正常,到发现吃轮胎检修时已行驶了2.3万km。

生产任务一 更换悬架弹簧和减振器

1)工作对象

配备独立悬架式待修车辆1辆。

2)工作内容

(1)领取所需的工具、耗材,做好工作准备。

(2)举升车辆,从车辆上拆除车轮、悬架弹簧、减振器、悬架摆臂等悬架各部件。

(3)检查悬架各部件,对悬架弹簧和减振器进行检查、检测,分析检测结果,制订独立悬架检修方案。

(4)按技术要求安装悬架摆臂、弹簧、减振器,连接各球头销,安装车轮。

(5)使用前束尺对转向车轮进行前束值调整(必要时进行四轮定位)。

(6)检查、评价工作质量。

(7)整理工具,清洁工作场地。

3)工作目标与要求

(1)学生应以小组工作的方式,完成本项工作任务。

(2)学生应当能在小组成员的配合下,利用汽车维修手册(或实训指导书),制订并实施工作计划。

（3）能通过阅读资料和现场观察,辨别所检修独立悬架的类型。

（4）能认识所拆卸独立悬架的各零部件,口述独立悬架的工作原理和各零部件的作用。

（5）能向客户解释所修车辆悬架的损伤情况和修复方案。

（6）能按规范的步骤,完成独立悬架的拆装和前束值调整作业,恢复汽车的行驶能力。

（7）在工作过程中培养不畏困难、探究遇到新问题的习惯,不断提出真正解决问题的新理念新思路新办法。

相关知识一

6.1　悬架的功用与组成

悬架是车架(或车身)与车桥(或车轮)之间一切传力连接装置的总称。从汽车对悬架的要求,悬架一般应具有以下几方面的功用:

（1）连接车架(或车身)和车轮,把路面作用在车轮上的各种力传给车架(或车身)。

（2）缓和冲击、衰减振动,使汽车乘坐舒适,具有良好的平顺性。

（3）保证汽车具有良好的操纵稳定性。

（4）起导向作用,使车轮按一定轨迹相对于车身运动。

现代汽车的悬架虽有不同的结构形式,但一般都由弹性元件、导向装置、减振器和横向稳定器组成。奥迪 A8 的前悬架组成如图 6-1 所示。

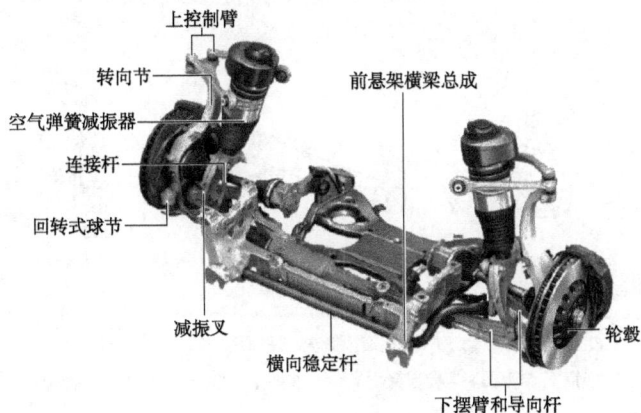

图 6-1　悬架的组成

弹性元件使车架(或车身)与车桥(或车轮)之间为弹性连接,可以缓和由于不平路面、紧急制动、加速和转弯引起的冲击,并承受和传递垂直荷载。减振器可以衰减由于路面冲击产生的振动,使振动的振幅迅速衰减。

导向机构包括纵向推力杆和横向推力杆,用于传递纵向荷载和横向荷载,使车轮按一定运动轨迹相对车架(或车身)运动,同时起传递力的作用。

横向稳定器可提高侧倾刚度,防止车身在转向等情况下发生过大的横向倾斜,以改善汽车的操纵稳定性和行驶平顺性。

汽车悬架可分为非独立悬架和独立悬架两种类型,如图6-2所示。

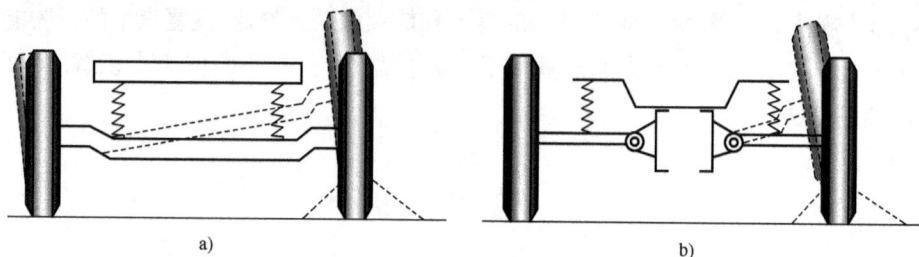

图6-2 非独立悬架与独立悬架的示意图
a)非独立悬架;b)独立悬架

非独立悬架的结构特点是两侧车轮安装在一根整体式车桥上,车轮和车桥一起通过弹性悬架悬挂在车架(或车身)下面,所以一侧车轮发生位置变化后会导致另一侧车轮的位置也发生变化。

独立悬架的两侧车轮分别独立地与车架(或车身)弹性相连,与其配用的车桥为断开式车桥,所以两侧车轮的运动是相对独立、互不影响的。

6.2 弹性元件

汽车悬架中常用的弹性元件有钢板弹簧、螺旋弹簧、扭杆弹簧和油气体弹簧等,如图6-3所示。

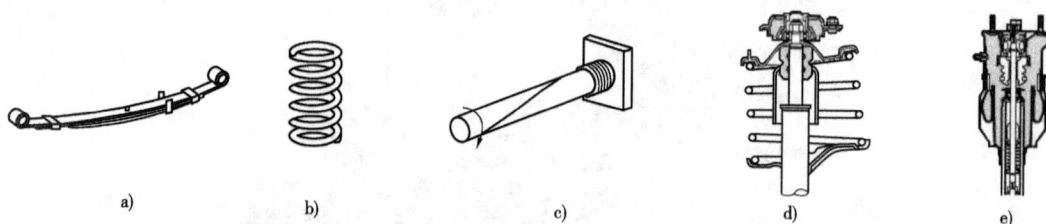

图6-3 弹性元件类型
a)钢板弹簧;b)螺旋弹簧;c)扭杆弹簧;d)橡胶弹簧;e)空气弹簧

1)钢板弹簧

钢板弹簧广泛应用于汽车的非独立悬架中,其构造如图6-4所示。

钢板弹簧由若干片长度不等的合金弹簧钢片叠加而成,构成一根近似等强度的弹性梁。各片曲率半径不同,下片曲率半径小于上片,安装后越上的弹簧片预压应力越大,使得工作时,长片的拉伸应力减小,从而使各片的应力和寿命趋于一致。最长的一片称为主片,其两端卷成卷耳,内装衬套,以便用弹簧销与固定在车架上的支架或吊耳作铰链连接。

各弹簧片用中心螺栓连接,并保证各片的相对位置。

为了防止汽车在行驶过程中各弹簧片分开,在钢板弹簧上装有若干弹簧夹,以免主片独自承载。弹簧夹通过铆钉与最下片弹簧片相连,弹簧夹两边通过螺栓相连,螺栓上有套管,装配时要求螺母朝向轮胎,以免螺栓脱落时刮伤轮胎。

钢板弹簧在荷载作用下变形时,各片之间会相对滑动而产生摩擦,这可以衰减车架的振动。但摩擦会加速弹簧片的磨损,所以在装配钢板弹簧时,各片之间要涂抹石墨润滑脂或装有塑料垫片以减摩。

荷载变化很大的货车及许多其他车辆,都使用副钢板弹簧。轻荷载时只有主弹簧工作,荷载超过一定数量时,主副弹簧一起工作,如图6-5所示。

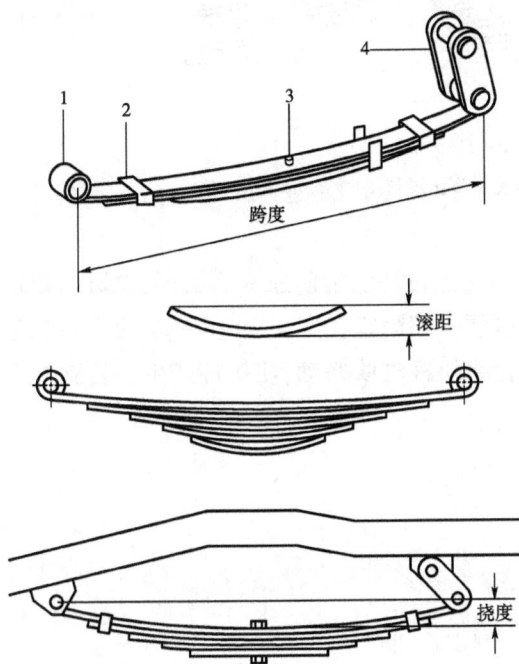

图6-4 钢板弹簧
1-小孔;2-簧夹;3-中心螺栓;4-吊耳支架

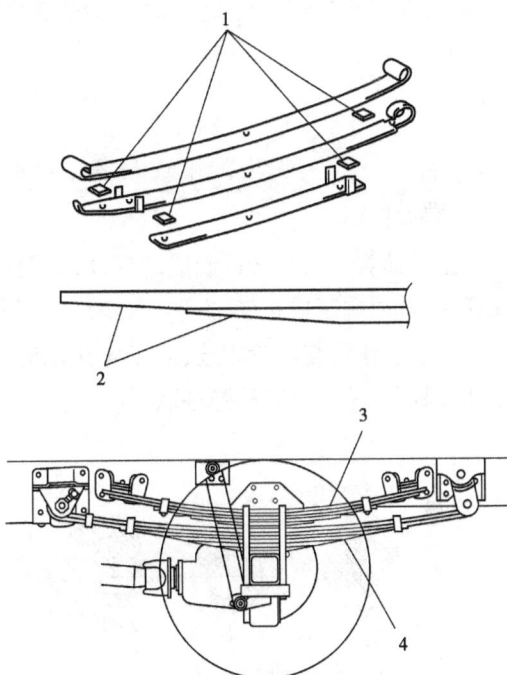

图6-5 主副弹簧形式
1-消声垫;2-锥形端;3-副弹簧;4-主弹簧

2)螺旋弹簧

螺旋弹簧广泛应用于独立悬架,有些轿车的后桥非独立悬架也采用螺旋弹簧做弹性元件。螺旋弹簧的特点是无需润滑,防污能力强,单位质量的能量吸收率较高。但由于螺旋弹簧只能承受垂直荷载,且变形时不产生摩擦力,所以悬架中必须装有减振器和导向机构。螺旋弹簧如图6-6所示,由特殊的弹簧钢棒卷制而成,可以制成圆柱形或圆锥形,也可以制成等螺距或不等螺距。圆柱形等螺距螺旋弹簧的刚度是不变的,圆锥形或不等螺距螺旋弹簧的刚度是可变的。螺旋弹簧的特性有以下3个方面:

(1)单位质量的能量吸收率比钢板弹簧大。

（2）因为与钢板弹簧不同没有片间摩擦力，没有由弹簧本身的振荡控制，所以必须与其一起使用减振器。

（3）因为没有对横向力的抵抗力，支撑轴的连接机构(悬架臂,横向控制杆等)是必需的。

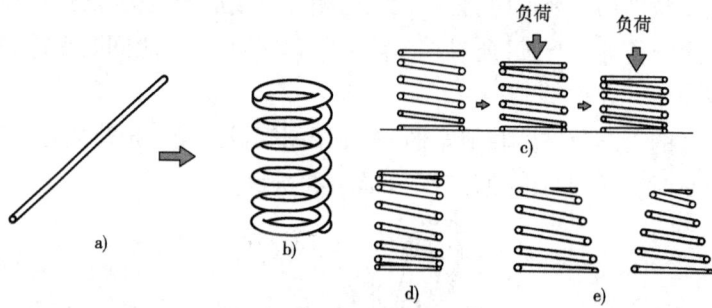

图 6-6　螺旋弹簧

a)弹簧杆;b)刚度递增弹簧;c)变截面螺旋弹簧;d)不等距弹簧;e)锥形弹簧

3)扭杆弹簧

扭杆弹簧是由弹簧钢制成的杆件,如图 6-7 所示。扭杆的断面通常为圆形,少数为矩形或管形,其两端制成花键、方形、六角形等形状,以便一端固定在车架上,另一端固定在悬架的摆臂上。摆臂与车轮相连,当车轮跳动时,摆臂绕扭杆轴线摆动,使扭杆产生扭转弹性变形,以保证车轮与车架的弹性联系。

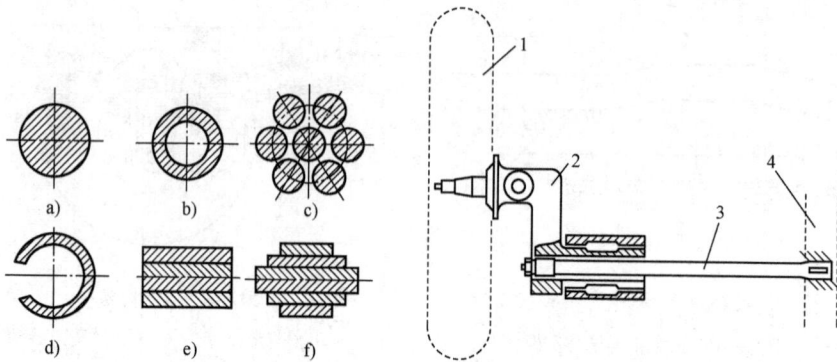

图 6-7　扭杆弹簧

图 a)~f)为断面形状

1-车轮;2-摆臂;3-扭杆;4-车架

扭杆本身的扭转刚度虽然是常数,但采用扭杆的悬架刚度却是可变的。若将扭杆的固定端转过一个角度,则摆臂的初始位置将改变,借此可调节车架与车轮之间的距离,即调节车身高度。

扭杆弹簧在制造时,经热处理后预先施加一定的扭转力矩荷载,使之产生一个永久的扭转变形,从而使其具有一定的预应力。左、右扭杆扭转的方向都与扭杆安装在车上后承受工作荷载时扭转的方向相同。其目的是减小工作时的实际应力,以延长扭杆弹簧的使用寿命。如果左、右扭杆换位安装,则将使扭杆弹簧的预先扭转方向与工作时扭转方向相反,导致扭杆弹簧的实际工作应力加大,而使用寿命缩短,因此,左、右扭杆弹簧不能互换。为此,左、右扭杆刻有不同的标记。扭杆弹簧与钢板弹簧相比较,具有质量小、不需润滑、维修简便等优点,常使用于小型车及箱式车。采用扭杆弹簧做弹性元件的悬架要设导向机构和减振器。

6.3　减振器

　　减振器用于衰减车身的振动,使振动的振幅迅速衰减,并保持车轮与地面间的接触,以提高汽车的乘坐舒适性和操纵稳定性。目前,汽车中广泛使用液压减振器,其基本原理如图6-8所示。当车架与车桥作往复相对运动时,减振器中的油液反复流经活塞上的阀孔,阀孔的节流作用及油液分子间的内摩擦力便形成了衰减振动的阻尼力,使振动的能量转变为热能,并由油液和减振器壳体吸收,然后散到大气中。

　　阀门越大,阻尼力越小,反之亦然。相对运动速度越大,阻尼力越大,反之亦然。阻尼力越大,振动的衰减越快,但悬架弹性元件的缓冲效果不能发挥,乘坐也不舒适。因此,弹性元件的刚度与减振器的阻尼力要合理搭配,才能保证乘坐舒适性和操纵稳定性的要求。

　　目前,汽车上应用最广泛的是充气式双向作用筒式减振器。

图6-8　液压减振器的基本原理
1-节流孔;2-活塞;3-阀

6.3.1　双向作用筒式减振器

　　双向作用筒式减振器的基本组成如图6-9所示,它有3个同心钢筒,外面的钢筒是防尘罩,其上部的吊耳与车架相连;中间是储油缸筒,内装有一定量的油液,其下端的吊耳与车桥相连;里面是工作缸筒,其内装满油液。它还有4个阀,即压缩阀、伸张阀、流通阀和补偿阀。流通阀和补偿阀是一般的止回阀,其弹簧很弱,只要很小的油压,阀便能开启。压缩阀和伸张阀是卸载阀,其弹簧较强,预紧力较大,只有当油压增高到一定程度时,阀才能开启。

　　1)减振器必须满足的要求

　　(1)悬架在压缩行程中,减振器阻尼力较小,以便充分发挥弹性元件的作用,缓和冲击。

　　(2)悬架在伸张行程中,减振器阻力较大,以迅速减振。

　　(3)当车架或车身与车桥间的相对运动速度过大时,要求减振器能自动加大流液量,使阻尼始终保持在一定限度之内,避免车架或车身承受过大冲击荷载。

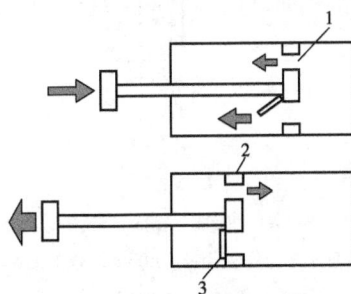

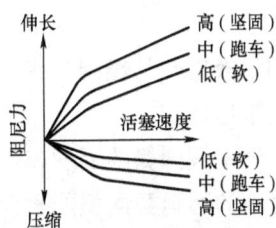

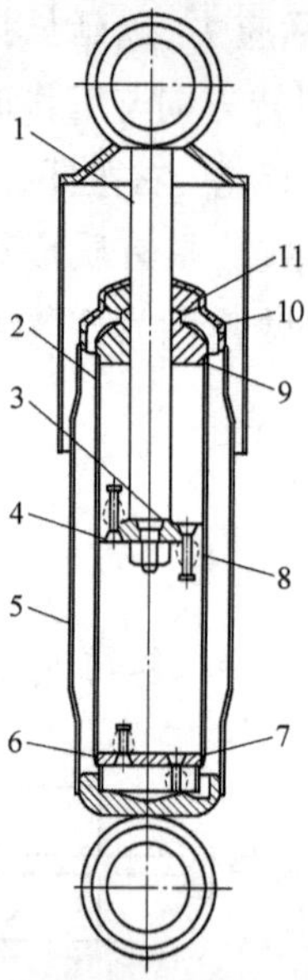

图 6-9　双向作用筒式减振器的基本组成
1-活塞杆;2-工作缸筒;3-活塞;4-伸张阀;5-储油缸;6-压缩阀;7-补偿阀;8-流通阀;9-导向座;10-防尘罩;11-油封

2)工作原理

双向作用筒式减振器的工作原理,可用压缩和伸张两个行程加以说明。

(1)压缩行程。汽车车轮移近车身时,减振器处于压缩行程。此时减振器内活塞 3 向下移动。活塞下腔室的容积减少,油压升高,油液流经流通阀 8 流到活塞上面的腔室(上腔)。上腔被活塞杆 1 占去了一部分空间,因而上腔增加的容积小于下腔减小的容积,一部分油液于是就推开压缩阀 6,流回储油缸 5。这些阀对油的节流形成悬架受压缩运动的阻尼力,为克服这种阻力而消耗了振动能量,使振动衰减。

(2)伸张行程。车轮向离开车身方向运动时,减振器处于伸张行程。这时减振器的活塞向上移动。活塞上腔油压升高,流通阀 8 关闭,上腔内的油液推开伸张阀 4 流入下腔。由于活塞杆的存在,自上腔流来的油液不足以充满下腔增加的容积,这使下腔产生一真空度,这时储油缸中的油液推开补偿阀 7 流进下腔进行补充。由于这些阀的节流作用,对悬架在伸张运动时起到阻尼作用。

由于伸张阀弹簧的刚度和预紧力设计大于压缩阀,同时伸张阀及相应的常通缝隙的通道截面积总和,小于压缩阀及相应常通缝隙通道截面积总和,这使得减振器的伸张行程产生的阻尼力大于压缩行程的阻尼力,达到迅速减振的要求。

从上面的原理可以得知,这种减振器在压缩、伸张两个行程都能起减振作用,因此称为双向作用减振器。

6.3.2　充气式减振器

充气式减振器的基本组成如图 6-10 所示。其活塞杆的进出引起缸筒容积的变化,由浮动活塞的上下运动来补偿,这种减振器不需储液缸筒,所以亦称单筒式减振器。充气式减振器的结构特点是在缸筒的下部装有一个浮动活塞 2,在浮动活塞与缸筒一端形成的密闭气室 1 中,充有高压(2~3MPa)的氮气。在浮动活塞的上面是减振器油液。浮动活塞上装有大断面的 O 形密封圈,它把油和气完全分开,故此活塞亦称封气活塞。工作活塞 8 上装有随其运动速度大小而改变通道截面积的压缩阀 4 和伸张阀 7。此二阀均由一组厚度相同、直径不等、由大到小排列的弹簧钢片组成。

当车轮上下跳动时,减振器的工作活塞在油液中作往复运动。使工作活塞的上腔和下腔之间产生油压差,压力油便推开压缩阀或伸张阀而来回流动。由于阀对压力油产生较大的阻尼力,使振动衰减。

充气式减振器与双向作用筒式减振器相比较,具有以下优点:

(1)充气式减振器减少了一套阀门系统,使结构大为简化。

(2)在防尘套直径相同的情况下,充气式减振器的工作缸和活塞直径比双筒式减振器大,每个行程中流经阀的流量较双筒式减振器大几倍,故在同样泄流的不利工作条件下,它比双筒式能更可靠地保证产生足够的阻尼力。

(3)减振器内充有高压气体,能有效地减少车轮受到突然冲击时产生的高频振动,并有助于消除噪声。实践证明,充气式减振器能改善汽车的行驶平顺性和轮胎的接地性。

(4)充气式减振器由于内部的高压气体和油气被浮动活塞隔开,消除了油的乳化现象。

充气式减振器的缺点是对油封要求高;充气工艺复杂,不能修理;当缸筒受到外界物体的冲击而产生变形时,减振器失去工作能力。

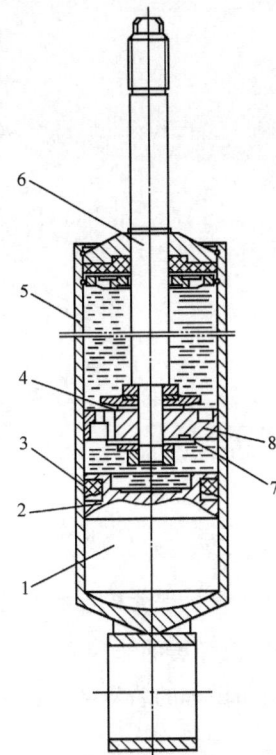

图6-10　充气式减振器的基本组成

1-密封气室;2-浮动活塞;3-O形密封圈;4-压缩阀;5-工作缸;6-活塞杆;7-伸张阀;8-工作活塞

6.4　横向稳定器

横向稳定器的作用是提高侧倾刚度,使汽车具有不足转向特性,改善汽车的操纵稳定性和行驶平顺性。现代轿车的悬架很软,即固有频率很低,在其高速行驶转弯时,车身会产生较大的侧向倾斜和侧向角振动。为了提高悬架的倾斜角刚度,减小侧倾,常在悬架中架设稳定器。

图6-11所示为杆式横向稳定器。当车身受到振动而两侧悬架变形时,稳定杆自由转动不起作用。当两侧悬架变形不等,车身相对路面发生倾斜,稳定杆扭转力矩阻碍悬架弹簧的变形,从而减小车身的侧倾和侧向角振动。

6.5　非独立悬架

非独立悬架的特点是结构简单、工作可靠。按照采用弹性元件的不同,非独立悬架可以分为钢板弹簧式非独立悬架、螺旋弹簧式非独立悬架和空气弹簧非独立悬架。

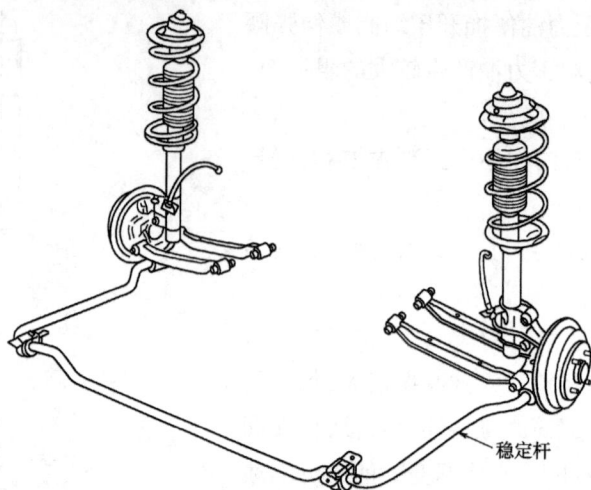

图6-11 杆式横向稳定器

6.5.1 钢板弹簧式非独立悬架

采用钢板弹簧的非独立悬架中,省却了导向结构,方便布置,因此,广泛应用于货车的前、后悬架和轿车的后悬架。这种悬架的钢板弹簧一般纵向布置,所以也称为纵置板簧式非独立悬架。

图6-12所示为中型货车的前悬架。钢板弹簧中部通过U形螺栓固定在前桥上。钢板弹簧的前端卷耳用弹簧销与前支架相连,形成固定式铰链支点,起传力和导向作用;而后端卷耳则用吊耳销与可在车架上摆动的吊耳相连,形成摆动式铰链支点,从而保证了弹簧变形时两卷耳中心线间的距离有改变的可能。

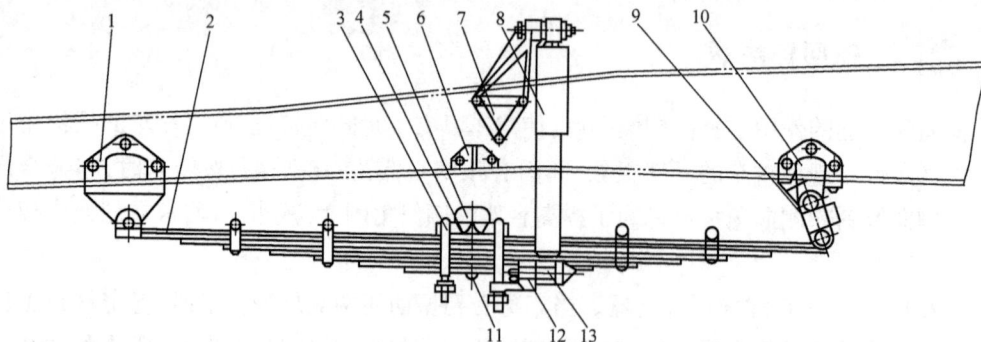

图6-12 中型货车的前悬架

1-钢板弹簧前支架;2-钢板弹簧前端;3-U形螺栓;4-盖板;5-缓冲块;6-限位块;7-减振器上支架;8-减振器;9-吊耳;10-吊耳支架;11-中心螺栓;12-减振器下支架;13-减振器连接销

减振器的上、下两个吊环通过橡胶衬套和连接销分别与车架上的上支架和车桥上的下支架相连接。盖板上装有橡胶缓冲块,以限制弹簧的最大变形,并防止弹簧直接碰撞车架。

图6-13所示为中型货车后悬架,由主、副钢板弹簧叠合而成,其刚度是可变的,以适应

装载质量的不同。

　　当汽车空载或实际装载质量不大时,副钢板弹簧不承受荷载而由主钢板弹簧单独工作。在重载或满载情况下,车架相对车桥下移,使车架上副簧滑板式支座与副簧接触,主、副簧共同参加工作,一起承受荷载而使悬架刚度增大,以保证车身振动频率不致因荷载增大而变化过大。

图6-13　变刚度钢板弹簧悬架
1-副钢板弹簧;2-主钢板弹簧;3-车轴;4-U形螺栓

　　为了改善汽车行驶的平顺性,一些轻型货车的后悬架采用渐变刚度的钢板弹簧,如图6-14所示。主簧由5片较薄钢板弹簧钢片叠加组成,副簧由5片较厚的弹簧钢片叠加组成,它们用中心螺栓固定在一起,主簧在上,副簧在下。

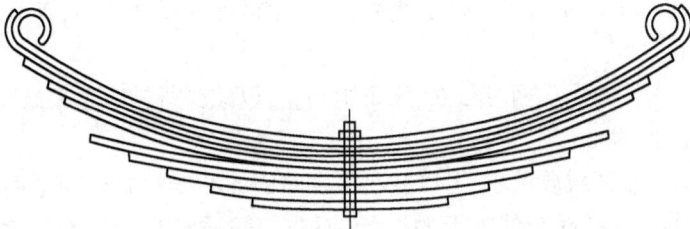

图6-14　渐变刚度钢板弹簧悬架

　　在小荷载时,仅主簧起作用,而当荷载增加到一定值时,副簧开始与主簧接触,悬架刚度随之相应提高,弹簧特性变为非线性。当副簧全部接触后,弹簧特性又变为线性的。这种渐变刚度钢板弹簧的特点是副簧逐渐地起作用,因此,悬架刚度的变化比较平稳,从而改善了汽车行驶平顺性。

6.5.2　螺旋弹簧非独立悬架

　　螺旋弹簧非独立悬架(图6-15)一般只用于轿车的后悬架。如迈腾轿车的后悬架。两根纵向推力杆的中部与后桥焊接为一体,前端通过带橡胶的支承座与车身作铰链连接,后端与轮毂相连接。纵向推力杆用以传递纵向力。整个后桥、纵向推力杆及车轮可以绕支承座的铰接点连线相对于车身作上、下纵向摆动。螺旋弹簧的上端装在弹簧上座中,下端则支承在减振器外壳上的弹簧下座上,它只承受垂直力。减振器的上端与弹簧上座一起装在车身底部的悬架支座中,下端则与纵向推力杆相连接。

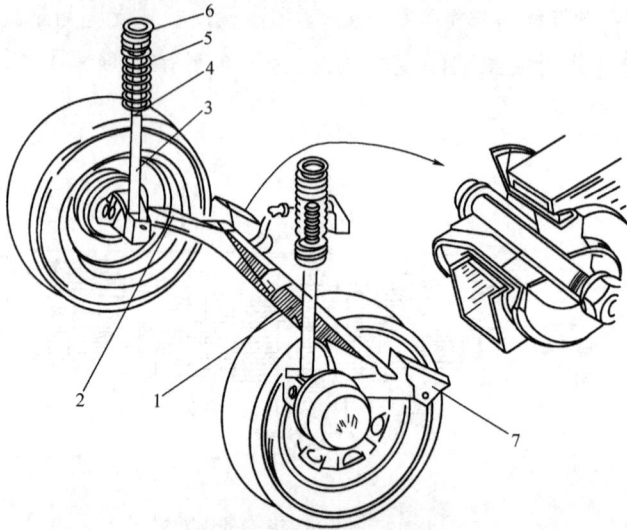

图6-15　螺旋弹簧非独立悬架
1-纵向推力杆;2-后桥;3-减振器;4-弹簧下座;5-螺旋弹簧;6-上弹簧座;7-支承座

6.6　独立悬架

现代轿车广泛采用独立悬架。独立悬架能使两侧车轮各自独立地与车架或车身弹性连接,具有如下优点:

(1)由于左右车轮的运动相对独立、互不影响,可以减少行驶时车架或车身的振动,同时可以减弱转向轮的偏摆。

(2)独立悬架的非簧载质量小,可以减小来自路面的冲击和振动,提高了行驶的平顺性。簧载质量是指汽车上由弹性元件支承的质量;而非簧载质量是指弹性元件下吊挂的质量。对于非独立悬架,整个车桥和车轮都属于非簧载质量,而对于独立悬架,只有部分车桥是非簧载质量,而主减速器、差速器、壳体等都装在车架或车身上,成了簧载质量,所以独立悬架的非簧载质量要比非独立悬架的小。

(3)独立悬架与断开式车桥配用,可以降低汽车的质心,提高汽车行驶的平顺性。独立悬架的结构类型很多,一般可按车轮的运动方式分为三类。

①横臂式独立悬架。车轮在汽车横向平面内摆动的悬架,如图6-16a)所示。

②纵臂式独立悬架。车轮在汽车纵向平面内摆动的悬架,如图6-16b)所示。

③车轮沿主销移动的独立悬架。它包括烛式悬架和麦弗逊式悬架,分别如图6-16c)、d)所示。

6.6.1　横臂式独立悬架

横臂式独立悬架分为单横臂式和双横臂式两种。目前,单横臂式独立悬架应用较少,下面仅介绍双横臂式独立悬架。

图 6-16　独立悬架的类型示意图

a)横臂式独立悬架;b)纵臂式独立悬架;c)烛式独立悬架;d)麦弗逊式独立悬架

双横臂式独立悬架如图 6-17 所示,其两个横摆臂有等长的,如图 6-17a)所示,有不等长的,如图 6-17b)所示。摆臂等长的独立悬架在车轮上下跳动时,虽然车轮平面不倾斜、主销轴线的方向也不发生变化,但轮距发生较大的变化,这将引起车轮的侧滑和轮胎的磨损。而摆臂不等长的独立悬架当车轮上下跳动时,轮距可保持不变,虽然车轮平面、主销轴线、轮距都发生变化,但都可以控制在允许范围内,所以这种形式的双横臂式独立悬架应用较多,红旗 CA7560、丰田雷克萨斯 LS400(图 6-18)等轿车的前桥都采用这种不等长双横臂式独立悬架。

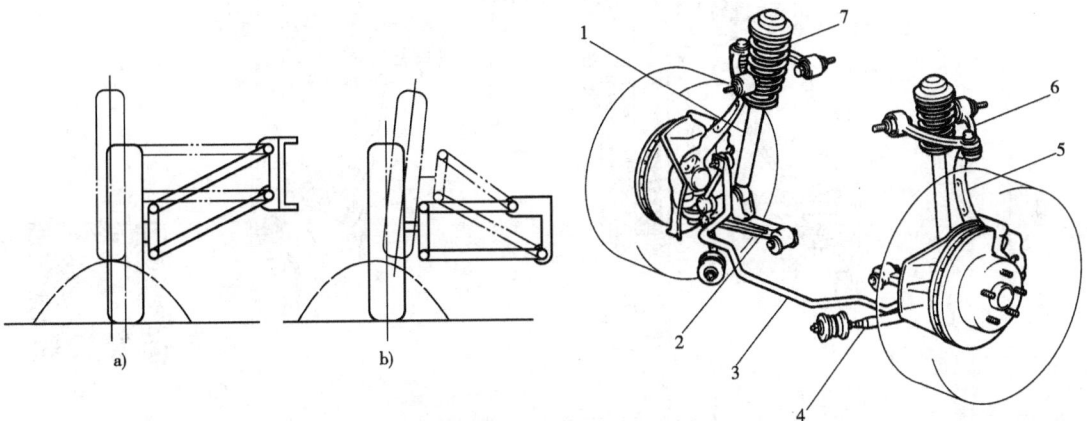

图 6-17　双横臂式独立悬架示意图

a)摆臂等长的独立悬架;b)摆臂不等长的独立悬架

图 6-18　丰田雷克萨斯 LS400 的前悬架

1-减振器;2-下臂;3-稳定杆;4-支承杆;5-转向节;6-上臂;7-螺旋弹簧

6.6.2　纵臂式独立悬架

纵臂式独立悬架也分为单纵臂式和双纵臂式两种。

1)单纵臂式独立悬架

单纵臂式独立悬架如果用于前轮,车轮上下跳动时会使主销后倾角变化很大,如图6-19a)所示。所以,单纵臂式独立悬架都用于后轮。纵摆臂是一片宽而薄的钢板,一端与半轴套管铰接,另一端带有套筒,套筒通过花键与扭杆弹簧的外端相连,扭杆的内端固定在车架上。

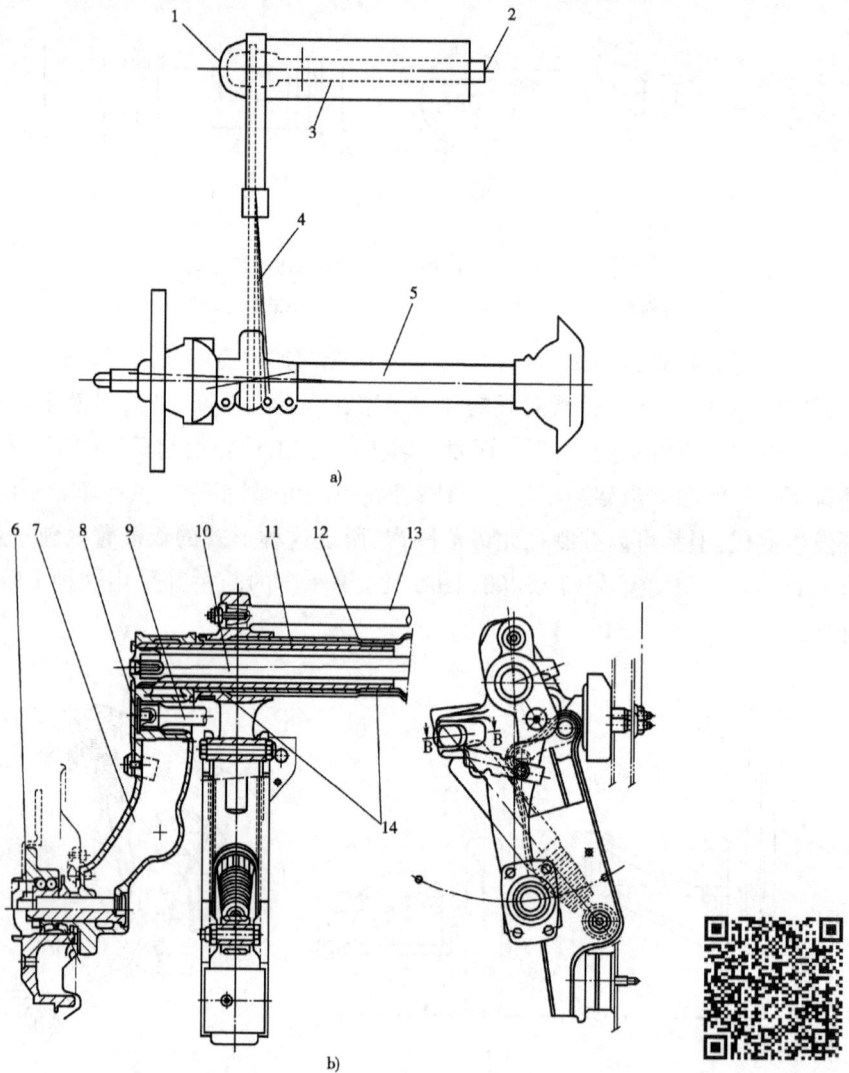

图 6-19　用于后轮的单纵臂式独立悬架

a)驱动桥式;b)支撑桥式

1-套筒;2-扭杆弹簧;3-套管;4-纵摆臂;5-半轴套管;6-后制动鼓总成;7-后摆臂;8-横向稳定杆摇臂;9-左扭力杆;10-后轴横向稳定杆;11-摆臂轴管;12-后轴管;13-右扭力杆;14-滚针轴承

　　图 6-19b)所示为后轮的单纵臂式独立悬架。其中 8、9、10、13 及后减振器为后悬架系统零件;车轴行驶时,后摆臂绕后轴管中心有一定的摆动;整个后轴总成由后轴管架通过两个弹性垫块与车身构成连接。横向稳定杆 10 两端通过花键齿与摇臂相连,构成与摆臂的连接。当左右后轮相对跳动量较大时,稳定杆受扭,使两轮尽快趋于平衡,保证行驶稳定性。

　　2)双纵臂式独立悬架

　　图 6-20 所示为用于前轮的双纵臂式独立悬架。转向节和两个纵摆臂做铰链连接,在车

架的两根管式横梁的内部装有由若干层矩形端面的薄弹簧钢片叠成的扭杆弹簧。两根扭杆弹簧的内端用螺栓固定在横梁中部,而外端则插入纵臂轴的矩形孔中。纵臂轴用衬套支承在管式横梁内,轴和纵臂刚性地连接。

图 6-20　用于前轮的双纵臂式独立悬架
1-纵臂;2-横梁;3-扭杆弹簧;4-摆臂轴;5-衬套;6-螺钉

这种悬架当车轮上下跳动时,车轮外倾角、轮距和主销后倾角都不发生变化,所以适用于前轮。

6.6.3　车轮沿主销移动的独立悬架

车轮沿主销移动的独立悬架可以分为两种形式,一种是车轮沿固定不动的主销移动的烛式独立悬架,另一种是车轮沿摆动的主销轴线移动的麦弗逊式独立悬架。

1)烛式独立悬架

图 6-21 所示为烛式独立悬架,主销的上下两端刚性地固定在车架上。套在主销上的套管固定在转向节上。套管的中部固定装着螺旋弹簧的下支座。筒式减振器的下端与转向节相连,上端与车架相连。悬架的摩擦部分套着防尘罩。通气管与防尘罩内腔相通,以免罩中空气被密封而影响悬架的弹性。

汽车在不平路面上行驶时,车轮、转向节一起沿主销的轴线移动。螺旋弹簧只承受垂直荷载,而车轮上所受的纵向力、侧向力及其力矩则由转向节、套筒经主销传给车架。

2)麦弗逊式独立悬架

麦弗逊式独立悬架是烛式悬架的改进,结构如图 6-22 所示,由减振器、螺旋弹簧、

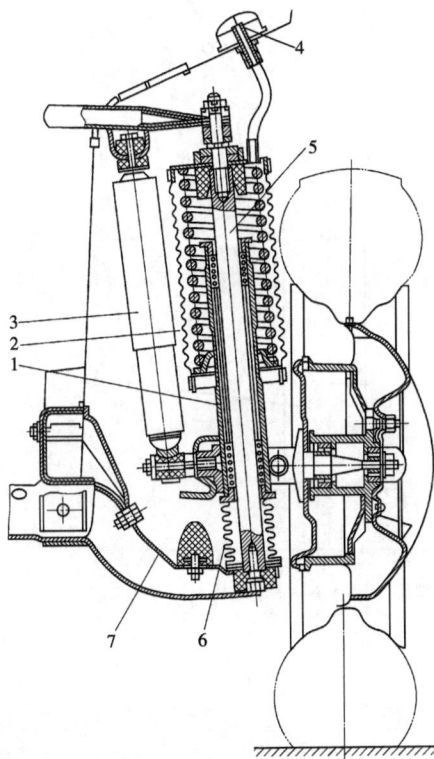

图 6-21　烛式独立悬架
1-套筒;2、6-防尘罩;3-减振器;4-通气管;5-主销;7-下摆臂

横摆臂、横向稳定杆(图中未画出)等组成。减振器与套在它外面的螺旋弹簧合为一体，构成悬架的弹性支柱，支柱上端与车身挠性连接，支柱的下端与转向节刚性连接。横摆臂的外端通过球头销 B 与转向节的下部连接，内端与车身铰接。麦弗逊式独立悬架的下摆臂克服了滑动立柱的受力状况，侧向力大部分由下摆臂承受。

麦弗逊式独立悬架没有传统的主销实体，属于无主销悬架，滑动立柱上支点和下摆臂外端的球铰中心构成主销轴线 AB。当车轮上下跳动时，B 点随横摆臂摆动，因而主销轴线 AB 随之摆动(弹性支柱也摆动)，车轮也随着摆动的主销轴线而运动。

麦弗逊式独立悬架结构较简单，布置紧凑，用于前悬架时能增大两前轮内侧的空间，故多用于发动机前置前轮驱动的轿车上。

3)多杆式独立悬架

现代轿车为了减轻自重和简化结构，采用多杆式悬架。图 6-23 所示为奥迪 A8 的后悬架，上下部控制臂连接后总成支架和轮毂组成，控制臂的两端都装有橡胶隔振套。下控制臂与普通的下摆臂相同，其内端通过橡胶隔振套与后悬梁相连接，外端通过球铰与轮毂相连接。多杆式悬架系统具有良好的操纵稳定性，可有效地降低轮胎的磨损，延长使用寿命。

图 6-22　麦弗逊式独立悬架的结构示意图
1-螺旋弹簧;2-减振器;3-转向节;4-横摆臂

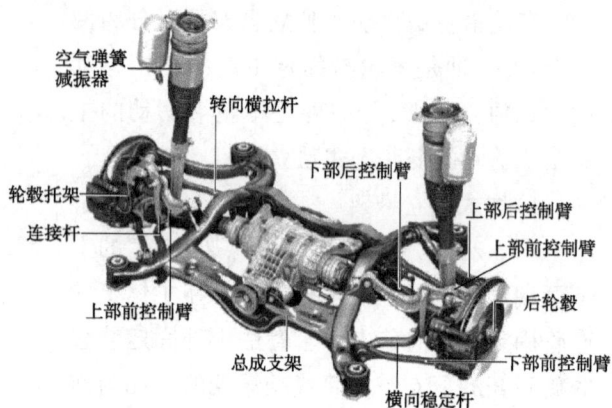

图 6-23　多杆式独立悬架总成

课堂讨论一

(1)悬架的位置在汽车的哪个部位？你能概括出什么是悬架吗？

(2)钢板弹簧除了起到弹性元件的作用，它还起到了什么功用？试分析说明。

（3）为什么左、右扭杆弹簧不能互换或装错？拆装时需要什么应对措施？

（4）更换悬架弹簧需要注意什么问题？

（5）车轮沿主销移动的独立悬架有哪些结构形式？各有何特点？

（6）分析说明高端轿车的悬架系统向什么方向发展。

相关技能一

6.7　独立悬架的检查

6.7.1　减振器的检查

1）减振元件检查

如图 6-24 所示，检查时应固定住减振器 1，并上下运动活塞杆 2 时应有一定阻力，而且向上比向下的阻力要大一些。若阻力过大，应检查活塞杆 2 是否弯曲；若无阻力，则表示减振器 1 中的油已漏光或失效，必须更换。

车辆行驶时，有缺陷的减振器会发出冲击噪声，因此应更换减振器。减振器为免维护机构，减振器外面有轻微的油迹，不必更换减振器。如有大量油迹说明已漏油，应更换减振器。

2）减振器悬架轴承主橡胶挡块的检查

如图 6-25 所示，一是检查减振器悬架轴承 1 的磨损与损坏情况，支持应能灵活转动，损坏时必须整体更换。二是检查橡胶挡块 2 的损坏与老化情况，如损坏应及时更换。

3）减振器螺旋弹簧的检查

检查减振器螺旋弹簧有无损坏与变形，并测量螺旋弹簧的自由长度 A，若比标准弹簧长度减少 5%，即表示螺旋弹簧已产生永久变形，必须更换。更换时，必须同时更换左右两侧的两个弹簧，以保持车辆两侧高度相同。若螺旋弹簧上有裂纹也要更换，如图 6-26 所示。

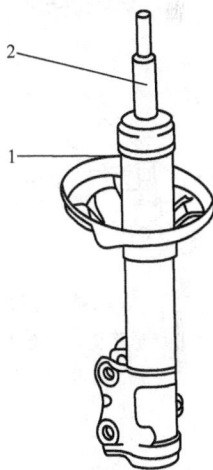

图 6-24　前减振器的检查
1-减振器;2-活塞杆

6.7.2　前轮毂与转向节的检查

1）前轮毂与转向节的检查

检查转向节、前轮毂有无变形和裂纹，若有应及时更换或进行修整。

2）轮毂轴承的检查

车轮毂轴承为双向内圈双列向心推力球轴承，并带有密封条，若内圈 2 或 3 和外圈 1 的滚道上发现麻坑或烧蚀，以及钢球 4 上有严重的损伤或明显磨痕，密封片 5 损坏，均需更换轴承。轴承必须整体更换，并在轴承内涂好润滑脂，如图 6-27 所示。

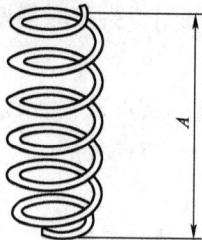

图 6-25　前减振器悬架轴承
1-悬架轴承；2-橡胶挡块

图 6-26　前减振器螺旋弹簧
A-螺旋弹簧自由长度

图 6-27　轮毂轴承检查
1-轴承外圈；2、3-内圈；4-钢球；5-密封片

6.7.3　副车架、横向稳定杆和梯形臂的检查

1)副车架(前托架)、横向稳定杆和梯形臂(下摆臂)的检查

首先检查副车架(前托架)、横向稳定杆和梯形臂(下摆臂)有无变形或裂纹。若存在变形或裂纹，不允许在前悬架支承装置和导向装置部件上进行焊接和矫直修复，只能更换新件。另外，需要检查横向稳定杆的橡胶支座和橡胶衬套、梯形臂(下摆臂)的前衬套和后衬套的损坏和老化情况，若损坏需要及时更换。

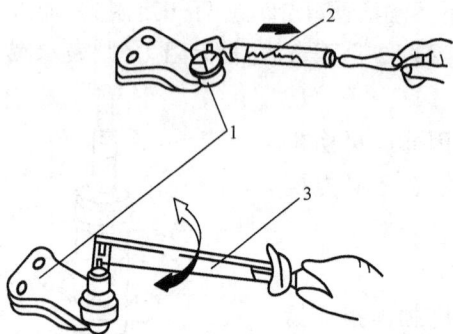

图 6-28　梯形臂下球铰的检查
1-梯形臂及下球铰；2-弹簧秤；3-扭力扳手

2)梯形臂(下摆臂)下球铰的检查

梯形臂下球铰 1 的轴向间隙标准为 0,用弹簧秤 2 检查下球铰 1 的拉应力一般为 $10.8 \sim 73.6\text{N}$(新件),用扭力扳手检查下球铰的扭力,应为 $1.5 \sim 3.4$ $\text{N} \cdot \text{m}$(新件),如图 6-28 所示。

小组工作一

(1)每 3～5 名学生组成 1 个工作小组,确定 1 名小组长,接受工作任务,做好工作准备。

(2)阅读工作单,查阅维修手册(或实训指导书),观察待修车辆的独立悬架,讨论拆卸方法和步骤,确定小组人员工作分工。向实训指导教师汇报讨论结果,经指导教师同意后,开始下一步的工作。

(3)按照工作单的引导,完成待修车辆独立悬架的拆卸、分解,检查和修理工作。

(4)在完成工作任务的过程中,根据工作单的要求,完成独立悬架零部件认识、工作原理描述等学习任务。

(5)完成工作单要求的独立悬架主要零部件的检查检测,将检测结果记录在工作单的相应栏目,并对检测结果作出分析。

(6)回答指导教师的现场提问,接受指导教师的技能考核。

(7)完成工作任务后,对工作过程进行自我评价和小组互评,听取指导教师的点评。

(8)清洁工作场所,清点维护工具设备,完成任务交接。

生产任务二　汽车四轮定位的检测与调整

1)工作对象

配备需进行汽车四轮定位的车辆1辆。

2)工作内容

(1)领取所需的工具、耗材,做好工作准备。

(2)待检测车辆就位,拉紧驻车制动器操纵杆,举升车辆。

(3)将4个轮毂夹具牢固地装在轮辋上,并将传感器装在夹具上,锁紧;连接通信线路。

(4)启动电源、进入检测程序,对4个车轮进行平衡调整,按照电脑提示,对4个车轮进行弹跳补偿。

(5)按电脑提示逐步进行检查、检测和调整相关项目,分析检测结果,制订四轮参数调整方案。

(6)按照电脑提示,调节车辆四轮定位参数,直到仪器指示调整项目的参数值符合技术要求。

(7)关闭电源,断开通信线路,拆下传感器和夹具,举升机复位。

(8)检查、评价工作质量。

(9)整理工具,清洁工作场地。

3)工作目标与要求

(1)学生应以小组工作的方式,完成本项工作任务。

(2)学生应当能在小组成员的配合下,利用四轮定位仪操作手册(或实训指导书),制订并实施工作计划。

(3)能通过阅读资料和现场观察,辨别所检修车辆四轮定位各参数的调整部位。

(4)能认识所调整车辆四轮定位各参数,口述四轮定位各参数的工作原理和作用。

(5)能向客户解释所修车辆四轮定位各参数的问题和修复方案。

(6)能按规范的步骤,完成四轮定位各参数调整作业,恢复汽车的行驶能力。

(7)在工作过程中注意工作安全,不断提升汽车维修作业的安全水平。

相关知识二

6.8　车轮定位

要想保证汽车在行驶中的安全与舒适,保证汽车直线行驶的稳定性和操纵的轻便性,减少轮胎和其他机件的磨损,必须考虑许多因素来确定车轮、主销等部件与地面的角度,即车轮定位。

通常车轮定位主要指前轮定位(或称转向轮定位)。但现代轿车由于车速高,对行驶稳定性有更高的要求,除前轮定位外,还需要后轮定位,合称为四轮定位。

6.8.1 前轮定位参数

前轮定位参数包括主销后倾、主销内倾、前轮外倾和前轮前束4个参数。

1)主销后倾

前轮主销的上端略向后倾斜,这种现象称为主销后倾。在垂直于汽车支承平面的纵向平面内,主销轴线与汽车支承平面垂直线之间的夹角 γ 称为主销后倾角,如图6-29所示。从垂直线向后倾斜称为"正主销后倾",而向前倾斜则称为"负主销后倾"。转向主销轴线中心线与地面的交点到轮胎地面接触区中心点的距离称为主销后倾拖距,即图6-29中 a、b 两点的距离。主销后倾角影响直行稳定性,主销后倾拖距影响转弯回正。

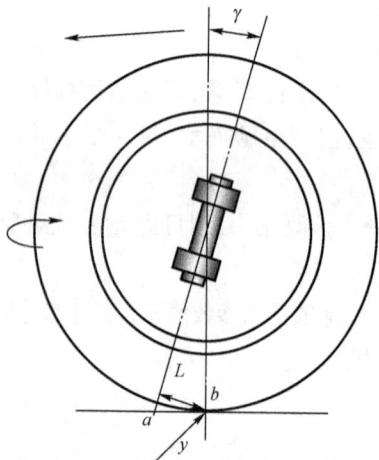

图6-29 主销后倾角

主销后倾的作用是形成回正力矩,保证汽车直线行驶的稳定性,并使汽车转向后回正操纵轻便。主销后倾,使主销轴线的延长线与地面的交点 a 位于车轮与路面的接触点 b 之前。设 b 点到主销轴线延长线之间的距离为 L,汽车直线行驶时,若转向轮偶然受到外力作用而偏转(图6-29中所示为向右偏转),汽车将偏离行驶方向而右转弯。由于汽车本身离心力的作用,在轮胎与路面接触点 b 处将产生一个路面对车轮的侧向反作用力 y,由于反作用力 y 没有通过主销轴线,因而形成了一个使车轮绕主销轴线旋转的力矩 yL,其方向正好与车轮偏转方向相反。在力矩作用下,使车轮具有回复到原来中间位置的作用,从而保证了汽车直线行驶的稳定性。同理,在汽车转向后的回正过程中,此力矩具有帮助驾驶员使转向车轮回正的作用,使汽车转向后回正,操纵轻便。

主销后倾角越大、车速越高,回正力矩越大,转向轮偏转后自动回正的能力也越强。但此力矩也不宜过大,即主销后倾角一般不超过2°~3°;否则,在转向时为了克服此稳定力矩,驾驶员须在转向盘上施加较大的力(即所谓转向盘沉重)。现代高速汽车由于轮胎气压降低、弹性增加(因采用扁平低压胎,轮胎变形增加),轮胎与地面接触面的几何中心后移,而引起稳定力矩增加,因此主销后倾角 γ 可以减小至接近于零,甚至为负值(即主销前倾)。检修过程中,如果给车轮提供过大的正主销后倾时,直线稳定性就得到改善,但是,拐弯变得困难。

2)主销内倾

前轮的主销上端略向内侧倾斜,这种现象称为主销内倾。在垂直于汽车支承平面的

横向平面内,主销轴线与汽车支承平面垂线之间的夹角 β 称为主销内倾角,如图6-30所示。车轮转向右或转向左时车轮旋转的主销轴线称为"转向主销轴线"。在一些独立悬架的轿车上,该轴线在减振器的上支撑轴承与下悬架臂球形万向节之间绘制成虚线。从转向轴线与地面相交到轮中心线与地面相交的距离 c 被称为"主销偏距"或称为"转向主销内倾内置量"。

图6-30　主销内倾

主销内倾的作用是使转向轮自动回正,并使转向操纵轻便。如图6-30a)所示,由于主销内倾,使主销轴线的延长线与地面的交点至车轮中心平面与地面交点之间的主销偏距 c 缩短,转向时,路面作用在转向轮上的阻力对主销轴线产生的力矩减小,从而可减少转向时驾驶员施加在转向盘上的力,使转向操纵轻便。

当转向轮在外力作用下绕主销旋转(为了解释方便,假设旋转180°),即由图6-30b)中左边位置转到右边位置。此时,由于主销内倾,车轮将相对于车身下降一个 h 的距离,致使汽车前部被向上抬起相应高度。车身的这个较高的位置在力学上是一种不稳定状态,一旦外力消失,车身在汽车自身重力的作用下就有回到原来较低的稳定位置的趋势,转向轮也就会在汽车前部重力的作用下自动回正到旋转前的中间位置。主销内倾角越大、转向轮偏转角越大,汽车前部就抬起越高,转向轮自动回正的作用就越大。

主销内倾角既不宜过大,也不宜过小。主销内倾角过大(主销偏距 c 减小),转向时,车轮在滚动的同时将与路面产生较大的滑动,增加轮胎与路面的摩擦阻力,这不仅使转向沉重,而且加速了轮胎的磨损,故主销内倾角 β 一般不大于8°,主销偏距 c 一般为 $40 \sim 60mm$;主销内倾角过小(主销偏距 c 增大),汽车行驶的稳定性和制动的方向稳定性将变差。在一些发动机前置、前轮驱动的轿车上,为了使汽车具有良好的行驶稳定性,特别是制动时的方向稳定性,其主销内倾角均较大。

主销后倾和主销内倾都具有使车轮自动回正及保证汽车直线行驶稳定性的作用,其区别在于主销后倾角的回正作用随着车速的增高而增大,而主销内倾的回正作用几乎与车速无关。

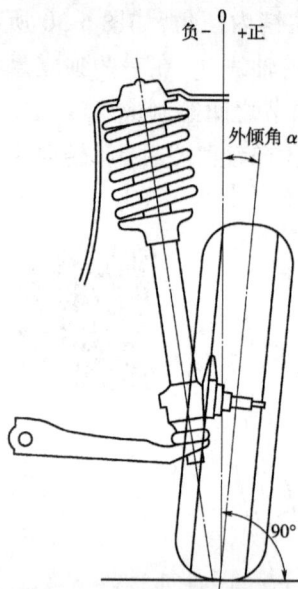

图 6-31　车轮外倾

3）前轮外倾

安装在车桥上的车轮，其旋转平面上端向外倾斜，这种现象称为车轮外倾。车轮旋转平面与垂直于车辆支承面的纵向平面之间的夹角 α 称为车轮外倾角，如图 6-31 所示。当车轮的顶部向外倾斜时，这称为"正车轮外倾"；相反，车轮的顶部向内倾斜时，称为"负车轮外倾"。在早期的汽车中，采用正车轮外倾，以便改善前桥的耐用性并使轮胎与路面成直角接触，以防止因道路中间比两边高而造成的轮胎不均匀磨损。

在现代汽车中，悬架和车桥比过去的汽车都要强而有力并且路面也平坦，所以没有必要再正车轮外倾。结果是车轮定位更趋向于零车轮外倾（有些车辆已处于零车轮外倾）。事实上，现在负车轮外倾通常在轿车中采用以便改进转弯的性能。

车轮外倾角的作用是提高车轮工作的安全性和转向操纵的轻便性。由于主销与衬套之间、轮毂与轴承等处都存在着装配间隙，若空车时车轮的安装正好垂直于路面，则满载时上述间隙将发生变化，车桥也因承载而变形，从而引起车轮向内倾斜。车轮内倾将使路面对车轮的垂直反作用力的轴向分力压向轮毂外端的轴承，使该轴承及其锁紧螺母等零件承受的荷载增大，降低了它们的使用寿命，严重时会损坏锁紧螺母而使车轮脱落。为此，汽车在设计时通常使车轮有一定的外倾角，以防止上述不良影响。车轮外倾与主销内倾相配合可进一步缩短偏置 c，如图6-30a）所示，使汽车转向轻便。此外，车轮有一定的外倾角也可以与拱形路面相适应。

车轮外倾角不宜过大，否则会使轮胎产生偏磨。一般前轮外倾角为 $1°$ 左右。有的汽车其前轮外倾角为负值，这样在汽车转向时可避免车身过分倾斜。在检修过程中，如果给轮胎提供过大的正或负车轮外倾时，会导致轮胎的不均匀磨损。如果给轮胎提供过大的负车轮外倾时，则内侧轮胎磨损较快；如果给轮胎提供过大的正车轮外倾时，则外侧轮胎磨损就较快。

4）前轮前束

俯视车轮，安装在车桥上的两个前轮旋转平面并不完全平行，而是前端距离小于后端距离，其前端略向内侧收束，这种现象称为前轮前束。两前轮后端距离 A 大于前端距离 B，其差值 $A-B$ 称为前轮前束值，如图 6-32 所示。当车轮的前端比车轮的后端靠得紧时，这就称为"前束"，相反布置称为"后束"。当车辆行驶在倾斜的路面上时，车身就会倾向一侧，车辆

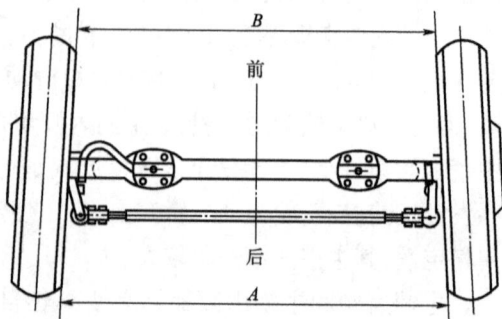

图 6-32　前轮前束

将有向车身倾斜方向转向的趋势,如果各轮的前端都转向内侧(前束)时,车辆试图按车身倾斜的相反方向运行,结果是保持了直线的稳定性。

前轮前束的作用是消除因车轮外倾而引起的"滚锥效应",保证车轮不向外滚动,防止车轮侧滑和减轻轮胎的磨损。由于车轮外倾,汽车行驶时,两个车轮的滚动类似于两个锥体的滚动,其轨迹不再是直线而是逐渐向各自的外侧滚开,如图6-33所示。但因受车桥和转向横拉杆的约束,两侧车轮不可能向外滚开,这样,车轮在路面上滚动行驶的同时又被强制地拉向内侧,产生向内的侧滑,从而加剧轮胎的磨损。有了前束,车轮滚动的轨迹是向内侧偏斜,只要前束值与车轮外倾角配合适当,车轮向内、外侧滚动的偏斜量就会相互抵消,使车轮每一瞬间的滚动方向都朝着正前方,从而消除了侧滑,减轻了轮胎的磨损。前轮前束值可以通过改变转向横拉杆的长度来调整,一般前束值为 0～12mm。一般情况下使用普通斜交轮胎时,前束值为 5mm±2mm,使用子午线轮胎时,前束值为 4mm±2mm。

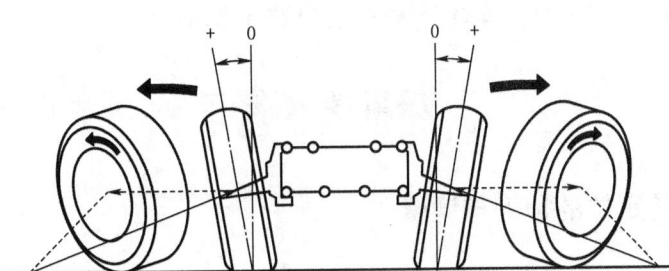

图 6-33　车轮外倾产生的滚锥效应示意图

6.8.2　后轮定位参数

现代车辆的行驶速度越来越高,不仅要求前轮定位,还需要后轮定位。特别是当后悬架为独立悬架时,如果后轮定位不当,仍然会有不良的操纵性和轮胎早期磨损。为了防止高速行驶时汽车出现"激转"及自动转向现象,在结构设计上应确保汽车具有不足转向特性。汽车后轮具有一定程度的外倾角和前束可使后轮获得合适的侧偏角,提高高速行驶的操纵稳定性。

1)后轮外倾角

像前轮外倾角一样,后轮外倾角也对车轮轮胎磨损和操纵性有影响。理想状态是4个车轮的运动外倾角均为零,这样轮胎和路面接触良好,从而得到最佳的牵引性能和操纵性能。

车轮外倾角不是静态的,它随悬架的上下移动而变化,车辆加载后悬架下沉就会引起车轮外倾角改变。为了对荷载和悬架机构的磨损进行补偿,后悬架采用独立悬架的大多数车辆常有一个较小的正后轮外倾角。

2)后轮前束

如同前轮前束一样,后轮前束也是后轮定位的一个重要参数。如果后轮前束不当,后轮轮胎也会产生磨损,其影响程度与前轮前束相同。

前束测量值在规定范围内,并不意味着车轮一定正确定位,尤其对后轮前束测量值来说更是如此。如果一侧后轮前端向内偏斜量与另一侧后轮前端向外偏斜量相等,那么前束值将在规定的范围内。但由于后轮与纵轴线不平行,车辆不会跑偏。

课堂讨论二

(1)什么是前束?前束在哪里?请概括表述前束的作用。
(2)所有的车轮定位参数都可调整吗?可调整的参数在哪里调整?如何调整?
(3)为什么要有后轮定位?它起什么作用?
(4)车轮磨损与定位参数有何联系?试举例分析说明。
(5)主销前倾是怎么回事?试分析主销前倾的利弊。
(6)轮胎提供过大的正或负车轮外倾时,会导致什么后果?

相关技能二

6.9　前轮定位的检测与调整

前轮定位是保证汽车操纵稳定性的关键,还影响制动过程中汽车方向的稳定性和轮胎的耗损。转向系统、前桥、悬架乃至车架的故障都会综合影响车轮定位的准确性,造成汽车操纵性能变差。因此,前轮定位的检查与调整是汽车检修中的一项重要作业。

6.9.1　非独立悬架式转向桥前束的调整

1)前束调整前的准备

非独立悬架前桥前轮定位中的主销内倾、前轮外倾完全由前桥结构来保证,是不可调的。而主销后倾多数由前钢板弹簧在空载状态下的弧度或由钢板弹簧与前轴间的楔形垫铁保证,一般情况下也是不能调整的,只有前束可以通过改变横拉杆的长度进行调整,如图6-32所示。前桥和转向系统各部位配合间隙、两前轮轮胎的气压、主销后倾、主销内倾、前轮外倾的准确程度都会影响前束值或前束的作用。因此,调整前束之前应做好以下工作:

(1)检查调整好前轮、转向系统各配合间隙。
(2)两侧前轮轮胎气压、气压差以及平衡性能应符合原厂规定。
(3)主销后倾、主销内倾和前轮外倾值应符合原厂规定;否则,应进行修理。修复后方能准确地调整前轮前束。
(4)调整前束前,应按技术文件的规定,紧固相关部位,确保连接可靠。

2)前束的调整方法

(1)确定两前轮上的同名点。检查前束时,必须测量两前轮上位置相同完全对称的两个点之间的距离,两个点简称"同名点"。同名点选择必须符合原厂规定,多数制造厂规定同名点在轮胎的中线上;也有少数厂家规定的同名点处在两轮胎内侧胎体或外侧胎体上;还有的规定同名点在轮辋内侧边缘上。

(2)将汽车置于水平地面上并支起前桥。

(3)调整前束尺。首先调整前束尺两条链条的长度,这一长度应等于前轮轴线的离地高度。

(4)用前束尺测量前束。先伸缩前束尺两个测量管,使两个水平指针指到两个同名点上。在通过两前轮公共轴线的水平面内,分别测量出两同名点在轮轴前方的距离 B 和在轮轴后方的距离 A,$A-B$ 值即为前束值。

(5)调整前束。若前束值不符合原厂规定时,松开横拉杆接头,旋转横拉杆,待前束值正确后,按原厂规定的紧固力矩紧固横拉杆接头的紧固螺栓(双横拉杆的转向桥,调整前束时,左右横拉杆应转动同样的角度,也就是左右横拉杆各自的伸长量或收缩量必须相等,否则会影响左右最大转角的正确性)。前束调整如图6-34所示,检查、调整方法如下:

①轮胎按规定充足气压,轮毂轴承间隙调整到规定值,将车辆停放在水平路面上并处于直线行驶位置。

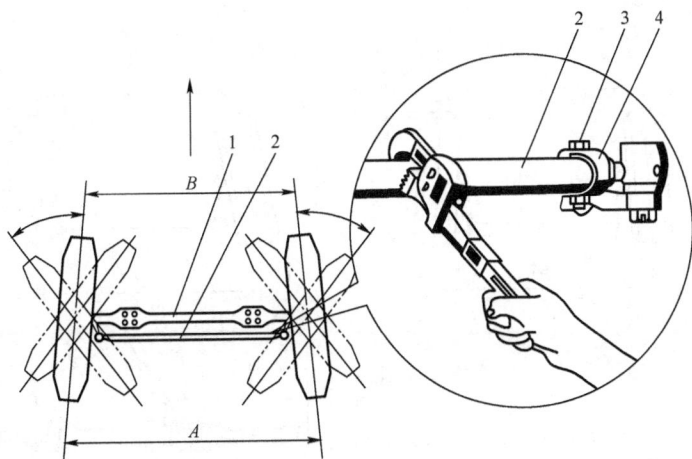

图6-34　前束检查与调整
1-前支持桥;2-横拉杆;3-夹紧弹簧螺栓;4-横拉杆连接头

②在左右轮胎正前方的胎面中心或轮辋上画"+"记号,用前束尺测量出 B 值;转动车轮(或推动汽车)180°,将记号转到正后方测得 A 值;其差值 $A-B$ 即为前束值。该值如果不符合规定,应进行调整。

③调整时,松开横拉杆上的夹紧螺栓,用管钳转动横拉杆,使横拉杆两端的距离伸长或缩短;调整后拧紧夹紧弹簧螺母。

6.9.2　独立悬架汽车前轮定位的调整

独立悬架的主销后倾角可通过移动上摆臂在摆臂轴上的纵向位置来调整。增减套在摆臂轴上位于上摆臂与摇臂上的承孔端面间的垫片的总厚度,使上摆臂纵向位移改变主销后倾角。前轮外倾角调整时,增减上摆臂与固定支架间的垫片厚度,使上摆臂以下摆臂为支点横向位移来改变车轮外倾角,主销内倾和前轮外倾已由转向节的结构确定,不能单独调整。当主销后倾和前轮外倾调整合格后,如果主销内倾仍不在原厂规定值之内,说明转向节已经变形。

前束是通过左、右横拉杆来调整的,前轮定位调整合格后,通过转向节上的最大转向角限止螺栓来分别调整左、右轮最大转向角。有些出厂汽车的使用说明书中,还给出了前轮定位调整坐标图,方便检修人员参照坐标图增减垫片。麦弗逊式悬架转向桥的前轮外倾、主销内倾以及主销后倾一般由结构来保证,不需要也不能进行调整。但速腾轿车的前轮外倾是可以调整的,调整时,先松开下悬架臂与前轮的连接螺栓的固定螺母,将专用前轮外倾调整杆插入调整孔中,横向移动球头销,使前轮下方做轴向移动,调整前轮外倾角达到规定值($0°30' \pm 20'$),且两侧前轮外倾角差不得大于$15'$。插入专用调整杆时,右侧的调整杆从前方插入,左侧的调整杆从后方插入。调整完之后,再检查调整前束,前束的调整仍然靠调整横拉杆的长度来实现,前束值为$-1 \sim -3$mm。待前束值调整合格后,紧固并锁止球销螺母。维护时,发现轮胎单侧磨损严重,则应尽早检查调整前束。图 6-35 所示为独立悬架汽车前束定位检查、调整方法。

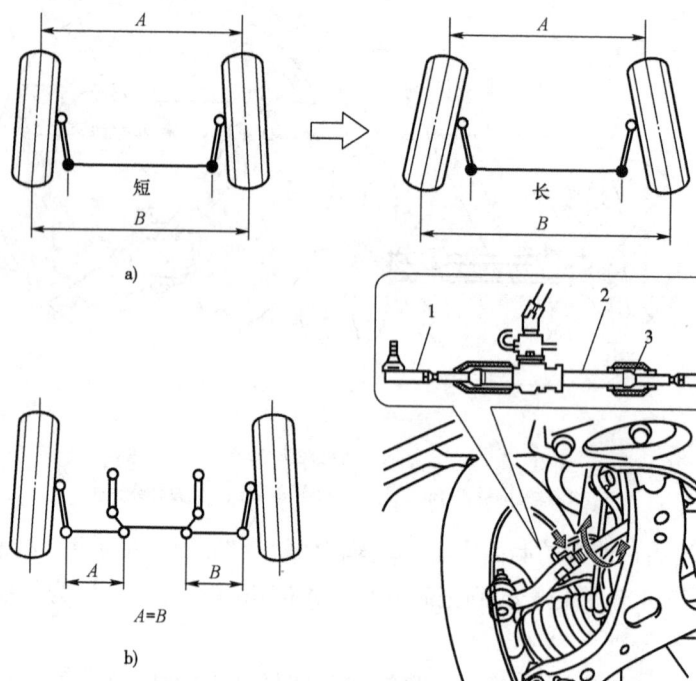

图 6-35 独立悬架汽车前束检查与调整

a)轴后的横拉杆;b)双横拉杆类型

1-横拉杆接头;2-转向齿条壳;3-转向齿条端

(1)横拉杆在主销轴后面的车型中,增加横拉杆长度就是增加前束。横拉杆在主销轴前面的车型中,增加横拉杆长度就是增加后束。

（2）在双横拉杆车型中,在左、右横拉杆的长度被保持相等时进行前束调整。如果左、右横拉杆长度不同时,即使是正确的前束调整也会引起不正确的转向角调整。

6.10　前轮侧滑的检测

转向轮前束的作用正好与前轮外倾的作用相反。因此,为保证汽车转向车轮无横向滑移的直线滚动,要求车轮外倾角和车轮前束有适当配合,使两者的作用力互相抵消,保持车轮直线行驶。当车轮前束值与车轮外倾角匹配不当时,车轮就可能在直线行驶过程中不作纯滚动,产生侧向滑移现象,称为前轮侧滑。

当这种滑移现象过于严重时,将使轮胎处于边滚边滑的状态,它使汽车的操纵稳定性变差,增加油耗和加速轮胎的磨损。车轮侧滑量的大小与方向可用汽车车轮侧滑检验台来检测。当汽车在侧滑试验台上驶过一个可以在横向自由滑动的滑板时,由于前束与外倾的作用不能互相抵消,将使滑板产生侧向滑动。侧滑试验台可以将这一侧滑量在仪器上显示出来,通过测量汽车前轮的侧滑量,可以判断汽车前轮前束和外倾这两个参数配合是否恰当。

《机动车运行安全技术条件》规定:汽车转向轮的横向滑移量,用汽车侧滑台检测时应不大于 5m/km。

在侧滑试验台上,滑板向外滑动的数值记为"＋"（或"IN"）,向内滑动记为"－"（或"OUT"）。当前束值过大或车轮外倾角过小时,前束的作用大于车轮外倾的作用,产生的作用力使滑板向外滑动,仪表显示数值的符号为"＋"。反之,当前束值过小或车轮外倾角过大时,车轮外倾的作用大于前束的作用,滑板向内滑动,显示数值的符号为"－"。因此,根据仪表上显示数值的正负号,即可知道如何调整前束。

侧滑是前束与外倾两个参数匹配的结果,因而两参数都合格时,侧滑合格;但反之,当侧滑合格时,并不一定能保证两参数是合格的。

6.11　四轮定位的检测

1）汽车四轮定位检测的必要性

车辆在出厂时,其悬架系统的定位角度（基本定位角度有 7 个）都是根据设计要求预先设定好的。这些定位角度共同用来保证车辆驾驶的舒适性和安全性。但是,由于车辆在行驶一段时间后,这些定位角度会由于道路坑洼不平造成的剧烈颠簸（特别是高速行驶时突然遇到不平路面）、底盘零件磨损、更换底盘零件、交通事故等原因而产生变化。一旦定位角度产生变化,就可能产生诸如轮胎异常磨损、车辆跑偏、油耗增加、零件磨损加快、转向盘发沉、车辆发飘等症状,甚至导致高速行驶的车辆失去稳定性,造成事故。

四轮定位检测的目的,就是通过对车轮定位角度的测量,诊断车辆的上述故障原因并予以调整。一般新车在行驶 3 个月后就应做四轮定位,以后每行驶 1 万 km（或出厂规定的里

图 6-36　3D 成像四轮定位仪

程),或拆检更换悬架系统的部件后,以及发生碰撞后都应及时做四轮定位。

2)四轮定位仪的组成与原理

对车辆进行四轮定位检测常用的仪器设备是电脑四轮定位仪,如图 6-36 所示。

四轮定位仪主要由两大部分组成:一部分是计算机软硬件,计算机是我们常见的 PC 机,这部分的关键是车辆数据库;另一部分就是传感器。传感器主要由两种传感元件组成:①角度计;②电位计(拉线式)或红外成像传感器(红外线式或摄像式)。电位计或红外成像传感器用来测量前束角、退缩角、推进角、轮距角,角度计用来测量外倾角。

在转动转向盘测量时,角度计和电位计或红外成像传感器结合起来,由计算机对结果进行计算,可以测量主销后倾角、主销内倾角以及转向角。而前束角、退缩角、推进角、轮距差以及外倾角是不转方向就可以直接进行测量的角度,主销后倾角、主销内倾角以及转向角是必须转动转向盘间接进行测量的角度。

3)四轮定位仪检测的基本方法

在使用定位仪进行测量时,一般使用四点式补偿测量法,即在测量中,按定位仪电脑上的提示将车轮旋转 1/4 周,提取一个点参数,再旋转 1/4 周,再提取一个点参数,一个车轮共提取 4 个点(有些车轮定位仪补偿只需要摆动轮胎即可)。这样做的好处是比一般定位仪只提取一个点的参数要准确得多。使用时按具体型号四轮定位仪说明书操作。

4)四轮定位前注意事项

在正常使用的情况下,平常没必要频繁检查和校正车轮定位。但是,如果出现轮胎磨损不均匀,转向不稳定或者由于事故悬架必须进行修理时,就必须对车轮定位进行检查和校正。

在车轮定位测量之前必要的检查。在测量车轮校正之前,可能影响车轮校正的各种因素都必须进行检查并且要进行必要的矫正。做好良好的准备工作将会赋予正确的值。标准的车轮定位值是由制造厂在车辆处于其"正常"状态时确定的。因此,在检查车轮定位时,必须尽可能使车辆接近确定标准值的正常状态(有关标准值,参见具体车型维修手册)。在车轮校正测量之前,应检查下列各项:

(1)轮胎的充气压力(在标准条件内)。

(2)轮胎的明显不均匀磨损或大小差异。

(3)轮胎偏摆(径向和纵向)。

(4)由于磨损,等速万向节出现间隙。

(5)由于磨损,横拉杆出现间隙。

(6)由于磨损,前轮轴承出现间隙。

(7)左、右支撑杆长度存在的差异。

(8)左、右轴距之间存在的差异。

(9)转向传动机构部件的变形或磨损。

(10)与前悬架有关的部件的变形或磨损。

(11)横向车身倾斜(底盘地面间隙)。

小组工作二

(1)每3~5名学生组成1个工作小组,确定1名小组长,接受工作任务,做好工作准备。

(2)阅读工作单,查阅四轮定位仪操作手册(或实训指导书),检查待修车辆悬架结构特点,讨论车轮定位参数的调整方法和步骤,确定小组人员工作分工。向实训指导教师汇报讨论结果,经指导教师同意后,开始下一步的工作。

(3)按照工作单的引导,完成待修车辆四轮定位参数的检查和调整工作。

(4)在完成工作任务的过程中,根据工作单的要求,完成四轮定位参数的认识、四轮定位各参数作用的描述等学习任务。

(5)完成工作单要求的四轮定位各参数的检查、检测,将检测与调整结果记录在工作单的相应栏目,并对检测与调整结果作出分析。

(6)回答指导教师的现场提问,接受指导教师的技能考核。

(7)完成工作任务后,对工作过程进行自我评价和小组互评,听取指导教师的点评。

(8)清洁工作场所,清点维护工具设备,完成任务交接。

拓展知识与技能

6.12　独立悬架车桥检修及常见故障诊断排除

6.12.1　前悬架的故障及排除

1)前悬架有噪声

(1)现象:汽车在行驶过程中,特别是道路颠簸、突然制动、转弯时从前悬架部位发出的噪声。

(2)原因:前减振器、转向节、下摆臂(梯形臂)的连接螺栓松动;前减振器漏油严重或前减振器活塞杆与缸筒磨损严重;下摆臂(梯形臂)的前后橡胶衬套磨损、老化或损坏;螺旋弹簧失效或折断。

(3)排除方法:如果前减振器、转向节、下摆臂(梯形臂)的连接螺栓松动,则重新紧固各松动螺栓;如果前减振器漏油严重或前减振器活塞杆与缸筒磨损严重,则需更换前减振器;如果下摆臂(梯形臂)的前后橡胶衬套磨损、老化或损坏,则需更换橡胶衬套;如果螺旋弹簧失效或折断,则需要更换螺旋弹簧。

2)万向节传动轴有噪声

(1)现象:行驶过程中,万向节传动轴有撞击声,车速变化时响声更加明显。

(2)原因:传动轴上的振动缓冲器移位(捷达车);传动轴上的支承轴承损坏(富康车);

内等速万向节与变速器上的驱动凸缘(或称半轴)的连接螺栓松动(捷达与速腾轿车);传动轴变形;球笼式万向节的球毂、钢球、保持架或外壳体磨损;三叉式万向节(新爱丽舍轿车)的三叉式万向节与万向节叉轴磨损。

(3)排除方法:如果传动轴上的振动缓冲器发生移位(捷达车),需要将振动缓冲器复位,如果传动轴上的支承轴承损坏(新爱丽舍轿车),需要更换支承轴承;如果内等速万向节与变速器上的驱动凸缘(或称半轴)的连接螺栓松动(捷达与速腾轿车),需要重新紧固;如果传动轴变形,需要进行校正;如果球笼式万向节的球毂、钢球、保持架或外壳体磨损,则需要更换球笼式万向节;若三叉式万向节(新爱丽舍轿车)的三叉式万向节与万向节叉轴磨损,则需要更换三叉式万向节。

3)前轮自动跑偏

(1)现象:汽车行驶时,不能保持直线行驶方向,而自动偏向一边。

(2)原因:两前轮的气压不一致;两前轮轮胎磨损不一致;左右螺旋弹簧损坏或产生永久变形;左右前减振器损坏或变形;前轮定位角不正确;横向稳定杆橡胶套损坏或固定螺栓松动。

(3)排除方法:若两前轮的气压不一致,导致跑偏,则将两前轮均冲至正常气压;若两前轮轮胎磨损不一致,则需要更换成色相同的轮胎;若左右螺旋弹簧损坏或产生永久变形,则需要两边一起更换螺旋弹簧。若左右前减振器损坏或变形,则需要更换前减振器。如果前轮定位角不正确,则需要重新检查和调整前轮定位角;若横向稳定杆橡胶套损坏或固定螺栓松动,则需要更换橡胶套并重新紧固螺栓。

4)前轮摆动

(1)现象:汽车行驶时,在达到某一速度时,出现转向盘发抖、摆振。

(2)原因:轮辋的螺栓松动;前悬架的螺栓(母)松动;前轮毂轴承磨损;车轮轮辋产生偏摆;车轮不平衡;下摆臂(梯形臂)的球头销(球接头)磨损或松动;转向横拉杆球头销磨损或松动;前轮定位角不正确。

(3)排除方法:如果轮辋的螺栓松动,则需要按规定力矩和顺序紧固螺栓;如果前悬架的螺栓(母)松动,则需要紧固转向节、前减振器及下摆臂(梯形臂)的紧固螺栓(母);如果前轮毂轴承磨损,则需要更换轴承;如果车轮轮辋产生偏摆,则需要更换轮辋;如果车轮不平衡,则需要用轮胎平衡仪进行车轮的平衡;如果下摆臂(梯形臂)的球头销(球接头)磨损或松动,则需要更换球头销(球接头);如果转向横拉杆球头销磨损或松动,则需要更换球头销;如果前轮定位角不正确,则需要校正前轮的前束和外倾角。

6.12.2 后悬架的故障与排除方法

1)后轮摆动

(1)现象:汽车保持直线行驶时,当达到某一速度后,感觉后轮有明显的左右摆动。

(2)原因:后轮轮辋偏摆;后车轮不平衡;后摆臂上短轴变形;后轮载轴承间隙过大;后桥体变形;后减振器失效;纵摆臂与后轴管支架总成间的滚针轴承损坏或磨损。

(3)排除方法:如果后轮轮辋偏摆,则需更换后轮轮辋;如果后车轮不平衡,则需要进行后车轮平衡;如果后摆臂上短轴变形,则需要更换短轴;如果后轮毂轴承间隙过大,则需要进行后轮毂轴承间隙调整;如果后轮毂轴承损坏,需要更换轴承;如果后桥体变形,则更换后桥体;如果后减振器失效,则更换后减振器;如果纵摆臂与后轴管支架总成间的滚针轴承损坏或磨损,则需要更换滚针轴承(新爱丽舍轿车)。

2)后悬架噪声

(1)现象:汽车在行驶过程中,特别是道路颠簸、突然加速、转弯时从后悬架部位发出的噪声。

(2)原因:后减振器漏油或损坏;后减振器端缓冲套损坏;后轮毂轴承损坏;后桥体橡胶支承损坏;后减振器的螺旋弹簧损坏(捷达与速腾轿车);纵摆臂与后轴管支架之间的滚针轴承损坏(新爱丽舍轿车);扭杆与纵摆臂、后轴管支架总成的花键磨损松动(新爱丽舍轿车);后悬架各紧固螺栓(母)松动。

(3)排除方法:如果后减振器漏油或损坏,则更换后减振器;如果后减振器端缓冲套损坏,则更换缓冲套;如果后轮毂轴承损坏,则更换轴承;如果后悬架各紧固螺栓(母)松动,则紧固螺栓(母);如果后桥体橡胶支承损坏,则需要更换后桥体橡胶支承;如果后减振器的螺旋弹簧损坏(捷达与速腾轿车),需要更换螺旋弹簧;如果扭杆与纵摆臂、后轴管支架总成的花键磨损松动(新爱丽舍轿车),则需要更换扭杆;如果纵摆臂与后轴管支架之间的滚针轴承损坏(新爱丽舍轿车),需要更换滚针轴承。

6.13 气体弹簧

气体弹簧分为空气弹簧和油气弹簧两种。空气弹簧又有囊式和膜式两种形式,如图6-37所示。

空气弹簧的结构、原理都很简单,下面仅介绍油气弹簧的结构、原理,如图6-38所示。油气弹簧的球形室固定在工作缸上,室的内腔用橡胶油气隔膜隔开,充入高压氮气的一侧为气室,与工作缸相通并充满油液的一侧为油室。工作缸内装有活塞、阻尼阀及其阀座。

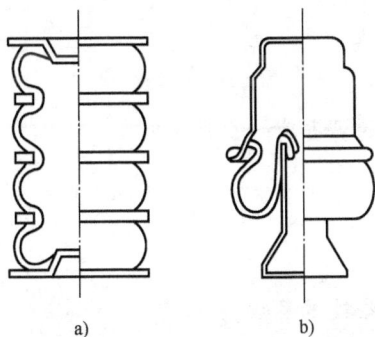

图6-37 空气弹簧
a)囊式空气弹簧;b)膜式空气弹簧

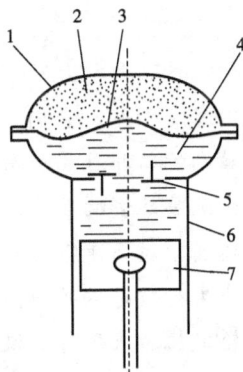

图6-38 油气弹簧
1-球形室;2-气体;3-隔膜;4-油液;5-阻尼阀;6-工作缸;7-活塞

当荷载增加且车架与车桥相互靠近时,活塞上移,使工作缸内容积减小,油压升高,油液顶开阻尼阀进入球形室,推动隔膜向气室方向移动,使气室容积减少,氮气压力升高,油气弹簧的刚度增大。当荷载减小时,在高压氮气的作用下隔膜向油室方向移动,室内油液经阻尼阀流回工作缸,推动活塞下移,这时气室容积增大,氮气压力下降,弹簧刚度减小。当氮气压力通过油液传递作用在活塞上的力与荷载平衡时,活塞便停止移动。随着荷载的变化,气室内氮气也随之变化,相应地活塞处于工作缸中不同位置。可见,油气弹簧具有变刚度的特性。

空气弹簧多用于重型和高级汽车上。采用空气弹簧的优点是:悬架刚度能适应荷载和路面的变化并随之变化,并能防止空车时车身被抬高,满载时车身被压得很低。对于轿车还要求在好路上降低车身高度,提高行驶速度;在坏路上提高车身,可以增加通过能力。这些要求可以采用空气弹簧非独立悬架来满足。

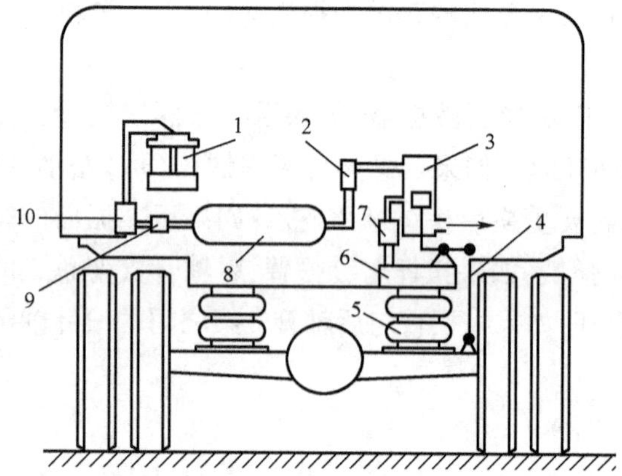

图6-39 空气弹簧非独立悬架

1-压气机;2、7-空气滤清器;3-车身高度控制阀;4-控制杆;5-空气弹簧;6-储气罐;8-储气筒;9-压力调节器;10-油水分离器

图6-39所示为空气弹簧非独立悬架,空气弹簧5上下端分别固定在车架上,经压气机1产生的压缩空气经油水分离器10和压力调节器9进入储气筒8。压力调节器可使储气筒的压缩空气保持一定压力。储气筒和空气弹簧由车身高度控制阀3控制。空气弹簧只承受垂直荷载,因而必须加设导向装置,车轮所受纵向力和横向力及其力矩,由悬架中的纵向推力杆和横向推力杆来传递。

思考题

(1)何谓车轮定位?什么是前束?

(2)车轮定位的内容有哪些?它们分别起什么作用?

(3)独立悬架式转向桥与非独立悬架式转向桥前束的调整有什么区别?

(4)表述造成转向沉重的影响因素。

(5)试分析有哪些因素对高速摆振产生影响。

(6)试分析说明产生行驶跑偏的原因。

(7)车辆进行四轮定位时采用什么仪器?可调整哪些技术参数?

单元七

Unit

汽车转向发飘故障检修

学习情境

客户驾驶一辆已经使用了 8 年的长城风骏皮卡来到维修车间,向维修业务接待员反映他的车辆在行驶中方向不好控制,初步检查发现该车配置的是齿轮-齿条机械式转向器,转向盘有很大的自由行程,询问中得知该车辆这几年来一直未对前桥及转向系统进行过维护。

生产任务　检修机械式转向器

1)工作对象

配备机械式转向器的待修车辆 1 辆。

2)工作内容

(1)领取所需的工具、耗材,做好工作准备。

(2)从车辆上断开蓄电池电源线,拆除转向盘、转向管柱、转向摇臂等外围部件。

(3)从车辆上拆下机械式转向器总成,并进行分解。

(4)检查机械式转向器各零部件,对主要零部件进行检测,分析检测结果,制订机械式转向器修复方案。

(5)按维修手册的要求修复调整好转向器,并将其装回车上。

(6)安装转向摇臂、转向管柱、转向盘,连接蓄电池电源接线等外围部件。

(7)调整转向盘自由行程。

(8)检查、评价工作质量。

(9)整理工具,清洁工作场地。

3)工作目标与要求

(1)学生应以小组工作的方式,完成本项工作任务。

(2)学生应当能在小组成员的配合下,利用汽车维修手册(或实训指导书),制订并实施工作计划。

(3)能通过阅读资料和现场观察,辨别所拆装机械式转向器的类型。

(4)能认识所检修机械式转向器的零部件,口述机械式转向器的工作原理和各零部件的作用。

(5)能向客户解释所修车辆机械式转向器的损伤情况和修复方案。

(6)能按规范的步骤,完成机械式转向器的拆装检修作业,恢复汽车的行驶能力。

(7)在工作过程中养成着工装的好习惯,展现良好工匠可信的中国形象。

相 关 知 识

7.1 转向系统概述

汽车在行驶过程中,需按驾驶员的要求经常改变其行驶方向,即所谓汽车转向。就轮式汽车而言,驾驶员是通过一套专设的机构,使汽车转向桥(一般是前桥)上的转向轮相对于汽车纵轴线偏转一定角度,从而实现汽车的转向。在汽车直线行驶时,转向轮也往往因受路面侧向干扰力的作用,自动偏转而改变行驶方向,此时,驾驶员也可以利用这套机构控制转向轮,从而使汽车恢复原来的行驶方向。用来改变或恢复汽车行驶方向的专设机构,即称为汽车转向系统。

汽车转向系统可按转向能源的不同,分为机械转向系统和动力转向系统两大类。本单元主要学习机械转向系统的结构和检修。

机械转向系统以驾驶员的体力作为转向能源,其中所有传力件都是机械的。机械转向系统由转向操纵机构、转向器和转向传动机构三大部分组成,如图 7-1 所示。

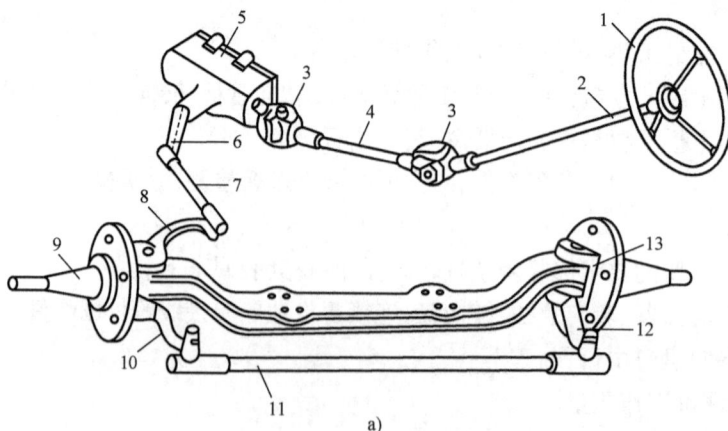

a)

图 7-1

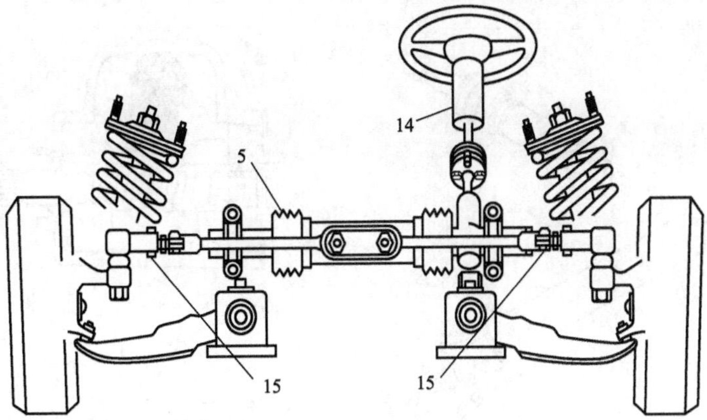

b)

图 7-1　机械转向系统示意图

a)非独立悬架机械式转向系统;b)独立悬架机械式转向系统

1-转向盘;2-转向轴;3-转向万向节;4-转向传动轴;5-转向器;6-转向摇臂;7-转向直拉杆;8-转向节臂;9-左转向节;10、12-梯形臂;11-转向横拉杆;13-右转向节;14-转向柱管;15-转向传动机构

(1)转向操纵机构。包括从转向盘 1 到转向器 5 这一系列零部件,是驾驶员操纵转向器的工作机构。

(2)转向器。转向器一般固定在汽车车架或车身上,用于将转向盘的转动变为转向摇臂的摆动或齿条轴的直线往复运动,以控制转向轮的摆动。

(3)转向传动机构。将转向器输出的力和运动传给车轮(转向节),并使左右车轮按一定关系进行偏转的机构。传动机构包括转向摇臂 6、转向直拉杆 7、转向节臂 8、转向梯形臂 10、12 和转向横拉杆 11 等。

7.2　机械式转向器

7.2.1　转向器概述

转向器是转向系统中的减速增力传动装置。其功用是增大由转向盘传到转向节的力,并改变力的传递方向。

转向器的种类较多,一般是按转向器中啮合传动副的结构形式分类,可分为齿轮齿条式、循环球式和蜗杆曲柄指销式等几种。目前常用的有齿轮齿条式、循环球式转向器,如图 7-2 所示。

按传动效率的不同,转向器还可以分为可逆式转向器、极限可逆式转向器和不可逆式转向器。

可逆式转向器是指正、逆传动效率都很高的转向器。这种转向器有利于汽车转向后转向轮的自动回正,转向盘"路感"很强,但也容易在坏路行驶时出现"打手",所以主要应用于经常在良好路面行驶的车辆。

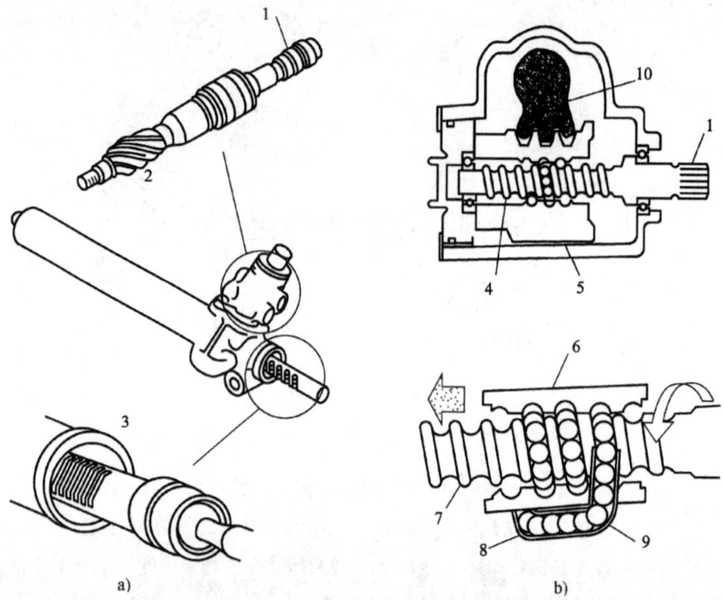

图 7-2　齿轮齿条式和循环球式转向器

a)齿轮齿条式;b)循环球式

1-转向轴;2-小齿轮;3-齿条;4-转向螺杆;5-转向螺母(循环球螺母);6-转向螺母(循环球螺母);7-转向螺杆;8-钢球导管;9-钢球;10-齿扇轴

极限可逆式转向器是指正传动效率远大于逆传动效率的转向器。这种转向器能实现汽车转向后转向轮的自动回正,但"路感"较差,只有当路面冲击力很大时才能部分地传到转向盘,主要应用于中型以上的越野汽车、工矿用自卸汽车等。

不可逆式转向器是指逆传动效率很低的转向器,这种转向器使驾驶员不能得到路面的反馈信息,没有"路感",而且转向轮也不能自动回正,所以很少采用。

转向器的输出功率与输入功率之比称为转向器传动效率。当功率由转向盘输入,从转向摇臂输出时,所求得的传动效率称为正效率;反之,则称为逆效率。

7.2.2　转向器的构造和工作原理

1)齿轮齿条式转向器

齿轮齿条式转向器主要由转向齿条、转向齿轮、转向机壳体、转向拉杆、顶块、弹簧、调整垫圈等组成,如图 7-3 所示。转向器壳体用螺栓固定在车身(车架)上。转向齿轮轴通过球轴承、滚柱轴承垂直安装在壳体中,其上端通过花键与转向轴相连,其下部是与轴制成一体的转向齿轮。转向齿轮是转向器的主动件,与它相啮合的转向齿条呈水平布置,齿条背面装有压簧垫块。在压簧的作用下,压簧垫块将齿条压靠在齿轮上,保证二者无间隙啮合。调整螺塞可用来调整压簧的预紧力。压簧不仅起消除啮合间隙的作用,而且还是一个弹性支承,可以吸收部分振动能量,缓和冲击。当转动转向盘时,转向器齿轮2转动,使与之啮合的转向齿条1沿轴向移动,从而使左右横拉杆带动转向节左右转动,动力由转向器两端输出,使转向车轮偏转,从而实现汽车转向。

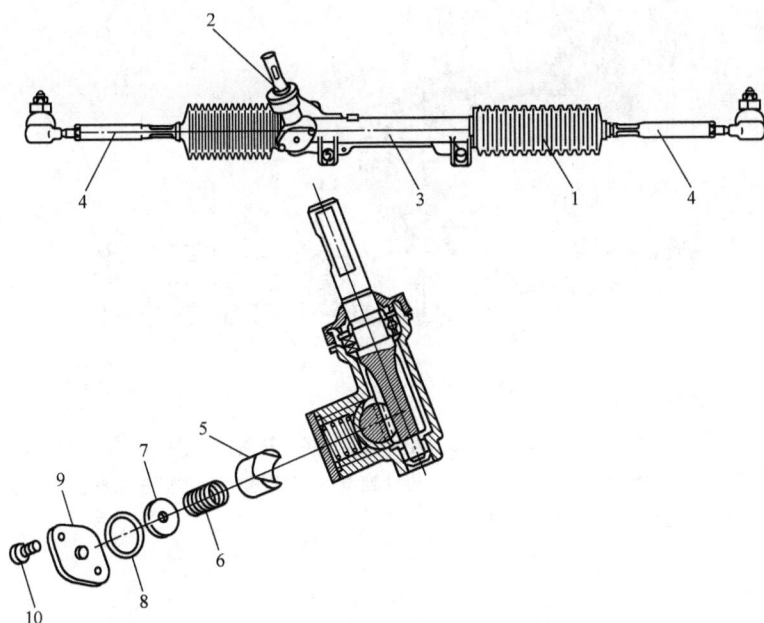

图 7-3 齿轮齿条两端输出式转向器
1-转向齿条;2-转向齿轮;3-转向机壳体;4-转向拉杆;5-顶块;6-弹簧;7-调整垫圈;8-密封圈;9-连接凸缘;10-螺钉

工作时,转向主轴下端上的转向齿轮与转向齿条啮合,当转动转向盘时,转向齿轮就转动,向右向左移动转向齿条,通过转向齿条接头和横拉杆接头把转向齿条的运动传送到转向节臂上。

齿轮齿条式转向器有以下特性:

(1)结构紧凑、简单,使用轻便。因为齿轮箱小,并且齿条本身可用作转向传动机构。

(2)直接齿轮啮合,所以转向反应非常灵敏。

(3)滑动和转动阻力小,转矩传送好,所以转向非常轻。

(4)由于转向齿轮组件是完全密封的,所以它不需要维护。

图 7-4 所示的齿轮齿条式转向器的结构及工作原理与上述齿轮齿条式转向器基本相同,不同之处在于它在转向齿条的中部用螺栓 6 与左右转向横拉杆 7 相连。

齿轮齿条式转向器结构简单,传动效率高,操纵轻便,质量轻,由于不需要转向摇臂和转向直拉杆,还使转向传动机构得以简化。在有效地解决了逆传动效率高和实现转向器可变速比等技术问题后,这种转向器在前轮为独立悬架的轿车和轻型、微型货车上得以广泛应用。

2)循环球-齿条齿扇式转向器

循环球-齿条齿扇式转向器如图 7-5 所示。它有两级传动副,第一级传动副是转向螺杆 12 和转向螺母 3 之间的螺纹传动;第二级传动副是转向螺母 3 下平面的齿条与齿扇轴 21 上的齿扇之间的齿条-齿扇传动。

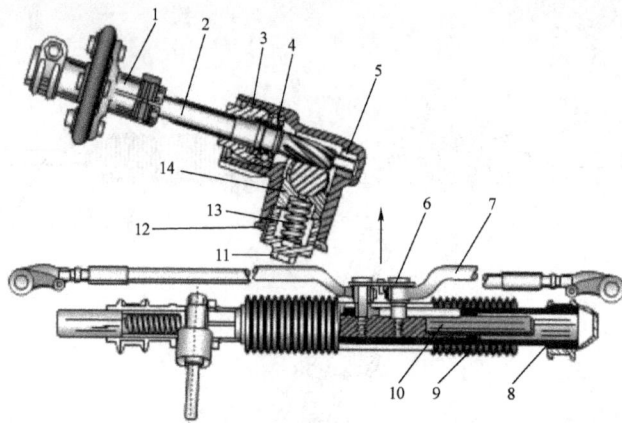

图 7-4　中间输出的齿轮齿条式转向器

1-万向节叉;2-转向齿轮轴;3-调整螺母;4-向心球轴承;5-滚针轴承;6-固定螺栓;7-转向横拉杆;8-转向器壳体;9-防尘套;
10-转向齿轮;11-调整螺塞;12-锁紧螺母;13-压紧弹簧;14-压块

图 7-5　循环球式转向器

1-螺母;2-弹簧垫圈;3-转向螺母;4-转向器壳体密封垫圈;5-转向器壳体底盖;6-转向器壳体;7-导管夹;8-加油(通气)螺
塞;9-钢球导管;10-球轴承;11、23-油封;12-转向螺杆;13-钢球;14-调整垫片;15-螺栓;16-调整垫圈;17-侧盖;18-调整螺
钉;19-锁紧螺母;20、22-滚针轴承;21-齿扇轴(摇臂轴)

转向螺杆 12 支承在两个推力球轴承 10 上,轴承的预紧度可通过调整垫片 14 调整。在转向螺杆 12 上松套着转向螺母 3。为了减少它们之间的摩擦,二者的螺纹并不直接接触,其间装有许多钢球 13,以实现滚动摩擦。

当转向盘转动转向螺杆 12 时,通过钢球将力传给转向螺母,转向螺母 3 不能随之转动,而只能沿转向螺杆 12 轴向移动,其齿条带动齿扇绕着转向摇臂轴 21 作圆弧运动,从而使转向摇臂轴 21 连同摇臂产生摆动,通过转向传动机构使转向轮偏转,实现汽车转向。

转向螺母 3 下平面上加工出的齿条是倾斜的,与之相啮合的是变齿厚齿扇。只要使齿扇轴 21 相对于齿条做轴向移动,便可调整二者的啮合间隙。调整螺钉 18 旋装在侧盖 17 上。齿扇轴 21 靠近齿扇的端部切有 T 形槽,调整螺钉 18 的圆柱形端头嵌入此切槽中,端头与 T 形槽的间隙用调整垫圈 16 来调整。旋入调整螺钉 18,则齿条与齿扇的啮合间隙减小;旋出螺钉则啮合间隙增大。调整好后用锁紧螺母 19 锁紧。

循环球-齿条齿扇式转向器工作时,螺旋槽切进蜗杆轴里并且循环球螺母和许多钢球在蜗杆轴和循环球螺母旋槽里循环滚动,循环球螺母的下侧面有齿条齿,它们与齿扇轴上的齿轮啮合,通过齿扇轴把转向齿条的运动传送到转向摇臂上。

循环球-齿条齿扇式转向器有以下特性:

(1)因为转向主轴的旋转是靠滚动球接触面传送的,所以循环球螺母滑动的摩擦力非常小。

(2)这种结构可以耐受大荷载转向。

(3)滑动阻力小,由于循环球的作用在蜗杆轴与齿扇轴之间的摩擦非常小。

(4)转向操作角度大。

7.3　转向操纵机构

转向操纵机构的功用是将驾驶员操纵转向盘的力传给转向器,同时为了驾驶员舒适驾驶,还要求转向操纵机构可以进行调节,以满足不同驾驶员的需求;为了防止车辆撞击后对驾驶员的损伤,还要求转向操纵机构具有一定的安全保护装置。

图 7-6 所示为汽车转向操纵机构,转向操纵机构一般由转向盘 1、转向管柱 2、上转向轴 3、转向传动轴 5、转向万向节滑动叉 6 等组成。

转向管柱是由把转向盘的旋转运动传送到转向机的转向主轴和把转向传动轴固定到车身上的柱管组成的。转向主轴的顶端是锥

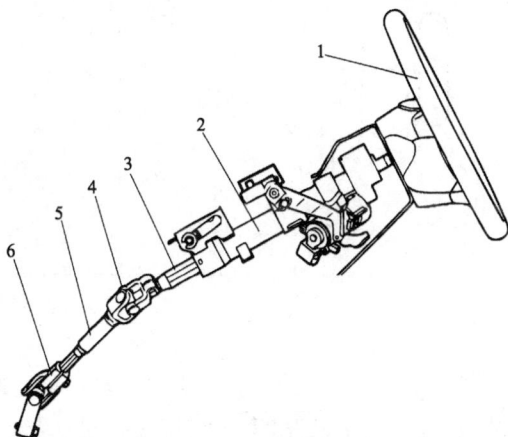

图 7-6　转向操纵机构

1-转向盘;2-转向管柱;3-上转向轴;4-十字轴;5-转向传动轴;6-转向万向节滑动叉

形的和锯齿形的,转向盘是用一只螺母装配到其上面的。转向管柱装有一只碰撞吸能机构,该机构吸收推力,否则在撞击时该推力就施加到驾驶员身上。转向管柱通过断开式托架装配到车身上,这样转向管柱可以在碰撞中很容易塌缩。

一般来说,用挠性接头或万向节把转向传动轴的下部连接到转向机上,以便将从转向机传到转向盘的路面振动减至最小。除碰撞吸能机构外,在某些车辆上的转向柱上还可装有许多的转向控制系统,例如:转向锁定机构,倾斜转向机构,伸缩式转向机构等。

7.4 转向传动机构

7.4.1 转向传动机构的功用与类型

转向传动机构的功用是将转向器输出的力和运动传给转向轮,使两侧转向轮偏转以实现汽车转向,并保证左右转向轮的偏转角按一定关系变化。

图7-7所示为应用在非独立悬架上的转向传动机构。这是一种最传统的转向传动机构,由转向摇臂2、转向直拉杆3、转向节臂4、两个转向梯形臂5和转向横拉杆6等组成。各杆件之间都采用球形铰链连接,并设有防止松动、缓冲吸振、自动消除磨损后的间隙等结构。

当前桥仅为转向桥时,由转向梯形臂5和转向横拉杆6组成的转向梯形机构一般布置在前桥之后,如图7-7a)所示,称为后置式。这种布置简单方便,且后置的横拉杆6有前面的车桥作保护,可避免直接与路面障碍物相碰撞而损坏。当发动机位置较低或前桥为转向驱动桥时,往往将转向梯形机构布置在前桥之前,如图7-7b)所示,称为前置式。若转向摇臂2不是在汽车纵向平面内前后摆动,而是在与路面平行的平面内左右摆动,则可将转向直拉杆3横向布置,并借球头销直接带动转向横拉杆6,从而推动转向梯形臂5转动,如图7-7c)所示。

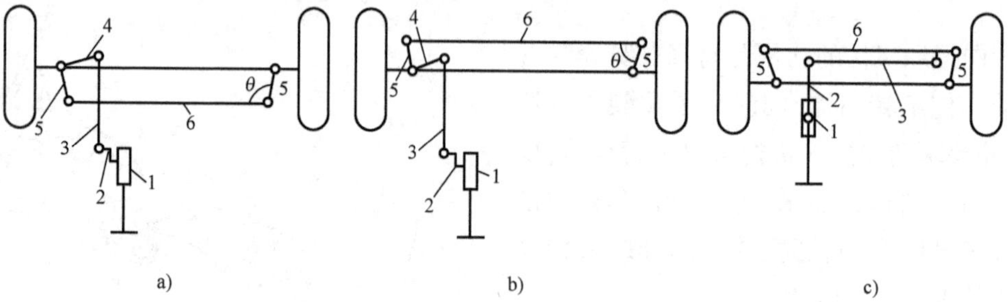

图7-7 与非独立悬架配用的转向传动机构示意图
1-转向器;2-转向摇臂;3-转向直拉杆;4-转向节臂;5-转向梯形臂;6-转向横拉杆

当转向轮采用独立悬架时,由于转向桥必须是断开式的,每个转向轮都可以相对于车架(或车身)作独立运动,所以,转向传动机构中的转向梯形机构也必须分成两段或三段。图7-8为几种与独立悬架配用的转向传动机构示意图。其中图7-8a)、b)所示的机构与循环球式转向器配用,图7-8c)、d)所示的机构与齿轮齿条式转向器配用。

7.4.2　转向传动机构的组成与构造

转向传动机构的组成与其结构形式有很大的关系,图7-9所示为非独立悬架的转向传动机构的组成,图7-10所示为独立悬架的转向传动机构的组成。由图可知,转向传动机构主要由转向摇臂、转向直拉杆、转向节、转向节臂、转向梯形臂、转向横拉杆等组成。有些汽车上还装置有转向减振器。

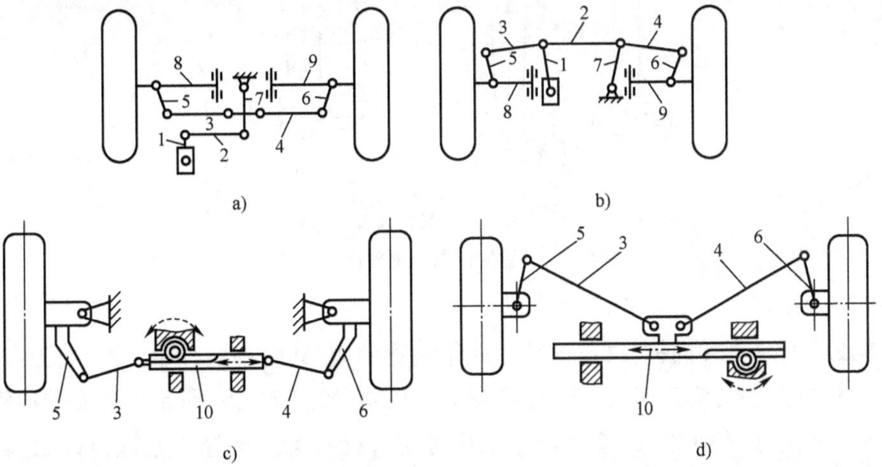

图7-8　与独立悬架配用的转向传动机构示意图
1-转向摇臂;2-转向直拉杆;3-左转向横拉杆;4-右转向横拉杆;5-左梯形臂;6-右梯形臂;7-摇臂;8-悬架左摆臂;9-悬架右摆臂;10-齿轮齿条式转向器

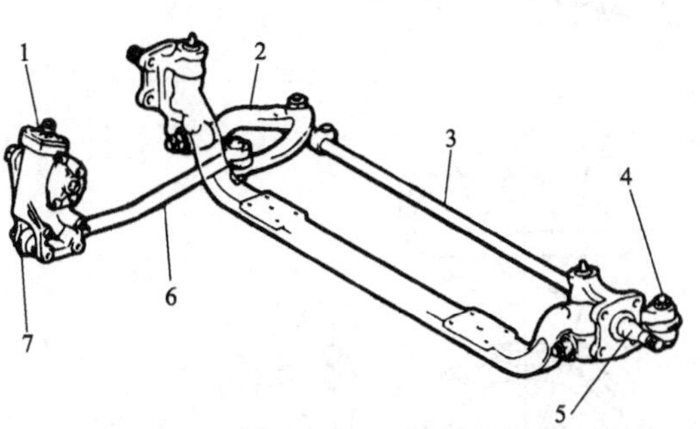

图7-9　非独立悬架转向传动机构组成
1-转向器;2-转向节臂;3-横拉杆;4-横拉杆球头;5-转向节;6-直拉杆;7 转向摇臂

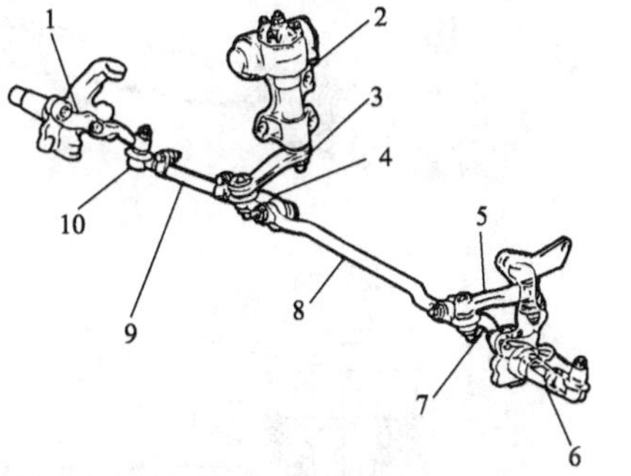

图7-10　采用循环球式转向器的独立悬架转向传动机构组成
1-转向节臂;2-转向器;3-转向摇臂;4-横拉杆;5-随动臂;6-转向节;7-横拉杆;8-中继杆;9-横拉杆;10-横拉杆球头

1)转向摇臂

图7-11所示为常见转向摇臂的结构形式,其大端具有三角细花键锥形孔,用以与转向摇臂轴外端相连接,并用螺母固定;其小端带有球头销,以便与转向直拉杆作空间铰链连接。转向摇臂安装后,从中间位置向两边摆动的角度应大致相等,故在把转向摇臂安装到摇臂轴上时,二者相应的角度位置应正确。为此,常在摇臂大孔外端面上和摇臂轴的外端面上各刻

有短线,或是在二者的花键部分上都少铣一个齿作为装配标记。装配时应将标记对齐。

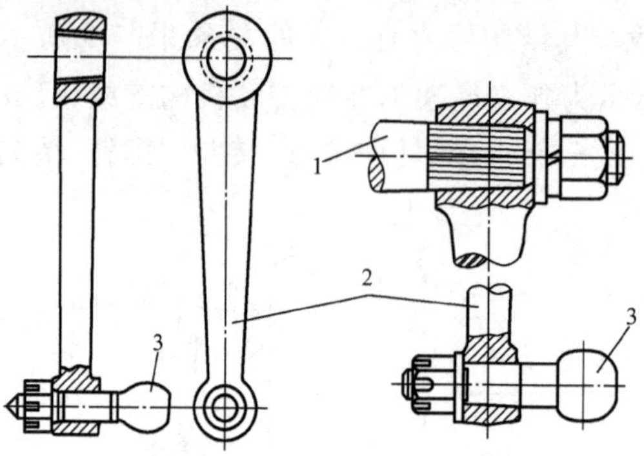

图7-11 转向摇臂

1-转向摇臂轴;2-转向摇臂;3-球头销

2)转向横拉杆

图7-12a)所示为转向横拉杆,横拉杆体用钢管制成,其两端切有螺纹,一端为右旋,一端为左旋,与横拉杆接头旋装连接。两端接头结构相同,如图7-12b)所示。接头的螺纹孔壁上开有轴向切口,故具有弹性,旋装到杆体上后可用螺栓夹紧。旋松夹紧螺栓以后,转动横拉杆体,可改变转向横拉杆的总长度,从而调整转向轮前束。

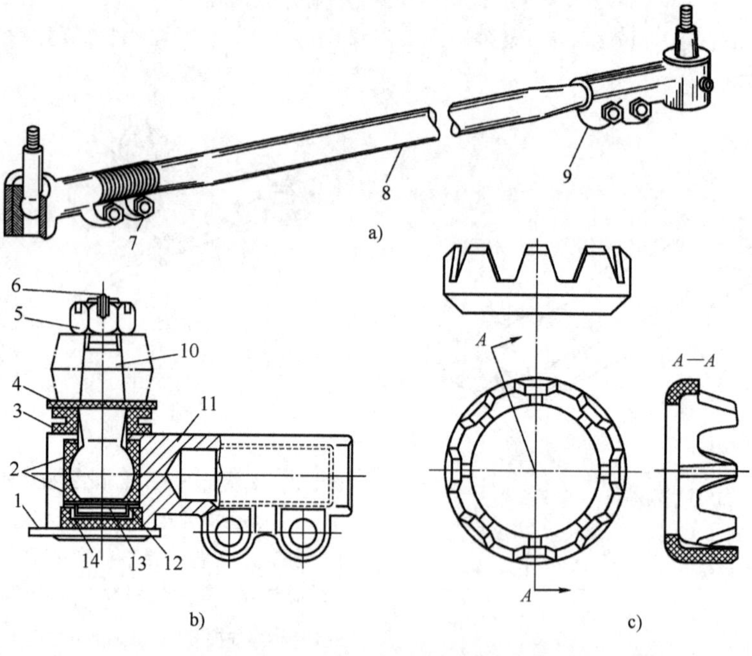

图7-12 转向横拉杆

a)转向横拉杆;b)接头;c)球头座

1-限位销;2-球头座;3-防尘罩;4-防尘垫;5-螺母;6-开口销;7-夹紧螺栓;8-横拉杆体;9、11-横拉杆接头;10-球头销;12-弹簧座;13-弹簧;14-螺塞在横拉杆两端的接头上都装有球头销等零件组成的球形铰链。球头销的球头部分被夹在上、下球头座内,球头座用聚甲醛制成,有较好的耐磨性。球头座的形状如图7-12c)所示。装配时,上、下球头座凹凸部分互相嵌合。弹簧通过弹簧座压向球头座,以保证两球头座与球头的紧密接触,在球头和球头座磨损时能自动消除间隙,同时还起缓冲作用。弹簧的预紧力由螺塞调整。球铰上部有防尘罩,以防止尘土侵入。球头销的尾部锥形柱与转向梯形臂连接,并用螺母固定、开口销锁紧。

图7-13所示为断开式转向桥横拉杆组成。转向器齿条的两端制有内螺纹。转向横拉杆的内端装有带螺纹的球头,并将其旋入齿条中。横拉杆的外端也通过螺纹与横拉杆接头连接,并用螺母锁紧。横拉杆接头外端通过球头销与转向节连接。松开锁紧螺母,转动转向横拉杆(左、右两侧横拉杆的转动量应相同)可以调整前轮前束。

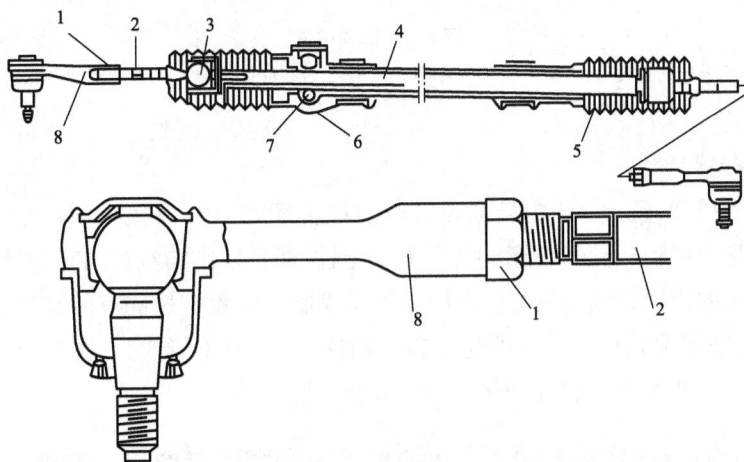

图7-13　断开式转向桥横拉杆组成

1-锁紧螺母;2-转向横拉杆;3-球头;4-转向器齿条;5-防尘罩;6-转向器壳体;7-转向器齿轮;8-转向横拉杆球头

3)转向球头

转向球头是用于连接转向转动机构的各部件,如转向摇臂和直拉杆、转向直拉杆和转向横拉杆、转向节臂和横拉杆等,如图7-14所示。转向球头是由球头销、球头座、弹簧座、压缩弹簧和螺塞等组成的球铰链。球头销的锥形部分与转向摇臂连接,并用螺母固定;其球头部分的两侧与两个球头座配合,前球头座靠在端部螺塞上,后球头座在弹簧的作用下压靠在球头上,这样,两个球头座就将球头紧紧夹持住。为保证球头与座的润滑,可从注脂嘴注入润滑脂。拆装时供球头出入的直拉杆体上的孔口用油封垫的护套盖住,以防止润滑脂流出和污物侵入。

压缩弹簧能自动消除因球头与座磨损而产生的间隙,弹簧座的小端与球头座之间留有不大的间隙,作为弹簧缓冲的余地,并可限制缓冲时弹簧的压缩量(防止弹簧过载)。此外,当弹簧折断时,此间隙可保证球头销不致从管孔中脱出。端部螺塞可以调整此间隙,调整间隙的同时,也调整了前弹簧的预紧度。调好后用开口销固定螺塞的位置,以防松动。

现代汽车上使用的转向球头通常是不可分解的,损坏后必须更换。

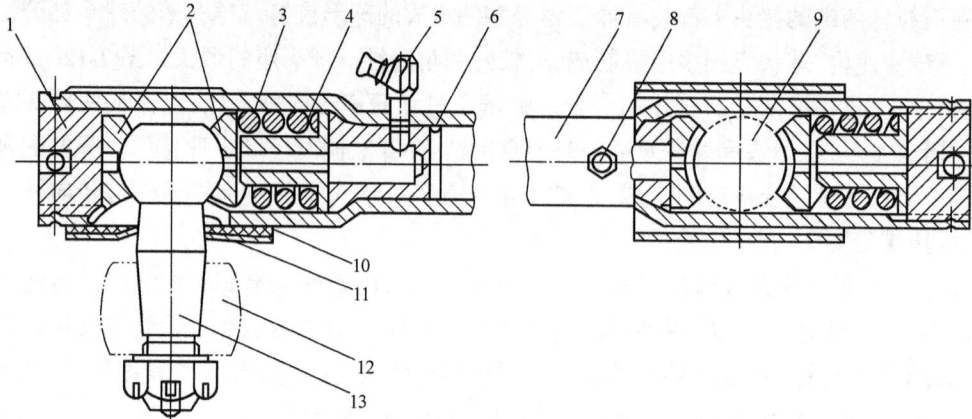

图 7-14 转向球头

1-端部螺塞;2-球头座;3-压缩弹簧;4-弹簧座;5、8-注脂嘴;6-座塞;7-直拉杆体;9-转向节臂球头销;10-油封垫;11-油封垫护套;12-转向摇臂;13-球头销

4)转向减振器

随着车速的提高,现代汽车的转向轮有时会产生摆振(转向轮绕主销轴线往复摆动,甚至引起整车车身的振动),这不仅影响汽车的稳定性,而且还影响汽车的舒适性、加剧前轮轮胎的磨损。在转向传动机构中设置转向减振器是克服转向轮摆振的有效措施。转向减振器的一端与车身(或前桥)铰接,另一端与转向直拉杆(或转向器)铰接。图 7-15 为奥迪 A4 转向减振器结构图。减振器泄漏时,不能加油,只能更换。

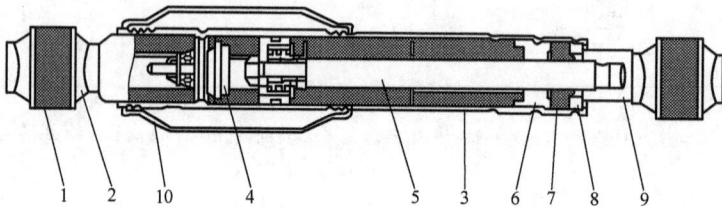

图 7-15 奥迪 A4 转向减振器结构图

1-连接环衬套;2-连接环橡胶套;3-油缸;4-压缩阀总成;5-活塞总成;6-导向座;7-油封;8-挡圈;9-轴头及连接环总成;10-橡胶储油缸

7.4.3 电动汽车转向机构布置方案

目前,电动汽车转向系统是在传统转向机构的基础上增加助力电动机和减速器,电动汽车转向助力机构布置方案有以下 3 种方式:

(1)转向轴助力式电动转向机构,其电动机布置在靠近转向盘下方,并经蜗轮蜗杆机构与转向轴连接,如图 7-16a) 所示。

(2)齿轮助力式电动转向机构,其电动机布置在与转向器主动齿轮相连的位置,并通过驱动主动齿轮实现助力,如图 7-16b) 所示。

(3)齿条助力式电动转向机构,其电动机和减速机构布置在齿条处,并直接驱动齿条实现助力,如图7-16c)所示。

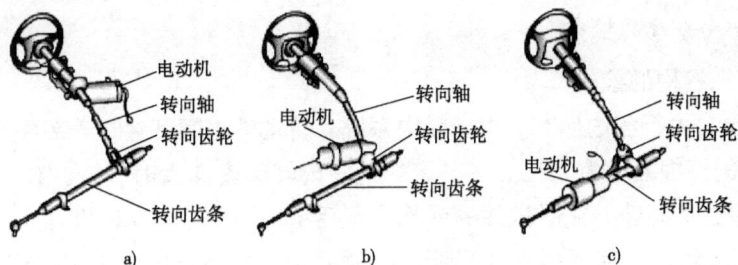

图7-16　电动汽车转向机构布置方案示意图
a)转向轴助力式;b)齿轮助力式;c)齿条助力式

课 堂 讨 论

(1)什么叫做汽车转向?举例说明如何实现转向。

(2)试分析转向器的传动效率、自由行程与磨损之间的关系。

(3)分析转向横拉杆在检修中的重要性。如何区别对待整体式和断开式转向横拉杆的调整?

(4)试比较分析与独立悬架配用的转向传动机构不同布置形式的优缺点。

(5)转向传动机构横、直拉杆各球头销磨损松旷、弹簧折断或调整过松会造成什么结果?

(6)电动汽车电子助力转向机构有哪些优缺点?

相 关 技 能

7.5　转向器的拆卸与安装

7.5.1　转向器的拆卸

转向器拆卸时,基本拆卸步骤和注意事项如下:

(1)固定转向盘,或用安全带穿过转向盘,将转向盘固定,以免气囊螺旋拉索折断。

(2)拆掉中间轴(转向管柱)。拆下之前,在转向齿轮和转向中间轴上做出标记。

(3)拆卸转向器总成。用专用工具支承发动机与变速器总成,拆下万向节螺栓、防尘套、副车架螺栓,从转向节臂上拆下横拉杆,然后从后端取出转向器总成。

7.5.2　转向器的安装

安装转向器时,应使前轮处于正前方位置,转向盘处于正中位置,转向器转到中间位置。然后按转向器和转向中间轴上的标记,将转向器和中间轴连接。再安装其他附件,调整前轮前束。

转向系统的检查与检修

7.6.1 转向系统的检查

1)转向操纵机构的检查

(1)转向盘自由行程的检查。由于转向系统各传动件之间都存在着装配间隙,而且这些间隙将随零件的磨损而增大,因此,在一定的范围内转动转向盘时,转向节并不随即同步转动,而是在消除这些间隙并克服机件的弹性变形后,才作相应的转动,即转向盘有一空转过程。转向盘为消除间隙、克服弹性变形所空转过的角度称为转向盘自由行程。转向盘自由行程对于缓和路面冲击及避免驾驶员过度紧张是有利的,但过大的自由行程会影响转向灵敏性。一般规定,转向盘从直行中间位置向任一方向转动的自由行程为10°~15°。当零件磨损到使转向盘的自由行程超过25°时,则必须进行调整。通常是通过调整转向器传动副的啮合间隙来调整转向盘自由行程。

汽车每行驶12 000km左右(或按出厂维护规程要求),应检查转向盘的自由行程,检查方法是:

①起动发动机(机械转向系统无须起动发动机)。

②转动转向盘使前轮处于直线行驶位置。

③轻轻移动转向盘(或使用弹簧扭力计拉动转向盘),在转向轮就要开始移动时(即感觉到有阻力时),测量转向盘外缘转过的角度,应符合规定要求。

④如果不符合要求,应该检查转向器间隙、调整转向球头销等。

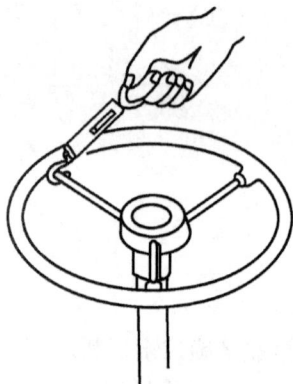

图7-17 转向盘转动阻力检查

(2)转向盘转动阻力检查。转向盘转动阻力可用如图7-17所示的弹簧秤拉动转向盘边缘进行测量。转动力 $= M/r$,式中 M 为转动力矩;r 为转向盘半径。

(3)转向盘锁止功能的检查:

①将点火开关转至"LOCK"位置,轻轻转动转向盘,此时转向盘应该锁止不能转动。

②将点火开关转至"ACC"位置,转向盘应能自由转动。

(4)转向操纵机构松动、摆动检查。用双手握住转向盘,在轴向和径向方向上用力摇动,观察此时转向盘是否移位。由此了解转向盘与转向轴的安装情况、轴承是否松旷等。如有松旷等情况应及时调整。

2)转向器的维护

通过转向盘自由行程和转向盘转动阻力的检查,可以判断转向器轴承预紧度和转向器传动副配合间隙大小,如果不符合要求,需要对转向器轴承预紧度和转向器传动副配合间隙进行调整。

3)转向传动机构的维护

(1)目视检查:

①目视检查转向传动机构是否弯曲、损坏,防尘罩是否有裂纹或破损;如有,应及时检修。

②目视检查转向器及润滑油是否泄漏;如有,应及时检修。

(2)松动、摆动检查。用手摇晃转向传动机构检查是否松动或摆动;如有松旷等情况,应及时调整。

7.6.2 转向器主要零件的检修

1)齿轮齿条式机械转向器的检修

(1)零件出现裂纹应更换,横拉杆、齿条在总成修理时应进行隐伤检验。

(2)转向齿条的直线度误差不得大于0.30mm。

(3)齿面上无疲劳剥落及严重的磨损;否则,应更换。

(4)更换转向齿轮轴承。

2)循环球机械转向器的检修

(1)转向器壳体的检修:

①壳体、侧盖产生裂纹应更换,二者结合平面的平面度公差一般为0.10mm。

②壳体变形。壳体变形的特点是摇臂轴轴承承孔的公共轴线对于转向螺杆两轴承承孔公共轴线的垂直度误差逾限(公差为0.04~0.06mm)两轴线的轴心距变大(公差为0.10mm)。这样不但会引起转向沉重的故障,同时减少了转向器传动副传动间隙可调整的次数,缩短了转向器的使用寿命。

针对上述故障,目前一些维修店一般采用更换总成进行维修。

(2)转向螺杆与转向螺母的检修:

①转向螺杆与转向螺母的钢球滚道应无疲劳磨损、划痕等损伤,钢球与滚道的配合间隙不得大于0.10 mm。检验钢球与滚道配合间隙的方法有两种:一种方法是把转向螺母夹持固定后,把转向螺杆旋转到一端止点,然后检验转向螺杆另一端的摆动量,其摆动量不得大于0.10mm,转向螺杆的轴向窜动量也不得大于0.10 mm。另一种方法是将转向螺杆和转向螺母配合副清洗干净后,把转向螺杆垂直提起,如转向螺母在重力作用下,能平稳地旋转下落,说明配合副的传动间隙合格。若无其他损伤,传动副组件一般不进行拆检。

②总成修理时,应检查转向螺杆的隐伤,若产生隐伤、滚道疲劳剥落、三角键有台阶形磨损或扭曲,应更换。

③转向螺杆的支承轴颈若产生疲劳磨损,会引起明显的转向盘沉重、转向迟钝。可按原厂规定进行锥角磨削修整轴颈,然后刷镀修复。实践证明,修复后的耐久性可达100000km以上。

(3)摇臂轴的检修:

①总成大修时,必须进行隐伤检验,如有裂纹应更换,不许焊修。

②轴端花键出现台阶形磨损、扭曲变形,应更换。

③支承轴颈磨损逾限,但无其他损伤可进行刷镀修复或喷焊修复。

小组工作

（1）每3~5名学生组成1个工作小组，确定1名小组长，接受工作任务，做好工作准备。

（2）阅读工作单，查阅维修手册（或实训指导书），观察待修车辆的机械式转向器，讨论拆卸方法和步骤，确定小组人员工作分工。向实训指导教师汇报讨论结果，经指导教师同意后，开始下一步的工作。

（3）按照工作单的引导，完成待修车辆机械式转向器的拆卸、分解、检查和修理工作。

（4）在完成工作任务的过程中，根据工作单的要求，完成机械式转向器零部件认识、工作原理描述等学习任务。

（5）完成工作单要求的机械式转向器主要零部件的检测与调整，将检测、调整结果记录在工作单的相应栏目，并对结果作出分析。

（6）回答指导教师的现场提问，接受指导教师的技能考核。

（7）完成工作任务后，对工作过程进行自我评价和小组互评，听取指导教师的点评。

（8）清洁工作场所，清点维护工具设备，完成任务交接。

拓展知识与技能

7.7　蜗杆曲柄指销式转向器

图7-18所示为EQ1094FJ型汽车的蜗杆曲柄双销式转向器。它主要由转向器壳体、转向蜗杆、转向摇臂、指销、调整螺钉等组成。

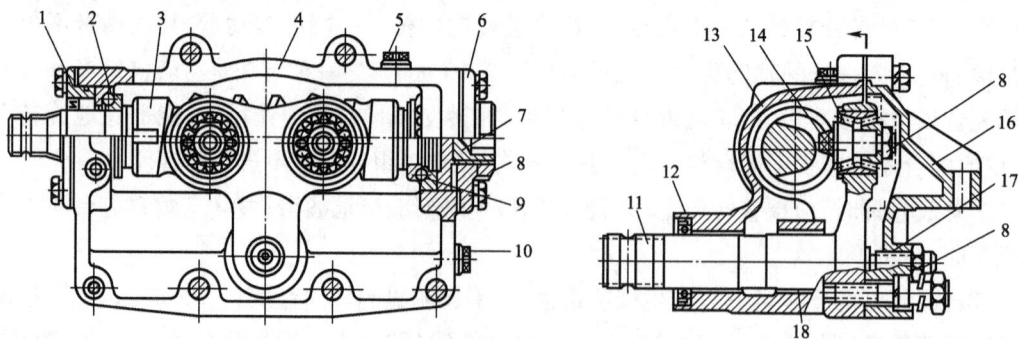

图7-18　东风EQ1094FJ型汽车转向器

1-上盖；2-向心推力轴承1；3-转向蜗杆；4-转向器壳体；5-加油螺塞；6-下盖；7-调整螺塞；8-螺母；9-向心推力轴承2；10-放油螺塞；11-摇臂轴；12-油封；13-转向器壳体；14-指销；15-双排圆锥滚子轴承；16-侧盖；17-调整螺钉；18-衬套

转向器壳体固定在车架的转向器支架上。壳体内装有传动副，其主动件是转向蜗杆，从动件是装在摇臂轴曲柄端部的指销。具有梯形截面螺纹的转向蜗杆支承在转向器壳体两端的两个向心推力球轴承 2 和 9 上。转向器下盖上装有调整螺塞,用于调整向心推力轴承 2、9 的预紧度,调整后用螺母锁死。

蜗杆与两个锥形的指销相啮合,构成传动副。两个指销均用双列圆锥滚子轴承支承在曲柄上,其中靠近指销头部的一列轴承无内圈,滚子直接与指销轴颈接触,使该段指销轴颈的直径可以做得大些,以保证其有足够的强度。装在滚动轴承上的指销可绕自身轴线旋转,以减轻蜗杆与指销啮合传动时的磨损,提高传动效率。螺母用来调整轴承的预紧度,以使指销能自由转动而无明显轴向间隙为宜,调整后用锁片(图中未示出)将螺母锁住。

安装指销和双排圆锥滚子轴承的曲柄制成叉形,与摇臂轴制成一体。摇臂轴用粉末冶金衬套支承在壳体中。转向器侧盖上装有调整螺钉,旋入螺钉可改变摇臂轴的轴向位置,以调整指销与蜗杆的啮合间隙,从而调整了转向盘自由行程。调整后用螺母锁紧。摇臂轴伸出壳体的一端通过花键与转向摇臂连接。

汽车转向时,驾驶员通过转向盘带动转向蜗杆(主动件)转动,与其相啮合的指销(从动件)一边自转,一边以曲柄为半径绕摇臂轴轴线在蜗杆的螺纹槽内作圆弧运动,从而带动曲柄和转向摇臂摆动,实现汽车转向。

蜗杆曲柄指销式转向器传动副中的指销,可以如上所述有两个,也可以只有一个。单销式与双销式在结构上基本一样。与双销式相比,单销式的结构较简单,但转向摇臂的摆角不大,一般总摆角只有 80°,而双销式则可达 120° 左右。因为当摇臂轴转角很大时,双销式中的一个指销虽已与蜗杆脱离啮合,但另一个指销仍保持啮合。此外,当摇臂轴转角不大时,双销式的两个指销均与蜗杆啮合,每个指销所承受的荷载比单销式指销的荷载小,故双销式的指销比单销式的 指销磨损小,寿命长。

7.8 安全式转向柱

安全式转向柱操纵机构有可分离式安全操纵机构和缓冲吸能式转向操纵机构两种。

1)可分离式安全转向操纵机构

大众速腾轿车采用了可分离式安全转向操纵机构,图 7-19a)所示为转向操纵机构的正常工作位置。此类转向操纵机构的转向轴分为上下两段,用安全联轴器连接,上转向轴 2 下部弯曲并在端面上焊接有半月形凸缘盘 8,盘上装有两个驱动销 7,与下转向轴 1 上端凸缘 6 压装尼龙衬套和橡胶圈的孔相配合,形成安全联轴器。一旦发生撞车事故,驾驶员因惯性而以胸部扑向转向盘 5 时,迫使转向柱管 3 压缩位于转向柱上方的安全元件 4 而向下移动,使两个驱动销 7 迅速从下转向轴凸缘 6 的孔中退出,从而形成缓冲而减少对驾驶员的伤害。图 7-19b)为转向盘受撞击时,安全元件被折叠、压缩和安全联轴器脱开使转向柱产生轴向移动的情形。

2)缓冲吸能式转向操纵机构

缓冲吸能式转向操纵机构从结构上能使转向轴和转向管柱在受到冲击后,轴向收缩并吸收冲击能量,从而有效地缓和转向盘对驾驶员的冲击,减轻其所受伤害的程度。

汽车撞车时,首先车身被撞坏(第一次碰撞),转向操纵机构被后推,从而挤压驾驶员,使其受到伤害;接着,随着汽车速度的降低,驾驶员在惯性力的作用下前冲,再次与转向操纵机构接触(第二次碰撞)而受到伤害。缓冲吸能式转向操纵机构对这两次冲击都具有吸收能量、减轻驾驶员受伤程度的作用。

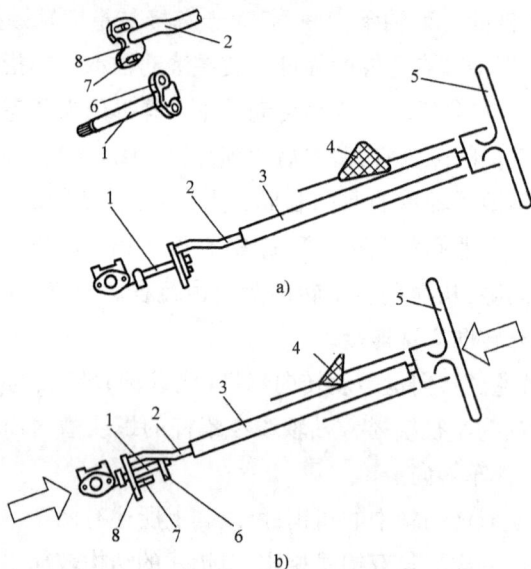

图 7-19　轿车可分离式安全转向操纵机构示意图

1-下转向轴;2-上转向轴;3-转向管柱;4-可折叠安全元件;5-转向盘;6-凸缘;7-驱动销;8-半月形凸缘盘

(1)网状管柱形式。这种转向操纵机构的转向轴分为上下两段,如图 7-20a)所示。上转向轴 2 套装在下转向轴 3 的内孔中,两者通过塑料销 1 结合在一起(也有采用细花键结合的),并传递转向力矩。塑料销的传力能力受到严格限制,它既能可靠地传递转向力矩,又能在受到冲击时被剪断,因此,它起安全销的作用。

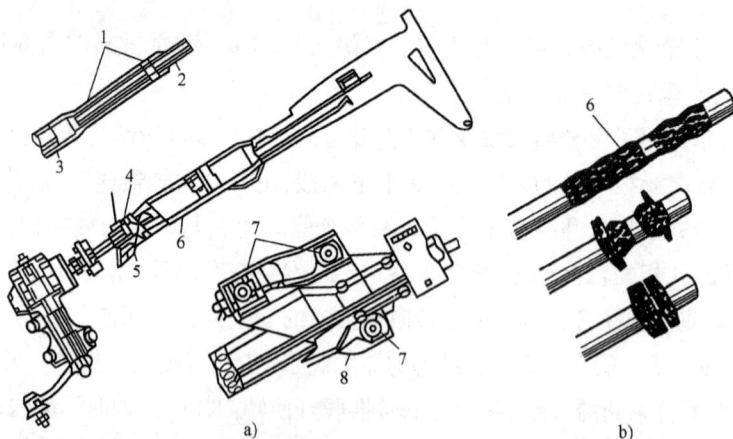

图 7-20　网状管柱形式转向操纵机构

1-塑料销;2-上转向轴;3-下转向轴;4-凸缘盘;5-下托架;6-转向管柱;7-塑料安全销;8-上托架

这种转向操纵机构的转向管柱 6 的部分管壁制成网格状,使其在受到压缩时很容易轴向变形,并消耗一定的变形能量,如图7-20b)所示。另外,车身上固定管柱的托架8也是通过两个塑料安全销7与管柱连接的。当这两个安全销被剪断后,整个管柱就能前后自由移动。

当发生第一次碰撞时,其一,塑料销1被剪断,上转向轴2将沿下转向轴3的内孔滑动伸缩。其二,转向管柱上的网格部分被压缩而变形,这两个过程都会消耗一部分冲击能量,从而阻止了转向管柱整体向上移动,避免了转向盘对驾驶员的挤压伤害。第二次碰撞时,固定转向管柱的塑料安全销7被剪断,使转向管柱和转向轴的上端能自由移动。同时,当转向管柱受到来自上端的冲击力后,会再次被轴向压缩变形并消耗冲击能量。这样,由转向系统引起的对驾驶员的冲击和伤害被大大降低了。

(2)钢球滚压形式。图7-21a)所示为一种用钢球连接的分开式转向柱。转向轴分为上转向轴和套在轴上的下转向轴两部分,二者用塑料销钉连成一体。转向柱管也分为上柱管和下柱管两部分,上、下柱管之间装有钢球,下柱管的外径与上柱管内径之间的间隙比钢球直径稍小。上、下柱管连同柱管托架通过特制橡胶垫固定在车身上,橡胶垫则利用塑料销钉与托架连接。

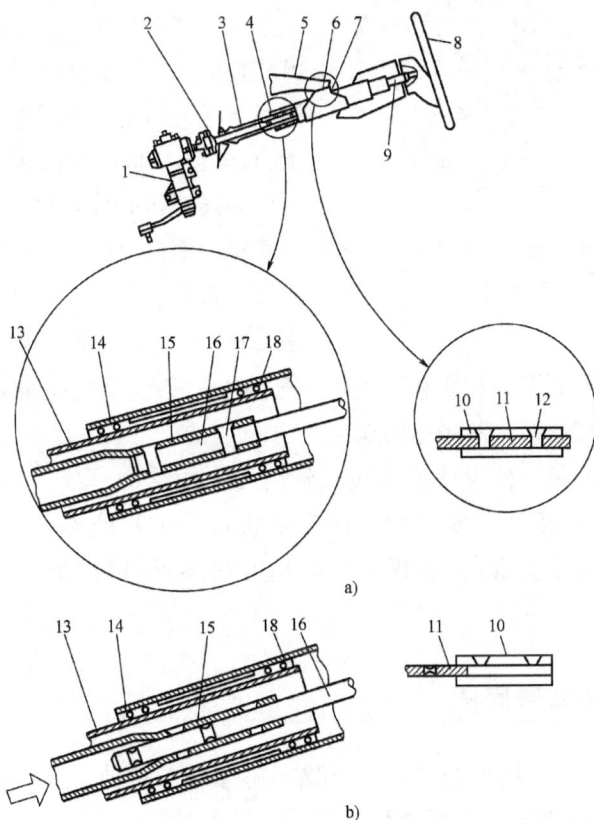

图7-21　钢球滚压形式转向管柱

1-转向器总成;2-挠性联轴器;3、13-下转向管柱;4、14-上转向管柱;5-车身;6、10-橡胶垫;7、11-转向管柱托架;8-转向盘;9、16-上转向轴;12、17-塑料销钉;15-下转向轴;18-钢球

当发生第一次碰撞时,将连接上、下转向轴的塑料销钉切断,下转向轴便套在上转向轴上向上滑动,如图7-21b)所示。在这一过程中,上转向轴和上柱管的空间位置没有因冲

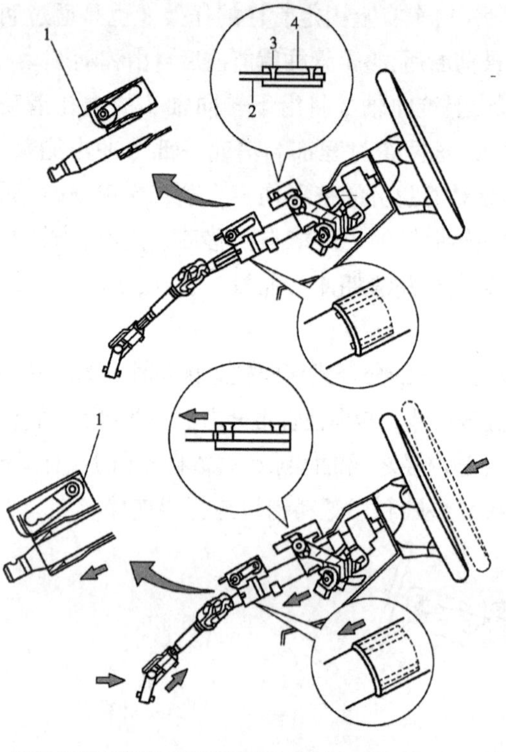

图7-22　弯曲托架形式的转向管柱
1-碰撞吸能板;2-断开式托架;3-销;4-车身

击而上移,故可使驾驶员免受伤害。第二次碰撞时,则连接橡胶垫与柱管托架的塑料销钉被切断,托架脱离橡胶垫,即上转向轴和上转向柱管连同转向盘、托架一起,相对于下转向轴和下转向柱管向下滑动,从而减缓了对驾驶员胸部的冲击。在上述两次冲击过程中,上、下转向柱管之间均产生相对滑动。因为钢球的直径稍大于上、下柱管之间隙,所以滑动中带有对钢球的挤压,冲击能量就在这种边滑动边挤压的过程中被吸收。日本丰田汽车的一些车型采用这种结构。

(3)弯曲托架形式。图7-22所示为弯曲托架形式的转向管柱。碰撞吸能机构由下托架、断开式托架、中间轴和碰撞吸能板组成。转向管柱通过下托架和断开式托架安装在仪表板加强件上,转向管柱和转向机壳体与中间轴连接。

当转向机壳体在第一次碰撞过程中移动,中间轴收缩,这样减少转向管柱和转向盘伸进车厢的机会。当第二次撞击中,把碰撞动能传递给转向盘时,碰撞吸能机构和安全气囊帮助吸收碰撞动能。另外,断开式托架和下托架分离,使整个转向管柱向前移动,此时,碰撞吸能板变形,帮助吸收第二次撞击的碰撞动能。

因为碰撞吸收转向管柱设计成能吸收轴向冲击的结构,取下转向盘时,千万不能试图用锤敲打转向主轴,因为可能会使碰撞吸能机构中的销断裂。应使用为安全拆下转向盘设计的专用维修工具,因为破损后的转向管柱不可以再使用,因此,必须使用新的转向管柱更换。

7.9　可调节式转向柱

转向柱调节的形式分为倾斜角度调节和轴向位置调节两种。

1)转向轴倾斜角度调整式操纵机构

图7-23所示为转向轴倾斜角度调整机构。转向管柱2的上段和下段分别通过倾斜调整支架7和下托架6与车身相连,而且转向管柱由倾斜调整支架夹持并固定。倾斜调整用锁紧螺栓5穿过倾斜调整支架7上的长孔3和转向管柱,螺栓的左端为左旋螺纹,调整手柄4即拧在该螺纹上。当向下扳动手柄时,锁紧螺栓的螺纹放松,转向管柱即可以下托架上的枢轴1为中心在装有螺栓的支架长孔范围内上下移动。确定了转向管柱的合适位置后,向上

扳动调整手柄,从而将转向管柱定位。

2) 轴向位置调节式操纵机构

图7-24a) 所示的是一种转向轴伸缩机构。转向轴分为上下两段,二者通过花键连接。上转向轴2由调节螺栓4通过楔状限位块5夹紧定位。调节螺栓的一端拧有调节手柄3。当需要调整转向轴的轴向位置时,先向下推调节手柄3,使限位块松开,再轴向移动转向盘,调到合适的位置后,向上拉调节手柄,将上转向轴锁紧定位。雪铁龙C4L、新爱丽舍汽车采用的转向盘高度可调节机构的工作原理与此类似,如图7-24b) 所示。

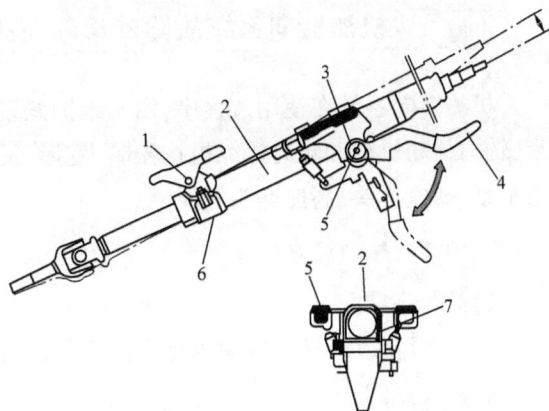

图7-23 转向轴倾斜角度调整机构

1-枢轴;2-转向柱管;3-长孔;4-调整手柄;5-锁紧螺栓;6-下托架;7-倾斜调整支架

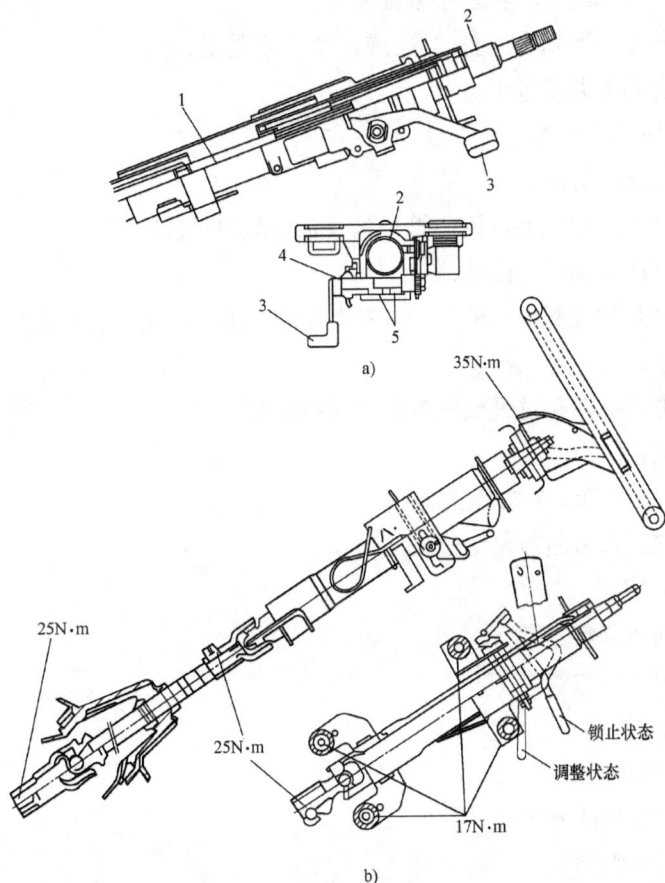

a)

b)

图7-24 转向轴伸缩机构

a)转向轴伸缩机构;b)雪铁龙C4L轿车的转向盘高度调节机构

1-下转向轴;2-上转向轴;3-调节手柄;4-调节螺栓;5-楔状限位块

7.10　机械转向系统故障的诊断与排除

机械转向系统在使用过程中,由于维护调整不当,磨损、碰撞变形等原因,会使转向器过紧、转向传动机构和转向操纵机构松旷、变形、发卡等,从而造成转向沉重、行驶跑偏、单边转向不足、低速摆头、高速摆头等故障。

7.10.1　转向沉重

1)故障现象

汽车在行驶中,转动转向盘感到沉重费力,转弯后又不能及时回正方向。

2)故障原因

(1)转向器方面的原因:

①转向器缺乏润滑油。

②转向轴弯曲或转向轴管凹陷碰擦,有时会发出"吱吱"的摩擦声。

③转向摇臂与衬套配合间隙过小或无间隙。

④转向器输入轴上下轴承调整过紧,或轴承损坏受阻。

⑤转向器啮合间隙调整过小。

(2)转向传动机构的原因:

①各处球销缺乏润滑油。

②转向直拉杆和横拉杆上球销调整过紧,压紧弹簧过硬或折断。

③转向直拉杆或横拉杆弯曲变形。

④转向节主销与衬套配合间隙过小,或衬套转动使油道堵塞,润滑油无法进入,使衬套与转向节主销烧蚀。

⑤转向节推力轴承调整过紧或缺少润滑油或损坏。

⑥转向节臂变形。

(3)前桥(转向桥)和车轮方面的原因:

①前轴变形、扭转,引起前轮定位失准。

②轮胎气压不足。

③前轮轮毂轴承调整过紧。

④转向桥或驱动桥超载。

(4)其他部位的原因:

①车架弯曲、扭转变形。

②前钢板弹簧或是前悬架变形。

③前轮定位不正确。

3)诊断与排除

(1)顶起前桥,转动转向盘,若感到转向盘变轻,则说明故障部位在前桥、车轮或其他部位。此时,应首先检查轮胎气压,如气压偏低,则应充气使之达到正常值,接下来应用前轮定位仪检查前轮定位,尤其应注意后倾角和前束值,如果是因为前束过大造成的转向沉重,同时还能发现轮胎有严重的磨损。

(2)若转向仍感沉重,说明故障在转向器或转向传动机构,可进一步拆下转向摇臂与直拉杆的连接,此时若转向变轻,说明故障在转向传动机构,应检查各球头销是否装配过紧或推力轴承是否缺油损坏,各拉杆是否弯曲变形等。通常检查时,可用手扳动两个车轮左右转动察看各传动部分,并转动车轮,检查车轮轴承松紧度。

(3)拆下转向摇臂后,若转向仍沉重,则转向器本身有故障,可检查转向器是否缺油,转动转向盘时倾听有无转向轴与柱管的碰擦声,检查调整转向器主动轴上下轴承预紧度和啮合间隙,转向摇臂轴转动是否发卡等,如不能解决,就将转向器解体,检查内部有无部件损坏。

(4)经过上述检查,如仍不见减轻,可检查车桥、车架或下控制臂(独立悬架式)与转向节臂,看其有无变形;如发现变形,应予修整或更换。同时检查前弹簧(钢板簧或螺旋弹簧),看其是否折断,如折断应更换。

7.10.2　低速摆头

1)故障现象

汽车在低速行驶时,感到方向不稳,产生前轮摆振。

2)故障原因

(1)转向器传动副啮合间隙过大。

(2)转向传动机构横、直拉杆各球头销磨损松旷,弹簧折断或调整过松。

(3)转向节主销与衬套的配合间隙过大或前轴主销孔与主销配合间隙过大。

(4)前轮轮毂轴承装配过松或紧固螺母松动。

(5)后轮胎气压过低。

(6)车辆装载货物超长,使前轮承载过小。

(7)前悬架弹簧错位、折断或固定不良。

3)诊断与排除

(1)外观检查:

①检查车辆是否装载货物超长而引起前轮承载过小。

②检查后轮胎气压是否过低,若轮胎气压过低,应充气使之达到规定值。

③检查前悬架弹簧是否错位、折断或固定不良,若错位应拆卸修复;若折断应更换;若固定不良,应按规定力矩拧紧。

(2)检查转向盘自由行程:

①由一人握紧转向摇臂,另一人转动转向盘,若自由行程过大,说明转向器啮合传动副间隙过大,应调整。

②放开转向摇臂,仍由一人转动转向盘,另一人在车下观察转向拉杆球头销,若有松旷现象,说明球头销或球碗磨损过甚、弹簧折断或调整过松,应先更换损坏的零件,再进行

调整。

(3)通过以上检查均正常,可支起前桥,并用手沿转向节轴轴向推拉前轮,凭感觉判断是否松旷。若有松旷感觉,可由另一人观察前轴与转向节连接部位。

①若此处松旷,说明转向节主销与衬套的配合间隙过大,或前轴主销孔与主销配合间隙过大,应更换主销及衬套。

②若此处不松旷,说明前轮毂轴承松旷,应重新调整轴承的预紧度。

7.10.3　高速摆头

1)故障现象

汽车行驶中出现转向盘发抖,车头在横向平面内左右摆动、行驶不稳等。有下面两种情况:

(1)在高速范围内某一转速时出现。

(2)转速越高,上述现象越严重。

2)故障原因

(1)转向轮动不平衡。

(2)前轮定位不正确。

(3)车轮偏摆量大。

(4)转向传动机构运动干涉。

(5)车架、车桥变形。

(6)悬架装置出现故障。左右悬架刚度不等、弹簧折断、减振器失效、导向装置失效等。

3)诊断与排除

(1)外观检查:

①检查减振器是否失效,若漏油或失效,应更换。

②检查左右悬架弹簧是否折断、刚度是否一致,若有折断或弹力减弱,应更换。

③检查悬架弹簧是否固定可靠,转向传动机构有无运动干涉等,若有应排除。

(2)支起驱动桥,用三角架塞住非驱动轮,启动发动机并逐步使汽车换入高速挡,使驱动轮达到车身摆振的车速。

①若此时车身和转向盘出现抖动,说明传动轴严重弯曲或松旷,转向轮动不平衡或偏摆量大(前驱动)。

②若此时车身和转向盘不抖动,说明故障在车架、车桥变形或前轮定位不正确。

(3)检查前轮是否偏摆:

①支起前桥,在前轮轮辋边上放一百分表,慢慢转动车轮,察看轮辋是否偏摆过大;若轮辋偏摆量过大,应更换。

②拆下前轮,在车轮动平衡仪上检查前轮的动平衡情况,若动平衡量过大,应加装平衡块予以平衡。

(4)经上述检查均正常,应检查车架、车桥是否变形,并用前轮定位仪检查调整前轮定位。

7.10.4　行驶跑偏

1）故障现象

汽车直线行驶时,转向盘不居中间位置;必须紧握转向盘,预先校正一角度后,汽车才能保持直线行驶,若稍放松转向盘,汽车会自动向一侧跑偏。

2）故障原因

(1)左右前轮气压不相等或轮胎直径不等。

(2)两前轮的定位角不等。

(3)两前轮轮毂轴承的松紧度不等。

(4)前束过大或过小。

(5)前桥(整轴式)弯曲变形或下控制臂(独立悬架式)安装位置不一致。

(6)前后车轴不平行。

(7)车架变形或左右轮距相差太大。

(8)一边车轮制动拖滞。

(9)转向轴两侧悬架弹簧弹力不等。

3）诊断与排除

(1)外观检查:

①检查左、右两前轮轮胎气压是否一致,若不一致,应按规定充气,使两前轮轮胎气压保持一致。

②检查左、右两前轮轮胎的磨损程度,若磨损程度不一致,应更换磨损严重的轮胎。

③检查左、右两前轮轮胎的花纹是否一致,若花纹不一致,应更换轮胎,使花纹一致。

④将汽车停放在平坦的地面上,察看汽车前部高度是否一致,若高度不一致,说明悬架弹簧折断或弹力不一致,应更换。

(2)用手触摸跑偏一方的车轮制动鼓和轮毂轴承部位,感觉温度情况。

①若感觉车轮制动鼓特别热,说明该轮制动器间隙过小或制动复位不彻底,应检查调整。

②若感觉轮毂特别热,说明该轮轴承过紧,应重新调整轴承预紧度。

(3)测量前后桥左右两端中心的距离是否相等,若不相等,说明轴距短的一边钢板弹簧错位,车轴或半轴套管弯曲等,应检查维修。

(4)用前轮定位仪检查前轮定位是否正确,若不正确,应调整。

7.10.5　单边转向不足

1）故障现象

汽车转弯时,有时会出现转向盘左右转动量或车轮转角不等。

2）故障原因

(1)转向摇臂安装位置不对。

(2)转向角限位螺钉调整不当。

（3）前钢板弹簧、U 形螺栓松动,或中心螺栓松动。

（4）直拉杆弯曲变形。

（5）钢板弹簧安装时位置不正,或是中心不对称的前钢板弹簧装反。

3）诊断与排除

诊断这类故障,主要根据使用维修情况。

（1）若汽车转向原来良好,由于行驶中的碰撞而造成转向角不足或一边大一边小时,应检查直拉杆、前轴、前钢板弹簧有无变形和中心螺栓是否折断等现象。

（2）若维修后出现转角不足,可架起前桥,先检查转向摇臂安装是否正确。将转向盘从左边极限位置转到右边极限位置,记住总圈数,再回转总圈数的一半,察看转向轮是否处于直线行驶位置,如不是则应重新安装转向摇臂。

①若左右转向角不等,则应相应调整。

②当前轮转向已靠到转向限位螺栓时,最大转向角还不够,则转向限位螺栓过长,应予调整或更换。

③如前钢板弹簧中心不对称,则应检查是否装反。

思考题

（1）转向器由哪几部分组成？各起什么作用？

（2）列出几种安全转向管柱,并说明其结构原理。

（3）为什么微型及轻型汽车上广泛采用齿轮齿条式转向器？

（4）转向减振器的作用是什么？它与悬架减振器有什么不同？

（5）表述齿轮齿条式、循环球式转向器动力传递路线和调整方法。

（6）表述转向操纵机构的一般组成。

（7）表述齿轮齿条式转向器的拆装与调整。

（8）机械转向系统有哪些故障现象？如何进行诊断与排除？

（9）电动汽车转向助力机构布置方案有哪几种方式？试举例说明。

单元八

汽车转向沉重故障检修

$\mathcal{Unit}$ 8

学习情境

　　顾客驾驶一辆两年前出厂的雪铁龙 C4L 轿车来到维修车间,向维修业务接待员反映他的车辆在行驶中转向盘突然沉重起来,初步检查发现该车配置的是液压助力式转向器,其转向助力泵储液罐内液面很低,询问中得知该车辆因为频换驾驶员,重使用,疏管理,使用至今一直没有到维修店检修过。

生产任务　检修液压助力式转向器

1)工作对象

配备液压助力式转向器的待修车辆 1 辆。

2)工作内容

(1)领取所需的工具、耗材,做好工作前准备。

(2)从车辆上拆下液压助力式转向器及转向油泵总成。

(3)分解液压助力式转向器及油泵总成,对主要零部件进行检查、检测,分析检测结果,制订液压助力式转向器的修复方案。

(4)完成液压助力式转向器和转向油泵的检修和组装。

(5)安装液压助力式转向器及油泵总成。

(6)向液压助力式转向系统加注液力传动油,排放空气。

(7)检查、评价工作质量。

(8)整理工具,清洁工作场地。

3)工作目标与要求

(1)学生应以小组工作的方式,完成本项工作任务。

（2）学生应当能在小组成员的配合下,利用汽车维修手册(或实训指导书),制订并实施工作计划。

（3）能通过阅读资料和现场观察,辨别所拆装液压助力式转向器及油泵总成的类型。

（4）能认识所拆卸液压助力式转向器及油泵总成的零部件,口述液压助力式转向器及油泵的工作原理和各零部件的作用。

（5）能向客户解释所修车辆液压助力式转向系统的损伤情况和修复方案。

（6）能按规范的步骤,完成液压助力式转向器和转向油泵的拆装检修作业,恢复汽车的行驶能力。

（7）在工作过程中注意做好废料(液体)的处理,培养废弃物循环利用的好习惯。

相 关 知 识

8.1 动力助力转向系统概述

动力转向系统是将发动机输出的部分机械能转化为压力能(或电能),并在驾驶员控制下,对转向传动装置或转向器中某一传动件施加不同方向的辅助作用力,以减轻驾驶员的转向操纵力,实现汽车转向的转向系统。采用动力助力转向系统的汽车转向所需要的能量,在正常情况下,只有小部分是驾驶员提供的体能,而大部分是发动机驱动的油泵、空气压缩机或发电机所提供的液压能、气压能或电能。

8.1.1 动力助力转向系统的功用与要求

1)功用

动力助力转向系统应具有如下功能:

(1)在汽车转弯时,减小对转向盘的操作力。

(2)降低转向系统减速比,提高灵敏性。

(3)当车辆高速行驶时,限制其转向的助力,使之具有较好的转向稳定性。

(4)在助力系统失效时,能保持机械转向系统有效工作。

2)转向系统的要求

助力转向系统有下面几点要求:

(1)极好的机动动作性。当车辆在一条狭窄、弯曲道路上拐弯时,转向系统必须能够敏捷地、容易地和平稳地转动前车轮。

(2)良好的转向用力。在不采取措施的情况下,停车时的转向力很大,而随着车速的提高,转向力减小。因此,为了得到较容易的转向和较好的路面感觉,转向机在低速时轻,而在高速时较重。

(3)平稳恢复原位。车辆在转向时,驾驶员必须牢牢地抓住转向盘。但是转向结束后,当驾驶员放松转动转向盘所用的力时,转向盘应该平稳地恢复原位,也就是说,车轮返回到正向前方的位置上。

(4)将来自路面的冲击减至最小。不允许由于路面不平造成的转向轮控制失灵及反冲现象的出现。

8.1.2 动力助力转向系统的类型

动力助力转向系统按动力介质的不同分为气压式、液压式和电动式三类。

气压式助力转向系统主要用于采用气压制动系统的货车和客车。由于气压制动系统的工作压力通常较低,为达到有效的助力,气压式助力转向系统的助力气缸尺寸必须很大,且功率消耗多、易产生泄漏,而且气体的可压缩性使转向力无法有效控制,所以这种助力系统应用较少。

液压助力转向系统工作灵敏度高,结构紧凑,外廓尺寸较小,工作时无噪声,工作滞后时间短,而且能吸收来自不平路面的冲击。因此,液压式动力转向系统在各类汽车上得到了广泛的应用。

电动助力转向系统能利用蓄电池的电力工作,在发动机熄火后能保持正常助力,提高了汽车行驶的安全性,目前已得到广泛应用。

目前,汽车上的动力助力转向系统使用最多的还是液压助力式,本单元的内容主要是这种动力助力转向系统。

液压助力转向系统由机械式转向器、助力转向油缸、转向控制阀、转向油泵等组成。根据机械式转向器、助力转向缸和转向控制阀三者在转向装置中的布置和连接关系的不同,可分为整体式、半整体式和组合式三种结构形式。

图8-1a)所示为整体式助力转向系统,其转向控制阀、转向助力缸与机械转向器组合成一个整体。这种转向装置结构紧凑,输油管路简单,在汽车上布置容易,因此在现代各种类型的汽车上应用广泛。

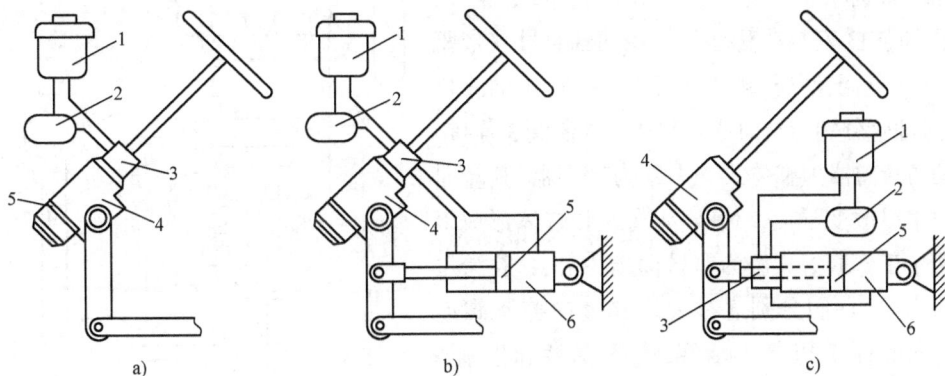

图 8-1 助力转向系统的几种类型
a)整体式助力转向系统;b)半整体式助力转向系统;c)组合式助力转向系统
1-转向油罐;2-转向油泵;3-转向控制阀;4-转向器;5-助力缸活塞;6-转向助力缸

图8-1b)所示为半整体式助力转向系统。它是将机械转向器、转向助力缸及转向控制阀三者中的两者组合制成一个整体。常见的有两种形式:一是将转向助力缸与转向控制阀组

合成一个整体(称为转向加力器)布置在转向传动机构中,而机械转向器作为独立部件;另一种是将转向控制阀与机械转向器组合成一个部件(称为半整体式助力转向器),转向助力缸则作为独立部件。

图8-1c)所示为组合式助力转向系统。组合式液压助力转向装置的转向助力缸、转向控制阀与机械转向器都是单独设置的。这种转向装置由于部件结构独立设置,在安装位置狭窄的轻型载货汽车和轿车上有所采用,但应用范围较小。本单元仅介绍液压整体式助力转向器。

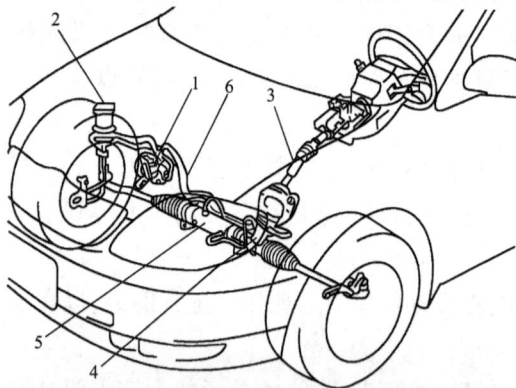

图8-2 整体式液压助力式转向系统示意图
1-液压泵;2-储液罐;3-转向柱;4-动力转向器;5-助力油缸;6-高压管

8.2 整体式液压助力转向系统

图8-2所示为整体式液压助力转向系统示意图,其基本组成有:转向液压泵、储液罐、动力转向器(含转向控制阀和助力油缸)、高压管等。液压泵1和储液罐2相连,转向液压泵由发动机驱动,提供转向助力所需的压力油,动力转向器4中转向控制阀同时受转向盘和齿轮齿条控制,能根据驾驶员的操作和车辆运行情况控制压力油的流动方向,对液压助力油缸5进行供油量及供油压力的调节。

整体式液压助力转向系所用的动力助力转向器主要有循环球-齿条齿扇式和齿轮-齿条式两种。

8.2.1 循环球-齿条齿扇式动力助力转向器

循环球-齿条齿扇式动力助力转向器如图8-3所示,转向油泵13安装在发动机上,由曲轴通过皮带驱动运转向外输出油压,转向油罐12有进、出油管接头,通过油管分别与转向油泵和转向控制阀3连接。动力助力转向器为整体式动力助力转向器,其转向控制阀用以改变油路。齿条-活塞5和缸体形成R和L两个工作腔。R腔为右转向动力腔,L腔为左转向动力腔,它们分别通过油道和转向控制阀连接。转向螺杆4和齿条-活塞、齿条-活塞和齿扇6组成了两对传动副。转向摇臂7一端固接在与扇齿连在一起的转向摇臂轴上,另一端铰接在转向直拉杆8上。

图8-4所示为循环球-齿条齿扇式动力助力转向器的结构,图中的左部 为机械式循环球-齿条齿扇式转向器及转向助力缸,图中的右部为转向控制

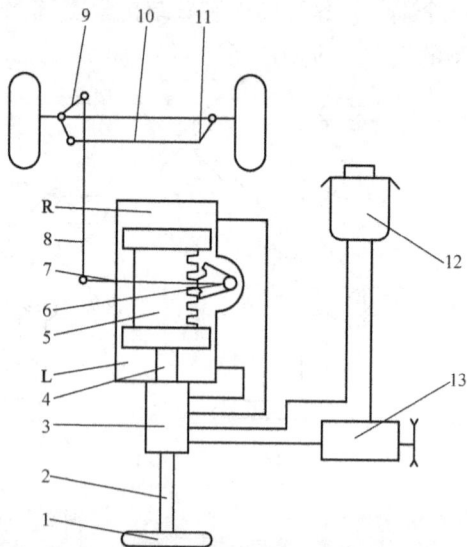

图8-3 液压助力转向器示意图
1-转向盘;2-转向轴;3-转向控制阀;4-转向螺杆;5-齿条-活塞;6-齿扇;7-摇臂;8-转向直拉杆;9-转向节;10-转向横拉杆;11-转向梯形臂;12-转向油罐;13-转向油泵

阀。该助力转向器中的转向螺母19兼起助力缸活塞的作用,同时机械转向器壳体22内部加工成助力缸的缸壁,使其兼起助力缸的作用。转向螺母的左圆柱表面上制有一环形槽,在槽上装有聚四氟乙烯活塞环和O形密封圈20。O形密封圈将机械转向器内部分成密封的两个腔室,即转向助力缸的右腔和左腔。两密封腔又分别通过设在机械转向器壳体上的油道与位于转向器右部的转向控制阀(图中解剖部分)相通。

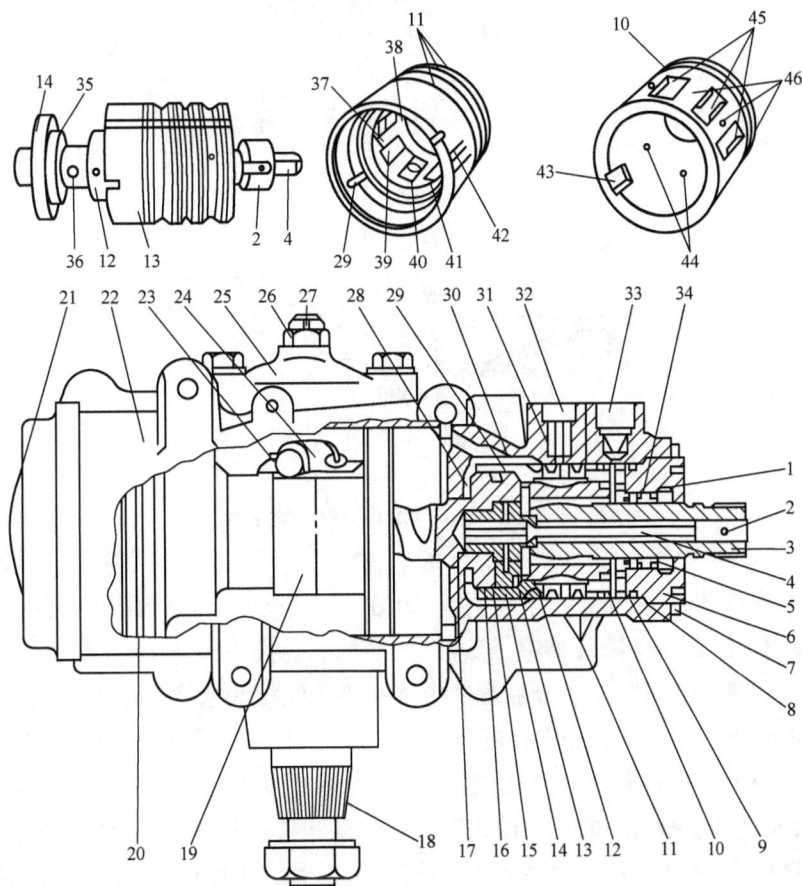

图8-4　液压整体式助力转向器

1-卡环;2-短轴扭杆的锁定销;3-短轴;4-扭杆轴;5-骨架油封;6-调整螺塞;7-锁母;8、10、11、15、20-O形密封圈;9-推力滚针轴承;12-阀芯;13-阀体;14-下端轴盖;16-转向螺杆与阀体的锁定销;17-转向螺杆;18-转向摇臂轴;19-转向螺母(齿条-活塞);21-转向器端盖;22-壳体;23-循环球导管;24-导管压紧管;25-侧盖;26-锁紧螺母;27-调整螺钉;28-推力滚针轴承;29-下端轴盖与阀体的定位销;30-轴阀与短轴的锁定销;31-进油口座及止回阀;32-进油口;33-出油口;34-滚针轴承;35-输入轴扇形凸缘;36-扇形凸缘与输入轴固定锁销;37-通助力缸左腔小孔;38-通助力缸右腔小孔;39-阀体内纵槽;40-通进油口大孔;41-阀体内槽肩;42-阀体上缺口;43-阀芯上缺口;44-通回油口小孔;45-阀芯上纵槽;46-阀芯上槽肩

循环球-齿条齿扇式动力转向器动力助力转向装置的工作原理如图8-5所示。

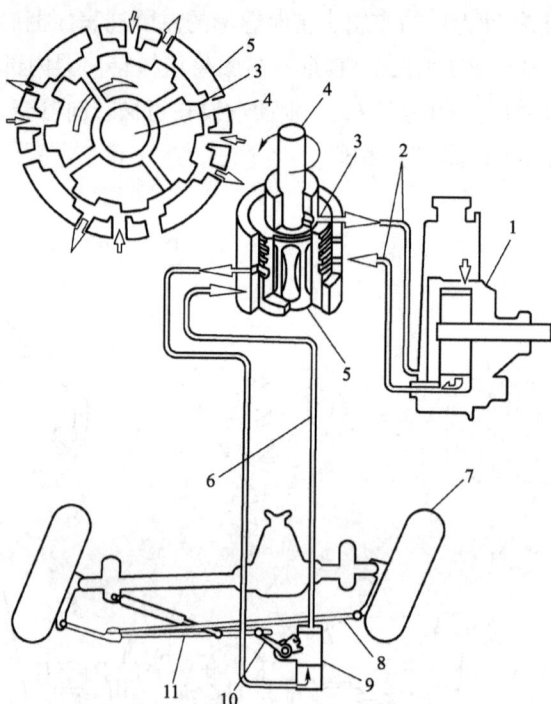

图8-5　液压常流转阀式动力助力转向示意图

1-油泵;2-油管;3-阀体;4-扭杆;5-阀芯;6-油管;7-车轮;8-转向拉杆;9-转向动力缸;10-转向摇臂;11-转向横拉杆

当汽车直线行驶时,转阀处于中间位置,如图8-6a)所示。工作油液从转向器壳体的进油孔 B 流到阀体 13 的中间油环槽中,经过其槽底的通孔进入阀体 13 和阀芯 12 之间,此时阀芯处于中间位置。进入的油液分别通过阀体和阀芯纵槽和槽肩形成的两边相等的间隙,再通过阀芯的纵槽以及阀体的径向孔流向阀体外圆上、下油环槽,通过壳体油道流到动力缸的左转向动力腔 L 和右转向动力腔 R。流入阀体内腔的油液在通过阀芯纵槽流向阀体上油环槽的同时,通过阀芯槽肩上的径向油孔流到转向螺杆和输入轴之间的空隙中,从回油口经油管回到油罐中去,形成常流式油液循环。此时,上下腔油压相等且很小,齿条-活塞既没有受到转向螺杆的轴向推力,也没有受到上、下腔因压力差造成的轴向推力。齿条-活塞处于中间位置,动力助力转向器不工作。

左转向时(右转向与此正相反),转动转向盘,短轴逆时针转动,通过下端轴销带动阀芯同步转动,同时弹性扭杆也通过轴盖、阀体上的销子带动阀体转动,阀体通过缺口和销子带动螺杆旋转,但由于转向阻力的存在,促使扭杆发生弹性扭转,造成阀体转动角度小于阀芯的转动角度,两者产生相对角位移,如图8-7a)所示。造成通下腔的进油缝隙减小(或关闭),回油缝隙增大,油压降低;上腔与之相反,油压升高,上、下动力腔产生油压差,齿条-活塞在油压差的作用下移动,产生助力作用。

当转向盘转动后停在某一位置,阀体随转向螺杆在液力和扭杆弹力的作用下,沿转向盘转动方向旋转一个角度,使之与滑阀的相对角位移量减小,上、下动力缸油压差减小,但仍有一定的助力作用,使助力转矩与车轮的回正力矩相平衡,车轮维持在某一转角位置上。

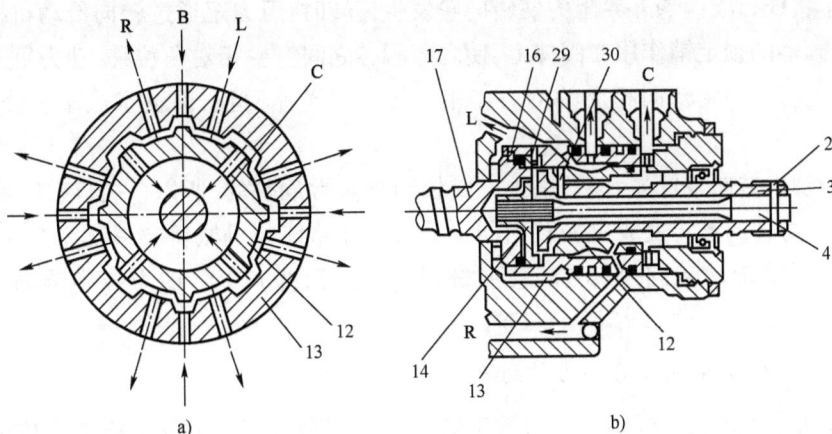

图 8-6　汽车直线行驶时转阀的工作情况
a)阀芯与阀体的相对位置;b)阀芯中的油流情况
2-锁定销;3-短轴;4-扭杆轴;12-转阀;13-阀体;14-下端轴盖;16-锁定销;17-转向螺杆;29-定位销;30-锁定销;R-接右转向动力助力缸;L-接左转向动力助力缸;B-接转向油泵;C-接转向油罐

图 8-7　汽车左转向时转阀的工作情况
a)阀芯与阀体的相对位置;b)阀芯中的油流情况
R-接右转向动力助力缸;L-接左转向动力助力缸;B-接转向油泵;C-接转向油罐(其余图注同图 8-6)

　　在转向过程中,若转向盘转动的速度快,阀体与阀芯的相对角位移量也大,上、下动力腔的油压差也相应加大,前轮偏转的速度也加快;转向盘转动得慢,前轮偏转的也慢;转向盘转到某一位置上不动,前轮也偏转到某一位置上不变。此即"快转快助,大转大助,不转不助"原理,也称为"随动"作用。

　　转向后需回正时,驾驶员放松转向盘,阀芯在弹性扭杆作用下回到中间位置,失去了助力作用,转向轮在回正力矩的作用下自动复位。若驾驶员同时回转转向盘时,转向助力器助力,帮助车轮回正。

当汽车直线行驶偶遇外界阻力使转向轮发生偏转时,阻力矩通过转向传动机构、转向螺杆、扭杆与阀体的锁定销作用在阀体上,使之与阀芯之间产生相对角位移,动力缸上、下腔油压不等,产生与转向轮转向相反的助力作用。转向轮迅速回正,保证了汽车直线行驶的稳定性。

当液压动力转向装置失效后,失去方向控制是非常危险的,所以,一旦液压动力转向装置失效,该动力转向器将变成机械转向器。动力传递路线与机械转向系统完全一致。这时短轴 3 通过锁销带动转向螺杆 17、转向螺母(齿条-活塞)19 将动力传到转向摇臂轴 18 输出。

8.2.2　齿轮-齿条式动力助力转向器

图 8-8 所示为齿轮－齿条式动力转向器结构示意图。它由齿轮－齿条式机械转向器、转向助力缸和转阀式转向控制阀组成。主要包括转向助力油系统(液力油)、储油罐、转向油泵(助力油泵)、转向控制阀、转向动力缸等。

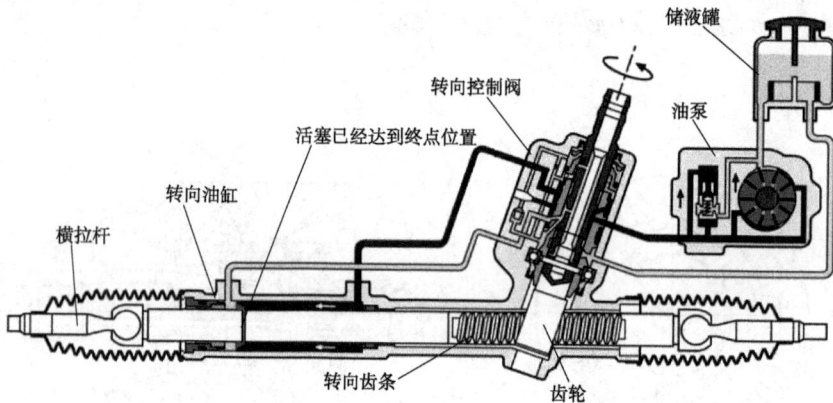

图 8-8　奥迪 A6 轿车齿轮—齿条式动力转向器结构示意图

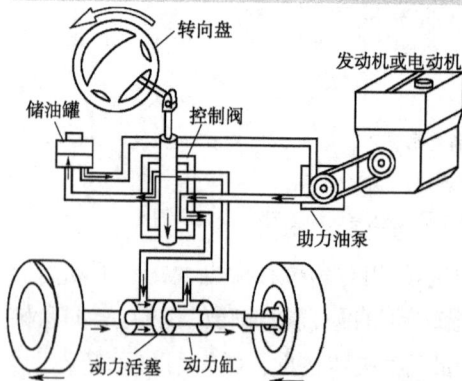

图 8-9　齿轮-齿条式液压助力系统示意图

如图 8-9 所示,当驾驶员开始向右转动转向盘转向时,控制阀中转向轴连同阀芯相对于阀套向右转过一定的角度,转阀使助力缸左腔成为高压的进油腔,右腔则成为低压的回油腔。作用在助力缸活塞上的向右的液压作用力帮助转向齿轮迫使转向齿条开始右移,转向轮向右偏转。

当驾驶员开始向左转动转向盘转向时,控制阀中转向轴连同阀芯相对于阀套向左转过一定的角度,转阀使助力缸右腔成为高压的进油腔,左腔则成为低压的回油腔。作用在助力缸活塞上的向左的液压作用力帮助转向齿轮迫使转向齿条开始左移,转向轮向左偏转。

当转向控制阀处于中立位置时(汽车直线行驶),由转向储油罐、转向油泵、控制阀组成的供能装置输出的油液流入转阀进油口后进入阀腔。由于转阀处于中间位置,它使助力缸的两腔压力相等,则油液经控制阀及回油管路流回转向储油罐。因此转向助力缸完全不起作用。

8.2.3　转向油泵

转向油泵是动力助力转向装置的动力助力源,其功用是将发动机的机械能变为驱动转向动力助力缸工作的液压能,再由转向动力助力缸输出转向力,驱动转向车轮转向。

转向油泵的结构类型有多种,常见的有齿轮式、转子式和叶片式,分别如图 8-10 ~ 图 8-12所示。

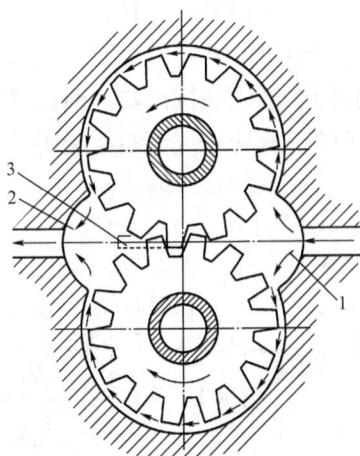

图 8-10　齿轮式转向油泵
1-进油口;2-出油口;3-卸荷槽

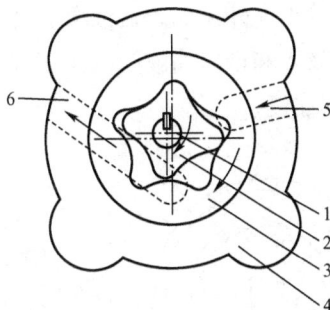

图 8-11　转子式转向油泵
1-主动轴;2-内转子;3-外转子;4-油泵壳体;5-进油口;6-出油口

转向油泵是由发动机曲轴皮带轮和传动皮带驱动,在欠压力情况下,把液体发送到齿轮泵壳体里。转向油泵的排放量与发动机的速度成比例关系,送给齿轮泵壳体的液体流量是可以通过流量控制阀来调节的,过量的液体返回到吸油侧。

下面介绍应用最广泛的叶片式转向油泵。

1)叶片式转向油泵

动力转向需要有非常高压力的液压驱动装置,叶片泵就是用发动机的动力来驱动产生高液压力的驱动装置。

(1)结构。图 8-13 所示为叶片式转向油泵结构图。主要由叶片转向油泵壳体、定子(内表面呈凸轮环)、转子、叶片板和配油盘等组成。

(2)工作原理。驱动轴驱动转子在定子内表面凸轮环内旋转。在转子里有若干凹槽,叶

图 8-12　叶片式转向油泵
1-定子；2-转子；3-叶片；4-转子轴；5-出油管道；6-溢流阀；7-安全阀；A-进油孔；B-出油孔

片安装在凹槽里。转子的外圆周是圆的，但是，壳体上定子凸轮环的内表面是椭圆的，这样，转子与定子内表面凸轮环之间存在一个间隙。叶片分隔各间隙形成油液腔。

通过离心力作用和油液压力顶回叶片原理，叶片就随转子持续顶到定子凸轮环的内表面，形成密封的工作室，这样泵体内产生一定的油液压力，防止叶片与凸轮环之间的压力泄漏。

当驱动轴驱动转子旋转时，在吸入口一侧，工作室容积变大，形成真空，储油罐油液就从吸入口吸入油液腔。在排出口一侧，工作室容积变小，形成压力腔，油液压力增加，并通过排出口强制排出向外供油。在油泵壳体上的配油盘有两个吸入和排出口。因此，转子每转一圈就进行吸入和排出油液两次。工作室容积大小随转子旋转实现由小变大吸油，由大变小压油，循环往复。

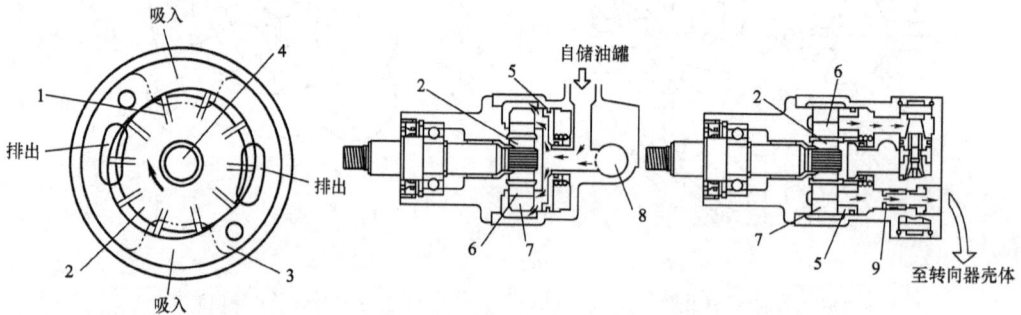

图 8-13　叶片式转向油泵结构图
1、6-叶片板；2-转子；3、7-凸轮环；4-转子轴；5-后端板；8-流量控制阀；9-节流孔

2）双作用叶片式转向油泵

双作用叶片式转向油泵是目前最常用的转向油泵，其结构如图 8-14 所示。转向油泵驱动轴 14 上的皮带轮由曲轴皮带轮通过皮带驱动。油泵主要由转子 27、定子 21、配油盘（19、23）、壳体 1、驱动轴 14 及组合阀（溢流阀 2 和安全阀 3）组成。转子 27 上均匀地开有 10 个径向叶片槽，槽内装有可径向滑动的矩形叶片 28，叶片顶端可紧贴在定子 21 的内表面上。在转子和定子的两个侧面上各有一配油盘（19、23），由于转子的宽度稍小于定子的宽度，使两配油盘紧压在定子上。两配油盘和定子一起装在壳体内，不能移动或转动。两配油盘与定子相对的端面上各开有对称布置的腰形槽，分别与进油口和出油口相连。定子内表面曲线近似于椭圆形，使得由转子、定子、叶片和左右配油盘之间形成若干个密封的工作室。工作室容积大小随转子旋转实现"由小变大，由大变小，再由小变大，由大变小"循环往复。

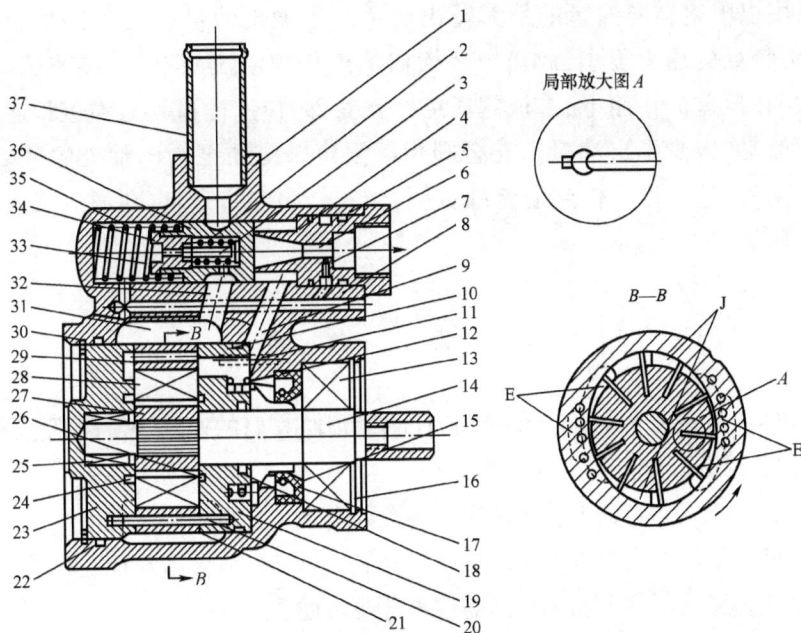

图 8-14　双作用叶片式转向油泵

1-壳体;2-溢流阀;3-安全阀;4-出油管接头;5、10、18、22-O 形密封圈;6-节流孔;7-感压小孔;8-横向油道;9-出油道;11、20-定位销;12-配油盘压紧弹簧;13-轴承;14-驱动轴;15-骨架油封;16-卡圈;17-隔套;19-右配油盘;21-定子;23-左配油盘;24、26-环形油槽;25-滚针轴承;27-转子;28-叶片;29-定子轴向通孔;30-挡圈;31-进油腔;32-进油道;33-螺塞;34-钢球;35-溢流阀弹簧;36-安全阀弹簧;37-进油道;J-吸油腔;E-压油腔

　　双作用叶片式转向油泵的工作原理如图 8-15 所示。当发动机带动油泵逆时针旋转时,叶片在离心力的作用下紧贴在定子的内表面上,前腔工作容积开始由小变大,从吸油口吸进油液,而后腔工作容积由大变小,压缩油液,经压油口向外供油。再转 180°,又完成一次吸压油过程。

　　双作用式叶片泵,有两个工作腔,转子每转一周,每个工作腔都各自吸压油一次。溢流阀、安全阀的结构、原理如图 8-16 所示。

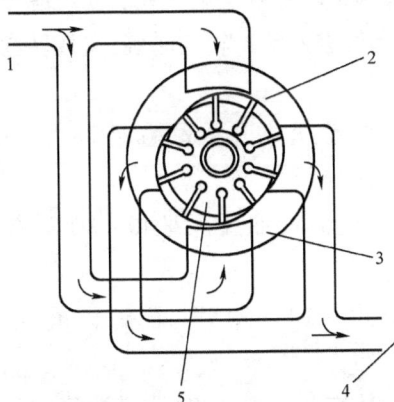

图 8-15　双作用叶片泵工作原理

1-进油口;2-叶片;3-定子;4-排油口;5-转子

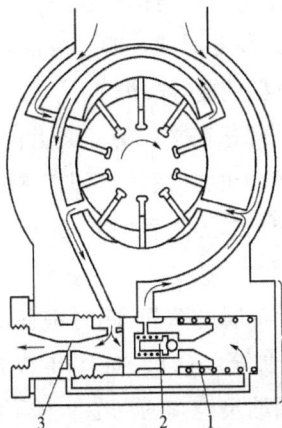

图 8-16　双作用卸荷式叶片泵结构、原理示意图

1-溢流阀活塞(溢流阀);2-安全阀;3-节流孔

溢流阀用以限定转向油泵的最大输出流量。当输出油量过大时,节流孔处油液的流速很高,但该处的压力很小,此压力经横向油道传到溢流阀右侧,使节流阀左右两侧的压差增大,在压差的作用下,节流阀压缩弹簧右移,使进油道和出油道相通,部分油液在泵内循环流动,减少了出油量。安全阀用以限定转向油泵输出油液的最高压力。当输出压力过高时,这个压力传到溢流阀右侧,使安全阀左移开启,高压油流回进油腔,降低了输出油压。

课 堂 讨 论

(1)高的转向灵敏性,要求转向器具有小的传动比;良好的操纵轻便性,则要求转向器具有大的传动比。请分析如何解决这个矛盾?

(2)为什么液压式动力助力转向装置在各级各类汽车上得到广泛应用?

(3)如果液压油液总是按单方向流动,转向轮一直偏转,将会出现什么后果?

(4)什么叫做路感?请根据你自己的理解分析表述。

(5)如何理解"快转快助,大转大助,不转不助"原理?

(6)如何检查液压系统的压力和密封性?

相 关 技 能

8.3 液压助力转向系统维护与检修

8.3.1 液压助力转向系统维护

1)转向储油罐液面高度的检查

转向储油罐的功用是储存、冷却动力转向系统工作油液,通常在罐体处表面或罐盖中的油尺上标有液面高度标准。如果液面高度太低,将使空气进入动力转向系统,造成转向助力效果下降,转向盘变重等故障。

(1)将车辆停稳在平坦的地面上,使前轮处于直行位置,并举升至适宜高度。

(2)起动发动机,并使其达到正常的工作温度。

(3)使发动机怠速运转大约2min,左、右转几次转向盘,使油温达到40~80℃,关闭发动机。

(4)观察储油罐的液面,此时液面应处于"MAX"(上限)与"MIN"(下限)之间,液面低于"MIN"时,应加至"MAX",如图8-17所示。

(5)对于用油尺检查的汽车。拧下带油尺的封盖,用布将油尺擦净,将带油尺的封盖插入储油罐内拧好,然后重新拧出,观察油尺上的标记,应处于"MAX"与"MIN"之间,必要时将转向动力助力传递油加至"MAX"处。

2)转向油液的更换

（1）放油：

①支起汽车前部，使两前轮离开地面，将发动机熄火。

②拧下转向储油罐盖，拆下转向油泵回油管，然后将转向油放入容器中。

③左右转动转向盘，以促使油液流出。

（2）加油与排气：

①在发动机熄火状态下，向转向储油罐内加注符合规定的转向油液。

②支起汽车前部，并用支架支撑，连续从左到右转动转向盘若干次，将转向系统中多余空气排出。

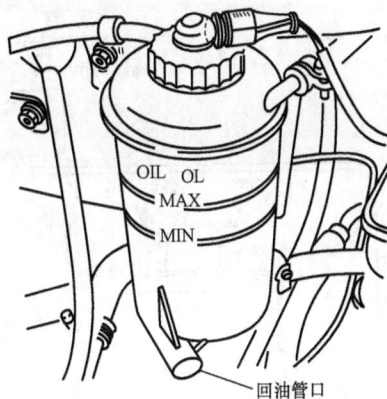

图 8-17　转向储油罐油面的检查

③检查转向储油罐中油面高度，视需要加至"MAX"标记处。

④降下汽车前部，起动发动机怠速运转，连续转动转向盘，注意油面高度的变化，当油面下降时就应不断加注转向油液，直到油面停留在"MAX"处，并在转动转向盘后，储油罐中不再出现气泡为止。

3)转向盘的检查

（1）检查转向操纵力：

①检查转向操纵力时，将汽车停放在水平干燥的路面上，油液温度达到 40～80℃，轮胎气压正常，并使前轮处于直线行驶位置。

②发动机怠速运转，将一弹簧秤钩在转向盘边缘上，拉动转向盘，检查转向盘左右转动一圈所需拉力变化。一般来说，如果转向操纵力超过 44.5N，说明动力转向工作不正常，应检查有无皮带打滑或损坏、转向油泵输出油压或油量是否低于标准、油液中是否渗入空气、油管是否有压瘪或弯曲变形等故障。

（2）转向盘复位检查：

①选择合适的场地，缓慢或迅速转动转向盘，检查两种情况下的转向盘操纵力有无明显的差别，并检查转向盘能否回到中间位置。正常情况下，转动转向盘应是慢转慢回，快转快回，汽车能够回到直线行驶位置；否则，应查明故障原因并予以排除。

②选择合适的场地，使汽车以约 3.5km/h 的速度行驶，将转向盘顺时针或逆时针转动 90°，然后放开手 1～2s，如果转向盘能自动回转 70°以上，说明工作正常；否则，应查明故障原因并予以排除。

4)系统压力的检查

（1）如图 8-18 所示，接好压力表和节流阀。

（2）将节流阀打开，起动发动机并以怠速运转，使转向盘向左、右旋转到极限位置，同时读出压力表上的压力，额定值为 6.8～8.2MPa。

（3）如果向左或向右的额定值达不到要求，就要修理转向油泵或更换总成。

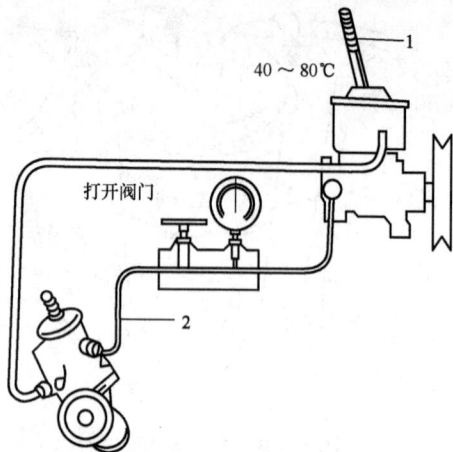

图 8-18　系统压力的检查

1-温度计;2-齿轮箱油压

40～80℃

1

打开阀门

2

8.3.2　液压助力转向系统检修

1)转向器检修

转向器分解后应对控制阀组件、支座组件、滚珠轴承、管道组件、转向横拉杆、转向器壳体、压力密封垫和弹簧、齿条组件、防尘套进行检查,如有明显损伤,应更换。

2)齿轮-齿条式动力助力油缸的密封性检修

转向系统密封性的检查,应在热车时进行,其常见的泄漏点如图 8-19 和图 8-20 所示。检查方法是:

(1)将转向盘快速向左、右两侧转至极限位置(注意在极限位置停留不得超过 5s),并保持不动。目测转向控制阀、齿条密封(松开防尘罩夹箍,并推至一侧)情况,检查叶轮泵、油管接头是否有漏油现象,如有渗漏应更换密封件。

(2)如果发现储油罐中缺少液力传动油时,应检查转向系统的密封性是否完好。

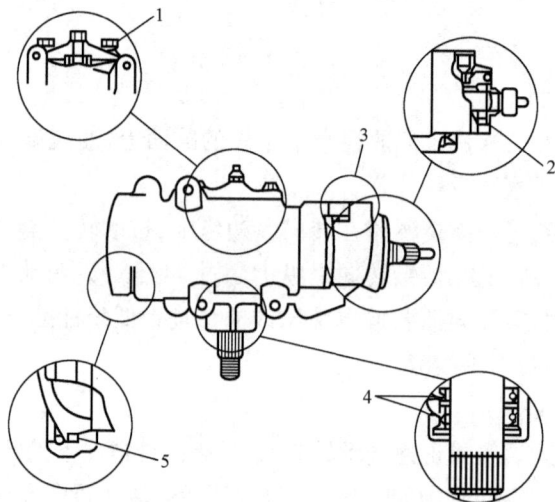

图 8-19　循环球式动力助力转向器常见泄漏点

1-侧盖泄漏;2-调整螺母油封泄漏;3-压力软管接头螺栓泄漏;4-转向摇臂轴油封泄漏;5-端盖油封泄漏

(3)当转向器主动齿轮不密封时,必须更换阀体中的密封环和中间盖板上的圆形绳环。

(4)如果转向器壳中的齿轮-齿条密封件不密封,转向动力助力油液可能流入其中。此时,应拆开转向机构,更换所有密封环。

(5)如油管接头漏油,应查找原因并重新接好。

3)转向油泵检修

转向油泵在使用中应定期检查皮带情况。除此之外,动力助力转向器出现故障时,应检

查转向油泵泵油压力。若确认转向油泵的工作性能下降,一般应整体更换。转向油泵压力的检查步骤如下:

(1)将量程为15MPa的压力表和节流阀串接到转向油泵和转向控制阀之间的管路中。

(2)起动发动机,视需要向转向储油罐中补充液力传动油。

(3)发动机怠速运转,转动转向盘数次。

(4)急速关闭节流阀(不超过5~10s),

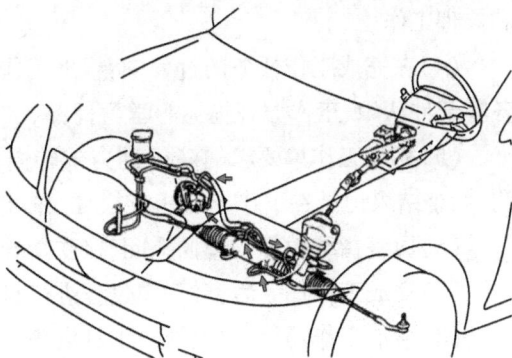

图8-20　齿轮-齿条式动力助力转向系统常见泄漏点

并读出压力数,速腾轿车额定值:6.8~8.2MPa;奥迪200额定值:12~13MPa。具体参阅故障车辆维修手册的性能参数。若压力足够,说明转向油泵正常。

(5)如果没有达到额定值,就应检查压力和流量限制阀是否完好。如不正常就应更换溢流阀、安全阀或更换转向油泵。

8.3.3　转向液压助力油缸检修

检修时,察看油液连接管路是否有裂纹、凹面,接头是否泄漏,防尘套是否破损、裂缝,卡箍是否松脱导致泄漏,应查找泄漏部位并予以修理或更换。

如果动力转向油管路已经断开,按照下列步骤从油管路中排放空气。

(1)向储液罐添加动力助力转向液。

(2)升高车辆直到轮胎离地。

(3)发动机停止的情况下,向左、向右转动转向盘至最大转角若干次,同时,添加转向液,重复操作直到储液罐气泡消失。

如果在发动机运转的情况下执行上述操作,液体将冒出气泡,气泡将流入转向机,从而导致花费更多时间才能将空气完全排除。

(4)向储液罐充添液体,起动发动机,重复向左、向右转动转向盘至最大转角直到空气从储液罐完全释放。

(5)调节储液罐中的液位至规定值。

小 组 工 作

(1)每3~5名学生组成1个工作小组,确定1名小组长,接受工作任务,做好工作准备。

(2)阅读工作单,查阅维修手册(或实训指导书),观察待修车辆的液压助力式转向器,讨论拆卸方法和步骤,确定小组人员工作分工。向实训指导教师汇报讨论结果,经指导教师同意后,开始下一步的工作。

(3)按照工作单的引导,完成待修车辆液压助力式转向器及油缸总成的拆卸、分解、检查和修理工作。

(4)在完成工作任务的过程中,根据工作单的要求,完成液压助力式转向器及油缸总成各零部件认识、工作原理描述等学习任务。

(5)完成工作单要求的液压助力式转向器及油缸总成主要零部件的检测与调整,将检测、调整结果记录在工作单的相应栏目,并对结果作出分析。

(6)回答指导教师的现场提问,接受指导教师的技能考核。

(7)完成工作任务后,对工作过程进行自我评价和小组互评,听取指导教师的点评。

(8)清洁工作场所,清点维护工具设备,完成任务交接。

拓展知识与技能

8.4 常流式液压助力转向系统和常压式液压助力转向系统

液压助力式转向系统按系统内部的压力状态分,有常流式和常压式两种。

8.4.1 常压式液压动力助力转向系统

图 8-21 所示为常压式液压动力助力转向系统示意图。在汽车直线行驶,转向盘保持中立位置时,转向控制阀 5 经常处于关闭位置。转向油泵 2 输出的压力油充入储能器 3。当储能器压力增长到规定值后,油泵即自动卸荷空转,从而储能器压力得以限制在该规定值以下。当转动转向盘时,机械转向器 6 即通过转向摇臂等杆件使转向控制阀转入开启位置。此时,储能器中的压力油即流入转向动力缸 4。动力缸输出的液压作用力,作用在转向传动机构上,以助机械转向器输出力之不足。转向盘一停止运动,转向控制阀便随之恢复到关闭位置。于是,转向加力作用终止。由此可见,无论转向盘处于中立位置还是转向位置,也无论转向盘保持静止还是运动状态,该系统工作管路中总是保持高压。

8.4.2 常流式液压动力助力转向系统

图 8-22 所示为常流式液压动力助力转向系统示意图。不转向时,转向控制阀 6 保持开启。转向助力缸 8 的活塞两边的工作腔,由于都与低压回油管路相通而不起作用。转向油泵 2 输出的油液流入转向控制阀,又由此流回转向油罐 1。因转向控制阀的节流阻力很小,故油泵输出压力也很低,油泵实际上处于空转状态。当驾驶员转动转向盘,通过机械转向器 7 使转向控制阀处于与某一转弯方向相应的工作位置时,转向动力助力缸的相应工作腔方与回油管路隔绝,转而与油泵输出管路相通,而动力助力缸的另一腔则仍然通回油管路。地面转向阻力经转向传动机构传到转向动力助力缸的推杆和活塞上,形成比转向控制阀节流阻力高得多的油泵输出管路阻力。于是转向油泵输出压力急剧升高,直到足以推动转向动力助力缸活塞为止。转向盘停止转动后,转向控制阀随即恢复到中间位置,使动力助力缸停止工作。

比较以上两种液压动力助力转向系统,常压式的优点在于有储能器积蓄液压能,可以使用流量较小的转向油泵,而且还可以在油泵不运转的情况下,保持一定的转向加力能力,汽车有可能续驶一定距离。这一点对重型汽车而言尤为重要。常流式的优点则是结构简单,油泵寿命长,泄漏较少,消耗功率也较少,因而得到广泛的应用。但是,常流式的工作有赖于转向油泵的正常运转,一旦发动机熄火或转向油泵的驱动皮带断裂,油泵停止转动,油压便消失,也就无法产生助力,这在汽车处于高速行驶状态时,有一定的危险性。

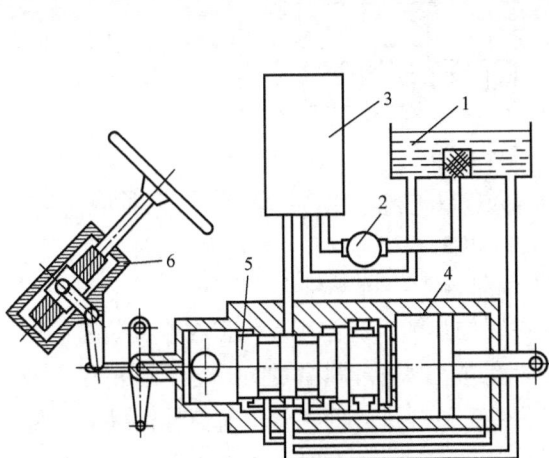

图 8-21 常压式液压动力助力转向系统示意图
1-储油罐;2-油泵;3-蓄能器;4-转向动力助力缸;5-转向控制阀;6-机械转向器

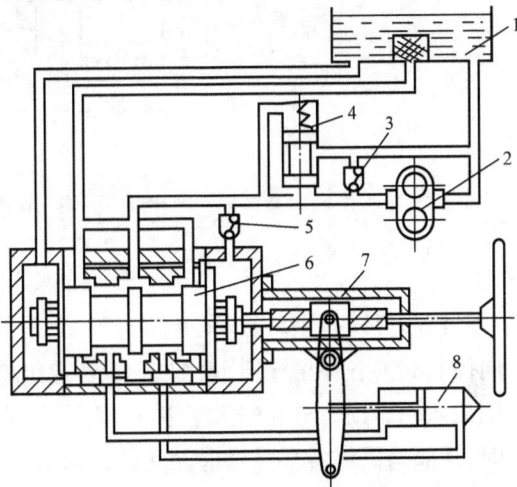

图 8-22 常流式液压动力助力转向系统示意图
1-储油罐;2-油泵;3-安全阀;4-流量控制阀;5-止回阀;6-转向控制阀;7-机械转向器;8-转向助力缸

8.5 滑阀式转向控制阀

转向控制阀按阀体运动方向分为滑阀式和转阀式两种,转阀式转向控制阀在前面已作了介绍,这里主要说明滑阀式转向控制阀的结构和工作原理。

滑阀式转向控制阀的阀体是通过轴向移动来控制油液流量和方向的。

图 8-23a)所示为常流式液压动力转向系统中的滑阀结构,称为常流式滑阀。当阀体 1 处在中间位置时,其两个凸棱边与阀套环槽形成四条缝隙。中间的两个缝隙分别与动力缸两腔的油道相通,而两边的两个缝隙与回油道相通,如图 8-23a)所示。当阀体向右移动很小的一个距离时,右凸棱将右外侧的缝隙堵住,左凸棱将中间的左缝隙堵住,则来自油泵的高压油经通道 5 和中间的右缝隙流入通道 4,继而进入动力缸的一个腔,而动力助力缸的另一腔的低压油被活塞推出,经由左凸棱外侧的缝隙和通道 6 流回储油罐。

图 8-23b)所示为常压式液压动力助力转向系统中的滑阀结构,称为常压式滑阀。滑阀处在中间位置时(图示位置),转向控制阀关闭,高压油不流入动力助力缸,汽车直线行驶。常压式滑阀与常流式滑阀的工作原理相同,仅凸棱的宽窄不同。

液压常流滑阀式助力转向装置的基本组成如图 8-24 所示,主要包括转向储油罐、转向油泵、转向控制阀、转向动力助力缸等。

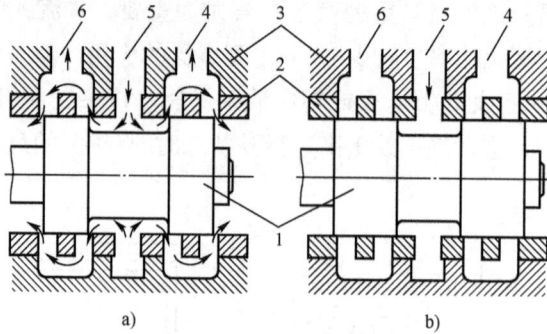

图 8-23　滑阀式转向控制阀的工作原理图
a)常流式滑阀;b)常压式滑阀
1-阀体;2-阀套;3-壳体;4、6-通动力缸左右腔的通道;5-通油泵管路的通道

　　汽车直线行驶时,如图 8-24a)所示,滑阀 1 在复位弹簧 3 的作用下保持在中间位置。转向控制阀内各环槽相通,自油泵 15 输送出来的油液进入阀体环槽 A 之后,经环槽 B 和 C 分别流入动力助力缸 8 的 R 腔和 L 腔,同时又经环槽 D 和 E 进入回油管道流回储油罐 14。这时,滑阀与阀体各环槽槽肩之间的间隙大小相等,油路畅通,动力缸 8 因左右腔油压相等而不起加力作用。

　　汽车右转向时,驾驶员通过转向盘使转向螺杆 5 向右转动(顺时针)。开始时,转向螺母暂时不动,具有左旋螺纹的螺杆 5 在螺母 9 的推动下向右轴向移动,带动滑阀 1 复位弹簧 3 向右移动,消除左端间隙,如图 8-24b)所示。此时环槽 C 与 E 之间、A 与 B 之间的油路通道被滑阀和阀体相应的槽肩封闭,而环槽 A 与 C 之间的油路通道增大,油泵送来的油液自 A 经 C 流入动力缸的 L 腔,L 腔成为高压油区。R 腔油液经环槽 B、D 及回油管流回储油罐 14,动力助力缸 8 的活塞右移,使转向摇臂 7 逆时针转动,从而起加力作用。

　　只要转向盘和转向螺杆 5 继续转动,加力作用就一直存在。当转向盘转过一定角度保持不动时,转向螺杆 5 作用于转向螺母 9 的力消失,但动力助力缸活塞仍继续右移,转向摇臂 7 继续逆时针方向转动,其上端拨动转向螺母,带动转向螺杆 5 及滑阀一起向左移动,直到滑阀 1 恢复到中间稍偏右的位置。此时 L 腔的油压仍高于 R 腔的油压。此压力差在动力助力缸活塞上的作用力用来克服转向轮的回正力矩,使转向轮的偏转角维持不动,这就是转向的维持过程。如转向轮进一步偏转,则需继续转动转向盘,重复上述全部过程。

　　松开转向盘,滑阀在复位弹簧 3 和反作用柱塞 2 上的油压作用下回到中间位置,动力助力缸停止工作。转向轮在前轮定位产生的回正力矩的作用下自动回正,通过转向螺母 9 带动转向螺杆 5 反向转动,使转向盘回到直线行驶位置。如果滑阀不能回到中间位置,汽车将在行驶中跑偏。

　　在对装的反作用柱塞 2 的内端,复位弹簧 3 所在的空间,转向过程中总是与动力助力缸高压油腔相通。此油压与转向阻力成正比,作用在柱塞 2 的内端。转向时,要使滑阀移动,驾驶员作用在转向盘上的力,不仅要克服转向器内的摩擦阻力和复位弹簧的张力,还要克服作用在柱塞2上的油液压力。所以,转向阻力增大,油液压力也增大,驾驶员作用于转向盘上的力也必须增大,使驾驶员感觉到转向阻力的变化情况。这种作用就是"路感"。

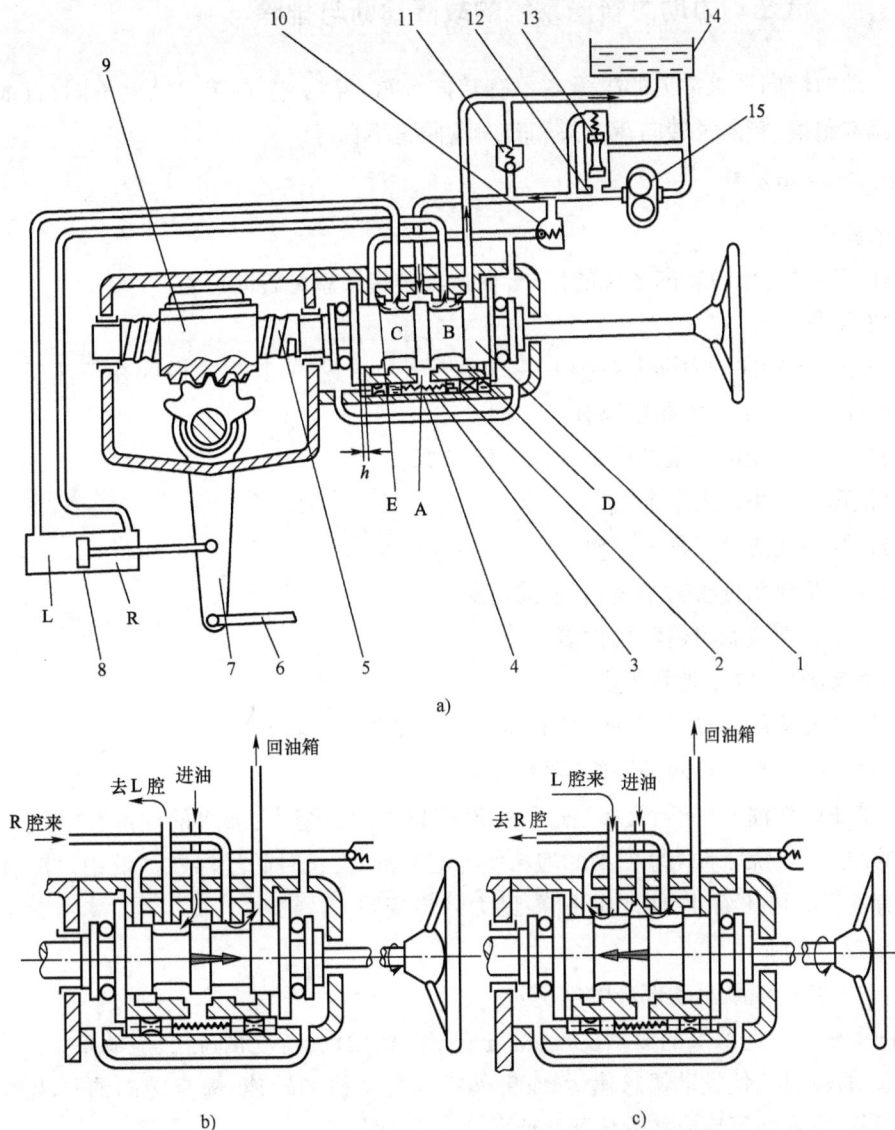

图 8-24　液压常流滑阀式助力转向基本组成示意图

a) 直线行驶时；b) 右转向时；c) 左转向时

1-滑阀；2-反作用柱塞；3-滑阀复位弹簧；4-阀体；5-转向螺杆；6-转向直拉杆；7-转向摇臂；8-转向动力助力缸；9-转向螺母；10-止回阀；11-安全阀；12-节流孔；13-溢流阀；14-转向储油罐；15-转向油泵

　　汽车左转向时,驾驶员向左转动转向盘,动力助力转向装置的工作原理与上述相同。但开始时滑阀随同螺杆向左轴向移动,如图8-24c)所示。油液通道与右转向时相反,动力助力缸活塞的加力方向也与右转向时相反。

　　由上述可见,装用动力助力转向装置的汽车,仍具有保持直线行驶和转向后自动回正的能力。

液压动力助力转向系统的故障诊断与排除

液压动力转向系统常见的故障现象有转向沉重、异响,左右转向轻重不同,直线行驶转向盘发飘或跑偏、转向时转向盘发抖和转向盘回正不良等。

8.6.1 转向沉重

1)故障现象

装有液压动力助力转向系统的汽车,在行驶中突然感到转向沉重。

2)故障原因

一般是液压转向动力助力系统失效或助力不足造成的,其根本原因在于液压不足。引起转向系统液压不足的主要原因有:

(1)转向储油罐缺油或油液高度低于规定要求。

(2)液压回路中渗入了空气。

(3)油泵驱动皮带过松或打滑。

(4)各油管接头处密封不良,有泄漏现象。

(5)油路堵塞或滤清器污物太多。

(6)油泵磨损、内部泄漏严重。

(7)油泵安全阀、溢流阀泄漏,弹簧弹力减弱或调整不当。

(8)动力助力缸或转向控制阀密封损坏。

(9)排油后加油方法不当,加油过程中没有将发动机熄火,加入的油液和空气一起被高速转动的油泵搅动后,空气呈极小的泡沫状与油液混合,长时间悬浮在油液中。混有空气的油液具有一定的可压缩性,使油压下降,助力效果变差。

3)诊断与排除

(1)检查转向油泵驱动部分的情况:

①用手压下转向油泵的驱动皮带,检查皮带的松紧度,若皮带过松,应调整。

②起动发动机,使发动机怠速运转,突然提高发动机的转速,检查转向油泵驱动皮带有无打滑现象,发现问题后应按规定更换性能不良的部件。

(2)检查转向储油罐内的油液质量和液面高度,若油液变质则应重新更换规定油液。若只是液面低于规定高度,应加油使油面达到规定位置。

(3)检查转向储油罐内的滤清器:

①若发现滤网过脏,说明滤清器堵塞,应清洗。

②若发现滤网破裂,说明滤清器损坏,应更换。

(4)检查油路中是否渗入空气,如果发现油罐中的油液有气泡时,说明油路中有空气渗入,应检查各油管接头和接合面的螺栓是否松动,各密封件是否损坏,有无泄漏现象,油管是否破裂等。对于出现故障的部位应进行修整和更换,并进行排气操作,最后重新加入油液。

（5）检查各油管接头等处有无泄漏,油路中是否有堵塞;查明故障后,按规定力矩拧紧有关接头或清除污物。

（6）对转向油泵进行输出油压检查,如果油泵输出压力不足,说明油泵有故障,此时应分解油泵,检查油泵是否磨损或内部泄漏严重,安全阀、溢流阀是否泄漏或卡滞,弹簧弹力是否减弱或调整不当,各轴承是否烧结或严重磨损等。对于叶片泵还应检查转子上的密封环或油封是否损坏,对于齿轮泵应检查齿轮间隙是否过大等,查明故障予以修理,必要时更换油泵。

8.6.2 异响

1）故障现象

汽车转向时,转向系统有过大的异响,并影响汽车的转向性能。

2）故障原因

（1）转向储油罐中液面太低,油泵在工作时容易渗入空气。

（2）液压系统中渗入空气。

（3）储油罐滤网堵塞,或液压回路中有过多的沉积物。

（4）油管接头松动或油管破裂。

（5）油泵严重磨损或损坏。

（6）转向控制阀性能不良。

3）诊断与排除

（1）当转向盘处于极限位置或原地慢慢转动转向盘时,转向器发出"嘶嘶"声,如果这种异响严重,则可能为转向控制阀性能不良,应更换转向控制阀。

（2）当转向油泵发出"嘶嘶"声或尖叫声时,应进行以下检查:

①检查储油罐液面高度,液面高度不够时应查明泄漏部位并修理,然后按规定加足油液。

②检查转向油泵驱动皮带是否打滑;若打滑,应查明原因,更换皮带或调整皮带张紧度。

③察看油液中有无泡沫,若有泡沫,应查找漏气部位并予以修理,然后排除空气;若无漏气,则说明油路有堵塞处或油泵严重磨损及损坏,应予以修复或更换。

8.6.3 左右转向轻重不同

1）故障现象

汽车行驶时,向左和向右转向操纵力不相等。

2）故障原因

（1）转向控制阀阀芯（或滑阀）偏离中间位置,或虽然在中间位置但与阀体槽肩的缝隙大小不一致。

（2）控制阀内有污物阻滞,使左右转动阻力不同。

（3）液压系统中动力助力缸的某一油腔渗入空气。

（4）油路漏损。

3）诊断与排除

这种故障多是油液脏污所致,应按规定更换新油后再进行检查。

(1)如果油质良好或更换新油后故障没有消除,应对液压系统进行排气,并检查系统有无油液泄漏,液压系统中出现泄漏时,应更换泄漏部位的零部件。

(2)如果故障仍不能排除,则可能是由于控制阀中工作不良造成的。滑阀式转向控制阀可在动力助力转向器外部进行排除,通过改变转向控制阀阀体的位置来实现。如果滑阀位置调整后仍不见好转,应拆检滑阀测量其尺寸,若偏差较大,应更换滑阀;对于旋转阀式转向控制阀必须通过分解检查来排除故障。

8.6.4 直线行驶转向盘发飘或跑偏

1)故障现象

汽车直线行驶时,难以保持正前方向而总向一边跑偏。

2)故障原因

(1)油液脏污、转向控制阀复位弹簧折断或变软,使转向控制阀不能及时复位。

(2)转向控制阀阀芯(或滑阀)偏离中间位置,或虽在中间位置但与阀体槽肩的缝隙大小不一致。

(3)流量控制阀卡滞使油泵流量过大或油压管路布置不合理,造成油压系统管路节流损失过大,使动力助力缸左右腔压力差过大。

3)诊断与排除

(1)首先检查油液是否脏污。对于新车或大修以后的车辆,如果不认真执行磨合期换油规定,容易使油液脏污。

(2)对于使用较久的车辆,则可能是流量控制阀或转向控制阀复位弹簧失效所致,此时可在不起动发动机的情况下转动转向盘,凭手感判断控制阀是否开启、运动自如,若有怀疑一般应拆卸检查。

(3)最后检查转向油泵流量控制阀是否卡滞和油压管路布置是否合理,发现故障予以修理。

8.6.5 转向时转向盘发抖

1)故障现象

发动机工作时转向,尤其是在原地转向时滑阀共振,转向盘抖动。

2)故障原因

(1)储油罐液面低。

(2)油路中渗入空气。

(3)转向油泵驱动皮带打滑。

(4)转向油泵输出压力不足。

(5)转向油泵流量控制阀卡滞。

3)诊断与排除

(1)首先检查油罐液面是否符合规定,否则按要求加注转向油液。

(2)排放油路中渗入的空气。

(3)检查转向油泵驱动皮带是否打滑或其他驱动形式的齿轮传动等有无损坏,发现问题后,应按规定调整皮带张紧度或更换性能不良的部件。

(4)对转向油泵输出压力进行检查。压力不足时应分解油泵,检查油泵是否磨损或内部泄漏严重,安全阀及流量控制阀是否泄漏或卡滞,弹簧弹力是否减弱或调整不当,各轴承是否烧结或严重磨损等。对于叶片式转向油泵还应检查转子上的密封环或油封是否损坏。对于齿轮式油泵应检查齿轮间隙是否过大等。查明故障予以修理。必要时更换油泵。如果泵轴油封泄漏也应更换转向油泵。

8.6.6　转向盘回正不良

1)故障现象

汽车完成转向后,转向盘不能回到中间行驶位置(直线行驶位置)。

2)故障原因

(1)转向油泵输出油压低。

(2)液压回路中渗入空气。

(3)回油软管扭曲阻塞。

(4)转向控制阀或转向动力助力缸发卡。

(5)转向控制阀定中不良。

3)诊断与排除

(1)对液压系统进行排气操作,排气后按规定加足转向油液。

(2)检查转向油泵输出油压,若油压不足应拆检转向油泵,检查油泵是否磨损或内部泄漏严重,安全阀及流量控制阀是否泄漏或卡滞,弹簧弹力是否减弱或调整不当,各轴承是否烧结或严重磨损等。查明故障予以修理。必要时更换油泵。如果泵轴油封泄漏也应更换转向油泵。

(3)检查回油软管是否阻塞,如有应更换回油软管。

(4)拆检转向控制阀或转向动力助力缸,查明故障原因,然后视情况进行修复,对于损坏的零件应更换。

必要时更换转向控制阀或转向动力助力缸。

思考题

(1)动力助力转向系统有什么功用?它由哪几部分组成?

(2)动力助力式转向油泵有哪些类型?有何作用?

(3)描述动力助力转向器的基本组成和工作原理。

(4)液压常流滑阀式动力转向装置由哪几部分组成?试表述工作原理。

(5)动力助力转向系统应做好哪些维护作业?

(6)动力助力转向器的检修应注意什么事项?

(7)动力助力转向器有哪些故障现象?如何进行诊断与排除?

(8)如何选择动力转向器液力传动油?

单元九

$Unit$ 9

汽车制动跑偏故障检修

学习情境

客户驾驶一辆去年购买的一汽丰田卡罗拉轿车来到维修车间,向维修顾问反映,他近期在公路上行车制动时,车辆会自动向左侧跑偏,经检查发现该车辆四个车轮制动器摩擦片均存在不同程度的异常磨损,制动钳活塞有发卡现象。

生产任务　检修车轮制动器

1)工作对象

配备需检修车轮制动器的待修车辆1辆。

2)工作内容

(1)领取所需的工具、耗材,做好工作准备。

(2)举升车辆,从车辆上拆除车轮、半轴(后驱式)等外围部件。

(3)从车辆上拆下车轮制动器总成。

(4)检查车轮制动器各零部件,对主要零部件进行检测,分析检测结果,制订车轮制动器修复方案。

(5)安装车轮制动器(必要时进行制动间隙调整)。

(6)安装半轴、车轮等外围部件。

(7)检查、评价工作质量。

(8)整理工具,清洁工作场地。

3)工作目标与要求

(1)学生应以小组工作的方式,完成本项工作任务。

(2)学生应当能在小组成员的配合下,利用汽车维修手册(或实训指导书),制订并实施

工作计划。

（3）能通过阅读资料和现场观察，辨别所拆装车轮制动器的类型。

（4）能认识所拆卸车轮制动器的零部件，口述车轮制动器的工作原理和各零部件的作用。

（5）能向客户解释所修车辆车轮制动器的损伤情况和修复方案。

（6）能按规范的步骤，完成车轮制动器的拆装检修作业，恢复汽车的行驶能力。

（7）在工作过程中培养树立维护客户利益的观念，依法维护客户的切身利益。

相关知识

9.1　制动系统概述

制动系统是汽车的重要组成部分之一。其作用是根据驾驶员的需要，使行驶中的汽车减速直至停车，使下长坡行驶的汽车保持稳定的车速，使已停驶的汽车保持原地不动并实现可靠驻车。此外，在挂车意外脱挂时，使挂车迅速地自动停车。汽车制动系统性能的好坏，对于汽车的行驶安全性以及动力性能的发挥都有着较大的影响。只有汽车具有良好的制动性能，才能保证汽车在安全行驶的条件下提高车速，以获得较高的运输生产效率。

9.1.1　制动系统的组成、类型与要求

1）组成

制动系统主要由制动供能装置、控制装置、传动装置、制动器四部分组成。

（1）供能装置。供能装置包括供给、调节制动所需能量以及改善传能介质状态的各种部件。人的肌体可作为制动能源。

（2）控制装置。控制装置包括产生制动动作和控制效果的各种部件，如图 9-1 中的制动踏板。

（3）传动装置。传动装置包括将制动能量传输到制动器的各个部件及管路，如图 9-1 中制动主缸、轮缸及连接管路。

（4）制动器。制动器是产生阻碍车辆运动或运动趋势的力的部件。一般通过固定元件与旋转元件工作表面之间的摩擦作用来实现。

2）分类

（1）按制动系统的作用分为行车制动系统、驻车制动系统、应急制动系统及辅助制动系统等。

（2）按制动操纵能源分为人力制动系统、动力制动系统和伺服制动系统等。

（3）按制动能量的传输方式分为机械式、液压式、气压式、电磁式和综合式制动系统等。

3）要求

（1）具有良好的制动效能。

（2）操纵轻便。

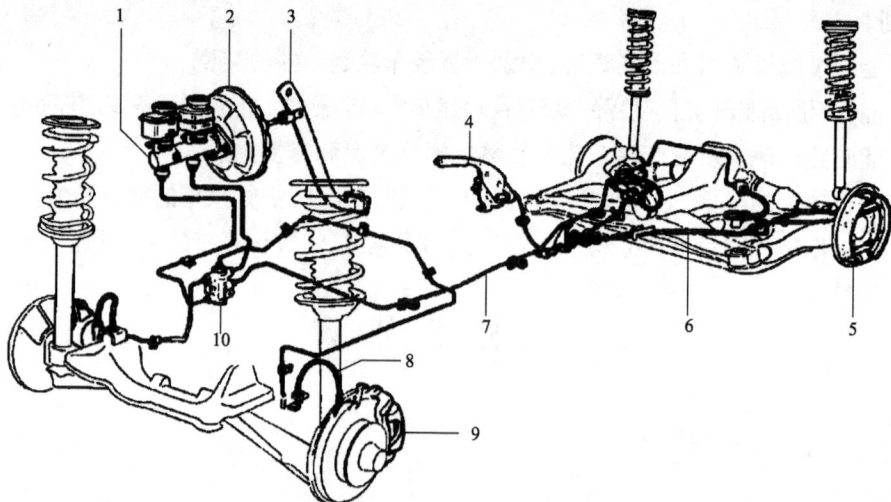

图9-1 制动系统组成

1-制动主缸;2-制动助力器;3-制动踏板;4-驻车制动(操纵杆型);5-鼓式制动器;6-驻车制动拉线;7-制动管路;8-制动软管;9-盘式制动器;10-比例阀

(3)制动稳定性好。

(4)制动平顺性好。

(5)散热性好。

(6)对挂车的制动系统。还要求挂车的制动作用略早于主车;挂车自行脱挂时能自动进行应急制动。

9.1.2 行车制动系统的构造和工作原理

图9-2 所示为行车制动系统的基本组成,车轮制动器的旋转部分是制动鼓8,它固定于轮毂上并与车轮连接,与车轮一起旋转。固定部分是制动蹄10和制动底板11,其上面有两个支承销12,支承着两个弧形制动蹄10的下端。制动蹄外圆面上铆有摩擦片9,上端用复位弹簧拉紧抵靠在制动轮缸6内的活塞上。支承销和轮缸都固定在制动底板上,制动底板用螺钉与转向节凸缘(前桥)或桥壳凸缘(后桥)固定在一起。制动轮缸6用油管5与装在车架上的液压制动主缸4相通。主缸活塞3由驾驶员通过踩制动踏板1来操纵,制动蹄靠液压轮缸工作时张开而产生制动力矩。

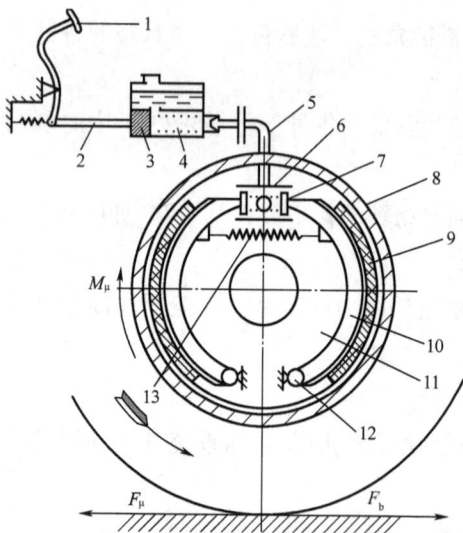

图9-2 制动系统工作原理示意图

1-制动踏板;2-推杆;3-主缸活塞;4-制动主缸;5-油管;6-制动轮缸;7-轮缸活塞;8-制动鼓;9-摩擦片;10-制动蹄;11-制动底板;12-支承销;13-制动蹄复位弹簧

制动系统不工作时,制动鼓的内圆面与制动

蹄摩擦片的外圆面之间保持一定的间隙(称为制动器间隙),使车轮和制动鼓可以自由旋转。要使行驶中的汽车减速或停车,驾驶员应踩下制动踏板1,通过推杆2和主缸活塞3,使主缸内的油液在一定压力下流入制动轮缸,并通过两个制动轮缸活塞7推动两制动蹄绕支承销转动,蹄的上端向两边分开而以其摩擦片压紧在制动鼓的内圆面上。这样,不旋转的制动蹄就对旋转着的制动鼓作用一个摩擦力矩M_μ,其方向与车轮旋转方向相反。制动鼓将该力矩传到车轮后,由于车轮与路面间有附着作用,车轮对路面作用一个向前的圆周力F_μ,同时路面也对车轮作用着一个向后的反作用力,即制动力F_b。制动力F_b由车轮经车桥和悬架传给车架及车身,迫使整个汽车产生一定的减速度。制动力越大,则汽车减速度也越大。

放开制动踏板时,复位弹簧13即将制动蹄拉回原位,摩擦力矩M_μ及制动力F_b消失,制动作用即行终止。

显然,阻碍汽车运动的制动力F_b不仅取决于制动力矩M_μ,还取决于轮胎与路面间的附着条件。如果完全丧失附着力,则这种制动系统事实上不可能产生制动汽车的效果。在讨论制动系的结构问题时,一般都假定具备良好的附着条件。

上述制动系统称为行车制动系统,行车制动系统是使行驶中的汽车减速甚至停车的制动系统。行车制动系统在行车过程中经常使用,其作用必须是渐进的,即制动力矩和制动力的大小可以在驾驶员的控制下,在一定范围内是逐渐变化的。驻车制动系统是使已停驶的汽车驻留原地不动的制动系统,其作用是非渐进的。任何车辆都必须设置行车制动系统和驻车制动系统。为了在行车制动失效的情况下,保证汽车仍能实现减速或停车,有些车型还设有应急(第二)制动系统,其作用必须是渐进的。应急制动可以使行车制动系统具有应急特性,是与行车制动分开的独立系统。它的操纵可以与行车制动系统的操纵机构结合,也可以与驻车制动系统的操纵机构结合,但三者操纵机构不得结合在一起。另外,在一些重型柴油车上还应设置辅助制动系统,用以在下坡时稳定车速,如排气制动系统等。

操纵机构用来产生制动动作、控制制动效果,并将制动能量传到制动器的各个部件。行车制动系统的操纵机构分液压和气压式两种。用液压传递操纵力时应包括制动主缸、轮缸、油管等;用气压操纵时应包括空气压缩机、气路管道、储气罐、制动阀、制动气室等。制动器是用来产生阻碍车辆的运动或运动趋势的力(制动力)的部件,也包括辅助制动系统中的缓速装置。另外,制动系统还包括制动力调节装置、报警装置、压力保护装置等附属设备。

9.1.3　驻车制动系统的组成与工作原理

驻车制动系统由手制动杆、驻车制动传动机构、驻车制动器等组成,如图9-3所示。其操纵方式为机械式,制动时,靠驾驶员拉动驻车制动操纵杆,通过钢丝拉索,使驻车制动器产生制动作用。

驻车制动器可与行车制动器共用。操纵机构通过驻车制动器拉索,控制后轮制动器中的驻车制动操纵机构,使后轮制动器产生制动,起到驻车制动的作用。

有的车型在后轮盘式制动器中专门设置一套鼓式驻车制动器,操纵机构通过拉索,操纵鼓式驻车制动器工作,起到驻车的作用。

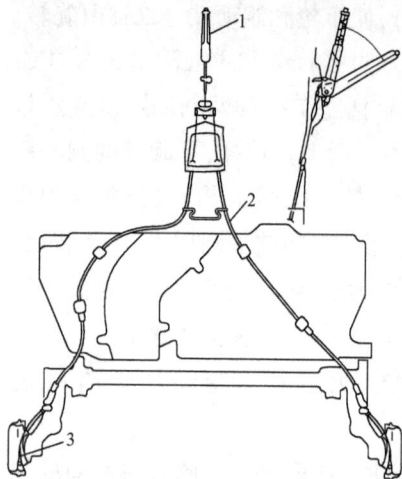

图9-3 驻车制动系统组成

1-驻车制动操纵杆;2-钢丝拉索;3-制动器

早期的一些车型采用设置在传动轴上的中央驻车制动器。操纵机构通过驻车制动器拉杆,促使制动凸轮转动,两制动蹄摩擦片外张,压住中央制动鼓,起到驻车制动的作用。

9.2 鼓式车轮制动器

旋转元件固装在车轮或半轴上,将制动力矩直接分别作用于两侧车轮上的制动器的装置,称为车轮制动器。根据摩擦副中旋转元件的结构形式不同,汽车上所用的车轮制动器可分为盘式和鼓式两种。

鼓式车轮制动器摩擦副中的旋转元件为制动鼓,工作表面为圆柱面。一般鼓式制动器都采用带摩擦片的制动蹄作为固定元件,位于制动鼓内部的制动蹄在一端承受促动力时,可绕其另一端的支点向外旋转,压靠在制动鼓内圆柱面上,产生摩擦力矩(制动力矩)进行制动。

9.2.1 结构组成、类型与工作原理

1)组成

鼓式车轮制动器由旋转部分、固定部分、促动装置和定位调整机构组成,如图9-4所示。

(1)旋转部分。旋转部分为制动鼓。制动鼓通常为浇铸件,对于受力小的制动鼓也可用钢板冲压而成。

(2)固定部分。固定部分是制动底板和制动蹄。制动底板固装在车桥的凸缘盘上,通过支承销与制动蹄相连。制动蹄常用钢板冲压后焊接而成或由铸铁或轻合金浇铸,采用T形截面,以增大刚度,摩擦片采用黏结或铆接的方式固定于制动蹄上。

(3)促动装置。促动装置的作用是对制动蹄施加力使其向外张开。常用的促动装置有凸轮或制动轮缸。

(4)间隙调整装置。制动蹄在不工作时,其摩擦片与制动鼓之间应有合适的间隙,此间隙一般在0.25~0.5mm。间隙过小,易造成制动解除不彻底;但间隙过大,又将使制动踏板行程过大,致使驾驶员操作不便,同时也会推迟制动器起作用的时刻。但是在制动过程中,摩擦片的不断磨损必将导致此间隙逐渐增大。因此,各种

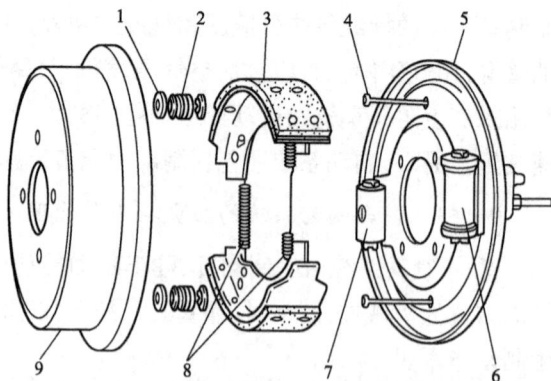

图9-4 鼓式车轮制动器

1-弹簧座;2-弹簧;3-制动蹄;4-制动蹄固定销钉;5-底板;6-制动轮缸;7-制动蹄调整器;8-制动蹄复位弹簧;9-制动鼓

形式的制动器均设有检查、调整此间隙的装置。间隙调整装置常用偏心螺栓、棘轮和自动调整装置等。

2）分类

车轮制动器一般用于行车制动,有的也用于应急制动和驻车制动。凡对制动蹄端加力使制动蹄转动的装置统称为制动蹄促动装置。

(1)按促动装置不同分类。

①轮缸式制动器。促动装置为液压缸的制动器称为轮缸式制动器,液压制动系统多采用此结构,如图9-5a)所示。

②凸轮式制动器。促动装置采用凸轮时称之为凸轮式制动器,多应用于气压制动系统的车辆,如图9-5b)所示。

③楔块式制动器。促动装置采用楔块时称之为楔块式制动器,可用于机械、液压或气压等制动系统,如图9-5c)所示。

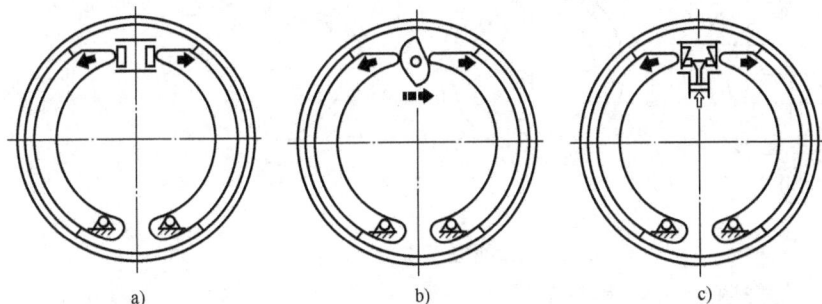

图9-5　各型类制动器促动装置
a)轮缸式;b)凸轮式;c)楔块式

(2)按产生制动力矩的不同分类。

在制动过程中,因制动蹄绕支承销转动与轮鼓旋转方向相同,在制动鼓上压得更紧,起到增势作用的,称为"增势蹄"或称"领蹄"。如制动蹄绕支承销转动与轮鼓旋转方向是反方向的,有使制动蹄离开制动鼓的趋势,起着减势作用的,称为"减势蹄"或称"从蹄"。根据制动过程中两制动蹄产生制动力矩的不同,鼓式制动器可分为领从蹄式、双领蹄式、双向双领蹄式、双从蹄式、单向自增力式和双向自增力式等,如图9-6所示。

鼓式车轮制动器多为外张双蹄式。但因制动蹄张开机构的形式、张开力作用点和制动蹄支承点的布置等不同,使得制动器的工作性能也不同。根据制动时两制动蹄对制动鼓作用的径向力是否平衡,鼓式制动器又可分为简单非平衡式、平衡式和自动增力式三种。

3）工作原理

(1)制动器的工作过程。如图9-7所示,制动蹄1和6的下端分别铰接在两个固定在底板上的支承销7上,上端分别与制动轮缸3内的制动活塞2接触抵靠。制动蹄可绕支承销转动一个不大的角度,制动活塞2可在轮缸内做轴向移动。

汽车行驶中不需要制动时,制动踏板处于自由状态,制动主缸无制动液输出,制动蹄在复位弹簧4的作用下压靠在轮缸活塞上,制动鼓的内圆柱面与摩擦片之间保留一定间隙,制动鼓可以随车轮一起旋转。

制动时,驾驶员踩下制动踏板,迫使制动液经管路进入制动轮缸,制动轮缸3的活塞外移,使制动蹄克服复位弹簧的拉力绕支承销7转动而张开,消除制动蹄与制动鼓之间的间隙后压紧在制动鼓上。此时,不旋转的制动蹄摩擦片对旋转的制动鼓就产生一个摩擦力矩,其方向与车轮的旋转方向相反,起到制动的作用。

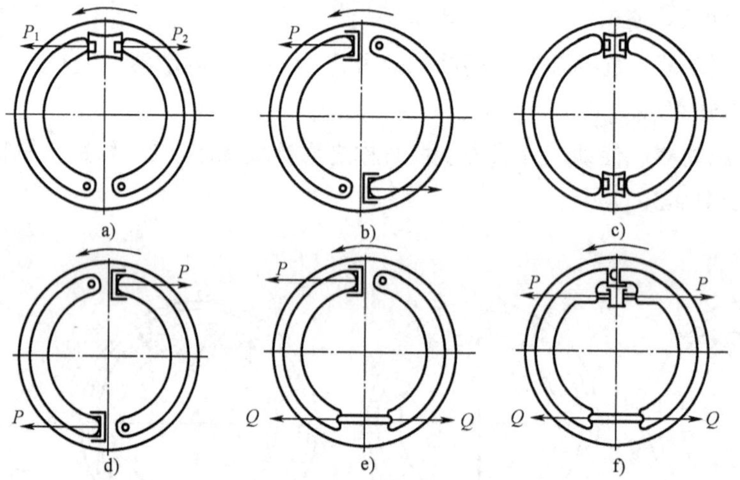

图9-6　鼓式制动器分类

a)领从蹄式;b)双领蹄式;c)双向双领蹄式;d)双从蹄式;e)单向自增力式;f)双向自增力式

放松制动踏板,在复位弹簧的作用下,制动蹄与制动鼓的间隙又得以恢复,从而解除制动。

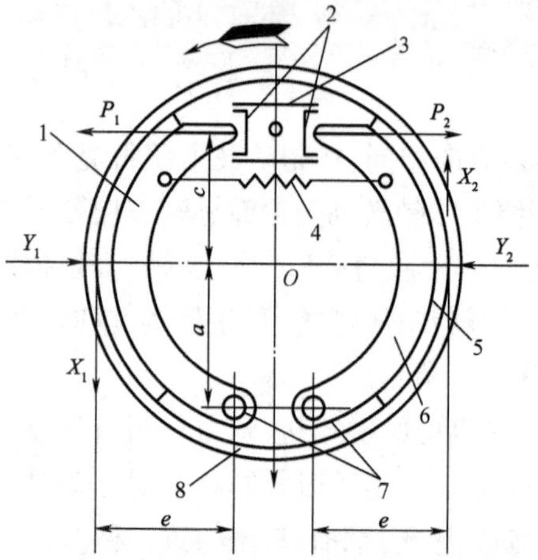

图9-7　简单非平衡式(领从蹄式)制动器

1-前制动蹄;2-轮缸活塞;3-制动轮缸;4-复位弹簧;5-摩擦片;6-后制动蹄;7-支承销;8-制动鼓

（2）制动蹄的增势和减势。制动时,轮缸内压力油推动活塞向外移动,对前后两制动蹄施加大小相等的作用力 P_1 和 P_2,迫使两制动蹄抵靠到制动鼓上;随同车轮一起转动着的制动鼓对制动蹄作用有法向反力 Y_1 和 Y_2,切向反力 X_1 和 X_2(即鼓对蹄的摩擦力)。当制动鼓逆时针方向旋转时,前制动蹄1所受的力 X_1 的方向朝下,后制动蹄6所受的力 X_2 的方向朝上,为简化起见,假设这些力的合力是作用于摩擦衬片5的中央。前蹄上的力 X_1 与推力 P_1 所造成的绕支承销7的叠加力矩是同方向的,因而使左蹄在制动鼓上压得更紧,起到增势的作用;后蹄上的力 X_2 与推力 P_2 绕支承销的叠加力矩是反方向的,起着减势的作用。

通过以上的分析,得出这样的结论:虽然两蹄上端受到的推力 P_1 和 P_2 相等,但因摩擦力 X_1 和 X_2 所起的增力作用不同,且轮缸活塞又是浮动的,结果使两蹄片上单位压力不等,以致在同一个车轮上,前后两蹄片压向制动鼓的作用力实际上是不等的,前制动蹄的作用力大于后制动蹄。因这两个作用力不能互相平衡(也称为非平衡式制动器),二者的差值只好由车轮轴承负担,即对支承制动鼓的轮毂造成附加荷载。

9.2.2　简单非平衡式车轮制动器

图 9-7 所示为简单非平衡式车轮制动器,该车型后轮制动器为领从蹄式。冲压成型的制动底板用螺栓与驱动桥壳上的凸缘连接。制动蹄下端孔分别与支承销上的偏心轴颈作间隙配合,上端抵靠在轮缸的活塞顶块上。制动鼓用螺栓连接在车轮轮毂的凸缘上,随同车轮旋转。促动装置为用螺钉固定在制动底板上的轮缸。定位调整机构包括安装在制动底板上的调整凸轮、限位杆及支承制动蹄的偏心支承销。转动调整凸轮可使制动蹄内外摆动;转动偏心支承销可使制动蹄上下、内外移动。通过转动调整凸轮和偏心支承销不仅能改变制动器的间隙,还能使摩擦副的实际工作区域发生变化,有利于蹄鼓工作面全面贴合。在偏心支承销的尾端有轴线偏移标记,两标记相对时为制动蹄收拢到最小位置。

如摩擦片磨损,可用规定厚度的塞尺通过制动鼓上的检查孔,在蹄的上、下端检查间隙;转动上端的调整凸轮,使制动鼓与制动蹄的间隙增大或减小,调整时用规定厚度的塞尺反复测量,当拉动时感到稍有阻力,即为合适。间隙调好后,有轻微摩擦声时,允许将间隙稍许放大一些。

9.2.3　平衡式车轮制动器

由于增势蹄能提高制动效能,利用这种原理将减势蹄颠倒安装,就出现了两蹄都成为增势蹄的制动器。如两蹄只在前进制动时为增势蹄,称单向增势平衡式制动器(单活塞轮缸);如两蹄在前进或倒车都成为增势蹄,称双向增势平衡式制动器(双活塞缸)。

1)单向增势平衡式制动器

如图 9-8 所示,在制动鼓正向旋转时,两蹄均为领蹄的制动器称为双领蹄制动器,这种制动器的特点是两个制动蹄各用一个单活塞式轮缸,且两套制动蹄、制动轮缸、偏心制动销和调整凸轮等在制动底板上的布置是中心对称的。

前进制动时,其上面的作用力 $P_1 = P_2$,法向反力 $Y_1 = Y_2$,摩擦力 $X_1 = X_2$,前后蹄片受力平衡。前、后制动蹄均有增势作用,为增势蹄(领蹄),其制动效果好。

倒车制动时,两蹄均变为减势蹄(从蹄),其制动效果差,故一般不用于后轮制动器。

2)双向增势平衡式制动器

如图 9-9 所示,如将对称的两个轮缸内装入两个双向活塞,这时,两制动蹄既是支承点又是张开力的作用点。支点、张开力作用点可随制动鼓旋转方向不同而相互转换,即可使汽车前进或倒车制动时均得到相同且较高的制动效能,这就是双向增势平衡式制动器,或称为双向双领蹄式制动器。

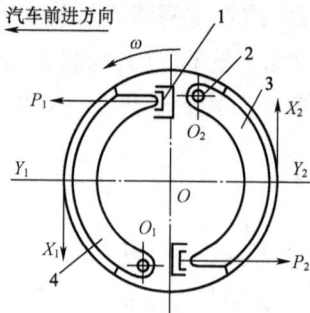

图9-8 单向增势平衡式(双领蹄式)制动器
1-轮缸活塞;2-支承销;3-后制动蹄;4-前制动蹄

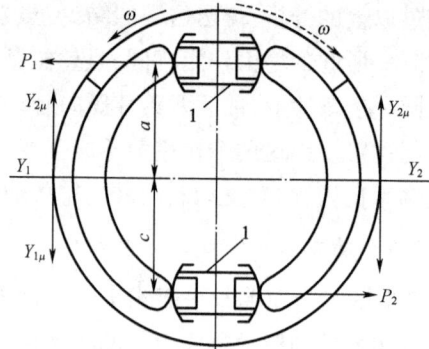

图9-9 双向增势平衡式(双向双领蹄式)制动器
1-轮缸

9.2.4 自增力式车轮制动器

自动增力式制动器的原理是将两蹄用推杆浮动连接,利用液压张开力促动,使两蹄产生增势作用,还充分利用前蹄的增势推动后蹄,使总的摩擦力矩进一步增大,此即为"自动增力"式制动器。自增力式制动器可分为单向(单活塞)式和双向(双活塞)式两种。

1)单向自增力式制动器

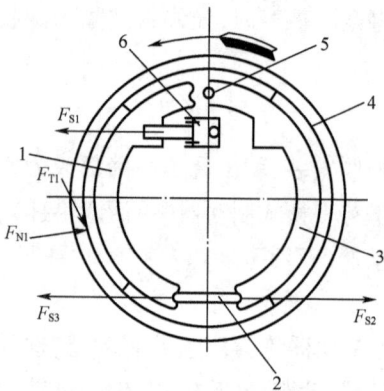

图9-10 单向自增力式制动器
1-第一制动蹄;2-顶杆;3-第二制动蹄;4-制动鼓;5-支承销;6-制动轮缸

图9-10所示为单向自增力式制动器的原理图。第一制动蹄1和第二制动蹄3的下端分别浮支在浮动的顶杆2的两端。制动器只在上方有一个支承销5。不制动时,两蹄上端借各自的复位弹簧抵靠在支承销上。

汽车前进制动时,单活塞式制动轮缸6只将促动力F_{S1}加于第一制动蹄,使其上端离开支承销,整个制动蹄绕顶杆左端支承点旋转,并压靠到制动鼓4上。第一蹄是领蹄,并且在促动力F_{S1}、法向合力F_{N1}(摩擦力),切向力F_{T1}和沿活塞顶杆轴线方向的支反力F_{S1}的作用下处于平衡状态。由于顶杆2是浮动的,自然成为第二蹄的促动装置,而将与力F_{S1}大小相等方向相反的促动力F_{S2}施加在第二蹄的下端,故第二蹄也是领蹄。正因为顶杆是完全浮动的,不受制动底板约束,所以作用在第一蹄上的

促动力和摩擦力的作用没有如一般领蹄那样完全被制动鼓的法向反力和固定于制动底板上的支承件反力的作用所抵消,而是通过顶杆2传到第二蹄上,形成第二蹄的促动力F_{S2}。对第一制动蹄1进行受力分析可知,$F_{S2}>F_{S1}$。此外,F_{S2}对于第一蹄支承点的力臂也大于F_{S1}对第一蹄支承点的力臂。因此,第二蹄的制动力矩必然大于第一蹄的制动力矩。由此可见,在制动鼓尺寸和摩擦系数相同的条件下,这种制动器前进制动效能不仅高于领从蹄式制动器,而且高于双领蹄式制动器。

倒车制动时,第一蹄上端压靠支承销不动。此时,第一蹄虽然仍是领蹄,且促动力 F_{S1} 仍可能与前进制动时的相等,但其力臂却大为减小,因而第一蹄此时的制动效能比一般领蹄的制动效能低很多。第二蹄则因未受促动力而不起制动作用。故此时整个制动器的制动效能甚至比双从蹄式制动器的效能还低。

2) 双向自增力式制动器

图 9-11 所示为双向自增力式制动器原理图。其特点是制动鼓正向和反向旋转时均能借蹄鼓间的摩擦起自增力作用。它的结构不同于单向自增力式制动器之处主要是采用双活塞式制动轮缸 4,可向两蹄施加相等的促动力 F_S。制动鼓正向(如箭头所示)旋转时,前制动蹄 1 为第一蹄,后制动蹄 3 为第二蹄,制动鼓反向旋转时则情况相反。由图可见,在制动时,第一蹄只受一个促动力 F_S,而第二蹄则有两个促动力 F_S 和 S,且 $S > F_S$。考虑到汽车前进制动的机会远多于倒车制动,且前进制动时制动器工作负荷也远大于倒车制动,故后制动蹄 3 的摩擦片面积做得较大。

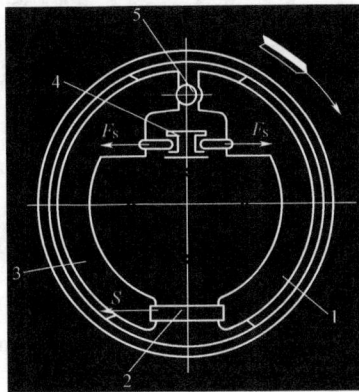

图 9-11　双向自增力式制动器
1-前制动蹄;2-顶杆;3-后制动蹄;4-制动轮缸;5-支承销

9.2.5　鼓式制动器间隙的调整装置

制动蹄在不工作的原始位置时,其摩擦片与制动鼓之间应保持合适的间隙。其设定值由汽车制造厂规定,一般为 $0.25 \sim 0.5\mathrm{mm}$。任何制动器摩擦副中的这一间隙(以下简称制动器间隙)如果过小,就不易保证彻底解除制动,造成摩擦副拖滞;过大则又将使制动踏板行程太长,以致驾驶员操作不便,也会推迟制动器开始起作用的时刻。但在制动器工作过程中,摩擦片的不断磨损将导致制动器间隙逐渐增大。情况严重时,即使将制动踏板踩到下极限位置,也产生不了足够的制动力矩。目前,大多数轿车都装有制动器间隙自调装置,也有一些载货汽车仍采用手工调节。制动器间隙的调整有手动调整和自动调整两种方法。

1)手动调整装置

一般在制动鼓腹板外边开有一个检查孔,以便用塞尺检查摩擦片与制动鼓之间的间隙(制动器间隙)是否符合规定值,否则要对其进行调整。

(1)在一些国产车型汽车制动器中,调整凸轮和带偏心轴颈的支承销,当制动器间隙已增大到使制动器效能明显降低时,可转动调整凸轮,进行局部调整。这样沿摩擦片周向各处的间隙即可进行增大或减小调整。当制动鼓磨损到一定程度时,需要重新加工修整其内圆柱面。在进行修理作业后重新装配制动器时,为保证蹄鼓的正确接触状态和间隙值,应当全面调整制动器间隙。全面调整除靠转动调整凸轮而外,还要转动制动蹄下端的支承销。其支承制动蹄的支承销的轴颈是偏心的。支承销的尾端伸出制动底板外,并铣切出矩形截面,以便用扳手夹持使之转动。转动支承销,各处(特别是制动蹄下端处)的间隙即可增大或减小。

(2)转动调整螺母。有些制动器的轮缸两端的端盖制成调整螺母,如图 9-12 所示。用一字螺丝刀5拨动调整螺母1的齿槽4,使螺母转动,带动螺杆的可调支座3向内或向外作轴向移动。因此可使制动蹄上端靠近或远离制动鼓,则制动间隙便减小或增大。

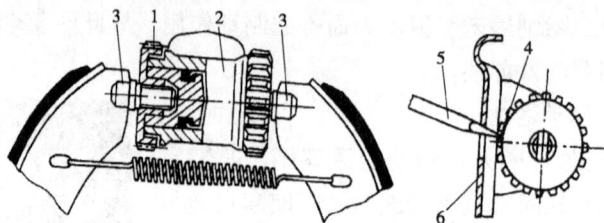

图9-12　用调整螺母调整制动间隙的示意图

1-调整螺母;2-制动轮缸;3-可调支座;4-齿槽;5-一字螺丝刀;6-制动底板

2)自动调整装置

制动器间隙调整是汽车维护和修理作业中必不可少的重要作业项目。为了减少其工作

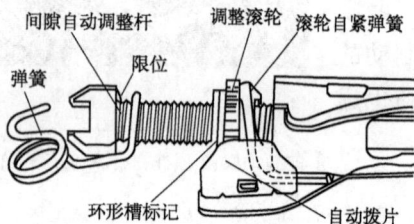

图9-13　用改变调整长度来调整制动器间隙示意图

量,制动器间隙的自动调整装置(以下简称间隙自调装置)得到迅速发展,其结构形式有如下几种。

(1)鼓式制动器间隙自动调整装置。在自增力式制动器中,两制动蹄上端支承在可调顶杆上,其结及工作原理如图9-13所示。它由间隙自动调整杆、调整滚轮和自动拨片组成。调整滚轮一端有环形槽标记,内制有螺纹,调整滚轮与调整杆螺纹配合。当制动间隙增大时,自动拨片拨动调整滚轮,可使调整杆沿轴向移动,改变调整杆的总长度,从而调整了制动器间隙。

(2)摩擦限位式间隙自调装置。图9-14所示为一些轿车上采用的摩擦限位式间隙自调装置。用以限定不制动时制动蹄的内极限位置的限位摩擦环2,装在轮缸活塞3内端的环槽中,如图9-14a)所示,或借矩形断面螺纹旋装在活塞内端,如图9-14b)所示。限位摩擦环是一个有切口的弹性金属环,压装入轮缸后与缸壁之间的摩擦力可达$400 \sim 550N$。活塞上的环槽或螺旋槽的宽度B大于限位摩擦环厚度b。活塞相对于摩擦环的最大轴向位移量即为二者之间的间隙$\Delta = B - b$。间隙Δ应等于在制动器间隙为设定的标准值时施行完全制动所需的轮缸活塞行程。

图9-14　带摩擦限位环的轮缸

1-制动蹄;2-摩擦环;3-活塞

　　不制动时,制动蹄复位弹簧只能将制动蹄向内拉到轮缸活塞与摩擦环外端面接触为止,因为复位弹簧力远远不足以克服摩擦环与缸壁间的摩擦力。此时如图 9-14b)所示,间隙 Δ 存在于活塞与摩擦环内端面之间。

　　制动时,轮缸活塞外移。若制动器间隙正好等于设定值,则当活塞移动到与摩擦环内端面接触(即间隙 Δ 消失)时,制动器间隙应已消失,并且蹄鼓已压紧到足以产生最大制动力矩的程度。若制动器间隙由于种种原因增大到超过设定值,则活塞外移到 $\Delta = 0$ 时,仍不能实现完全制动。但只要轮缸液压达到 $0.8 \sim 1.1$ MPa,即能将活塞连同摩擦环继续推出,直到实现完全制动。这样,在解除制动时,制动蹄只能恢复到活塞与处于新位置的限位摩擦环接触为止,即制动器间隙恢复到设定值。由此可见,正是摩擦环与缸壁之间的这一不可逆转的轴向相对位移补偿了制动器的过量间隙。这也是一切摩擦限位式间隙自调装置的共同原理。

　　摩擦限位式间隙自调装置也可以装在制动蹄上,如图 9-15 所示。限位套筒 5 穿过制动蹄腹板 3 上的长孔,并借压紧弹簧 8 将两限位摩擦片 6 和 7 夹持在制动蹄底板上,由此保持限位套筒 5 与制动腹板 3 的相对位置。球头限位销 4 固定在制动底版 1 上,穿入限位套筒 5 的孔中,限位套筒 5 与限位销 4 球头之间的间隙 Δ 决定了限位套筒相对于限位销的位移量,也即制动蹄与制动鼓之间所设定的制动间隙。

　　当制动蹄与制动鼓之间存在过量的间隙时,由于限位销对限位套筒的定位作用,使得制动蹄在张开的过程中无出现限位套筒与限位球销的接触,随后制动蹄在促动力作用下使制动蹄腹板克服限位摩擦片上摩擦力,相对于限位套筒继续向右运动,压向制动鼓,实现完全制动。当制动促动力解除以后,在制动蹄复位弹簧作用下,限位套筒借限位摩擦片上的摩擦力与制动鼓一起复位,直至限位球销与限位套筒内壁相撞接触为止。至此,制动蹄腹板与限位套筒的相对位置发生改变,其改变量即为制动间隙中过大的部分。

　　(3)鼓式制动器星形螺母式间隙自动调整装置。图 9-16 所示为鼓式制动器星形螺母式间隙自动调整装置,它安装于制动器的从蹄上,在汽车倒车且实施制动的过程中完成调节。采用这种方式的间隙自调节可以大大减少"过调节"的可能性,即通过将制动间隙调整安排在很少出现的倒车制动过程中,来有效地避免由于制动鼓严重受热膨胀变形造成的间隙增大。自调节系统主要由自调节拉索 5、自调节拉索导向板 3、自调节棘爪 6 和间隙调整星形螺母 7 等组成。自调节拉索 5 的一端固定在制动器促动活塞上方的轴销中,另一端绕过自调节拉索导向板 3 后与自调节棘爪 6 相连。当制动间隙处于正常范围内实施制动时,自调节棘爪 6 受自调节拉索 5 控制在小范围内转动,无法跨越间隙调整星形螺母 7 上与受自调节拉索 6 相接触的齿顶部,因而不能拨动间隙调整星形螺母

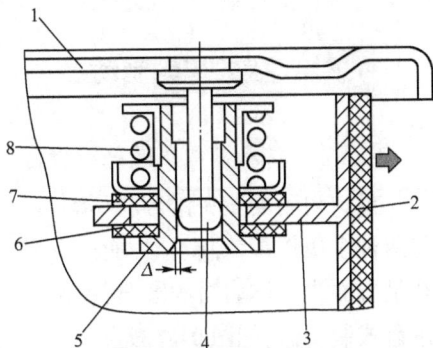

图 9-15　摩擦限位式间隙自动调整装置
1-制动底版;2-制动蹄摩擦片;3-制动蹄腹板;4-限位销;5-限位套筒;6、7-限位摩擦片;8-压紧弹簧

7。而一旦制动蹄摩擦片磨损变薄后,后制动蹄4一起向外张开的自调节拉索导向板3使得自调节拉索5张紧,并拉动自调节棘爪6绕其与从动蹄的铰接点顺时针转过一个较大的角度,自调节棘爪6两端部将跨过间隙调整星形螺母7上与原轮齿规定的位置,卡入间隙调整星形螺母7上新的齿隙中。解除制动时,在棘爪复位弹簧9的拉力作用下,棘爪逆时针转动复位,推动间隙调整星形螺母7转动,使得可调顶杆8改变长度,从而达到调整制动蹄与制动鼓之间间隙的目的。

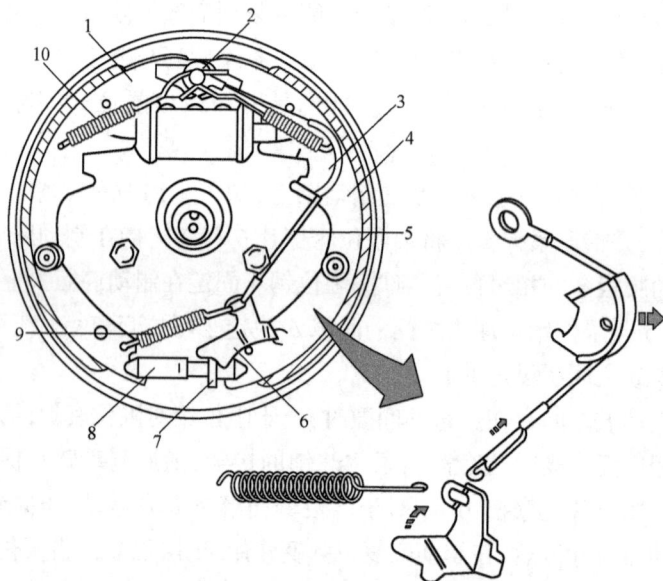

图9-16 鼓式制动器星形螺母式间隙自动调整装置

1-前制动蹄;2-自调节拉索定位端;3-自调节拉索导向板;4-后制动蹄;5-自调节拉索;6-自调节棘爪;7-间隙调整星形螺母;8-可调顶杆;9-棘爪复位弹簧;10-制动蹄复位弹簧

9.3 盘式车轮制动器

9.3.1 盘式制动器的类型

盘式制动器按夹钳形状不同可分为钳盘式制动器、全盘式制动器和蹄盘式制动器三种。前两种多用作车轮制动器,而后一种则常用作停车制动器。在这些盘式制动器中旋转元件都是端面为工作表面的圆盘,称为制动盘,不同的摩擦元件,其结构各不相同。本书只介绍钳盘式制动器,如图9-17所示。

在钳盘式制动器中,固定的摩擦元件是位于制动盘两侧的一对或几对面积不大的带摩擦片的制动钳,如图9-18所示。钳盘式车轮制动器广泛地应用在轿车和轻型货车上。它的优点是散热良好,热衰退小,热稳定性好,最适于对制动性能要求较高的轿车前轮制动器,这是因为轿车前轮的制动力要求较大,后轮常选蹄鼓式制动器配合使用。

1）浮钳式

图9-18a)所示为浮钳盘式制动器示意图。制动钳2通过导向销6与车桥7相连，可以相对于制动盘1轴向滑动。制动钳只在制动盘的内侧设置油缸，而外侧的制动块则附装在钳体上。制动时，来自制动主缸的液压油通过进油管5进入制动轮缸，推动活塞右移，于是制动盘给活塞一个向左的反作用力，使得活塞连同制动钳钳体整体沿销钉向左滑动，直到制动盘右侧的制动块也压到制动盘上。此时，两侧的制动块都压在制动盘上，活塞在液压作用下将两制动块压紧制动盘，产生摩擦力矩而制动。

2）定钳式

图9-18b)所示为定钳盘式制动器的结构示意图。跨置在制动盘1上的制动钳固定安装在车桥7

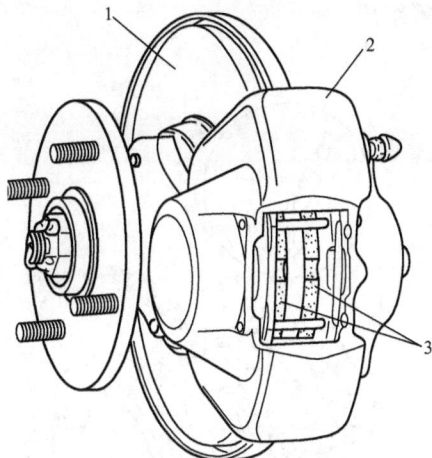

图9-17　盘式车轮制动器
1-制动盘；2-制动钳；3-制动片

上，它既不能旋转也不能沿制动盘轴线方向移动，安装其内的两个轮缸活塞4分别位于制动盘1的两侧。制动时，制动油液由制动主缸(制动总泵)经进油管4进入钳体中两个相通的液压腔中(相当于制动轮缸)，将两侧的制动块3压向与车轮连接的制动盘1，从而产生摩擦力矩而制动。内外侧两钳体实际上各为一个液压缸缸体，其中各有一个活塞，油缸壁上有梯形截面环槽，其中嵌入矩形截面的活塞密封圈。内侧油缸的油道中装有放气螺钉。

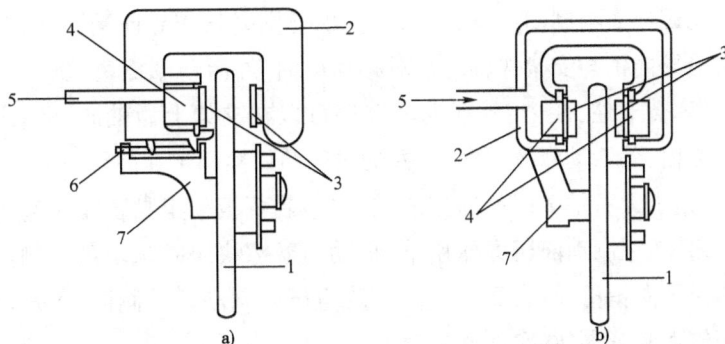

图9-18　盘式制动钳类型
a)浮钳盘式制动器；b)定钳盘式制动器
1-制动盘；2-制动钳；3-制动块；4-轮缸；5-油管；6-螺栓同时兼作导向销；7-车桥

9.3.2　浮钳盘式制动器的构造与工作原理

浮钳盘式车轮制动器广泛应用于轿车的前轮。图9-19a)所示为速腾轿车的前轮制动器，它是浮钳式。该制动器由制动盘、内外摩擦块、制动钳壳体、制动钳支架、前制动轮缸等组成。

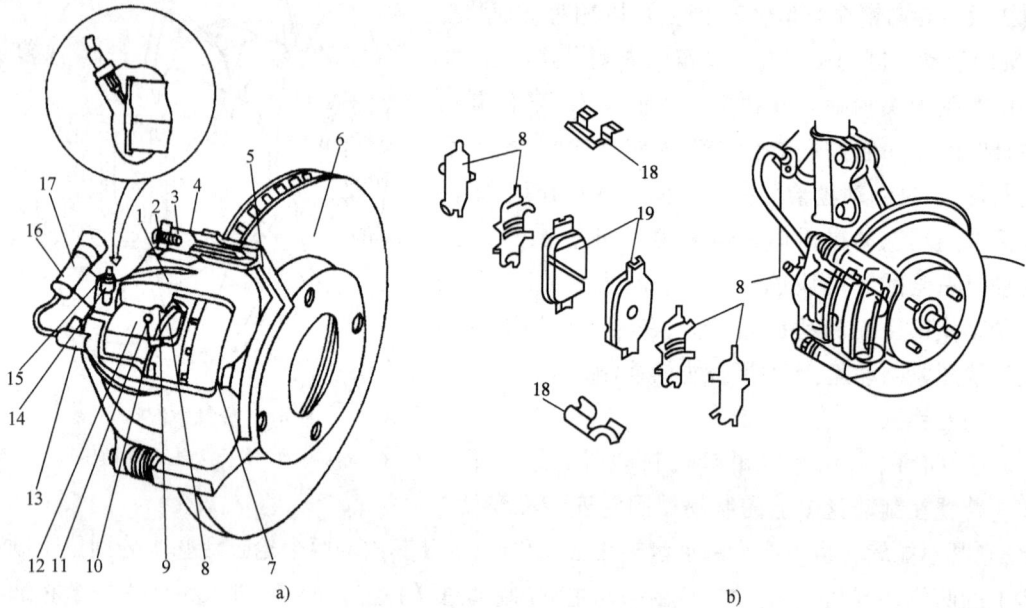

图 9-19　轿车前轮制动器
a)速腾轿车前轮制动器;b)丰田轿车前轮制动器
1-制动钳体;2-螺栓;3-导向销;4-防护套;5-制动钳支架;6-制动盘;7-固定制动块;8-消声片;9-防尘套;10-活动摩擦块;11-密封圈;12-活塞;13-电线导向夹;14-放气螺钉;15-放气螺钉帽;16-报警开关;17-电线夹;18-衬块支承片;19-制动摩擦块

制动钳体 1 用螺栓 2 与制动钳支架 5 相连,螺栓同时兼作导向销固定在前悬架轴承座凸缘上。壳体可沿导向销与支架作轴向相对移动。内、外活动摩擦块 10 装在制动钳支架 5 上,用摩擦块止动弹簧卡住,使内、外活动摩擦块可以在支架上做轴向移动,但不会上下窜动。制动盘 6 装在内、外活动摩擦块之间,并通过轮胎螺栓固定在前轮毂上。

内、外摩擦块是由无石棉金属材料制成的,与钢制背板牢牢黏合在一起组成了内、外摩擦块。制动时活塞 12 在制动液压力作用下,推动内摩擦块压向制动盘内侧面,制动盘上的反力则促使钳体沿导向销滑动,直到外侧摩擦块也压向制动盘外侧面,于是内、外活动摩擦块将制动盘的两侧面紧紧夹住,实现了制动。

这种浮钳盘式制动器具有热稳定性和水稳定性均好的优点,且结构简单、造价低廉。浮钳的结构还有利于整个制动器靠近车轮轮辐布置,使转向主销的小端点外移,实现负的偏移距(即指主销地点在车轮接地点的外侧),提高汽车抗制动跑偏能力。图 9-19b)所示为丰田轿车前轮制动器。

9.3.3　定钳盘式制动器的构造与工作原理

定钳盘式制动器的基本组成如图 9-20 所示,其旋转元件是制动圆盘,它和车轮连接在一起旋转,以其端面为摩擦工作表面。其固定元件是制动块、导向支承销、轮缸及活塞,它们均被安装于制动盘两侧的钳体上,总称为制动钳。制动钳用螺栓与转向节或桥壳上的凸缘固装,并用调整垫片来调整钳与盘之间的相对位置。

　　如图 9-20 所示,制动时,制动液被压入内、外两轮缸中,经液压作用的活塞朝制动盘方向移动,推动制动摩擦块紧压制动盘,产生摩擦力矩而制动。在此过程中,轮缸槽内的矩形橡胶密封圈的刃边在摩擦力的作用下产生微量的弹性变形,如图9-21a)所示。

　　放松制动时,液压系统压力消除,密封圈恢复到其初始位置,活塞和制动块依靠密封圈的弹力和弹簧的弹力复位,如图 9-21b)所示。由于矩形密封圈刃边的变形量很微小,在不制动时,摩擦块与盘之间的间隙每边只有 0.1mm 左右,它足以保证制动的解除。

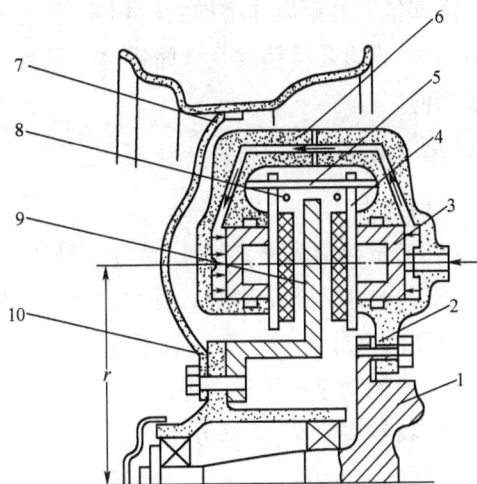

图 9-20　定钳盘式制动器构造示意图
1-转向节或桥壳凸缘;2-调整垫片;3-活塞;4-制动摩擦块;5-导向支承销;6-钳体;7-轮辐;8-复位弹簧;9-制动盘;10-轮毂凸缘

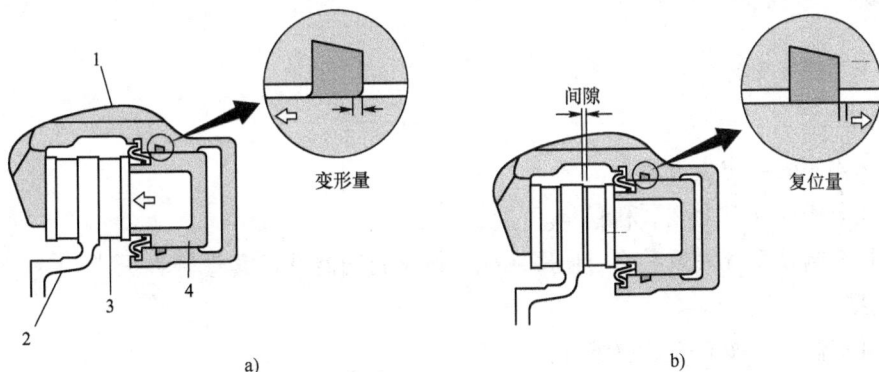

a)　　　　　　　　　　　　　b)

图 9-21　活塞密封圈的间隙自动调整作用
a)制动时;b)解除制动
1-制动钳;2-制动盘;3-制动摩擦块;4-活塞

　　矩形橡胶密封圈除起密封作用外,同时还起活塞复位和自动调整间隙的作用。盘式制动器制动间隙自动调整的原理如图 9-21 放大部位所示。矩形密封圈嵌在制动轮缸的矩形槽内,密封圈内圆与活塞外圆配合较紧,制动时活塞被压向制动盘,密封圈发生了弹性变形(图中变形量);解除制动时,密封圈要恢复原状,于是将活塞拉回原位(图中复位量)。当制动盘与制动摩擦块磨损后,制动器的制动间隙增大,若间隙大于活塞的设计行程时,活塞在制动液压力的作用下,克服密封圈的摩擦阻力而继续前移,直到实现完全制动为止。解除制动时,由于密封圈弹性变形量的限制,密封圈将活塞拉回的距离小于活塞前移的距离,则活塞与密封圈之间这一不可恢复的相对位移便补偿了过量的间隙。解除制动后,矩形密封圈将活塞推回的距离同磨损之前相同,仍保持标准值。显然,这种结构对橡胶密封圈的弹性、耐热性、刃边几何精度及表面粗糙度的要求较高,并应定期更换,而不单纯考虑它的密封质量如何。

9.3.4　盘式制动器的特点

1)优点

(1)散热能力强,热稳定性好。受热后,制动盘只在径向膨胀,不会影响制动间隙。

(2)抗水衰退能力强。受水浸后,在离心力作用下被很快甩干,摩擦块上的剩水也由于压力高而容易挤出,一般仅需要 1~2 次制动后即可恢复正常。

(3)制动时的平顺性好。

(4)结构简单,维修方便。

(5)制动间隙小,便于自动调节。

2)不足之处

(1)制动时无助势作用,故要求管路液压较高。

(2)防污性差,制动摩擦块磨损较快。

9.4　驻车制动装置

9.4.1　功用及类型

1)功用

(1)车辆停驶后防止滑溜。

(2)使车辆在坡道上能顺利起步。

(3)行车制动系统失效后临时使用或配合行车制动器进行紧急制动。

2)类型

(1)驻车制动器按其安装位置分:

①中央制动式。中央制动式通常安装在变速器的后面,其制动力矩作用在传动轴上。

②车轮制动式。车轮制动式通常与车轮制动器共用一个制动器总成,只是传动机构是相互独立的。

(2)驻车制动器按其结构形式分为鼓式、盘式、带式和弹簧作用式。

9.4.2　中央驻车制动装置

1)结构组成

图 9-22 所示为东风 EQ109 车系型汽车驻车制动器的结构。该制动器为中央制动、鼓式、简单非平衡式。

制动鼓通过螺栓与变速器输出轴的凸缘盘连接在一起,制动底板固定在变速器输出轴轴承盖上,两制动蹄通过偏心支承销支承在制动底板上,其上端装有滚轮,在复位弹簧的作用下,滚轮抵靠在凸轮的两侧,凸轮轴支承在制动底板的上部,轴外端与摆臂连接,摆臂的另一端与穿过压紧弹簧的拉杆相连,拉杆再通过摇臂、传动杆与驻车制动操纵杆相连。驻车制动操纵杆上装有棘爪,驻车制动器工作时,棘爪嵌入齿扇上的棘齿内,起锁止作用。解除制动时,需按下驻车制动操纵杆上的按钮,使棘爪脱离棘齿才能拉动驻车制动操纵杆。

2)工作原理

驻车制动时,将驻车制动操纵杆上端向后拉动,则驻车制动操纵杆的下端向前摆动,传动杆带动摇臂顺时针转动,拉杆则带动摆臂顺时针转动,凸轮轴亦顺时针转动,凸轮则使两制动蹄以支承销为支点向

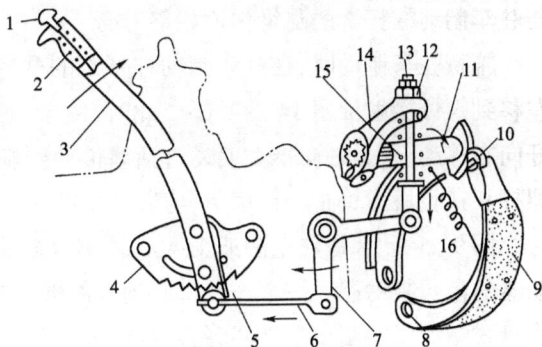

图9-22　东风EQ109车系型汽车驻车制动器
1-按钮;2-拉杆弹簧;3-驻车制动操纵杆;4-齿扇;5-锁止棘爪;6-传动杆;7-摇臂;8-偏心支承销孔;9-制动蹄;10-滚轮;11-凸轮轴;12-调整螺母;13-拉杆;14-摆臂;15-压紧弹簧;16-复位弹簧

外张开,压靠到制动鼓上,产生制动作用。当驻车制动操纵杆拉到制动位置时,棘爪嵌入齿扇上的棘齿内,起锁止作用。

解除制动时,按下驻车制动操纵杆上的按钮使棘瓜脱离棘齿,向前推动驻车制动操纵杆,则传动杆、拉杆、凸轮轴按逆时针方向转动,制动蹄在复位弹簧的作用下复位,制动蹄与制动鼓间恢复制动间隙,驻车制动解除。

9.4.3　带驻车制动机构的鼓式制动器

图9-23所示为带驻车制动机构的鼓式制动器,这种驻车制动机构通常设置在后轮鼓式制动器中,与行车制动器共用一套制动摩擦片。操纵机构通过驻车制动器拉索,拉动制动蹄操纵杆绕支点转动,并通过驻车制动蹄支柱,推动两制动摩擦片外张,压住后制动鼓,起到驻车制动的作用。

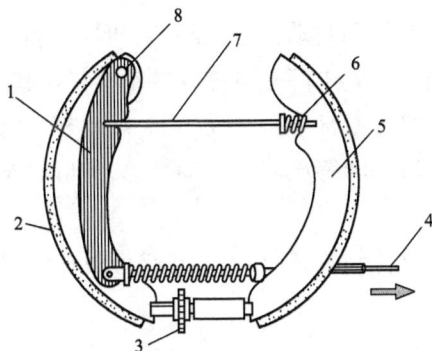

图9-23　所示为带驻车制动机构的鼓式制动器
1-制动蹄操纵杆;2-摩擦片;3-调整器;4-钢丝线;5-制动蹄;6-弹簧;7-制动蹄支柱;8-杠杆销

9.4.4　带驻车制动机构的盘式制动器

轿车的驻车制动装置通常是设置在后轮制动器中,后轮鼓式制动器兼充驻车制动器的结构与工作原理在前面已经介绍,这里介绍目前在轿车上采用的带驻车制动机构的后轮盘式制动器。

图9-24所示为一种带凸轮促动机构的盘式制动器的浮式制动钳。自调螺杆9穿过制动钳体1的孔旋装在有粗牙螺纹的自调螺母12中,螺母凸缘的左边部分被扭簧13紧箍着。扭簧的一端固定在活塞上,而另一端则自由地抵靠在螺母凸缘上。推力球轴承11固定在螺母凸缘的右侧,并被固定在活塞14上的挡片10封闭。膜片弹簧8使螺杆右端斜面

与驻车制动杠杆7的凸缘斜面始终贴合。

施行驻车制动时,在驻车制动杠杆7的凸轮推动下,自调螺杆9连同自调螺母12一直左移到螺母接触活塞14的底部。此时,由于扭簧的障碍,自调螺母不可能倒转着相对于螺杆向右移动,于是轴向推力便通过活塞传动到制动块上而实现制动。解除驻车制动时,自调螺杆9在膜片弹簧8的作用下,随着驻车制动杠杆7复位。

图9-25所示是雷克萨斯LS400轿车盘鼓式驻车制动器。这种制动器将一个作行车制动器的盘式制动器和一个作驻车制动器的鼓式制动器组合在一起。双作用制动盘的外缘盘作盘式制动器的制动盘,中间的鼓部作鼓式制动器的驻车制动鼓。

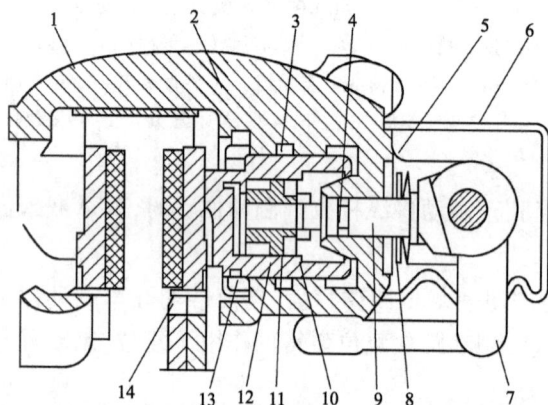

图9-24 带凸轮促动机构的浮式制动钳
1-制动钳体;2-活塞护罩;3-活塞密封圈;4-自调螺杆密封圈;5-膜片弹簧支承垫圈;6-驻车制动杠杆护罩;7-驻车制动杠杆;8-膜片弹簧;9-自调螺杆;10-挡片;11-推力球轴承;12-自调螺母;13-扭簧;14-活塞

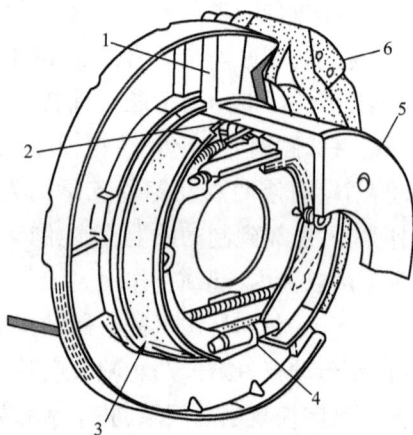

图9-25 盘鼓式驻车制动器
1-制动盘;2-制动鼓;3-驻车制动蹄;4-调整器;5-冠部;6-盘式制动钳

进行驻车制动时,将驾驶室中的手动驻车制动操纵杆拉到制动位置,经一系列杠杆和拉绳传动,将驻车制动杠杆的下端向前拉,使之绕平头销转动,其中间支点推动制动推杆左移,将前制动蹄推向制动鼓。待前制动蹄压靠到制动鼓上之后,推杆停止移动,此时制动杠杆绕中间支点继续转动。于是制动杠杆的上端向右移动,使后制动蹄压靠到制动鼓上,施以驻车制动。

解除制动时,将驻车制动操纵杆推回到不制动的位置,制动杠杆在卷绕在拉绳复位弹簧的作用下复位,同时制动蹄复位弹簧将两制动蹄拉拢。

课堂讨论

(1)钳盘式制动器与鼓式制动器的应用有什么现实意义?请举例说明。

(2)驻车制动器有哪些类型?举例说明其工作原理。

（3）试分析钳盘式制动器活塞矩形橡胶密封圈的作用。

（4）试分析简单非平衡式车轮制动器与平衡式车轮制动器的基本原理。

（5）制动器间隙自动调整装置如何实现自动调整？请举例说明。

（6）为什么盘式制动器前制动摩擦块比后制动摩擦块要大？为什么要在前制动摩擦块上切槽、加工成倒角？请分析说明。

相 关 技 能

9.5　制动器的检修

9.5.1　车轮制动器的一般检查

在拆卸检修车轮制动器时，应重点检查以下内容：

（1）检查制动软管是否有裂纹、变形，接头是否漏油，安装是否可靠；如有裂纹、变形，均应更换。

（2）检查轮缸活塞是否漏油，防尘套是否破损，防尘套破损应予以更换，活塞上有漏油应更换总成。

（3）鼓式制动器应用手摇动两侧制动摩擦片，查看轮缸活塞是否卡死。

（4）在检修装复制动器后，应检查制动器是否拖滞，其方法是：一人在车上踩紧制动踏板，一人在车下用力旋转轮毂，当放开制动踏板的瞬间，轮毂应能转动无卡滞，如有卡滞应查找原因。

9.5.2　盘式制动器的检修

1）制动盘的检修

（1）制动盘不得有裂纹，否则应更换；通常更换时，左右两轮应同时更换。

（2）制动盘的工作表面有轻微锈斑、划痕和沟槽，可用砂纸清除。

（3）检查制动盘厚度时，应使用外径千分尺在制动盘距外沿 5 ~ 10mm 处测量，如图 9-26 所示。制动盘的厚度不得小于使用极限值（最大减小量为 2mm），否则应更换制动盘。

2）制动盘端面圆跳动的检查

制动盘端面圆跳动过大会使制动踏板抖动或使制动摩擦块磨损不均匀。检查制动盘端面圆跳动可用百分表进行，如图 9-27 所示。将磁性表座及百分表安装于减振器上，百分表的测量头抵在制动盘距外沿 5 ~ 10mm 处，转动制动盘一圈，检查制动盘的偏摆量。一般制动盘的端面圆跳动不得大于 0.05mm，超过该规定值，制动盘应拆下进行机加工修复，或者更换。

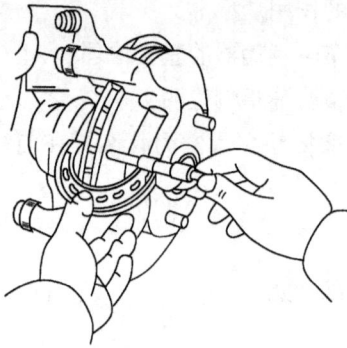

图 9-26　制动盘厚度的检查

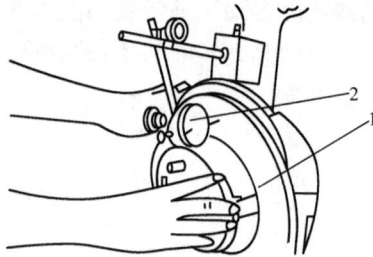

图 9-27　制动盘端面圆跳动的检查
1-制动盘;2-百分表

3)制动块摩擦片的检查

制动块摩擦片应检查有无异常磨损、烧蚀、裂纹、油迹,制动块摩擦片厚度的检查如图 9-28 所示。检查制动块摩擦片厚度是否磨损到指示器以下或用深度尺检查制动块摩擦片厚度;超过使用极限应更换。

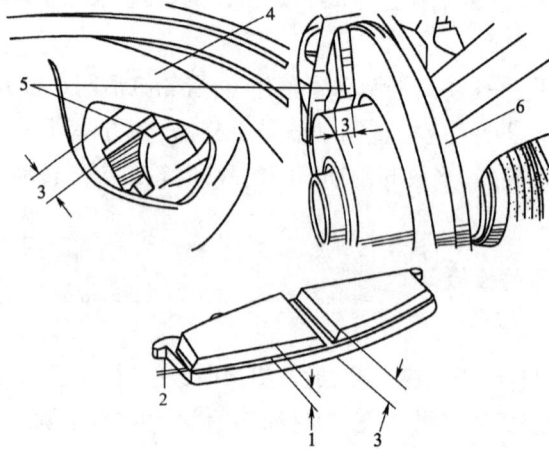

图 9-28　制动块摩擦片厚度的检查
1-制动块摩擦片厚度;2-制动块摩擦片磨损极限厚度;3-制动块的总厚度;4-轮辐;5-外制动块;6-制动盘

在许多车辆上采用了报警装置,当制动块摩擦片磨损至一定程度时,报警簧片与旋转的制动盘接触,就会发出尖叫声,如图 9-29 所示。簧片与制动盘的接触不会对盘造成损伤。但是如再继续使用,制动块摩擦片过度制动至摩擦块背板露出,就会损伤制动盘。因此,当簧片发出尖叫声,应及时更换制动块。

9.5.3　鼓式制动器的检修

使用车轮制动器时,制动蹄与制动鼓间存在着磨损,磨损引起制动蹄上摩擦片厚度减小,制动鼓内径增大,使得蹄、鼓间的间隙增大,制动器的起作用时刻推迟,制动效能

下降。因此,汽车行驶一定里程后或出现制动不良的故障时,应对车轮制动器进行必要的调整和检修。

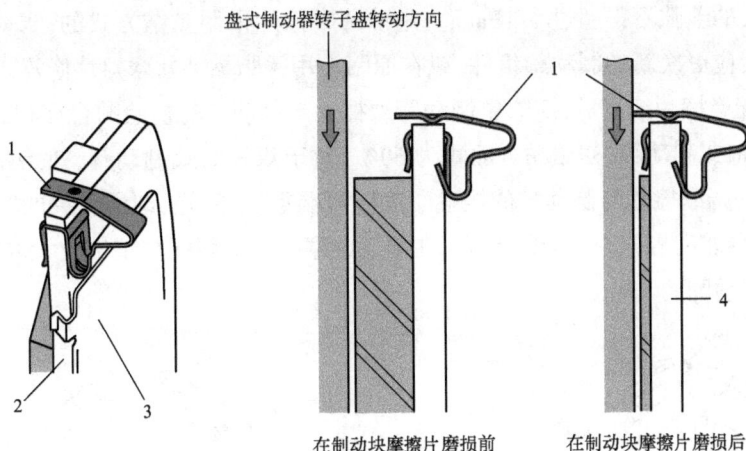

图 9-29 制动块摩擦片磨损报警装置
1-制动块摩擦片磨损指示器;2-盘式制动器摩擦片;3-消声片;4-背板

1)制动鼓检修

制动鼓的常见损伤主要是工作表面的磨损、变形和裂纹。制动鼓内孔磨损及尺寸的检查方法如图 9-30 所示。首先检查制动鼓 1 内孔有无烧损、刮痕和凹陷,若不能修磨应更换新件;检查制动鼓内孔尺寸及圆度误差时,用游标卡尺 2 检查内孔尺寸。用测量圆度工具 3 测量制动鼓内孔的圆度误差,超过极限应更换新件。

制动鼓的检修标准和要求如下:

(1)制动鼓不得有任何性质的裂纹,否则换新件。

(2)制动鼓内圆柱面的圆度误差不得大于 0.15mm,圆柱度误差不得大于 0.05mm。制动鼓内圆柱面一般都有允许的最大直径,超过规定应更换。

(3)制动鼓内圆工作表面对旋转轴线的径向全跳动误差不得超过 0.10mm,制动鼓内圆度、圆柱度、径向全跳动误差超过规定时,应对制动鼓进行镗削。镗削后的制动鼓内径不得超过极限值,同轴两侧制动鼓的直径差应小于1mm。

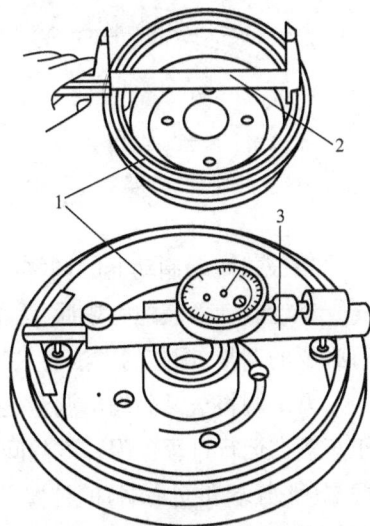

图 9-30 制动鼓内孔磨损及尺寸的检查
1-制动鼓;2-游标卡尺;3-测量圆度工具

2)制动蹄检修

制动蹄的常见损伤形式为摩擦片磨损、龟裂、制动蹄支承孔的磨损等,其检修内容和标准如下:

(1)制动蹄不得有裂纹和变形,支承销孔与支承销的配合应符合原设计规定。

(2)制动蹄摩擦片厚度的检查如图 9-31 所示,用游标卡尺测量制动蹄摩擦片的厚度,制动蹄摩擦片的磨损不得超过规定值。当铆钉头的沉入量小于0.5mm时,衬片龟裂和严重油污时,应更换摩擦片。摩擦片与制动蹄应严密贴合。不得垫入石棉垫以免影响摩擦热的散出,其局部最大的缝隙不得超过0.10mm。制动蹄摩擦片采用黏结方式的,当衬片的磨损量超过规定值时,应更换新的制动蹄组件,或在原蹄上用树脂黏结新摩擦片修复。

(3)制动蹄摩擦片修复后,应修整制动蹄摩擦片与制动鼓的初始贴合面积,如图9-32所示。对于领从蹄式制动蹄,初始贴合面积为60%,对于双领蹄式制动蹄,初始贴合面积不小于75%;且制动蹄摩擦片与制动鼓的接触印痕应两端重,中间轻,即通常说的"吃两头,靠中间",如不符合要求时,应进行修整;最后,在制动蹄摩擦片的两端加工出较大的倒角,以免蹄片犯卡,影响制动蹄的贴合。

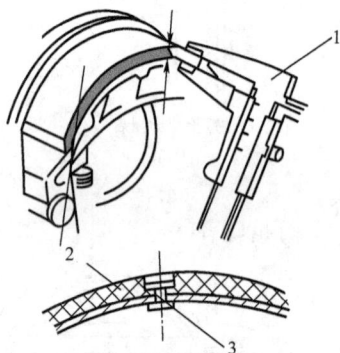

图9-31 后制动摩擦片厚度的检查
1-游标卡尺;2-摩擦片;3-铆钉

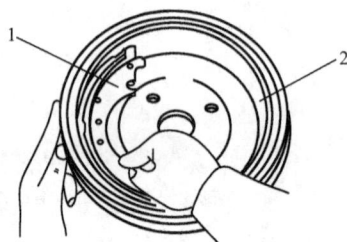

图9-32 制动蹄摩擦片与制动鼓接触面积的检查
1-后制动蹄摩擦片;2-制动鼓

3)鼓式车轮制动器的调整

车轮制动器装配完毕后,为保证制动蹄摩擦片与制动鼓之间具有合适的间隙,应对其进行必要的调整,调整的方法有人工调整法和自动调整法。

人工调整法又分局部调整、全面调整两种。局部调整只需调整制动蹄的张开端,通常用于车辆在运行过程中因蹄鼓的间隙变大而进行的调整。全面调整需同时调整制动蹄摩擦片两端(张开端和支承端)的位置,通常用于更换制动蹄摩擦片或镗削制动鼓后,为保证制动蹄与制动鼓的正确接触而进行的调整。对于不设置固定端的自动增力式车轮制动器而言,没有全面调整和局部调整之分。

(1)液压制动系鼓式车轮制动器(领从蹄、双领蹄式)的调整。以北京BJ2020越野汽车的车轮制动器为例,前轮为单向双领蹄式,后轮为领从蹄式,前后制动器的调整方法相同。其局部调整步骤如下:

①顶起车轮,一边转动车轮,一边向外转动调整凸轮螺栓,直至制动蹄压紧制动鼓为止。转动车轮时,应有一定的方向,即调整前轮两蹄和后轮的前制动蹄时向前转动车轮;调整后轮后制动蹄时向后转动车轮。

②向内转动调整凸轮螺栓,直至车轮能自由转动而制动蹄与制动鼓不碰擦。

③用同样的方法调整其他调整凸轮螺栓。

④用塞尺检查蹄鼓间隙应符合规定。

全面调整的方法如下：

①按局部调整的方法转动调整凸轮螺栓至制动鼓不能转动为止。

②向能够转动支承销的方向转动支承销。

③重复上述的①、②两步，直至调整凸轮螺栓与支承销均不能转动为止。

④锁紧支承销后，向内转动调整凸轮螺栓，直至车轮能自由转动且制动蹄与制动鼓不碰擦。

⑤在检视孔用塞尺测量蹄鼓间隙。支承销端为0.15mm，张开端为0.3mm。

⑥用同样方法调整其余制动器。

（2）速腾轿车后轮制动器的间隙调整。速腾轿车后轮制动器的间隙调整装置是在推力板上安装楔杆的自调装置，其结构和工作情况如图9-33所示。楔杆的水平拉簧使楔杆与推力板间产生摩擦（力为F_1），防止楔杆下移，垂直拉簧随时图拉动楔杆下移。当蹄鼓间隙正常时，楔杆静

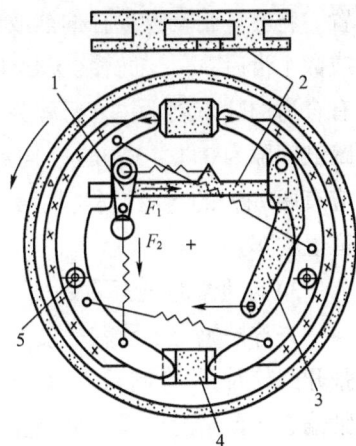

图9-33　在推力板上装楔杆的自调装置
1-楔杆；2-推力板；3-驻车制动杠杆；4-浮式支承座；5-定位件；F_1-水平拉簧的摩擦力；F_2-楔形杆的垂直拉簧力

止于相对应位置；当蹄鼓间隙大于规定值时，制动蹄张开的行程被加大，垂直拉簧的力F_2增大，$F_2>F_1$，楔杆下移，楔杆的下移使得水平拉簧的力也被加大，摩擦力F_1相应加大，则楔杆在新的位置静止。

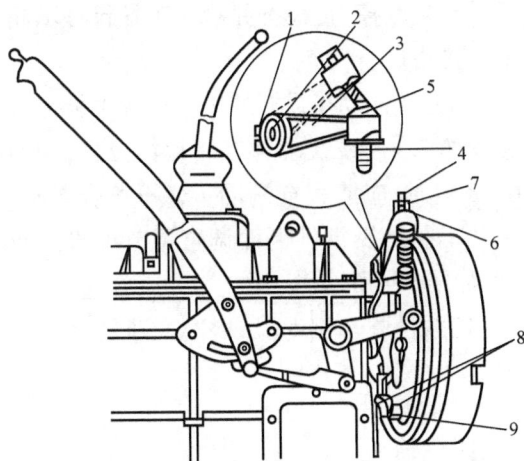

图9-34　鼓式驻车制动器的调整
1-夹紧螺栓；2-凸轮轴；3-摇臂；4-拉杆；5-调整垫；6-调整螺母；7-锁紧螺母；8-驻车制动蹄支承销；9-锁紧螺母

放松制动后，制动蹄在复位弹簧的作用下收拢。由于推力板已变长，只能被顶靠在新的位置，从而保持规定的制动间隙值。此类自调装置属于一次性调准的结构，前进或倒车制动均能自调。

9.5.4　驻车制动器的检修

图9-34所示为中央制动鼓式驻车制动器。制动器的调整方法如下。

1）拉杆长度调整

当驻车制动器蹄鼓间隙过大时，可以将拉杆上的锁紧螺母松开，将制动操纵杆放松到最前端，然后，拧动拉杆上的调整螺母，即可实现制动间隙调整。将调整螺母拧紧，蹄鼓间隙减小；反之，则蹄鼓间隙增大。调整完

毕后,将锁紧螺母锁紧。

2)摇臂与凸轮相互位置的调整

通过拉杆长度的调整后,若操纵杆自由行程仍然偏大,则应调整摇臂与凸轮的相互位置。将驻车制动操纵杆向前放松至极限位置;将摇臂从凸轮轴上取下,反时针方向错开一个或数个齿后,再将摇臂装于凸轮轴上,并将夹紧螺栓紧固;重新调整拉杆上的调整螺母,直到有合适的驻车制动拉杆行程为止。驻车制动器调好后,完全放松驻车制动操纵杆时,制动器蹄鼓间隙为0.1~0.4mm。向后拉驻车制动操纵杆时,用29.4N的力拉紧驻车制动操纵杆,应有两"响"的自由行程,从第二"响"时应开始产生制动,第五"响"时汽车应能在规定的坡道上驻车。

3)制动器的全面调整

先拧松偏心支承轴的锁紧螺母,用扳手转动偏心支承轴。当在摆臂末端用力转动摆臂张开凸轮时,两个制动蹄的中部同时与制动鼓接触。然后,用扳手固定偏心支承销,同时拧紧偏心支承销的锁紧螺母。在拧紧锁紧螺母时,偏心支承销不得转动。

4)驻车制动器性能的检查

汽车每行驶12 000km左右时,应对驻车制动器的性能进行检查。驻车制动器应满足以下性能:

(1)在空载状态下,驻车制动装置应能保证车辆在坡度为20%(总质量为整备质量的1.2倍以下的车辆为15%)、轮胎与路面间的附着系数≥0.7的坡道上,正、反两个方向保持固定不动的时间应≥5min。

(2)检查并确认从第2个槽齿起摩擦衬块上开始产生摩擦力,检查并确认正常行程不超过8个槽齿。

(3)驻车制动操纵杆的工作行程不能超过全行程的3/4。或拉动驻车制动器拉杆,响声在6~8响时,应能完全制动。如不符合要求,应在驻车制动操纵杆侧面调整调节螺母进行调整,如图9-35所示。

(4)放松驻车制动操纵杆,变速器处于空挡,举起驱动轮,制动鼓应能用手转动且无摩擦声。

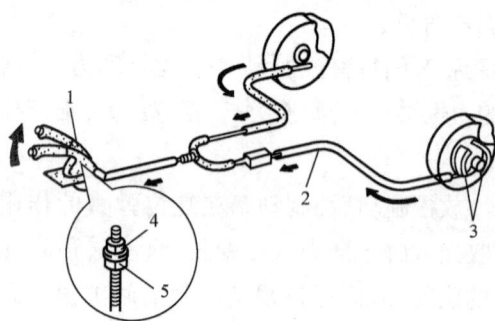

图9-35 丰田威驰轿车驻车制动器的调整
1-驻车制动操纵杆;2-驻车制动器拉索;3-制动蹄;4-锁止螺母;5-调节螺母

小组工作

(1)每3~5名学生组成1个工作小组,确定1名小组长,接受工作任务,做好工作准备。

(2)阅读工作单,查阅维修手册(或实训指导书),观察待修车辆的车轮制动器,讨论拆卸方法和步骤,确定小组人员工作分工。向实训指导教师汇报讨论结果,经指导教师同意后,开始下一步的工作。

(3)按照工作单的引导,完成待修车辆车轮制动器的拆卸、分解、检查和修理工作。

(4)在完成工作任务的过程中,根据工作单的要求,完成车轮制动器零部件认识、工作原理描述等学习任务。

(5)完成工作单要求的车轮制动器主要零部件的检测与调整,将检测、调整结果记录在工作单的相应栏目,并对结果作出分析。

(6)回答指导教师的现场提问,接受指导教师的技能考核。

(7)完成工作任务后,对工作过程进行自我评价和小组互评,听取指导教师的点评。

(8)清洁工作场所,清点维护工具设备,完成任务交接。

拓展知识与技能

9.6　强力弹簧驻车制动器

1)结构组成

图 9-36 所示为强力弹簧驻车制动器和后轮制动气室总成的结构,在使用过程中,有时传动系统将承受巨大的冲击荷载。不少重型车和大客车用气压操纵的强力弹簧驻车制动器,并将它的制动气室和后轮制动气室组合在一起,形成了一个组合式制动气室。

强力弹簧驻车制动器的制动气室是一个双重作用的综合体,后制动气室 22 和驻车制动气室 25 借隔板 9 隔开。推杆 18 外端通过连接叉 17 与制动器的制动臂相连,其球面则支靠在和后制动活塞连为一体的推杆座 20 中。预压的腰鼓形弹簧 5 力图使驻车制动器活塞 6 保持在其气室的右端,因而通过推杆将后制动气室活塞复位弹簧 14 压缩,使制动器产生制动作用。后制动气室 22 由行车制动控制阀控制;驻车制动气室 25 由驻车制动操纵阀控制。

2)工作原理

(1)单独进行驻车制动时。汽车停驶后将驻车制动操纵阀拉出,驻车制动气室右侧的压缩空气便被操纵阀从下端气孔放出,此时 A 孔和 B 孔与大气相通(图 9-36)。腰鼓形弹簧 5 便伸张,其作用力依次经活塞 6、螺塞 4、传力螺杆 3 和推杆 11 将后制动气室的活塞 21 推到制动位置,并完全压缩后制动活塞复位弹簧 14。

(2)正常行驶,不制动时。在汽车起步之前,应将驻车制动操纵阀推回到不制动位置,使压缩空气自储气筒经 A 口充入驻车制动气室右侧,压缩腰鼓形弹簧,将驻车制动活塞 6 推到左端不制动的位置(图 9-37)。同时,后制动活塞 21 也在其复位弹簧 14 的作用下回到不制动的位置,汽车方可正常行驶。

(3)单独进行行车制动。行车中踩下行车制动踏板,压缩空气便经行车制动阀自 B 孔充入后制动气室而制动。

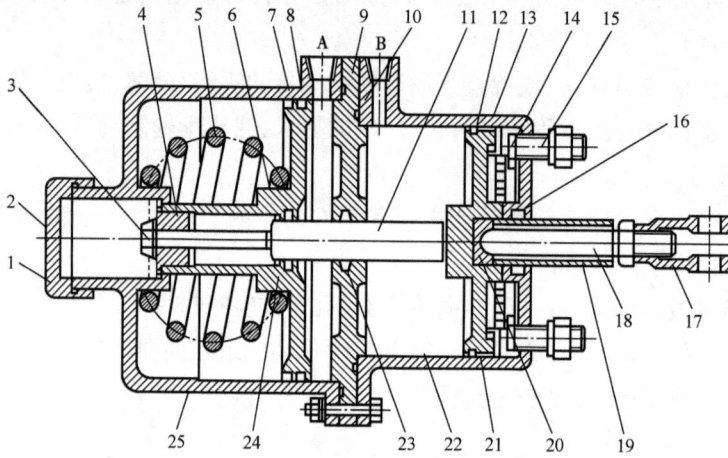

图9-36　强力弹簧驻车制动器和后轮制动气室总成(驻车制动位置)

1-防尘罩;2-滤网;3-传力螺杆;4-螺塞;5-腰鼓形弹簧;6-驻车制动活塞;7-油浸毡垫;8、12-橡胶密封圈;9-隔板;10、23-密封圈;11、18-推杆;13-毡圈;14-后制动活塞复位弹簧;15-安装螺塞;16-导管油封;17-连接叉;19-导管;20-推杆座;21-后制动活塞;22-后制动气室;24-内外密封圈总成;25-驻车制动气室

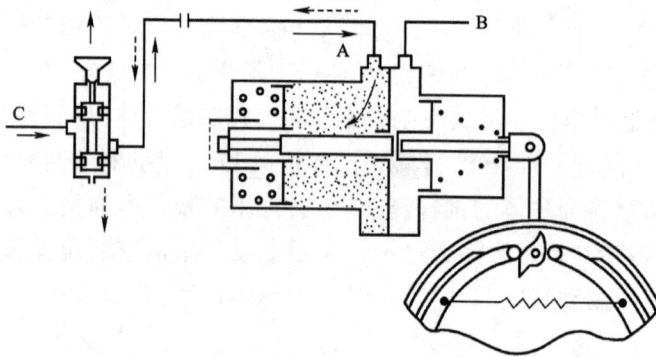

图9-37　强力弹簧驻车制动器工作原理(不制动位置)

A-通驻车制动操纵阀;B-通行车制动控制阀;C-通储气筒

　　(4)无压缩空气时。若汽车的气源或气路发生故障,不能对驻车制动气室充气,则腰鼓形弹簧将处于伸张状态,使汽车保持制动。所以又称安全制动或自动应急制动装置。

　　此时,若需要开动或拖动汽车,必须将驻车制动气室中的传力螺杆旋出,卸除腰鼓形弹簧对推杆11的推力,使后制动气室活塞21在复位弹簧14的作用下退回到不制动的位置,制动因而解除。在驻车制动气室充足气压后,应将传力螺杆拧入到工作位置。驻车制动才能恢复。

　　可见,该制动装置没有杆件操纵,对于具有翻转式驾驶室的汽车尤为方便。腰鼓形弹簧的弹力达5 500N,拆卸时应在压力机上进行,以确保安全。

思考题

(1)汽车制动系统有何作用？主要由哪几部分组成？有些什么类型？

(2)盘式车轮制动器有哪些常见形式？各有哪些基本组成？

(3)什么是定钳盘式制动器？什么是浮钳盘式制动器？与鼓式制动器相比,盘式制动器有什么优缺点？

(4)鼓式车轮制动器有哪些常见形式？各有何特点？分别举出应用车型。

(5)表述增势(领蹄)、减势(从蹄)的概念。根据制动蹄增、减势的不同,画出五种鼓式制动器的结构简图。

(6)中央驻车制动装置有何功用？有哪些类型？应如何检查驻车制动器的性能？

(7)试表述不同类型鼓式车轮制动器的调整原理。

(8)常规制动系统有哪些故障现象？应如何诊断与排除？

单元十

Unit

10

汽车行驶中制动力
不足故障检修

学习情境

　　一辆使用不到两年的丰田花冠轿车驶入维修车间,客户向维修顾问反映,他的车辆近期在行驶中制动力不足,踏下制动踏板不能减速,有时连续踏几次制动踏板,效果也不好,经详细询问后得知,该车辆上个月因左后轮漏油曾经换过制动轮缸皮碗。

生产任务一　液压制动系统制动力不足故障检修

1)工作对象

配备液压式制动系统待修车辆1辆。

2)工作内容

(1)领取所需的工具、耗材,做好工作准备。

(2)举升车辆,从车辆上拆下车轮等外围部件。

(3)排空液压制动系统制动液,从车辆上拆下制动主缸、制动轮缸和分配阀。

(4)检查液压制动系统制动主缸、制动轮缸和分配阀各零部件,对主要零部件进行检测,分析检测结果,制订液压制动系统制动力不足故障修复方案。

(5)实施检修方案后,安装制动主缸、制动轮缸和分配阀。

(6)安装车轮等外围部件。

(7)对液压制动系统添加制动液,排除管路中的空气。

(8)按技术要求调整制动踏板的行程。

(9)检查、评价工作质量。

(10)整理工具,清洁工作场地。

3) 工作目标与要求

(1) 学生应以小组工作的方式,完成本项工作任务。

(2) 学生应当能在小组成员的配合下,利用汽车维修手册(或实训指导书),制订并实施工作计划。

(3) 能通过阅读资料和现场观察,辨别所拆装的液压制动系统类型。

(4) 能认识所拆卸液压制动系统的零部件,口述液压制动系统的工作原理和各零部件的作用。

(5) 能向客户解释所修车辆液压制动系统的损伤情况和修复方案。

(6) 能按规范的步骤,完成液压制动系统的拆装检修作业,恢复汽车的行驶能力。

(7) 在工作过程中培养创新团队敬业奉献、服务人民的精神。

相关知识一

10.1 制动传动装置概述

制动传动装置的功用是将驾驶员或其他动力源的作用传到制动器,同时控制制动器的工作,从而获得所需要的制动力矩。

1) 制动传动装置的组成

制动传动装置的组成包括将制动能量传输到制动器的各个部件,包括:制动主缸、制动轮缸、制动管路、制动压力调节阀(比例阀)等,如单元九图 9-1 所示。

2) 制动传动装置的类型

制动传动装置按制动能量的传输方式不同,可分为机械式、液压式、气压式;液压式包括人力液压式、真空助力式和真空增压式。气压式包括气—液综合式和气压增压式。按制动管路的套数可分为单管路和双管路制动传动装置。按照交通法规的要求,现代汽车的行车制动系统须采用双管路制动传动装置,因而单管路制动传动装置已被淘汰。

制动传动装置按制动力源来分,又可分为人力式、动力式、伺服式。人力式制动传动装置单靠驾驶员施加于制动踏板或手柄上的力作为制动力源,其又可分机械式和液压式两种,机械式仅用于驻车制动。动力式制动传动装置利用发动机的动力作为制动力源,并由驾驶员通过操纵机构控制踏板或手柄,其又可分为气压式、液压式、气顶液压式。伺服制动传动系统兼用人力和发动机动力进行制动,可称为助力制动系统。

10.2 液压制动传动装置

10.2.1 液压制动原理

液压式制动传动装置是以液体作为传力介质,将驾驶员施加在踏板上的力通过液压装置放大后转换为液压力,推动制动蹄产生制动作用。其特点是:制动柔和灵敏,结构简单,使用方便,不消耗发动机功率。通常在液压制动传动装置中增设制动增压或助力装置,使制动系统操纵轻便并增大制动力。液压式制动传动装置的制动原理如图10-1所示。

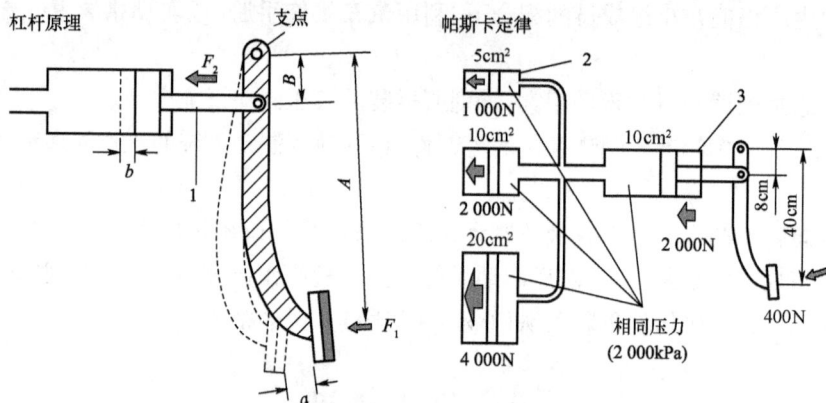

图 10-1 液压制动原理图
1-推杆;2-轮缸;3-主缸

10.2.2 液压式传动装置的组成和类型

图10-2所示为简单液压式制动传动机构,它主要由制动主缸、制动轮缸、油管和制动踏板等组成。主缸上部为储油罐5,缸内有活塞2、皮碗6、双向阀7、复位弹簧等元件。

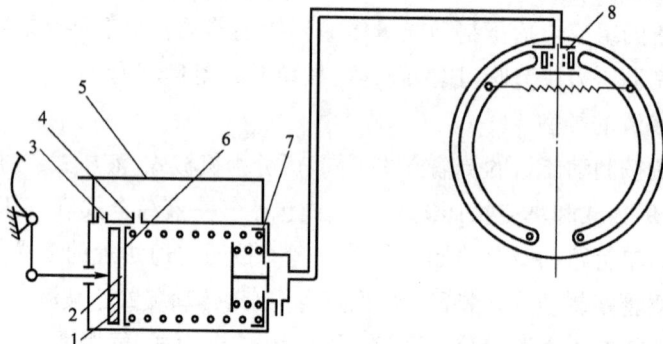

图 10-2 简单液压式制动传动机构
1-轴向小孔;2-活塞;3-补偿孔;4-旁通孔;5-主缸储油罐;6-皮碗;7-双向阀;8-制动轮缸

制动时,制动踏板操纵制动主缸中的活塞2向右移动,皮碗6起密封作用,主缸中的油液经双向阀7中间的出油阀压出,通过油管送到制动器上的制动轮缸8,操纵制动器起制动作用。松开踏板解除制动时,轮缸中的油液在制动器复位弹簧的作用下,压开双向阀7的回油阀流回主缸。为避免主缸活塞2复位过快,缸内造成真空,使空气侵入引起制动失灵,在主缸储油罐5和主缸之间还设有补偿孔3与旁通孔4,主缸活塞2上有若干轴向小孔1,补偿孔3的作用是使活塞左边空间经常储满油液,避免活塞复位时有空气从活塞左边侵入主缸内。轴向小孔1能使活塞迅速复位时,活塞左边空间的油液流入右边泵缸内,填补主缸内暂时造成的真空。旁通孔4使主缸内多余的油液流回储油罐,以免轮缸8内油液回流时没有出路而不能解除制动。旁通孔4还可避免温度变化时主缸内油压发生变化。

液压制动传动装置常见的布置形式有单管路和双管路两种。

(1)单管路液压制动传动装置。单管路液压制动传动装置是利用一个制动主缸,通过一套互相连通的管路来控制全部车轮制动器的机构。其缺点是如果传递过程中有一处漏油就会导致整个制动系统失效。

单管路液压制动传动装置如图10-3所示。它主要由制动踏板、推杆、主缸、储油罐、油管、轮缸等元件组成。整个系统内充满了传动介质——制动油液。

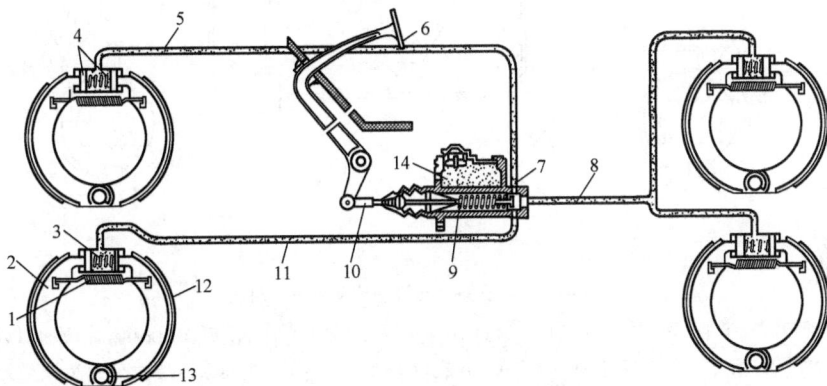

图10-3　单管路液压制动传动机构的组成
1-制动蹄复位弹簧;2、12-制动蹄;3-轮缸;4、9-活塞;5、8、11-油管;6-制动踏板;7-主缸;10-推杆;13-支承销;14-储油罐

制动时,踏下制动踏板6,使推杆10推动主缸活塞9,将油液自主缸中压出并经油管8同时分别进入前后各车轮轮缸3内,使轮缸活塞4向外移动,从而将铆有摩擦片的制动蹄压靠到制动鼓上,使汽车制动。

松开制动踏板后,传动装置中液压系统的油压下降,制动蹄被复位弹簧1拉回原位。进入各车轮轮缸内的制动油液流回主缸,制动作用即行解除。

(2)双管路液压制动传动装置。目前,由于交通法规的要求,所有汽车的行车制动系统均采用双管路制动系统。双管路液压制动传动装置是利用彼此独立的双腔制动主缸,通过两套独立管路,分别控制一半的车轮制动器。其特点是:若其中一套管路发生故障而失效时,另外一套管路仍能继续起制动作用,从而提高了汽车制动的可靠性和行车安全性。

如图10-4所示,双管路液压制动传动装置由制动踏板、推杆、制动主缸、储油罐、制动轮缸、油管、比例阀等元件组成。它是利用彼此独立的双腔制动主缸,通过两套独立管路,分别控制前、后桥的车轮制动器。

双管路的布置力求当一套管路发生故障而失效时,只引起制动效能的降低,但其前、后桥制动力分配的比值最好不变,以保持汽车良好的操纵性和稳定性。因此,双管路的布置方案在各型汽车上各不相同,可归纳为如下几种:

①一轴对一轴(Ⅱ)型:如图10-5a)所示,前轴制动器与后轴制动器各有一套管路。这种

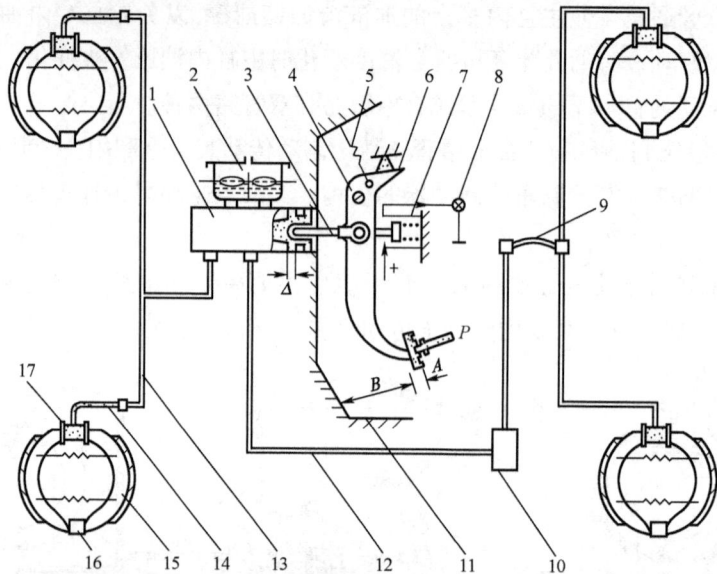

图 10-4 双管路液压制动传动装置的组成

1-制动主缸;2-储油罐;3-推杆;4-支承销;5-复位弹簧;6-制动踏板;7-制动灯开关;8-指示灯;9-软管;10-比例阀;11-驾驶舱地板;12-后桥油管;13-前桥油管;14-软管;15-制动蹄;16-支承座;17-轮缸;Δ-自由间隙;A-自由行程;B-有效行程

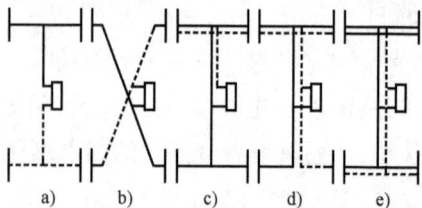

图 10-5 双管路液压制动的布置形式

a)一轴对一轴(II)型;b)交叉(X)型;c)一轴半对半轴(HI)型;d)半轴一轮对半轴一轮(LL)型;e)双半轴对双半轴(HH)型

布置形式最为简单,是发动机前置、后轮驱动式汽车广泛采用的一种布置形式。其缺点是,当一套管路失效时,前后桥制动力分配的比值被破坏。

②交叉(X)型:如图 10-5b)所示,若一套管路失效时,另一套对角管路能够使前后桥制动器保持一定的制动效能。由于前后桥制动力分配的比值未变,附着力利用率较高,制动效能为 50%。应该指出的是,这种布置存在着若一管路失效就会出现制动跑偏的问题。

③一轴半对半轴(HI)型:如图 10-5c)所示,每侧前轮制动器的半轴轮缸和全部后轮制动器轮缸属于一套管路,其余的前轮轮缸属于另一套管路。

④半轴一轮对半轴一轮(LL)型:如图 10-5d)所示,两套管路分别对两侧前轮制动器的半轴轮缸和一个后轮制动器起作用。

⑤双半轴对双半轴(HH)型:如图 10-5e)所示,双腔主缸通过各自的管路分别控制前后桥制动器中的一个轮缸。若其中一套管路失效时,另一套管路仍能够使前后制动器保持一定的制动性能。此时虽然制动效能有所降低,但前后桥制动力分配的比值未变,附着力利用率高,制动效能为 50%。此种方案只适于具有两个轮缸的制动器。

以上五种布置形式,由于 HI、LL、HH 型布置形式复杂,应用较少。其中 HH 型和 LL 型在任一套回路失效时,前、后制动力比值均与正常情况相同,HH 型剩余总制动力可达正常值的 50% 左右,LL 型则为 80%。HI 型单用一轴半管路时剩余制动力较大。

10.2.3 制动主缸

制动主缸的作用是将外部输入的机械能转换成液压能,通过管路再输给制动轮缸。制动主缸分单腔和双腔式两种,分别用于单管路、双回管路液压制动系统。

1)单腔制动主缸

图 10-6 所示为单腔液压制动主缸原理图。其缸体多由铸铁或铝合金制成,有的与储油罐铸为一体,为整体式主缸;也有的将两者分开,再用油管连接,为分开式主缸。分开式主缸的储油罐多用透明塑料模压制而成,有的内装防溅浮子或液面过低报警灯开关。主缸的内工作表面精度高且光洁,缸筒上有进油孔 5 和补偿孔 4。筒内装有铝质活塞 3,储油罐通过直径较大的补偿孔与补油室 B 相通。橡胶皮碗外圆表面多制有一环形槽,并有若干轴向槽与其相通,以便在工作时能使油液单向补偿。复

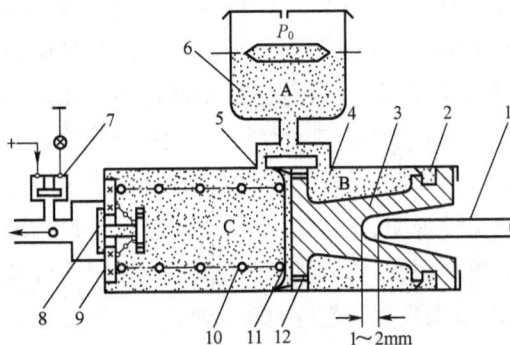

图 10-6 单腔液压式制动主缸原理图
1-推杆;2-密封圈;3-活塞;4-补偿孔;5-进油孔;6-储油罐;7-油压制动开关;8-出油阀;9-回油阀座;10-复位弹簧;11-皮碗;12- 轴向孔;A-储油室;B-补油室;C-压力室

位弹簧 10 处于橡胶皮碗与回油阀座 9 之间,它有一定的预紧力,将活塞推靠在后挡板上,并使回油阀座 9 关闭。回油阀为环形有骨架的橡胶圈,其中心孔被带弹簧的出油阀 8 所封闭,统称"复合式止回阀",活塞的后端装有密封圈 2,并用挡板和卡环轴向限位。工作长度可调的推杆 1 伸入活塞背面凹部,并保持一定的间隙。其工作原理如下:

(1)不制动时,头部和皮碗 11 正好处于进油孔 5 与补偿孔 4 之间,补偿孔与储油室相通。

(2)制动时,推杆使活塞和皮碗左移,至皮碗遮盖住进油孔 5 后,压力室 C 即被封闭,液压开始升高,高压油液打开出油阀经制动管路进入轮缸,使车轮制动器产生制动作用。油压的高低与踏板力成正比例增加,最高时可达 8MPa。

(3)制动保持时,保持踏板于某一位置,主缸活塞即维持不动,压力室 C 及轮缸内油压不再增高。出油阀 8 前后油压平衡,并在其弹簧的作用下关闭,双阀处于关闭状态,液压管路中维持一定的制动强度。

(4)放松制动踏板时,制动踏板、主缸活塞和轮缸活塞均在各自的复位弹簧作用下复位,高压油液自管路压开回油阀流回主缸,制动随之解除。

由于活塞复位弹簧在装配时有一定的预紧力,在油液回流过程中,轮缸和油管内油压降到不能克服此预紧力时,回油阀即关闭,油液停止回流。这时油管及轮缸内的油压比主缸压

力室 C 内油压略高(0.05 ~ 0.1MPa),使轮缸和油管中存在一定的残余压力。

残余压力的作用是:

①使轮缸内的活塞皮碗处于紧张状态,以提高其密封性能(防止漏油或渗气)。

②使轮缸内的活塞靠在制动蹄的端部,以免存在滞后的间隙。但是,如复位弹簧预紧力过大,残压会过高,将造成制动蹄复位不彻底,影响制动作用的彻底解除。

(5)如果迅速放松制动时,活塞在复位弹簧的作用下迅速右移,造成压力室内容积迅速扩大,油压则迅速降低,管路中油液由于管路阻力和回油阀阻力的影响,来不及充分流回压力室,使压力室形成一定真空度(负压),而补油室 B 为大气压力,在压力差的作用下,补油室油液即经活塞头部若干轴向小孔并推翻皮碗边缘流入压力室 C,以备第二脚制动用,使出油量增多,踏板即越踩越高,制动作用加强。

(6)完全放松制动踏板后,活塞即完全复位,补偿孔即开放,管路中多排出的超量油液经补偿孔流回储油罐。管路中油压降至残压规定值时,回油阀即关闭。

应该说明,正常情况下,制动踏板踩到底即能实现完全制动。如因蹄鼓间隙过大或空气渗入等原因,一脚制动感到制动力不足时,可迅速放松踏板,再踩第二脚或第三脚,使出油量增多,踏板高度即越踩越高,制动力进一步增大。这也是检验制动系统好坏的手段之一,并可借此通过轮缸上的放气螺钉,排除管路中的空气。

补偿孔和活塞皮碗的相对位置至关重要,相距过远油压建立过晚;相距过近易遮堵补偿孔。如果活塞复位后补偿孔被遮堵,则在液压系统漏油,或因温度变化,引起轮缸、管路、主缸中油压欠缺或膨胀时,都无法通过补偿孔来调节。

2)双腔制动主缸

双腔制动主缸如图 10-7 所示。双腔制动主缸多为串联式,只有一个缸体,装入两个活塞,形成两个彼此独立的压力室,分别和各自的控制管路连接。双腔主缸的缸体内装有主活塞(后活塞)和副活塞(前活塞),分别形成前后压力室,又通过各自的补偿孔、进油孔和储油罐相通。前活塞两端都承受弹簧力,但前活塞复位弹簧的张力强于后活塞的复位弹簧,故主缸不工作时,前活塞被推靠在限位螺钉上,以保证前活塞正确的起始位置,使其补偿孔和进油孔与缸内相通。前活塞后端的密封圈为两腔的隔墙,其皮碗的刃口方向应与前皮碗相反,以便两腔都建立油压时保持密封。其工作原理如下:

(1)正常状态制动时,推杆推动后主活塞左移,在其皮圈遮盖住补偿孔之后,主压力室建立液压。油液一方面流入后制动管路,又推动副活塞左移,副压力室也产生液压,使油液流入前制动管路,于是两制动管路在等压下实现对汽车制动。

(2)若前桥管路损坏漏油时,只能使主压力室建立一定的液压,而副压力室无液压。此时,在液压差的作用下,副活塞被迅速推到底,接触到前缸体为止,主压力室中的液压才能升高到所需的数值。

(3)若后桥管路损坏漏油时,主活塞前移,主压力室不能建立油压,不能推动副活塞。但在主活塞的顶杆触到副活塞时,推杆的作用力便推动副活塞,使副压力室油压升高而制动。

可见,双管路液压系统中任何一套管路漏油时,另一套管路仍能工作,只是所需的踏板行程加大了,制动效能降低了。

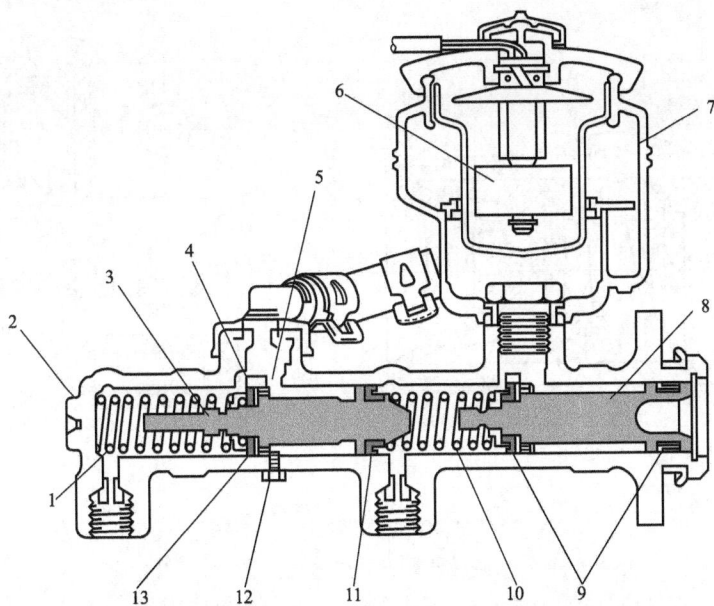

图 10-7　双腔制动主缸

1-副活塞复位弹簧;2-缸体;3-副活塞;4-回油口;5-进油口;6-液位传感器;7-储液罐;8-主活塞;9-活塞皮碗;10-主活塞复位弹簧;11-活塞皮碗;12-限位螺栓;13-活塞皮碗

10.2.4　制动轮缸

制动轮缸有单活塞和双活塞两种形式。图 10-8a)是一双活塞式制动轮缸构造图。缸体 1 用螺栓固定在制动底板上,缸内有两个活塞 2,两个刃口相对的密封皮碗 3 利用弹簧 4 分别压靠在两个活塞上,以保持两皮碗之间的进油孔畅通。活塞外端凸台孔内压有顶块 5 与制动蹄的上端抵靠。缸体两端防尘罩 6 用以防尘土和水分进入,以免活塞与缸体腐蚀而卡死。缸体上方装有放气阀,用以排放管路中的空气。

制动时,来自主缸的制动液从油管接头和进油孔进入,活塞在油液压力作用下外移,通过顶块 5 推动制动蹄张开。图 10-8b)所示是单活塞式制动轮缸构造图,制动原理与双活塞式同。

10.2.5　真空助力器

真空助力器是利用发动机工作时在进气管中产生的真空度对驾驶员施加在制动踏板上的力进行助力,将驾驶员的踏板力放大后施加在制动主缸活塞上,以提高制动效果,减轻驾驶员的劳动强度。目前,大部分轿车和轻型货车都采用带有真空助力器的液压制动传动装置,也称为真空助力式液压制动传动装置。

图 10-9a)所示为双管路真空助力式液压制动传动装置。串联双腔制动主缸的前腔通向左前轮制轮器的轮缸 10,并经感载比例阀 9 通向右后轮制动器的轮缸 13。主缸的后腔通向

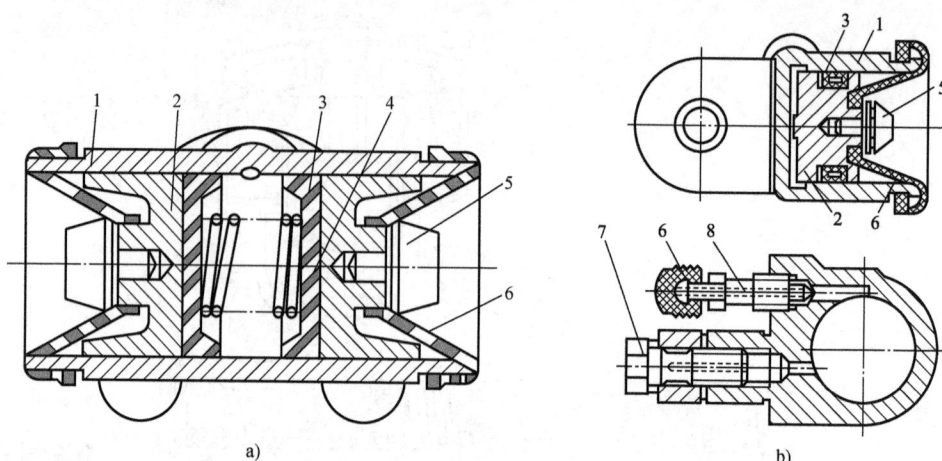

图 10-8　制动轮缸

a) 双活塞式；b) 单活塞式

1-缸体；2-活塞；3-皮碗；4-弹簧；5-顶块；6-防护罩；7-进油管接头；8-放气阀

右前轮制动器的轮缸 12,并经感载比例(压力调节)阀 9 通向左后轮制动器轮缸 11。真空伺服气室 3 和控制阀 2 组成一个整体部件,称为真空助力器。制动主缸直接装在真空伺服气室的前端,真空止回阀 7 装在伺服气室上。真空伺服气室工作时产生的推力,也同踏板力一样直接作用在制动主缸 4 的活塞推杆上。

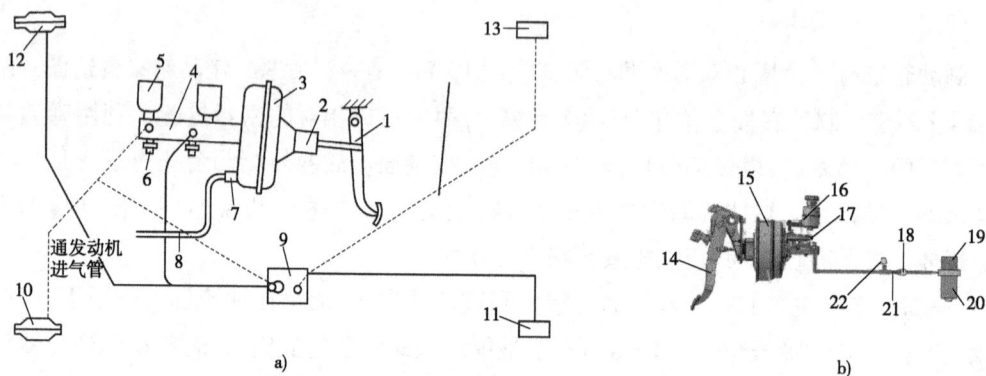

图 10-9　轿车真空助力式液压制动传动装置

a) 燃料轿车真空源—发动机；b) 纯电动汽车真空泵

1-制动踏板机构；2-控制阀；3-加力气室；4-制动主缸；5-储液罐；6-制动信号灯液压开关；7-真空止回阀；8-真空供能管路；9-感载比例(压力调节)阀；10-左前轮缸；11-左后轮缸；12-右前轮缸；13-右后轮缸；14-制动踏板；15-真空助力器；16-储液罐；17-制动主缸；18-止回阀；19-真空泵；20-电动机；21-软管；22-压力开关

　　燃料轿车制动系统真空助力器的真空度由发动机进气歧管提供,而纯电动汽车制动系统真空助力器的真空由电动真空泵获得,电动真空泵主要由电动机、真空泵、止回阀、压力开关和软管等组成,如图 10-9b) 所示。

制动主缸、真空助力器结构如图10-10所示。其工作原理是：

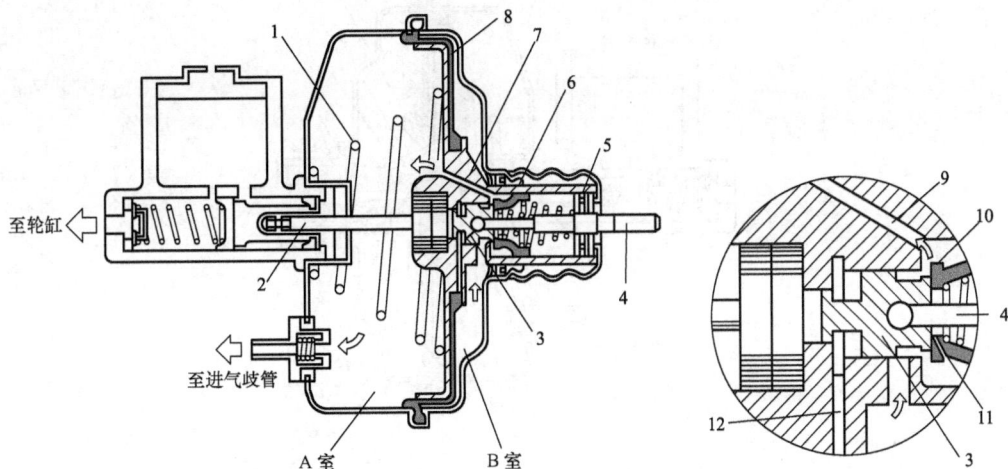

图10-10　真空助力器结构与工作原理(未踩制动踏板时)

1-膜片复位弹簧;2-输出杆;3-阀柱塞;4-输入杆;5-空气滤清器;6-提升阀密封件;7-动力活塞;8-膜片;9-通风孔;10-真空阀;11-空气阀;12-阀柱塞止动块

(1)不制动时,未踩下制动踏板,控制阀处于非工作状态(图10-10)。复位弹簧将输出推杆连同空气阀推至右极限位置,空气阀紧压阀座而关闭;真空阀门被压缩离开阀座,通风孔开启,伺服气室A、B两腔相通,并与大气隔绝。发动机运转后,进气歧管真空止回阀被吸开,A、B两腔内均具有一定的真空度。即不制动时,真空阀开启,空气阀关闭。

(2)制动时(图10-11),输入杆连同空气阀向左移动,消除了与动力活塞的间隙后,压缩动力活塞的中心部,并推动输出推杆向左移动,使制动主缸油压上升。与此同时,输入推杆通过弹簧先将真空阀压向阀座而关闭,使A腔与B腔隔绝。进而空气阀与阀座分离而开启,外界空气经空气滤清器、空气阀的开口和气道进入B腔。随着空气的进入,在加力气室膜片的两侧出现压力差而产生推力,此推力通过膜片、动力活塞推动输出推杆左移。此时,输入推杆上的作用力为踏板力和伺服气室推力之和,但伺服气室推力较踏板力大得多,从而使制动主缸输出的液压成数倍的增高。此时,真空阀关闭,空气阀开启。

(3)维持制动时,踏板踩下停止在某一位置,输入推杆和空气阀推压动力活塞的推力不再增加,膜片两边压力差使动力活塞恢复平衡,空气阀重新落座而关闭,出现"双阀关闭"的平衡状态。即维持制动时,真空阀关闭,空气阀关闭。

(4)放松制动时,复位弹簧使输入推杆和空气阀后移,真空阀离开阀座,伺服气室A、B相通,成为真空状态。膜片和膜片座在复位弹簧的作用下复位,主缸即解除制动。即放松制动时,真空阀开启,空气阀关闭。

真空助力器失效时,输入推杆将通过空气阀直接推动膜片座和输出推杆移动,使主缸产生制动液压,但踏板力要大得多。

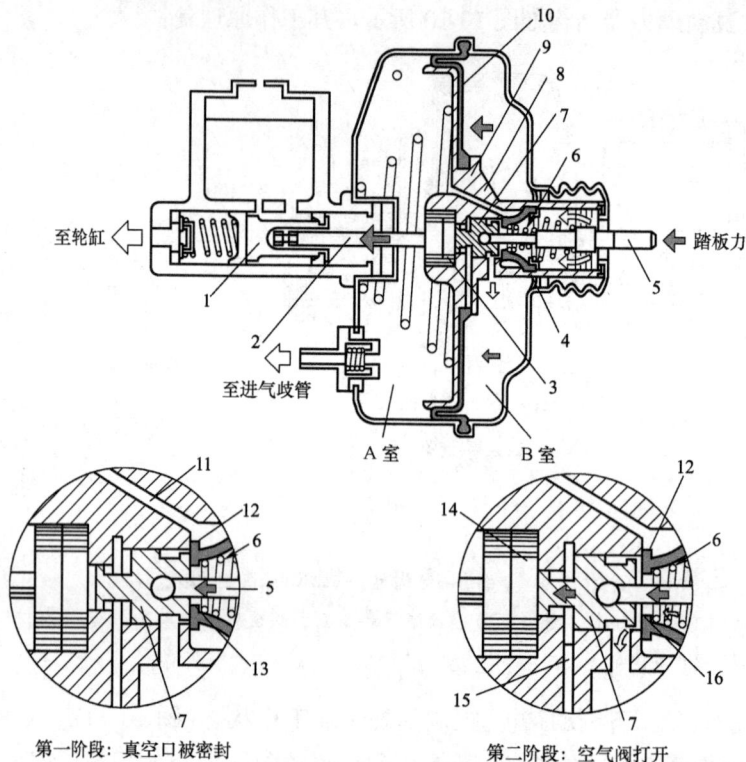

图 10-11　真空助力器工作原理(踩下制动踏板时)

1-主缸活塞;2-输出杆;3、14-反作用盘;4-提升阀密封件;5-输入杆;6-提升阀复位弹簧;7-阀柱塞;8-通风孔;9-动力活塞;10-膜片;11-通风孔;12-真空阀;13-空气弹簧;15-阀柱塞止动块;16-空气阀

10.2.6　真空增压器

真空增压器是利用发动机工作时在进气管中产生的真空度对制动主缸输出的油液进行增压,将驾驶员踩制动踏板产生的制动主缸液压力放大后施加在制动轮缸上,以提高制动效果。

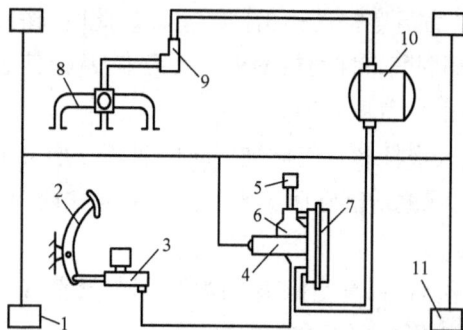

图 10-12　真空增压液压制动传动机构

1-前制动轮缸;2-制动踏板;3-制动主缸;4-辅助缸;5-空气滤清器;6-控制阀;7-真空加力气室;8-发动机进气管;9-真空止回阀;10-真空筒;11-后制动轮缸

图 10-12 所示为装有真空增压器的液压制动传动机构。发动机工作时,进气管 8 中的真空经真空止回阀 9 传入真空筒 10,使筒中具有一定的真空度。踏下制动踏板时,制动主缸 3 中的制动液被压出,进入辅助缸 4,由此液压一面传入前、后制动轮缸 1 和 11,一面又作用于控制阀 6,使真空加力气室起作用,对辅助缸 4 的活塞加力,使辅助缸 4 和前后制动轮缸 1、11 压力远高于制动主缸 3 的压力。

助力装置结构如图 10-13 所示。助力装置包括辅助缸、控制阀和真空助力气室三部分。

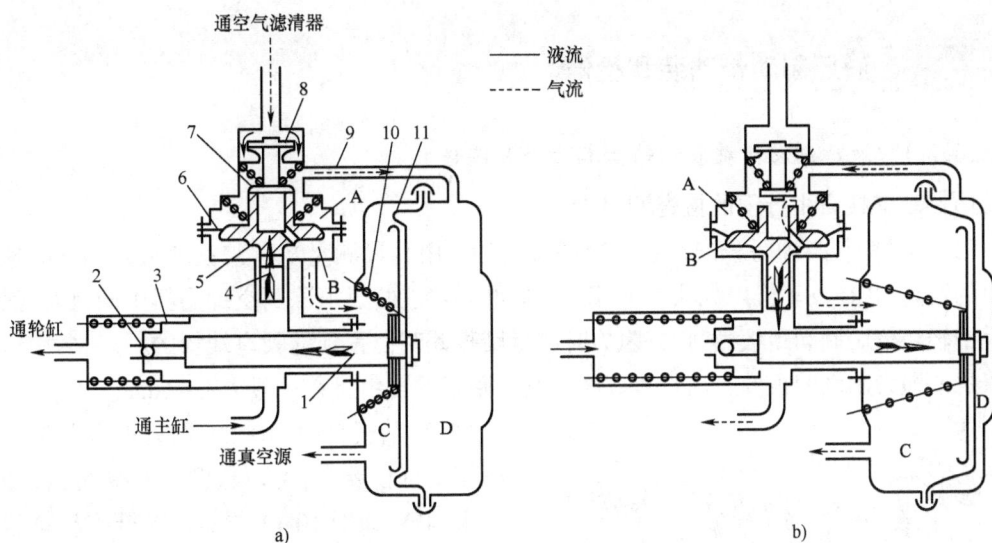

图 10-13 真空增压器工作示意图
a)踩下制动踏板时;b)松开制动踏板时

1-推杆;2-球阀;3-辅助缸活塞;4-控制阀活塞;5-膜片座;6-控制阀膜片;7-真空阀;8-空气阀;9-通气管;10-助力气室膜片复位弹簧;11-助力气室膜片

未制动时,各部分零件的位置如图 10-13b)所示。制动时,踩下制动踏板(图 10-13a),主缸中的油液进入辅助缸。开始时,球阀 2 开启,因此液压传入各制动轮缸。同时,液压还作用在控制阀活塞 4 上,推动膜片座 5 上移,先关闭真空阀 7,使上腔 A 和下腔 B 隔绝;然后开启空气阀 8,外界空气经空气滤清器流入上腔 A 和助力气室右腔 D,这时下腔 B 和助力气室左腔 C 中仍保持原真空度。在 D、C 两腔压力差作用下,膜片 11 带动推杆 1 左移,使球阀 2 顶靠在活塞 3 上,球阀关闭通路。这时,推动活塞 3 左移有两个力:一是主缸传来的液压力,另一是推杆 1 传来的力。由于助力气室内径与辅助缸内径差别很大,因此增压效果十分显著。

课堂讨论一

(1)汽车液压制动系统如果进入空气,将引起什么后果?请分析说明。

(2)带有压力调节器的液压制动系统检修后,有几种排放空气形式?举例分析说明。

(3)液压制动系统前后管中制动力不相同,如何解决这一问题?应采取什么措施?

(4)真空助力器和真空增压器有什么区别?请分析说明。

相关技能一

10.3 液压制动传动装置检修

10.3.1 液压制动传动装置的基本检查和调整

1) 制动踏板自由行程的检查调整

(1) 制动踏板自由行程的检查:在自由状态下,用直尺测量从驾驶室地板到制动踏板上表面的距离,并在发动机熄火状态下,踩下制动踏板数次,以消除真空助力器中的真空,然后用手指轻轻按压制动踏板,感觉有阻力时测量踏板此时位置到驾驶室地板的距离,两次所测量值之差即为制动踏板的自由行程。轿车制动踏板的自由行程一般为 1~6mm。

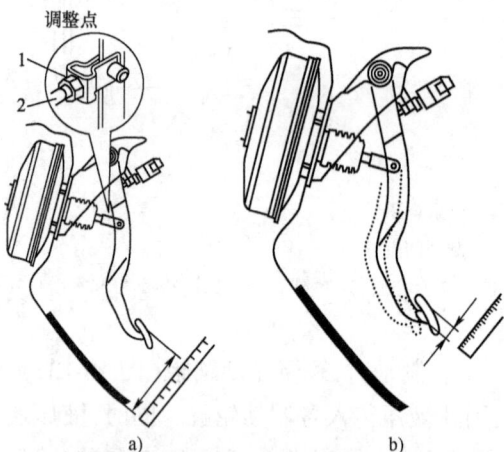

图 10-14　制动踏板自由行程的调整

a) 踏板自由行程调整;b) 踏板自由行程测量

1-锁止螺母;2-推杆

(2) 踏板自由间隙的调整:如果踏板自由行程不符合要求,可以松开锁止螺母,转动推杆来调整,如图 10-14 所示。松开推杆锁紧螺母,旋出推杆,自由行程减小;旋入推杆,自由行程增大。直到踏板自由行程符合要求后,将推杆螺母旋紧。制动踏板自由行程的标准值以故障车型维修手册为准。

2) 真空助力器的检查

(1) 真空助力器工作情况检查。起动发动机,怠速运转 1~2min 后停机;踩下制动踏板数次,检查踏板是否升高;踩下踏板后,起动发动机,检查踏板是否下沉。若存在此情况,说明真空助力器工作不良,应检查真空管路或更换真空助力器。

(2) 真空助力器的真空检查。起动发动机,制动踏板踩下并保持 30s 后关闭发动机,检查踏板高度是否不变;若变化,说明真空助力器有真空泄漏。

3) 制动管路检查

(1) 制动液渗漏检查。升起车辆,检查制动管路是否有制动液渗漏的部位,应重点检查管接头部位。

(2) 制动管路损坏检查:

① 升起车辆,检查制动管路是否有凹痕或其他损坏。

② 检查制动软管是否扭曲、磨损、开裂、隆起等损坏。

(3) 制动管路安装位置检查。将转向盘左右转到极限位置,检查制动管路和制动软管是否会与车轮或车身接触。

4)液压制动系统的排放空气

液压制动系统中渗入空气,制动时系统中的空气被压缩,造成踏板行程增加,踏板发软,影响制动效果。在汽车使用和维修过程中,常由于拆检液压制动系统、接头松动或制动液不足等原因,造成空气进入管路时,应及时将系统中的空气排出。排放制动系统空气可以采用人工的方式,也可以利用制动液更换器来进行。

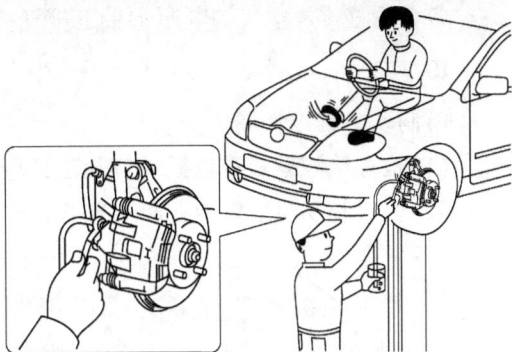

图10-15 液压制动系统排气

(1)人工排气。人工排气必须由2个修理工配合,1人在驾驶室内负责踩制动踏板,另1人在车下负责排气。当驾驶室内的人踩下制动踏板使制动系统中产生液压后,车下的人依次松开制动轮缸上的排气螺塞,将混有空气的制动液排出(图10-15)。其步骤是:

①一人坐在驾驶员座椅上,举升起汽车到适宜高度。

②另一人将在车下部用一根软管将车轮制动器制动轮缸的排气塞连接到储液瓶中,并给车内发出指令,告知准备工作已完成。

③坐于驾驶室内的人连续快速踩下制动踏板,直到踏板高度上升后,踩住制动踏板保持不动。

④另一人将排气螺塞拧松大约1/4圈,进行排气。此时,制动液连同空气一起从软管喷入瓶中,然后,尽快将排气螺塞拧紧,并通知车内的人再次踩制动踏板。

⑤在排出制动液的同时,踏板高度会逐渐降低,在未拧紧排气螺塞之前,切不可将踏板抬起,以免空气再次侵入。

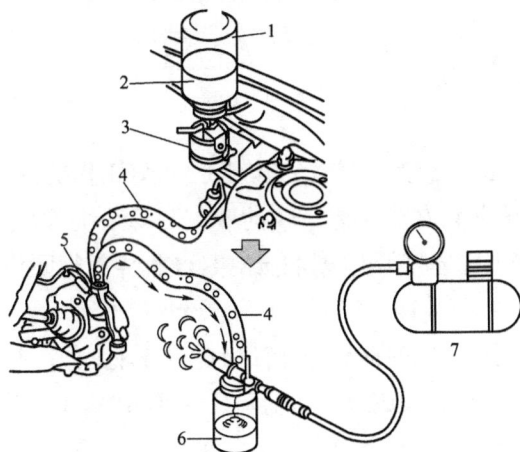

图10-16 用制动液更换器对制动系统排气
1-制动液更换器;2-新的制动液;3-制动主缸储液罐;4-气泡;5-排气塞;6-旧的制动液(含有空气);7-空气压缩机

⑥每个轮缸应反复排气数次,直至将空气完全排出(制动液中无气泡)为止,并按照由近到远的顺序(或遵照维修手册的规定),逐个将各车轮制动器管路中的空气排放完毕。

⑦在排放空气过程中,应及时向储液罐内添加制动液,保持液面的规定高度。

(2)使用制动液更换器排气,如图10-16所示。

①将制动液更换器和空气压缩机连接起来。

②取下排气塞防尘帽。

③将制动液更换器软管插进排气塞。

④将排气塞拧松大约1/4圈,进行排气。

⑤当制动液中的气泡消失后,重新拧紧

排气塞。

⑥检查排气塞是否被拧紧了，并重新安装排气塞帽。

⑦清除排气塞周围漏出的制动液。

各个轮缸排放空气的顺序和手工排气相同。

10.3.2 液压制动传动装置主要部件检修

1)制动主缸检修

(1)检查储液罐是否破损，出现破损应更换。

(2)检查制动主缸体内孔和活塞表面(图 10-17)，其表面不得有划伤和腐蚀；用内径百分表检查制动主缸体内孔的直径，用外径千分尺检查活塞的外径，并计算出制动主缸内孔与活塞之间的间隙值，帕萨特轿车的标准值一般为 0.04~0.106mm，使用极限为 0.15mm，超过极限应更换。

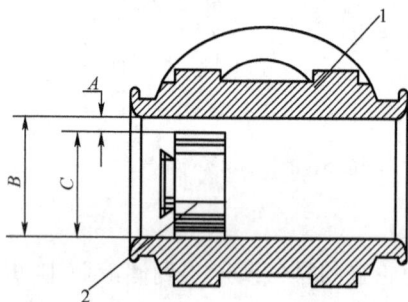

(3)检查制动主缸皮碗、密封圈是否老化、损坏与磨损，若存在此情况应更换。

2)制动轮缸检修

如图 10-17 所示，制动轮缸分解后，用清洗液清洗轮缸零件。清洗后，检查制动轮缸 1 内孔与活塞 2 外圆表面的烧蚀、刮伤和磨损情况。如果轮缸内孔有轻微刮伤或腐蚀，可用细砂布磨光。磨光后的缸内孔用清洗液清洗后，再用无润滑油的压缩空气吹干。然后测出轮缸内孔直径 B，活塞外圆直径 C，并计算出内孔与活塞的间隙值，标准值一般为 0.04~0.106mm，使用极限为 0.15mm。

图 10-17 制动轮缸缸体与活塞的检查
1-制动轮缸缸体；2-制动轮缸活塞；A-缸体与活塞的间隙；B-缸体内孔的直径；C-活塞的外圆直径

小组工作一

(1)每 3~5 名学生组成 1 个工作小组，确定 1 名小组长，接受工作任务，做好工作准备。

(2)阅读工作单，查阅维修手册(或实训指导书)，观察待修车辆的液压制动系统，讨论拆卸方法和步骤，确定小组人员工作分工。向实训指导教师汇报讨论结果，经指导教师同意后，开始下一步的工作。

(3)按照工作单的引导，完成待修车辆液压制动系统的拆卸、分解、检查和修理工作。

(4)在完成工作任务的过程中，根据工作单的要求，完成液压制动系统各零部件认识、工作原理描述等学习任务。

(5)完成工作单要求的液压制动系统主要零部件的检测与调整，将检测、调整结果记录在工作单的相应栏目，并对结果作出分析。

(6)回答指导教师的现场提问，接受指导教师的技能考核。

(7)完成工作任务后，对工作过程进行自我评价和小组互评，听取指导教师的点评。

(8)清洁工作场所,清点维护工具设备,完成任务交接。

生产任务二 气压制动系统制动力不足故障检修

1)工作对象

配备气压式制动系统的待修车辆1辆。

2)工作内容

(1)领取所需的工具、耗材,做好工作准备。

(2)使用液压千斤顶升起车辆,从车辆上拆下车轮等外围部件。

(3)从车辆上拆下制动控制阀、快放阀、制动气室。

(4)检查制动控制阀、快放阀、制动气室各零部件,对主要零部件进行检测,分析检测结果,制定气压制动系统制动力不足故障修复方案。

(5)实施检修方案后,安装制动控制阀、快放阀、制动气室。

(6)安装车轮等外围部件。

(7)按技术要求调整制动踏板的行程。

(8)检查、评价工作质量。

(9)整理工具,清洁工作场地。

3)工作目标与要求

(1)学生应以小组工作的方式,完成本项工作任务。

(2)学生应当能在小组成员的配合下,利用汽车维修手册(或实训指导书),制订并实施工作计划。

(3)能通过阅读资料和现场观察,辨别所拆装的气压制动系统类型。

(4)能认识所拆卸气压制动系统的零部件,口述气压制动系统的工作原理和各零部件的作用。

(5)能向客户解释所修车辆气压制动系统的损伤情况和修复方案。

(6)能按规范的步骤,完成气压制动系统的拆装检修作业,恢复汽车的行驶能力。

(7)在工作过程中塑造职业道德,弘扬中华传统美德,不断提高职业道德水准和文明素养。

相关知识二

10.4 气压制动传动装置

气压制动传动装置的功用是利用压缩空气的压力,按驾驶员的要求,经控制阀对制动器进行有效的制动,从而获得所需要的制动力矩。

气压制动传动装置由气源和控制机构两大部分组成。气源部分包括空气压缩机、调压装置、储气筒、报警装置、油水放出阀和取气阀、安全阀等部件。控制装置包括制动踏板、拉杆、制动阀等。

气压制动传动装置按制动管路的分布方式可分为单管路和双管路制动传动装置。

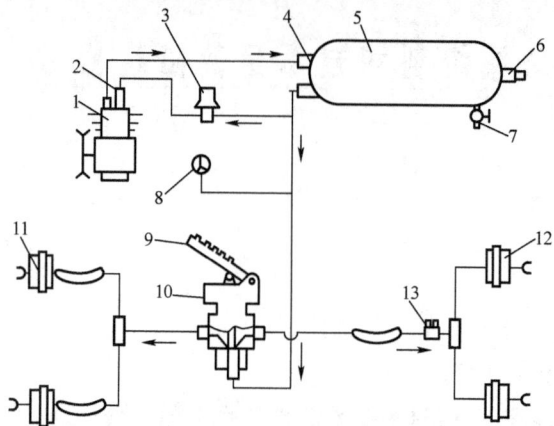

图10-18　单管路气压制动传动装置基本组成

1- 空气压缩机；2-卸荷阀；3-调压器；4-止回阀；5-储气筒；6-安全阀；7-油水放出阀；8-气压表；9-制动踏板；10-制动控制阀；11-前制动气室；12-后制动气室；13-制动灯开关

10.4.1　单管路气压制动传动装置

图10-18所示为传统的单管路气压制动传动装置的基本组成示意图，主要由空气压缩机、储气筒、气压表、卸荷阀、调压器、制动控制阀、制动管路和制动灯开关等组成。

制动时，驾驶员踩下制动踏板，通过连接杆使制动控制阀的进气阀打开，储气筒中的高压空气从气管经制动控制阀的进气阀门流入制动气室，推动气室推杆向外伸出，通过调整臂带动凸轮轴转动，迫使制动蹄压向制动鼓，产生制动力矩，实现制动。

放松制动时，抬起制动踏板，制动控制阀的排气通道打开，制动气室的高压空气倒流回制动阀经排气孔排入大气，制动气室推杆和制动凸轮轴转回到不制动位置，使制动作用解除。

10.4.2　双管路气压制动传动装置

图10-19所示为东风EQ1094F6D型汽车的双管路气压制动传动装置示意图。它有两个主储气筒14和17。空气压缩机1产生的压缩空气首先经过止回阀4输入湿储气筒6进行油水分离，之后分成两个回路：一个回路经过主储气筒14、并列双腔式制动控制阀3的后腔而通向前制动气室2；另一回路经过主储气筒17、双腔制动控制阀3的前腔和快放阀13通向后制动气室10。当其中一个回路发生故障失效时，另一回路仍能继续工作，以维持汽车具有一定的制动能力，从而提高了汽车的行驶安全性。

装在制动控制阀3至后制动气室10之间的快放阀13的作用是，当松开制动踏板时，使后轮制动气室放气线路和时间缩短，保证后轮制动器迅速解除制动。

前、后制动回路的储气筒上都装有低压报警器15，当储气筒中的气压低于0.35MPa时，便接通装在驾驶室内转向柱支架内侧的蜂鸣器电路，使之发出断续鸣叫声，以警告驾驶员，注意储气筒内气压过低。

在不制动的情况下，前制动器主储气筒14还通过挂车制动阀9、挂车分离开关11、连接头12向挂车储气筒充气。制动时，双腔制动阀的前、后腔输出气压可能不一致，但都通入梭阀8，梭阀则只让压力较高一腔的压缩空气输入挂车制动阀9，后者输出的气压又控制装在挂车上的继动阀，使挂车产生制动。

10.4.3　气压制动传动机构主要部件

1)空气压缩机

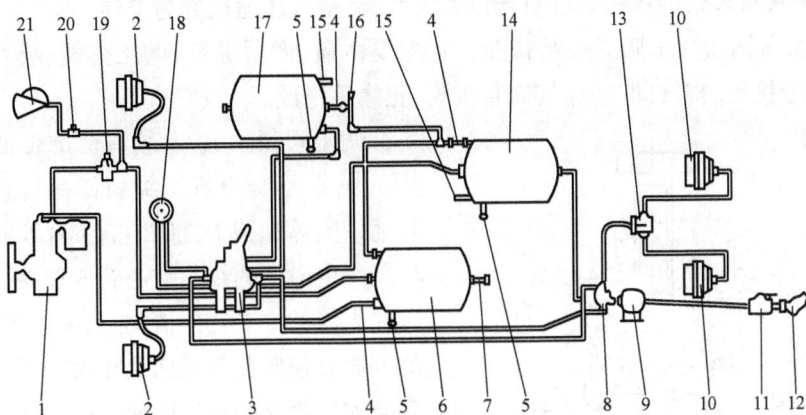

图 10-19　东风 EQ1094F6D 型汽车双管路制动系统传动机构示意图

1-空气压缩机;2-前制动气室;3-并列双腔式制动控制阀;4-储气筒止回阀;5-放水阀;6-湿储气筒;7-安全阀;8-梭阀;9-挂车制动阀;10-后制动气室;11-挂车分离开关;12-连接头;13-快放阀;14-前制动器主储气筒;15-低压报警器;16-取气阀;17-后制动器主储气筒;18-双针气压表;19-气压调节阀;20-气喇叭开关;21-气喇叭调压阀

　　空气压缩机的作用是产生压缩空气,是整个制动系统的动力源。在汽车上使用最多的是往复活塞式空气压缩机,它与往复活塞式发动机结构相似。空气压缩机按其汽缸数可分为单缸和双缸两种,按冷却方式可分为风冷和水冷两种。图 10-20 为风冷式单缸空气压缩机结构示意图。空气压缩机固定于发动机一侧的支架上,由曲轴皮带轮通过 V 形带驱动。空气压缩机主要由缸体、曲轴箱、曲轴、活塞、连杆、汽缸阀盖总成、空气滤清器等组成。汽缸体是铸铁件,带有散热片,汽缸上有弹簧压闭的进、排气阀门。进气口经气管通向空气滤清器,出气口经气管通向储气筒。

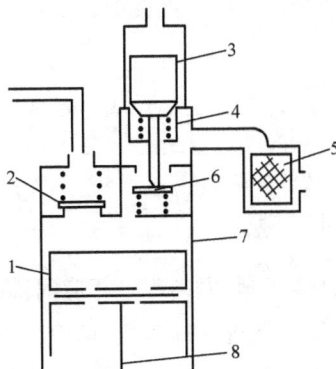

图 10-20　风冷式单缸空气压缩机

1-活塞;2-出气阀;3-卸荷柱塞;4-柱塞弹簧;5-空气滤清器;6-进气阀;7-汽缸;8-连杆

　　发动机运转时,空气压缩机即随之运转。当活塞 1 下行时,吸开进气阀 6,外界空气经空气滤清器 5、进气阀 6 进入汽缸 7。活塞 1 上行时,进气阀 6 在弹簧作用下关闭,汽缸 7 内空气被压缩并顶开出气阀 2,压缩空气经出气口和气管送到湿储气筒。当储气筒内的气压达到 700～740kPa 时,卸荷柱塞 3 顶开进气阀 6,使空气压缩机汽缸与大气相通不再泵气。

　　2)调压阀

　　调压阀的功用是使储气筒保持在规定的气压范围内,并在超过规定气压后,使空气压缩机卸荷空转,以减少发动机的功率消耗。调压阀在回路中的连接方法有两种:一是调压阀与空气压缩机和储气筒并联,当系统内的压力达到规定值时,调压器使空气压缩机的进气阀开启,卸荷空转;二是将调压阀串联在空气压缩机和储气筒之间,当系统内的空气压力达到规定值时,调压阀将多余的压缩空气直接排入大气,使空气压缩机卸荷空转。

图 10-21 所示为汽车调压阀结构图。它主要由盖、调压螺钉、调压弹簧、膜片、空心管、接卸荷装置管接头、排气阀、接储气筒管接头、壳体等组成。

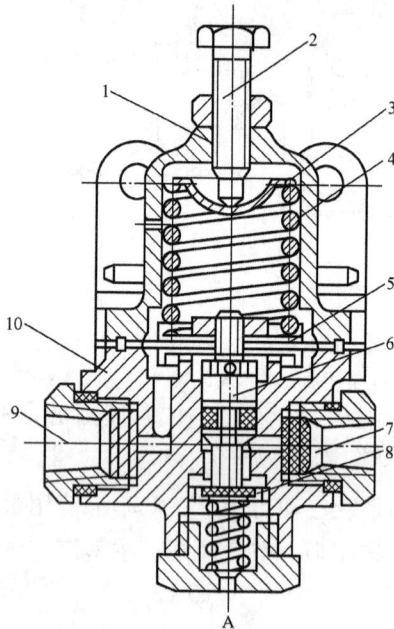

图 10-21　汽车调压阀结构

1-盖;2-调压螺钉;3-弹簧座;4-调压弹簧;5-膜片;6-空心管;7-接卸荷装置管接头;8-排气阀;9-接储气筒管接头;10-壳体;A-排气口

调压阀壳体 10 上装有两个带滤芯的管接头 7、9,分别与空气压缩机卸荷装置和储气筒相通。壳体和盖 1 之间装有膜片 5 和调压弹簧 4,膜片中心用螺纹与空心管 6 连接。空心管可以在壳体的中央孔内滑动,其间有密封圈,上部的侧面有径向孔与轴向孔相通。调压阀下部装有与大气相通的排气阀 8。

当储气筒内气压未达到规定值时,膜片 5 下方气压较低,不足以克服调压弹簧 4 的预紧力,膜片连同空心管被调压弹簧压下至极限位置,空心管下端面紧压着排气阀,并将它推向阀座,此时由储气筒至空气压缩机卸荷装置的通路被隔断,卸荷装置与大气相通,卸荷装置不起作用,空气压缩机对储气筒正常充气。

当储气筒气压升高到 700～740kPa 时,膜片下方气压作用力便克服调压弹簧 4 的预紧力而推动膜片 5 上拱,空心管 6 和排气阀 8 也随之上移,直到排气阀压靠在阀座上,切断空气压缩机卸荷室与大气的通路,并且空气管下端面

也离开排气阀,而出现一相应间隙。此时,卸荷室经空心管 6 的径向孔、轴向孔与储气筒相通,压缩空气进入卸荷室,迫使卸荷柱塞克服弹簧预紧力而下移,将空气压缩机阀门压下,使之保持在开启位置不动,如图 10-22 所示。这样,空气压缩机便卸荷空转,不产生压缩空气。当储气筒气压降到 560～600kPa 时,在调压弹簧 4 的作用下,调压阀的膜片、空心管、排气阀也下移。空气压缩机卸荷室的压缩空气经调压阀排气口 A 排入大气。卸荷柱塞在弹簧作用下向上复位,于是空气压缩机恢复向储气筒充气。

3）制动控制阀

制动控制阀的作用是控制从储气筒充入制动气室和挂车制动控制阀的压缩空气量,从而控制制动气室中的工作气压,并有逐渐变化的随动作用,即保证制动气室的气压与踏板力或踏板行程有一定的比例关系。

图 10-23 所示是一并列双腔膜片式制动控制阀。它主要由拉臂、上壳体、下壳体、平衡弹簧总成、滞后机构总成等组成。拉臂用销轴支承在上壳体的支架上,可绕销轴摆动。支架上装有限位螺钉,用以调整最大工作气压。拉臂上还装有调整螺钉和锁紧螺母,用以调整踏板自由行程。上壳体内装有平衡弹簧总成,可上下移动,壳体中央孔内压装衬套,推杆装入

其中,能轴向移动。推杆上端与平衡弹簧座相抵靠,下端伸入平衡臂杠杆孔内。平衡臂杠杆两端压靠在两腔内膜片挺杆总成上。下壳体下部孔中安装两个阀门,两侧有四个接头孔,下方两个为进气孔,上方两个为排气孔。

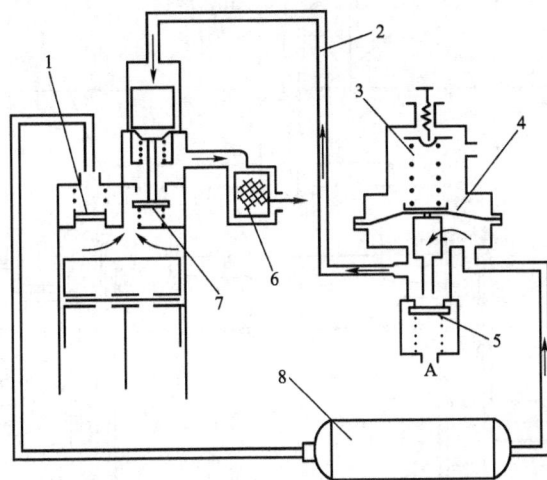

图 10-22 空气压缩机与调压阀工作原理示意图

1-进气阀;2-管道;3-调压弹簧;4-膜片;5-排气阀;6-空气过滤器;7-卸荷阀;8-储气筒

当驾驶员踏下制动踏板时,拉动制动阀拉臂,将平衡弹簧上座 5 下压,经平衡弹簧 6 和下座 7、钢球 8,并通过推杆 4 和钢球 8 将平衡臂 9 压下,推动两腔内膜片 10 挺杆总成下移,消除间隙后,先关闭排气孔,然后打开进气孔,储气筒内的压缩空气经进气阀充入各制动气室,使车轮制动。

当驾驶员踩下踏板至某一位置不变时,由于压缩空气不断输送到前、后制动气室,同时压缩空气经节流孔,进入平衡腔 V 的气压也随之增大,当膜片 10 下方的总压力和复位弹簧的张力之和大于平衡弹簧 6 的张力时,膜片总成上移,通过平衡臂 9,推动平衡弹簧下座 7 上移,平衡弹簧 6 被压缩,阀门将进气阀和排气阀同时关闭,储气筒便停止对制动气室输送压缩空气,处于一种平衡状态,各制动气室的压缩空气保留在气室中,车辆便保持一定的制动强度。随着制动踏板踩下,制动气室的气压成比例上升,制动效能又得到加强。制动踏板踏至一定程度,拉臂的限位块便抵在限位螺钉上,限制了制动阀的最大工作气压。

当驾驶员放松制动踏板时,拉臂在复位弹簧的作用下复位,平衡弹簧座上端面的压力消除,推杆、平衡臂、膜片总成均在复位弹簧及平衡腔 V 内压缩空气的作用下向上移,排气孔 E 被打开,制动气室及制动管路的压缩空气便经排气孔,穿过挺杆内孔通道,从上壳体排气孔 B 排入大气,制动解除。若制动中踏板只放松至某一位置不动,膜片总成下方的总气压降至小于平衡弹簧张力时,膜片总成便向下移至两阀门都处于关闭的平衡状态,制动强度相应下降至某一位置,但仍保持一定的制动作用。当制动踏板完全放松时,制动才彻底解除。

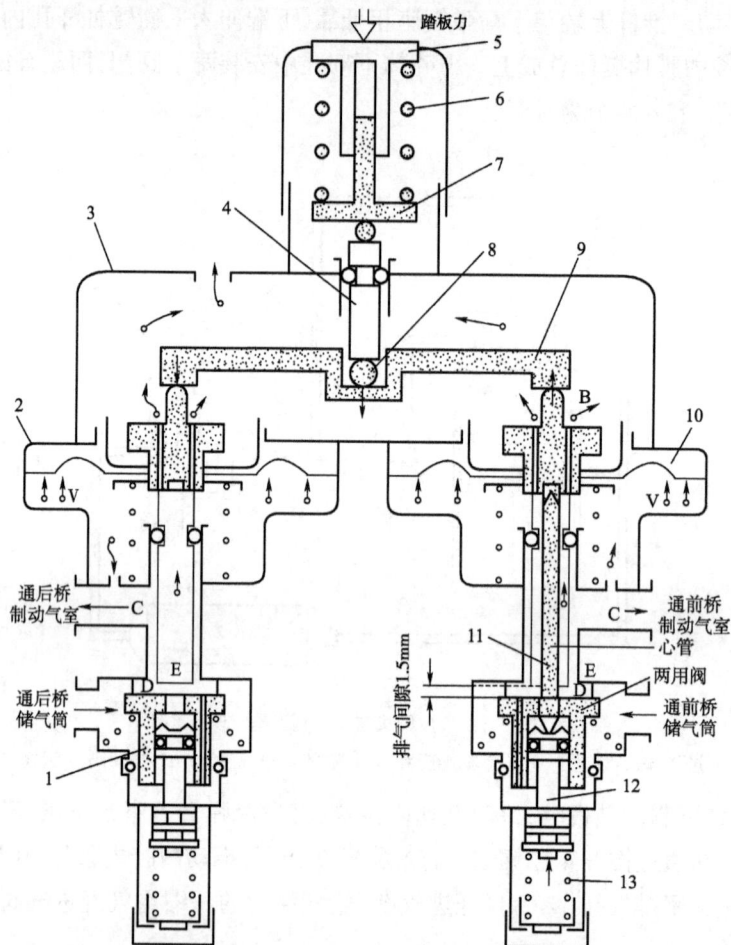

图 10-23 并列双腔膜片式制动控制阀

1-两用阀总成;2-下壳体;3-上壳体;4-推杆;5-平衡弹簧上座;6-平衡弹簧;7-平衡弹簧下座;8-钢球;9-平衡臂;10-膜片;11-膜片芯管;12-密封柱塞;13-滞后弹簧;B-上部排气孔

4)快放阀

储气筒和制动气室两者一般是通过制动阀管路连接的。这样,储气筒向制动气室充气以及制动气室内压缩空气排入大气,都必须迂回流经制动控制阀。在储气筒、制动气室都与制动控制阀相距较远的情况下,这种迂回充气和排气将导致制动和解除制动的滞后时间过长,不利于汽车的及时制动和制动后的及时加速。

在制动控制阀到制动气室的管路上靠近制动气室处,设置如图 10-24 所示的快放阀,可以保证解除制动时制动气室迅速排气。制动时,由制动控制阀通过快放阀的进气口 A,两出气口 B 可分别通向左右两侧制动气室。制动时,由制动阀输送过来的压缩空气自进气口 A 流入,将阀门 4 推离进气阀座,进而使之压靠阀盖内端的排气阀座,然后自出气口 B 流向制动器室。此时,快放阀的作用如同一个三通管接头。解除制动时,进气口 A 经制动控制阀通大气,阀门在弹簧 3 的作用下复位而关闭进气阀,制动气室内的压缩空气便就近经排气口 C 排入大气,而无须迂回流经制动控制阀。

5)制动气室

制动气室的作用是将输入的空气压力转变为转动制动凸轮的机械力,以实现车轮制动。

图 10-25 所示是一膜片式制动气室,它主要由进气接头、橡胶膜片、壳体、支承盘、推杆 及复位弹簧等组成。夹布层橡胶膜片的周缘用卡箍夹紧在壳体和盖的凸缘之间。盖 2 与膜 片 3 之间为工作腔。用橡胶软管与由制动阀接出的钢管连通,膜片 3 右方则通大气。弹簧 5 通过焊接在推杆 8 上的支承盘 4 推动膜片 3 紧靠在盖 2 的极限位置。推杆 8 的外端通过连 接叉 9 与制动器的制动调整臂相连。

当驾驶员踩下制动踏板时,压缩空气经制动阀进入制动气室,在高压空气作用下膜片 3 变形,推动推杆 8 并带动制动调整臂,转动制动凸轮将蹄片压向制动鼓而产生制动作用。

当驾驶员放松制动踏板时,制动气室中的压缩空气经快放阀(或制动阀)排到大气中。 在弹簧 5 的作用下,推杆 8 和膜片 3 又恢复原始状态,准备下一次的动作。

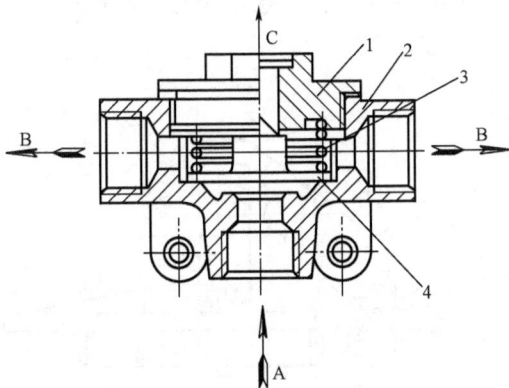

图 10-24　快放阀
1-阀盖;2-阀体;3-弹簧;4-阀门;A-进气口;B-出气口;
C-排气口

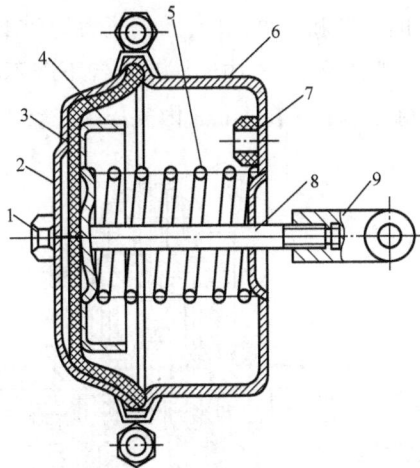

图 10-25　膜片式制动气室
1-进气接头;2-盖;3-膜片;4-支承盘;5-弹簧;
6-壳体;7-螺钉孔;8-推杆;9-连接叉

课堂讨论二

(1)气压制动系统前后管路制动时间是否一致?解决这一问题应采取什么措施?

(2)为什么空气压缩机压出的是混合气?如何净化?举例分析说明。

(3)比较单回路与双回路气压制动传动系统的优缺点,并分析两种制动传动系统的应用 前景。

相关技能二

10.5 气压制动系统检修

10.5.1 气压制动系统主要部件的检查

1)制动踏板自由行程的检查与调整

制动踏板自由行程的检查方法同离合器踏板自由行程的检查方法,用钢直尺测出自由行程。

制动踏板自由行程的调整:自由行程是由制动阀的排气间隙产生的,因此,调整排气间隙,即可调整踏板自由行程。排气间隙由制动阀上相应的调整螺钉来调整。

2)制动阀密封性检查

图10-26所示为串联双腔活塞式制动阀,在上、下进气腔与储气筒之间,接一个容积为1L的容器和一个阀门,通入压力为784kPa的压缩空气。首先关闭阀门,检查D、E腔的密封性。要求在5min内气压表指针下降不大于24.5kPa。将拉臂拉到极限位置,检查A、B腔的密封性。要求在1 min内气压表指针下降不大于49kPa。

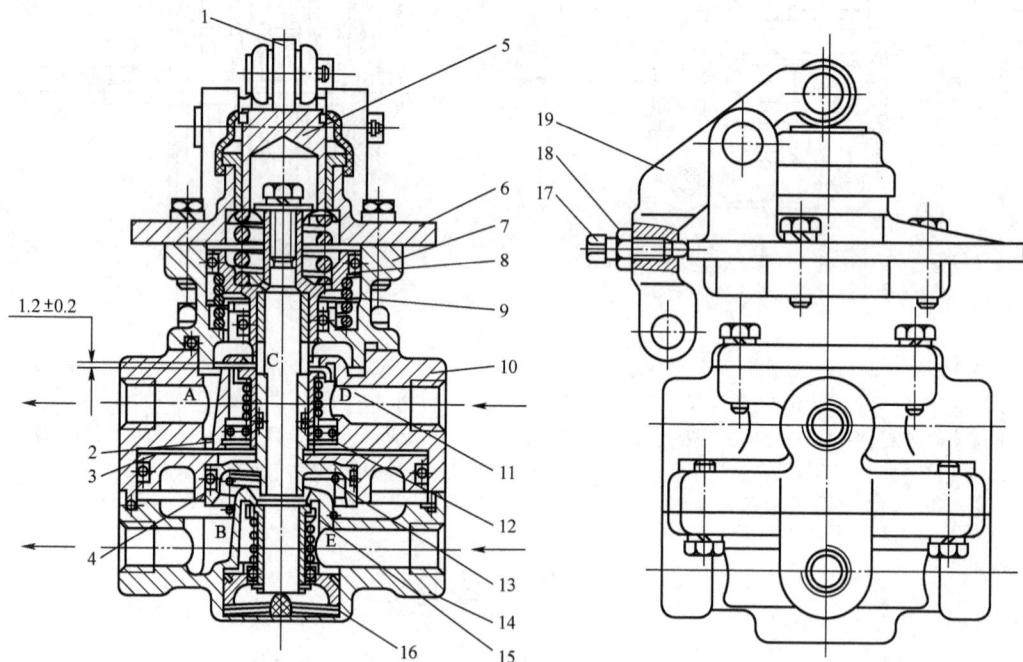

图10-26 串联双腔活塞式制动阀

1-滚轮;2-通气孔;3-大活塞;4-小活塞复位弹簧;5-挺杆;6-上盖;7-上壳体;8-上活塞总成;9-上活塞复位弹簧;10-中壳体;11-上阀门;12-卡环;13-小活塞总成;14-下壳体;15-下阀门;16-排气阀;17-调整螺钉;18-锁紧螺母;19-拉臂

3）制动气室的检查

制动气室在制动时应无漏气现象,推杆不歪斜,运动无卡滞。前、后制动器推杆伸出长度应合适,不得超过规定值。各制动器推杆应协调一致,不得长短不一。推杆变形时应进行校直,长度不合适时,应调整其长度。

10.5.2　车轮制动器的调整

1）局部调整

经一段时间使用后,制动蹄片因磨损变薄,导致制动间隙增大。制动时,制动气室的推杆行程增大,当推杆行程超过 40mm 时,即应进行局部调整,以减少制动间隙。调整时,拧动调整臂上的蜗杆,在推杆长度不改变的前提下,使凸轮轴转过一定的角度,以改变制动间隙。为使两侧制动器有合适一致的制动间隙,调整时,首先通过转动螺杆(前轮面向调整臂蜗杆顺时针拧动时,制动间隙减小;后轮面向调整臂蜗杆逆时针拧动时,制动间隙减小)将制动间隙调为零。然后,反方向拧动两侧蜗杆相同的角度,使两侧制动器出现制动间隙,并且制动间隙一样。

2）全面调整

在二级维护、更换摩擦片以及拆卸制动器后,应对制动器进行全面调整。调整时的步骤如下:

(1)将车桥支起,车轮离地。

(2)取下制动器上的检视孔盖。

(3)松开制动蹄支承销的固定螺母,转动制动蹄支承销,使两个销端的标记朝内相对,即两制动蹄支承端互相靠近。

(4)分别向外旋转两支承销,使两制动蹄完全与制动鼓贴合,车轮转不动为止。

(5)拧紧制动蹄支承销固定螺母,并将螺母锁紧。

(6)将蜗杆轴拧松 3～4 响(1/2～2/3 转),制动鼓应能转动而无摩擦、拖滞现象。

(7)检查制动间隙:一般支承端为 0.25～0.40mm,凸轮端为 0.40～0.55mm;同一端两蹄之差不大于 0.1mm。通入压缩空气后,制动气室推杆的行程一般为 25mm±5mm。

若上述检查不符合规定,应重新调整。

(8)应一个车轮一个车轮调整,直至全部调完。

3）两蹄间隙相差较大时的调整

若两蹄制动间隙相差过大时,应将凸轮轴支架紧固螺钉松开,采用下面方法进行调整。

(1)直接旋转支承销,利用制动蹄顶动凸轮轴,使其达到合适位置。

(2)踩下制动踏板,凸轮张开,利用制动蹄反作用力而使凸轮轴达到合适位置。

4）制动跑偏时的调整

发生前轮制动跑偏时,可以用加大跑偏另一侧制动间隙(或减小跑偏侧制动间隙)的方法来调整,这样做,可以相对增大跑偏另一侧的推杆行程,使皮膜有效面积增大,制动力也增大,从而消除跑偏现象。

增大制动间隙时,会使制动力下降,因而只有当皮膜有效面积带来的制动力增大,超过由于制动间隙增大而使制动力下降时,才能使用该方法。因此,当左、右两制动器的制动间隙相差过大时,此法并不适用。

5)制动蹄厚度及制动间隙的测量

制动间隙与制动蹄摩擦片厚度都是通过制动鼓上的检视孔测量的。制动间隙检测时,将车桥支起,车轮悬空,利用塞尺来测出制动蹄各处与制动鼓之间的间隙。制动蹄摩擦片厚度也应定期测量,当制动蹄摩擦片过薄时,会使铆钉外露,制动力下降。过薄的制动蹄摩擦片,还会使制动间隙调整困难,尤其对于间隙自调的制动器来说,当制动蹄摩擦片过薄时,将不能自动调整出合适的制动间隙。具体维修要求查阅相应使用手册。

小组工作二

(1)每3~5名学生组成1个工作小组,确定1名小组长,接受工作任务,做好工作准备。

(2)阅读工作单,查阅维修手册(或实训指导书),观察待修车辆的气压制动装置,讨论拆卸方法和步骤,确定小组人员工作分工。向实训指导教师汇报讨论结果,经指导教师同意后,开始下一步的工作。

(3)按照工作单的引导,完成待修车辆气压制动装置的拆卸、分解、检查和修理工作。

(4)在完成工作任务的过程中,根据工作单的要求,完成气压制动装置零部件认识、工作原理描述等学习任务。

(5)完成工作单要求的气压制动装置主要零部件的检测与调整,将检测、调整结果记录在工作单的相应栏目,并对结果作出分析。

(6)回答指导教师的现场提问,接受指导教师的技能考核。

(7)完成工作任务后,对工作过程进行自我评价和小组互评,听取指导教师的点评。

(8)清洁工作场所,清点维护工具设备,完成任务交接。

拓展知识与技能

10.6   制动力分配调节装置

制动压力调节器是汽车制动系统的基本组成之一,其结构由泵电动机、调节器基体、蓄能器、比例电磁阀及控制单元等组成,如图10-27所示。一般前轮制动力占70%~80%,后轮制动力占20%~30%。要使汽车能得到尽可能大的总制动力,就必须在制动系统中设置制动力调节装置,使制动力增大的过程中前后车轮能同时达到最大制动效能。

制动压力调节器串接在制动主缸与轮缸之间,通过电磁阀直接或间接地控制轮缸的制动压力,电磁阀根据制动工况,打开、关闭或按比例向轮缸提供合适的制动液,制动时满足常规制动、压力保持和压力降低的制动需要。

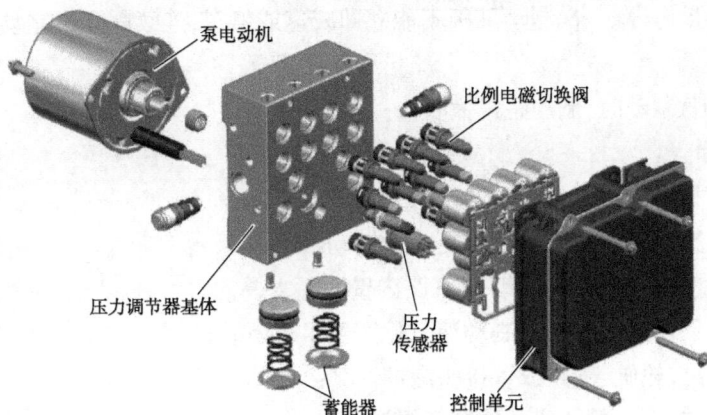

图 10-27　制动压力调节器组成示意图

10.7　液压制动系的故障诊断与排除

常见的液压制动系故障包括制动失效、制动不灵、制动跑偏、制动拖滞等。

10.7.1　制动失效

1）故障现象

踩下制动踏板，车辆不减速，即使连续踩几脚制动踏板也无明显减速作用。

2）故障原因

（1）制动踏板至制动主缸的连接松脱。

（2）制动储液室无制动液或严重缺制动液。

（3）制动管路断裂漏油。

（4）制动主缸皮碗破裂。

3）诊断与排除

首先踩动制动踏板，根据踩制动踏板时的感觉，相应地检查有关部位。

（1）若制动踏板与制动主缸无连接感，说明制动踏板至制动主缸的连接松脱，应检查修复。

（2）踩下制动踏板时，若感到很轻，稍有阻力感，则应检查主缸储液室内制动液是否充足。若主缸储液室内无制动液或严重缺制动液，应添加制动液至规定位置。再次踩下制动踏板时，若仍没有阻力感，则应检查制动主缸至制动轮缸的制动软管或金属管有无断裂漏油。

（3）踩下制动踏板时，虽然感到有一定的阻力，但踏板位置保持不住，明显下沉，则应检查制动主缸的推杆防尘套处是否有制动液泄漏。若有制动液泄漏，说明制动主缸皮碗破裂；若车轮制动鼓边缘有大量制动液，则应检查制动轮缸皮碗是否压翻，磨损是否严重，查明后予以修复。

10.7.2　制动不灵

1）故障现象

(1)汽车制动时,踩一次制动踏板不能立即减速或停车,连续踩几次制动踏板,制动效果也不好。

(2)汽车紧急制动时,制动距离太长。

2)故障原因

(1)制动踏板自由行程太大。

(2)制动主缸储液室内制动液不足或无制动液。

(3)制动液变质(变稀或变稠)或管路内壁积垢太厚。

(4)制动管路内进入空气或制动液汽化产生了气阻。

(5)制动主缸、轮缸、管路或管接头漏油。

(6)制动主缸、轮缸的活塞及缸筒磨损过度。

(7)制动主缸、轮缸的皮碗老化或磨损引起密封不良。

(8)制动主缸的进油孔、储液室的通气孔堵塞。

(9)制动主缸的出油阀、回油阀不密封;活塞复位弹簧预紧力太小;活塞前端贯通小孔堵塞。

(10)制动器的制动鼓与制动蹄片间隙不当;制动鼓与制动蹄片接触面积太小;制动蹄片质量不佳或沾有油污,制动蹄片铆钉松动;制动鼓产生沟槽磨损或失圆,制动时变形。

(11)真空增压器或助力器的各真空管路接头松动、脱落,管路有破裂处;膜片破裂或者密封圈密封不良;止回阀、控制阀密封不良;辅助缸活塞、皮碗磨损过甚;止回球阀不密封。

3)诊断与排除

踩制动踏板作制动试验,根据踩制动踏板时的感觉,检查相应的部位。

(1)一脚踩下制动踏板,踏板到底且无反力;连续几次踩制动踏板都能踩到底,且感觉阻力很小。则应检查储液室中制动液液面高度是否符合要求,若液面低于下线或"MIN"线以下,说明制动液液面太低;检查制动踏板连动机构有无松脱。

(2)连续几脚踩制动踏板时,踏板高度仍过低,并且在第一脚制动后,感到主缸活塞未复位,踩下制动踏板即有制动主缸与活塞碰击响声,则应检查主缸的活塞复位弹簧是否过软;主缸的皮碗是否破裂。

(3)连续踩几次制动踏板时,踏板高度低而软,则应检查制动主缸的进油孔或储液室的通气孔是否堵塞。

(4)一脚踩下制动踏板时,踏板高度过低;连续几脚踩下制动踏板时,踏板高度稍有增高,并有弹性感,则应检查系统内是否存有气体。

(5)一脚踩下制动踏板时,踏板高度较低;连续几脚踩下制动踏板时,踏板高度随之增高且制动效能好转,则应检查制动踏板的自由行程及制动器的间隙。

(6)维持制动踏板高度时,若缓慢或迅速下降,则应检查制动管路是否破裂、管接头是否密封不良;主缸、轮缸皮碗或皮圈密封是否良好。

(7)安装真空增压器或助力器的车辆,踩下制动踏板时,若踏板高度适当但太硬,且制动不灵,则应检查增压器或助力器的工作情况;检查制动系统油管是否有老化、凹瘪,制动液黏度是否太大。

（8）踩制动踏板时,若踏板有向上反弹、顶脚的感觉,且制动力不足,则应检查增压器的辅助缸活塞磨损是否过度;辅助缸活塞、皮碗是否密封不良;辅助缸止回球阀是否密封不良。

（9）路试车辆时,观察各车轮的制动情况。若个别车轮制动不良,则应检查该车轮的制动软管是否老化;摩擦片与制动鼓间的间隙是否不当;摩擦片是否有硬化、油污、铆钉外露现象;制动鼓内臂是否磨损成沟槽;摩擦片与制动鼓的接触面积是否过小。

10.7.3　制动跑偏

1）故障现象

（1）汽车行驶制动时,行驶方向发生偏斜。

（2）紧急制动时,方向急转或车辆甩尾。

2）故障原因

（1）左右车轮轮胎气压、花纹或磨损程度不一致。

（2）左右车轮轮毂轴承松紧不一、个别轴承破损。

（3）左右车轮的制动蹄摩擦片材料不一或新旧程度不一。

（4）左右车轮制动蹄摩擦片与制动鼓的接触面积、位置不一样或制动间隙不等。

（5）左右车轮轮缸的技术状况不一,造成起作用时间或张力大小不相等。

（6）左右车轮制动鼓的厚度、直径、工作中的变形程度和工作面的粗糙度不一。

（7）单边制动管路凹瘪、阻塞或漏油;单边制动管路或轮缸内有气阻。

（8）单边制动蹄与支承销配合过紧或锈蚀。

（9）一侧悬架弹簧折断或弹力过低。

（10）一侧减振器漏油或失效。

（11）前轮定位失准。

（12）转向传动机构松旷。

（13）车架、车桥在水平平面内弯曲,车架两边的轴距不等。

（14）感载比例阀故障。

总结:制动跑偏的根本原因是左右车轮的制动力不等。一些不属于制动系统的零件,其技术状况不良时,既影响车辆正常行驶时的跑偏,也影响制动时的跑偏。

3）诊断与排除

（1）若车辆正常行驶时亦有跑偏现象,则首先作以下外观检查:检查左右车轮轮胎气压、花纹和磨损程度是否一致;检查各减振器是否漏油或失效;检查悬架弹簧是否折断或弹力是否一致。

（2）支起车轮,用手转动或轴向推拉车轮轮胎。若一侧车轮有松旷或过紧感觉,应重新调整轴承的预紧度;若转动车轮有发卡或异响,应检查该轮轮毂轴承是否破损或毁坏。

（3）对汽车进行路试。制动后,若汽车向一侧跑偏,则为另一侧的车轮制动不良。

首先对该车轮制动器进行放气,若无制动液喷出,说明该轮制动管路堵塞,应予以更换。

若放出的制动液中有空气,说明该轮制动管路中混入空气,应予以排放。

观察该轮制动器间隙,若制动器间隙过大,说明制动蹄摩擦片磨损严重或制动自调装置失效,应更换。

上述检查正常,则应拆检该轮制动器。检查制动盘或制动鼓是否磨损过甚或有沟槽,若磨损过甚,应更换;若有严重沟槽,应车削或镗削;检查制动蹄摩擦片(摩擦衬块)是否有油污或水湿及磨损过甚,若摩擦片(摩擦衬块)有油污或水湿,应查明原因并清理;若摩擦片(摩擦衬块)磨损过甚,应更换;检查制动轮缸或制动钳活塞,若有漏油或发卡现象,应更换。

(4)若制动时,出现忽左忽右跑偏现象,则应检查前轮定位是否符合要求,若前轮定位不正确,应调整;检查转向传动机构是否松旷,若松旷,应紧固、调整或更换。

(5)若在制动时,车辆出现甩尾现象,应检查感载比例阀是否有故障。

10.7.4 制动拖滞

1)故障现象

抬起制动踏板后,全部或个别车轮的制动作用不能立即完全解除,以致影响了车辆重新起步、加速行驶或滑行。

2)故障原因

(1)制动踏板无自由行程,制动踏板拉杆系统不能复位。

(2)制动主缸复位弹簧折断或失效。

(3)制动主缸回油孔被污物堵塞,密封圈发胀或发黏与泵体卡死。

(4)通往轮缸的油管凹瘪或堵塞。

(5)制动盘摆差过大。

(6)前制动器密封圈损坏,造成活塞不能正常复位。

(7)前、后制动器轮缸密封圈发胀或发黏与泵体卡死。

(8)鼓式制动器制动蹄复位弹簧折断或过软。

(9)鼓式制动器制动蹄摩擦片破裂或铆钉松动。

(10)鼓式制动器制动鼓严重失圆。

3)诊断与排除

(1)将汽车支起,在未踩制动踏板的情况下,用手转动车轮。若某一车轮转不动,说明该轮制动器拖滞;若全部车轮转不动,说明全部车轮制动器拖滞。

(2)若为个别车轮制动器拖滞,首先旋松该轮制动轮缸的放气螺钉,若制动液急速喷出,随即车轮能旋转自如,说明该轮制动管路堵塞,轮缸未能回油,应更换。若车轮仍转不动,则拆下车轮,解体检查制动器。

(3)若全部车轮制动器拖滞,则首先检查制动踏板自由行程是否符合要求,若自由行程过小,应调整;然后检查制动踏板的复位情况,用力将制动踏板踩到底并迅速抬起,若踏板复位缓慢,说明制动踏板复位弹簧失效或踏板轴发卡,应更换或修复。再检查制动主缸的工作情况,打开制动液储液室盖,由一人连续踩制动踏板,另一人观察制动主缸的回油情况。若不回油,说明制动主缸回油孔堵塞,应清洗、疏通;若回油缓慢,说明制动液过脏或变质,应更换。

10.7.5　驻车制动不良

1)故障现象

(1)拉紧驻车制动操纵杆,汽车很容易起步。

(2)在坡道上停车时,拉紧驻车制动操纵杆,汽车不能停止而发生溜车现象。

2)故障原因

(1)驻车制动操纵杆的自由行程过大。

(2)驻车制动操纵杆系或绳索断裂或松脱、发卡等。

(3)驻车制动器间隙过大。

(4)驻车制动器摩擦片磨损过甚或有油污。

(5)驻车制动鼓磨损过甚、失圆或有沟槽。

(6)驻车制动蹄运动发卡。

(7)驻车制动蹄摩擦片与制动鼓的接触面积太小。

3)诊断与排除

(1)将汽车停放在平坦的地面上,拉紧驻车制动操纵杆,挂入低速挡起步,若汽车很容易起步而发动机不熄火,说明驻车制动不良。

(2)从驻车制动操纵杆放松位置往上拉,直至拉不动为止。检查操纵杆的行程,若行程过大,说明操纵杆的自由行程过大,应调整。检查拉动操纵杆的阻力,若感觉没有阻力或阻力很小,说明操纵杆或绳索断裂或松脱,应更换或修复;若感觉很沉,说明操纵杆或绳索及制动器发卡,应拆检修复。

(3)从检视孔检查中央驻车制动器(东风 EQ1092FJ、解放 CA1092PK28L3 汽车)或后轮制动器(奥迪、帕萨特等轿车)的间隙是否符合要求,若制动器间隙过大,应调整。

(4)如上述检查均正常,应拆检驻车制动器。检查制动蹄摩擦片是否磨损过甚或有无油污;检查制动鼓是否磨损过甚、失圆或有沟槽;检查制动蹄运动是否发卡,若有发卡现象,应修复或润滑;检查制动蹄摩擦片与制动鼓的接触面积是否符合要求,若接触面积过小,应更换或修整。

10.8　气压制动系统的故障诊断与排除

汽车气压制动系统常见的故障主要有:制动不灵、制动失效、制动跑偏、制动拖滞(发咬)等。

1)制动不灵

(1)故障现象。汽车制动时,踩下制动踏板,驾驶员感到减速度不足;汽车紧急制动时,制动距离太长。

(2)原因分析:

①制动踏板自由行程过大。

②制动踏板与拉臂间的连接松脱等。

③干储气筒气压过低,达不到规定气压(空气压缩机不泵气或漏气)。

④制动控制阀平衡弹簧预紧力过小或制动控制阀漏气。

⑤制动气室膜片破裂、推杆发卡、漏气等。

⑥制动管路凹瘪造成管路漏气或堵塞。

⑦制动蹄摩擦片与制动鼓(盘)接触面不佳或间隙调整不当。

⑧制动蹄摩擦片质量欠佳或使用中有表面硬化、烧焦、油污及铆钉露头等。

⑨制动鼓磨损过多或制动时变形。

(3)诊断方法:

①检查踏板自由行程,若自由行程过大,则按技术要求进行调整。

②查看气压表,如气压为"0"或较低,检查空气压缩机的泵气情况。

③检查储气筒至制动控制阀的管路及制动控制阀是否有堵塞或泄漏现象。

经验检查方法:踩制动踏板,听有无漏气声,并察看制动气室推杆移动情况。推杆能移动且移动距离正确,则检查车轮制动器;推杆不能移动,则检查制动控制阀至制动气室的管路是否堵塞;推杆移动过长或过短,检查蹄鼓间隙及凸轮、调整臂、连接叉、推杆等机件是否磨损松旷、发卡等。

④检查制动气室是否良好。

⑤检查车轮制动器是否正常。

2)制动失效

(1)故障现象。汽车行驶中,踩下制动踏板,制动系统对各车轮无制动作用,汽车不能减速和停车,即使连续踩几脚制动踏板也无明显减速作用。

(2)原因分析:

①制动踏板与制动控制阀之间的连接脱开。

②储气筒无压缩空气。

③制动管路严重堵塞或泄漏、脱落等。

④制动控制阀卡滞过紧、进气阀打不开、安全阀关不严。

⑤制动气室完全不工作或推杆连接脱落。

(3)诊断方法:

首先检查气压表有无气压,若气压正常,检查各机械连接处(踏板与制动控制阀拉臂、制动气室推杆等部位)是否连接正常,若无故障,则需要检查管路是否严重堵塞或拆检制动控制阀;若无气压,则需要判断故障的具体部位,确定是空气压缩机不泵气,还是某段连接管路严重漏气等。

3)制动跑偏

(1)故障现象。汽车制动时,车辆向左或向右偏离直行方向的现象。

(2)原因分析。引起制动跑偏的根本原因是汽车左、右两侧制动力不均匀,具体原因如下:

①左、右车轮制动气室尺寸不一,产生制动力不相等。

②某一制动气室连接管路轻微堵塞或泄漏。

③个别制动气室连接的推杆发卡。

④左、右车轮制动器制动蹄摩擦片的材料不一、新旧程度不一或磨损不一。

⑤左、右车轮制动器的工作面接触面积、制动间隙不等或某一车轮制动器有油污、杂物进入等。

⑥左、右车轮制动器制动鼓工作中变形,造成形态不一致或工作表面粗糙程度不一致。

(3)诊断方法。首先检查制动气室的尺寸和工作情况是否正常,若均属正常,检查两制动气室的连接推杆是否移动自如,然后对制动器内的相关部位进行检查。

4)制动拖滞(发咬)

(1)故障现象。汽车不制动时,起步困难,运行无力(发动机、离合器、驻车制动良好),且行驶一段路程后制动鼓发烫;抬起制动踏板,解除行车制动时,全部或个别车轮的制动作用不能立即完全解除,影响汽车的重新起步、加速行驶或滑行。

(2)原因分析:

①制动踏板无自由行程或自由行程过小。

②制动踏板等杆件不能及时复位。

③制动控制阀的安全阀打开不畅,存在卡滞、弹簧过软、疲劳、折断,橡胶阀发黏、发胀、油污等状况。

④制动气室复位弹簧过软、疲劳、折断,推杆卡滞等,造成制动气室不能及时复位。

⑤安全阀、快放阀等不畅或堵塞。

⑥制动间隙调整不当,放松制动踏板后,摩擦片与制动鼓(盘)仍有摩擦。

⑦制动蹄与支承销锈蚀。

⑧车轮制动器的复位弹簧过软、折断,不能及时复位。

(3)诊断方法。踩放制动踏板时,观察踏板等连接件能否及时复位,有无发卡现象,再判定制动拖滞为个别车轮还是全部车轮。

①个别车轮拖滞的,可通过抬起制动踏板时观察制动气室的复位情况判定,一般此时的制动控制阀排气声快或断续排气。为了进一步确定个别拖滞车轮,可用手摸试车轮制动鼓的温度判定(注意制动鼓的温度,以免烫伤)。

②踩放制动踏板,听排气声,如排气缓慢,则排气不畅,多为快放阀或制动阀故障,可对具体部件进行检查,排除故障。

③对车轮制动器的间隙、复位弹簧及相关情况进行检查,排除故障。

10.9　制动液选用常识

制动液是液压制动系统的重要组成部分,其品质好坏对制动系统的工作可靠性影响很大,性能要求如下:

（1）高沸点(不低于260℃)，保证高温下不易汽化产生气阻，使制动系统失效。

（2）运动黏度要低，低温下有良好的流动性，以保证控制制动系统工作时循环动作要求。

（3）不会使与之经常接触的金属件腐蚀，橡胶件膨胀、变硬和损坏。

（4）能长期保存，性能稳定，在使用中，高、低温频繁变化时其化学性能应无大的变化。

（5）良好的润滑作用。

（6）吸水性差而溶水性好，吸湿沸点要高。吸湿沸点是指制动液在吸湿率(含水率)为3.5%时的沸点。

汽车制动液有代表性的标准是美国联邦政府运输安全部(DOT)制定的联邦机动车辆安全标准(FMVSS)，具体是 FMVSS NO.116 DOT3，DOT4，DOT5，这是世界公认的汽车制动液通用标准。

目前，轿车一般都推荐用 DOT3 或与之相当的制动液 DOT4。

以乙二醇为基液的 DOT3 和 DOT4 制动液，是一种吸湿性较强的液体，一年的吸湿率可高达3%。不同的使用条件和环境，其吸湿率不同。当制动液中含有水分后，其沸点下降，制动时易产生"气阻"，使制动可靠性下降;含有水分的制动液其腐蚀性也增大了。因此，一般在吸湿率达到3%时就应更换制动液。3%的吸湿率是制动液使用过程中 1~2 年的自然吸湿程度。因此，一般要求每 2 年或 1 年更换制动液。现在一些专家提出，防滑控制系统应每年更换一次制动液，以确保制动的可靠性。

汽车制动液使用应注意下列事项:不同规格的制动液不能混用;防止水分或矿物油混入。制动缸橡胶皮碗不可长时间暴露放置在空气中;汽车制动液多以有机溶剂制成，易挥发、易燃，因此，管理和使用中要注意防火，避免制动液进入眼睛，避免制动液滴洒到漆膜表面，若出现该种情况应立即用清水冲洗。

思考题

（1）表述液压制动的工作原理。

（2）液压式传动机构有几种形式? 各有何特点?

（3）双管路制动传动装置的布置形式有哪些?

（4）限压阀与比例阀如何起作用?

（5）表述气压式制动传动机构与液压式制动传动机构的区别。

（6）真空助力器真空管如何实现真空控制?

（7）液压制动系统排空气过程应注意哪些事项?

（8）常见 ABS 的制动系统形式有哪些? 试表述制动压力调节器的工作原理。

（9）表述制动液的标准。如何选用制动液?

参 考 文 献

[1] 林平. 汽车构造[M]. 北京:科学出版社,2007.

[2] A. E. 斯卡沃勒尔. 汽车构造原理与维修应用[M]. 北京:机械工业出版社,2004.

[3] 屠卫星. 汽车底盘构造与维修[M]. 北京:人民交通出版社,2004.

[4] 神龙汽车有限公司东风雪铁龙商务部. 神龙品牌汽车底盘结构维修基础培训教材 [Z]. 2008.

[5] 周福林. 汽车底盘构造与维修[M]. 北京:人民交通出版社,2005.

[6] 陈家瑞. 汽车构造[M]. 北京:人民交通出版社,2004.

[7] 王新祥. 汽车底盘构造与维修[M]. 杭州:科学技术出版社,2006.

[8] 高永强. 汽车底盘构造与检修[M]. 北京:国防工业出版社,2006.

[9] 王望予. 汽车设计[M]. 北京:机械工业出版社,2004.

[10] 张春和. 汽车常耗零部件的识别与检测[M]. 北京:化学工业出版社,2006.

[11] 刘建民. 汽车底盘构造与维修[M]. 西安:西北工业大学出版社,2008.

[12] 丛树林,王峰. 汽车底盘维修实训教程[M]. 北京:人民交通出版社,2008.

[13] 一汽丰田汽车有限公司. 丰田微驰汽车维修手册[Z]. 2007.

[14] 比亚边汽车有限公司商务部. 比亚边纯电动汽车培训教材[Z]. 2017.

[15] 北京汽车有限公司售后服务部. 北汽纯电动汽车培训教材[Z]. 2016.

[16] 吉利汽车有限公司培训部. 吉利纯电动汽车培训教材[Z]. 2018.

[17] 丰田(中国)汽车有限公司. 丰田普锐斯、雷凌混合动力汽车维修手册[Z],2016.

[18] 一汽大众汽车有限公司. 迈腾、速腾汽车维修手册[Z]. 2017.

[19] 日产汽车(中国)有限公司. 日产汽车维修手册[Z]. 2016.

[20] 神龙汽车有限公司. 东风雪铁龙、东风标致汽车维修手册[Z]. 2015.

[21] 长安汽车有限公司. 长安福特汽车维修手册[Z]. 2016.

[22] 一汽马自达轿车维修手册. 一汽集团服务培训教材[Z]. 2016.

[23] 许炳照,张荣贵. 汽车底盘电气系统检修[M]. 北京:人民交通出版社股份有限公司,2017.

[24] 奥迪汽车底盘自学手册. 一汽集团服务培训教材[Z]. 2015.